应用创新型营销学系列精品教材　丛书主编：吴健安

营销前沿理论

YINGXIAO QIANYAN LILUN

聂元昆　贺爱忠◎主　编
李颖灏　王建明◎副主编

清华大学出版社
北　京

内容简介

本书力求通过对市场营销理论创新内容的梳理,选择适合大学本科学生学习的理论专题。全书内容丰富,形式新颖,在理论阐述的基础上凸显实践功能,兼具前瞻性、创新性和实用性,竭诚为读者进一步拓宽理论视野、深入学习市场营销学提供帮助。

本书可作为高等院校工商管理专业本科学生的教材,也可作为企业界人士深入学习市场营销学的参考用书。

本书封面贴有清华大学出版社防伪标签,无标签者不得销售。
版权所有,侵权必究。举报: 010-62782989, beiqinquan@tup.tsinghua.edu.cn。

图书在版编目(CIP)数据

营销前沿理论/聂元昆,贺爱忠主编. —北京: 清华大学出版社,2014(2023.8重印)
(应用创新型营销学系列精品教材)
ISBN 978-7-302-34965-5

Ⅰ. ①营… Ⅱ. ①聂… ②贺… Ⅲ. ①市场营销学—教材 Ⅳ. ①F713.50

中国版本图书馆 CIP 数据核字(2014)第 000240 号

责任编辑: 杜　星
封面设计: 汉风唐韵
责任校对: 宋玉莲
责任印制: 沈　露

出版发行: 清华大学出版社
网　　址: http://www.tup.com.cn, http://www.wqbook.com
地　　址: 北京清华大学学研大厦A座　　　邮　编: 100084
社 总 机: 010-83470000　　　邮　购: 010-62786544
投稿与读者服务: 010-62776969, c-service@tup.tsinghua.edu.cn
质量反馈: 010-62772015, zhiliang@tup.tsinghua.edu.cn
课件下载: http://www.tup.com.cn, 010-62770175-4903

印 装 者: 三河市铭诚印务有限公司
经　　销: 全国新华书店
开　　本: 185mm×260mm　　印　张: 22.5　　字　数: 514 千字
版　　次: 2014 年 1 月第 1 版　　印　次: 2023 年 8 月第 8 次印刷
定　　价: 59.80 元

产品编号: 056056-03

前言

20世纪70年代末,中国的改革开放催生了市场经济体制,并将企业推向市场经济大潮。当计划经济体制下成长起来的企业面对陌生的市场经济环境时,学习市场营销理论的冲动便油然而生。市场营销学再次引入中国,便是在那个时刻发生的。从那时起,随着中国市场营销实践不断地深入发展,中国的市场营销学也逐步由引进与吸收走向消化与创新。

市场营销的理论创新是一个不断发展和深化的过程。在这一过程中,一些成熟的理论内容被逐步纳入市场营销学的学科体系,以市场营销学以及营销专业课程的形式呈现出来。而一些尚在探索的理论内容,则短时期难以纳入现有市场营销学的理论体系;还有一些理论内容,虽然相对比较成熟并且可以独立成一门专业课,但囿于课程设置或课时限制,有的学校也没有专门设置该课程。在很多高校,以上这些营销理论内容往往以专题讲座的形式出现。

就我们视野所及,专门针对大学生的营销专题讲座性质的教材目前尚不多见。本书的编写就是想填补这一缺憾,为大学生进一步拓宽理论视野、深入学习市场营销学提供帮助。

当然,国内外市场营销理论创新的内容非常广泛,我们力求通过对市场营销理论创新内容的梳理,选择适合大学本科学生学习的理论专题。我们将这些专题内容称为前沿理论,只是相对于本科学生的学习而言的。显然,这些专题内容只是市场营销理论创新的初级形式,并非硕士和博士研究生乃至市场营销学者进行学术研究的理论前沿的内容。

本书的主要特色体现在以下几方面。

(1) 拓宽学习视野。本书面向工商管理有关专业的本专科学生,将目前一些理论热点且尚未纳入市场营销学或各门专业课程的理论专题,集中呈现在读者面前,便于学生深化对市场营销学的学习,既有利于大学生进行初步的研究探索,撰写毕业论文,也有利于有志深造的大学生作为学术研究的入门资料,进行初步的理论学习和学术训练。

(2) 凸显实践功能。本书以大学生特别是工商管理各专业的大学生为对象,强调理论的实际运用,在理论阐述中紧密联系现实中市场营销的具体问题，重点阐述具有可操作性的理论内容，在每一讲安排引例和案例与思考，以便学生将理论联系实际进行学习，同时在每一章都安排实训题，期望通过实训来模拟相关的市场营销实践活动，锻造学生学以致用的能力。

（3）注重文献梳理。本书力求对每一理论专题的文献进行梳理，勾画每个理论专题的来龙去脉，提升学生阅读和整理文献的能力。在每一专题后都附有反映该专题内容的参考文献。参考文献的选择以国内文献为主，国外文献为辅，主要收录与本专题相关的经典或重要文献，同时也选择相关文献综述以及最早发表的早期文献，以便学生厘清思路和积累资料。

（4）丰富编写样式。鉴于本书的专题讲座性质，每一专题设一讲，每一讲下设若干问题进行阐述，而非标准教科书按章节设置的格式。在正文编写中加入了大量引例、案例、相关链接、延伸阅读、营销故事、人物小传等丰富的内容，力求使全书清新活泼，具有较强的可读性。

本书编写成员由云南财经大学、湖南大学、浙江工商大学、浙江财经大学、中南财经政法大学、中国矿业大学、西安外事学院七所高校的教师组成，大部分为管理学或经济学博士。他们长期从事市场营销学以及营销专题讲座的教学工作，对市场营销学以及营销前沿理论的教学有着深刻的体会和丰富的经验。各讲编写分工是：聂元昆编写第一、二、十三、十六、十九、二十一、二十二、二十四讲；贺爱忠编写第三、十七讲；李颖灏编写第四讲；王建明编写第五讲；纪春礼编写第六讲；钟帅编写第七讲；冯小亮编写第八、二十三讲；李忠飞编写第九、十五讲；范新河编写第十讲；牟宇鹏编写第十一、十二讲；李克芳编写第十四讲；李正雄编写第十八讲；赵金蕊编写第二十讲。全书由聂元昆、贺爱忠拟定全书的编写大纲和体例要求并担任主编，李颖灏和王建明担任副主编。云南财经大学研究生张海军、蔡菲、江书剑、耿楠、田真以及湖南大学研究生宿兰芳参加了有关资料和案例的搜集整理工作。

在本书编写过程中，得到了我国著名市场营销学家吴健安先生、彭星闾先生的关心和指导，在此向二位先生致以崇高的谢忱！本书的编写吸收了国内外广大学者营销理论创新的思想和理论观点，对此深表谢意！本书编写过程中一直得到清华大学出版社及其策划编辑杜星先生的督促和指导，在此深表谢意！

在市场营销理论创新的过程中，一些新的理论命题还会不断产生，已有的理论内容还会不断深化发展，这就要求本书在未来修订时进行及时更新和补充；同时也期望各位任课教师在讲授中酌情增加和补充新的内容；更期望各位同人能系统整理新的理论专题，在本书修订时加入到我们的编者团队中。

由于编者水平有限，本书难免有错漏之处，敬请广大读者批评指正。

聂元昆　nyk526@vip.sina.com
贺爱忠　haz6526@163.com
2013 年 8 月

目录

第一讲　营销前沿理论概述 ·················· 1
　引例 ·································· 1
　本讲知识结构图 ························· 2
　一、营销理论与营销前沿理论 ············· 2
　二、营销文献综述 ························ 6
　三、营销研究方法 ························ 9
　本讲小结 ······························ 11
　思考题 ································ 12
　案例与思考 ···························· 12
　本讲实训 ······························ 13
　参考文献 ······························ 14

第二讲　顾客价值 ························· 15
　引例 ·································· 15
　本讲知识结构图 ······················· 16
　一、顾客价值的含义 ···················· 16
　二、顾客价值的特性与影响因素 ········· 21
　三、顾客价值与生活方式 ················ 22
　四、顾客价值研究的意义 ················ 23
　本讲小结 ······························ 24
　思考题 ································ 24
　案例与思考 ···························· 25
　本讲实训 ······························ 26
　参考文献 ······························ 27

第三讲　关系营销 ························· 28
　引例 ·································· 28
　本讲知识结构图 ······················· 29

Ⅲ

一、关系营销的含义与特点 …………………………………… 29
　　二、关系营销范式及其价值 …………………………………… 32
　　三、关系营销的基本路径 ……………………………………… 35
　　本讲小结 ………………………………………………………… 36
　　思考题 …………………………………………………………… 37
　　案例与思考 ……………………………………………………… 37
　　本讲实训 ………………………………………………………… 39
　　参考文献 ………………………………………………………… 39

第四讲　蓝海战略 …………………………………………………… 41
　　引例 ……………………………………………………………… 41
　　本讲知识结构图 ………………………………………………… 42
　　一、蓝海战略的内涵和理论精髓 ……………………………… 42
　　二、蓝海战略的分析工具与框架 ……………………………… 43
　　三、蓝海战略的制定与执行 …………………………………… 44
　　四、基于蓝海战略视角的营销管理 …………………………… 47
　　本讲小结 ………………………………………………………… 49
　　思考题 …………………………………………………………… 49
　　案例与思考 ……………………………………………………… 50
　　本讲实训 ………………………………………………………… 51
　　参考文献 ………………………………………………………… 51

第五讲　绿色营销 …………………………………………………… 52
　　引例 ……………………………………………………………… 52
　　本讲知识结构图 ………………………………………………… 53
　　一、绿色营销的产生与发展 …………………………………… 53
　　二、绿色营销的内涵和特征 …………………………………… 54
　　三、绿色营销的理论基础 ……………………………………… 56
　　四、绿色市场和绿色消费研究 ………………………………… 57
　　五、绿色营销管理的主要内容 ………………………………… 61
　　本讲小结 ………………………………………………………… 63
　　思考题 …………………………………………………………… 63
　　案例与思考 ……………………………………………………… 63
　　本讲实训 ………………………………………………………… 66
　　参考文献 ………………………………………………………… 66

第六讲　网络营销 …………………………………………………… 68
　　引例 ……………………………………………………………… 68

本讲知识结构图 …………………………………………………………… 71
一、网络营销概述 …………………………………………………………… 71
二、网络营销的创新 ………………………………………………………… 75
三、常见的网络营销方法 …………………………………………………… 79
本讲小结 ……………………………………………………………………… 81
思考题 ………………………………………………………………………… 82
案例与思考 …………………………………………………………………… 82
本讲实训 ……………………………………………………………………… 85
参考文献 ……………………………………………………………………… 85

第七讲　精准营销 …………………………………………………………… 87

引例 …………………………………………………………………………… 87
本讲知识结构图 ……………………………………………………………… 88
一、精准营销的特征与理论基础 …………………………………………… 88
二、精准营销运营体系 ……………………………………………………… 92
三、精准营销的方法和工具 ………………………………………………… 93
四、精准营销的发展趋势 …………………………………………………… 95
本讲小结 ……………………………………………………………………… 96
思考题 ………………………………………………………………………… 96
案例与思考 …………………………………………………………………… 96
本讲实训 ……………………………………………………………………… 97
参考文献 ……………………………………………………………………… 98

第八讲　长尾营销 …………………………………………………………… 100

引例 …………………………………………………………………………… 100
本讲知识结构图 ……………………………………………………………… 101
一、长尾营销及其产生背景 ………………………………………………… 101
二、长尾营销的应用特征 …………………………………………………… 103
三、长尾营销的实施策略 …………………………………………………… 105
四、长尾营销的优劣势分析 ………………………………………………… 106
本讲小结 ……………………………………………………………………… 106
思考题 ………………………………………………………………………… 107
案例与思考 …………………………………………………………………… 107
本讲实训 ……………………………………………………………………… 108
参考文献 ……………………………………………………………………… 109

第九讲　注意力营销 ………………………………………………………… 110

引例 …………………………………………………………………………… 110

本讲知识结构图 …………………………………………………………… 111
一、注意力及注意力经济 …………………………………………………… 111
二、注意力营销及其意义 …………………………………………………… 113
三、注意力营销的基本路径 ………………………………………………… 117
四、注意力营销的误区 ……………………………………………………… 118
本讲小结 ……………………………………………………………………… 119
思考题 ………………………………………………………………………… 119
案例与思考 …………………………………………………………………… 120
本讲实训 ……………………………………………………………………… 121
参考文献 ……………………………………………………………………… 122

第十讲 团购营销 …………………………………………………………… 123

引例 …………………………………………………………………………… 123
本讲知识结构图 ……………………………………………………………… 124
一、团购及其发展形式 ……………………………………………………… 124
二、网络团购概述 …………………………………………………………… 125
三、团购网站的团购营销策略 ……………………………………………… 128
四、传统企业的团购营销策略 ……………………………………………… 133
本讲小结 ……………………………………………………………………… 135
思考题 ………………………………………………………………………… 135
案例与思考 …………………………………………………………………… 136
本讲实训 ……………………………………………………………………… 138
参考文献 ……………………………………………………………………… 138

第十一讲 定制营销 ………………………………………………………… 140

引例 …………………………………………………………………………… 140
本讲知识结构图 ……………………………………………………………… 141
一、定制营销及其特征 ……………………………………………………… 141
二、大规模定制营销的分类 ………………………………………………… 143
三、影响大规模定制的因素 ………………………………………………… 144
四、定制营销的模式及其优劣势 …………………………………………… 145
本讲小结 ……………………………………………………………………… 149
思考题 ………………………………………………………………………… 149
案例与思考 …………………………………………………………………… 149
本讲实训 ……………………………………………………………………… 152
参考文献 ……………………………………………………………………… 152

第十二讲　水平营销 …………………………………………………………… 154

引例 ……………………………………………………………………… 154
本讲知识结构图 ………………………………………………………… 155
一、水平营销及其特点 ………………………………………………… 155
二、水平营销的基本程序 ……………………………………………… 161
三、水平营销的主要技巧 ……………………………………………… 162
本讲小结 ………………………………………………………………… 165
思考题 …………………………………………………………………… 165
案例与思考 ……………………………………………………………… 165
本讲实训 ………………………………………………………………… 166
参考文献 ………………………………………………………………… 167

第十三讲　速度营销 …………………………………………………………… 168

引例 ……………………………………………………………………… 168
本讲知识结构图 ………………………………………………………… 169
一、速度时代与速度经济理论 ………………………………………… 169
二、速度营销及其意义 ………………………………………………… 174
三、速度营销战略 ……………………………………………………… 176
本讲小结 ………………………………………………………………… 178
思考题 …………………………………………………………………… 179
案例与思考 ……………………………………………………………… 179
本讲实训 ………………………………………………………………… 180
参考文献 ………………………………………………………………… 181

第十四讲　协同营销 …………………………………………………………… 183

引例 ……………………………………………………………………… 183
本讲知识结构图 ………………………………………………………… 184
一、协同营销的理论发展与含义界定 ………………………………… 184
二、协同营销的基本动因 ……………………………………………… 187
三、协同营销的类型 …………………………………………………… 189
四、协同营销的方式 …………………………………………………… 190
本讲小结 ………………………………………………………………… 192
思考题 …………………………………………………………………… 192
案例与思考 ……………………………………………………………… 192
本讲实训 ………………………………………………………………… 194
参考文献 ………………………………………………………………… 194

第十五讲　连锁经营 ······ 196

　　引例 ······ 196
　　本讲知识结构图 ······ 197
　　一、连锁经营及其理论基础 ······ 197
　　二、连锁经营的类型 ······ 200
　　三、连锁经营的意义 ······ 201
　　本讲小结 ······ 203
　　思考题 ······ 203
　　案例与思考 ······ 203
　　本讲实训 ······ 205
　　参考文献 ······ 205

第十六讲　体验营销 ······ 207

　　引例 ······ 207
　　本讲知识结构图 ······ 208
　　一、体验与体验经济 ······ 208
　　二、需求变化与体验营销 ······ 211
　　三、体验营销战略与策略 ······ 213
　　本讲小结 ······ 216
　　思考题 ······ 217
　　案例与思考 ······ 217
　　本讲实训 ······ 219
　　参考文献 ······ 220

第十七讲　大客户营销 ······ 221

　　引例 ······ 221
　　本讲知识结构图 ······ 222
　　一、大客户营销的含义与特点 ······ 223
　　二、大客户营销策略 ······ 224
　　三、大客户关系管理 ······ 229
　　本讲小结 ······ 230
　　思考题 ······ 231
　　案例与思考 ······ 231
　　本讲实训 ······ 233
　　参考文献 ······ 233

第十八讲　网络口碑营销 ………………………………………………… 235

引例 …………………………………………………………………… 235
本讲知识结构图 ……………………………………………………… 236
一、口碑营销界说 …………………………………………………… 236
二、网络口碑的类型、构成要素、作用机理及特征 ……………… 238
三、网络口碑营销策略 ……………………………………………… 241
四、网络口碑营销研究的意义及进展 ……………………………… 242
本讲小结 ……………………………………………………………… 245
思考题 ………………………………………………………………… 245
案例与思考 …………………………………………………………… 246
本讲实训 ……………………………………………………………… 247
参考文献 ……………………………………………………………… 247

第十九讲　奢侈品营销 …………………………………………………… 250

引例 …………………………………………………………………… 250
本讲知识结构图 ……………………………………………………… 251
一、奢侈与奢侈品 …………………………………………………… 251
二、奢侈品营销及其原则 …………………………………………… 256
三、奢侈品市场与营销策略 ………………………………………… 258
本讲小结 ……………………………………………………………… 261
思考题 ………………………………………………………………… 262
案例与思考 …………………………………………………………… 262
本讲实训 ……………………………………………………………… 263
参考文献 ……………………………………………………………… 264

第二十讲　非营利组织营销 ……………………………………………… 266

引例 …………………………………………………………………… 266
本讲知识结构图 ……………………………………………………… 267
一、非营利组织概述 ………………………………………………… 267
二、非营利组织营销的含义与特点 ………………………………… 271
三、非营利组织市场营销的内容 …………………………………… 273
四、非营利组织营销的新趋势 ……………………………………… 275
本讲小结 ……………………………………………………………… 277
思考题 ………………………………………………………………… 277
案例与思考 …………………………………………………………… 277
本讲实训 ……………………………………………………………… 280
参考文献 ……………………………………………………………… 280

第二十一讲 城市营销 ························ 282

引例 ························ 282
本讲知识结构图 ························ 283
一、城市营销及其理论发展 ························ 283
二、城市营销与城市竞争力 ························ 286
三、城市营销的战略实施 ························ 290
本讲小结 ························ 293
思考题 ························ 293
案例与思考 ························ 293
本讲实训 ························ 294
参考文献 ························ 294

第二十二讲 营销文化与文化营销 ························ 296

引例 ························ 296
本讲知识结构图 ························ 297
一、文化的含义及本质 ························ 297
二、营销文化 ························ 298
三、文化营销 ························ 302
本讲小结 ························ 306
思考题 ························ 306
案例与思考 ························ 307
本讲实训 ························ 308
参考文献 ························ 309

第二十三讲 营销伦理 ························ 310

引例 ························ 310
本讲知识结构图 ························ 311
一、营销伦理及其意义 ························ 311
二、营销伦理失范及其原因 ························ 314
三、营销伦理的建立与维系 ························ 317
本讲小结 ························ 322
思考题 ························ 322
案例与思考 ························ 322
本讲实训 ························ 323
参考文献 ························ 324

第二十四讲　营销危机管理 ………………………………………… 325
引例 …………………………………………………………………… 325
本讲知识结构图 ……………………………………………………… 326
一、危机与企业营销危机 …………………………………………… 327
二、危机意识及其强化 ……………………………………………… 333
三、营销危机管理及其过程 ………………………………………… 334
本讲小结 ……………………………………………………………… 339
思考题 ………………………………………………………………… 340
案例与思考 …………………………………………………………… 340
本讲实训 ……………………………………………………………… 342
参考文献 ……………………………………………………………… 342

第一讲 营销前沿理论概述

招商银行营销新招——"爱心漂流瓶"

微博营销方兴未艾,微信营销一夜之间已是巅峰重转气象万千。2012年8月18日微信公众平台上线,首次允许媒体、品牌商及名人进行账户认证,并给认证用户更多的手段向粉丝们推送信息。于是,众品牌纷纷抢滩登陆,微博上代理公司也正式挂起了"微信营销"这块招牌,一时间微信成了品牌除官方微博外的另一大互联网营销热地。

从微信的特点看,它重新定义了品牌与用户之间的交流方式。如果将微博看作品牌的广播台,微信则为品牌开通了"电话式"服务。当品牌成功得到关注后,便可以进行到达率几乎为100%的对话,它的维系的能力便远远超过了微博。

"漂流瓶"是微信内置的一个应用。微信官方可以对漂流瓶的参数进行更改,使得合作商家推广的活动在某一时间段内抛出的"漂流瓶"数量大增,普通用户"捞"到的频率也会增加。加上"漂流瓶"模式本身可以发送不同的文字内容甚至语音小游戏等,如果营销得当,也能产生不错的营销效果。

招商银行就利用这个独特的营销新秀发起了"爱心漂流瓶"活动。活动期间,微信用户用"漂流瓶"或者"摇一摇"功能找朋友就会看到"招商银行点亮蓝灯",只要参与或关注招商银行便会通过"小积分,微慈善"平台为自闭症儿童捐赠积分。和招商银行进行简单的互动就可以贡献自己的一份爱心。这种简单却又可以做善事的活动颇为吸引人。

做营销就要与时俱进,随着社会的发展和技术创新,营销观念和营销方式都在不断地发生着改变,商家应当适时调整营销观念和策略,以顺应时代发展的需要。

资料来源:http://wenku.baidu.com/view/fb9254f604a1b0717fd5dd83.html

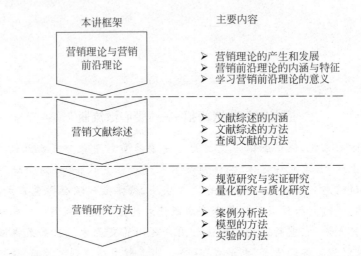

营销理论是在西方企业经营思想和管理实践演进的过程中逐步发展起来的,如今已成为对所有企业具有普遍指导意义的重要理论。市场营销理论是在总结了大量企业经营成功和失败的经验与教训的基础上形成的,营销学者将这种思想进行了提炼、归纳和整理,使其成为大家更容易理解和接受的营销理论。因此,市场营销理论是在对企业经营实践和由实践而产生的经营思想进行广泛考察、深入分析、认真提炼后形成的具有普遍指导意义的经营哲学和操作知识。

现代市场营销理论的发展是社会环境变化的产物,社会环境对营销理论的形成与发展起着决定性的作用。自20世纪80年代以来,由于市场营销实践出现了许多新情况、新问题,市场营销学家们据此提出了许多新观点、新看法,从而使市场营销理论进入新的发展时期。

一、营销理论与营销前沿理论

(一) 营销理论的产生和发展

市场营销学作为一门理论学科,发端于20世纪初的美国(Bartels,1963),它的产生是美国社会经济环境发展变化的产物。19世纪末20世纪初,美国开始从自由资本主义向垄断资本主义过渡,社会环境发生了深刻的变化:工业生产飞速发展,专业化程度日益提高,人口急剧增长,个人收入上升,市场规模迅速扩大。所有这些因素都有力地促进了市场营销思想的产生和市场营销理论的发展。

市场营销思想的发端最初以"农产品的市场营销"的名目出现(Bartels,1988)。最早的市场营销文献当属1901年约翰·富兰克林、克罗威尔所写的产业委员会农产品的报告,报告提出了一些独到的见解,这一报告作为教材一直使用到1920年。

据考证,最早对市场营销思想发展作出贡献的四位学者分别是爱德华·E. 琼斯

(Edward E. Jones)、西蒙·李特曼(Simon Litman)、乔治·M.费斯克(George M. Fisk)和詹姆斯·E.海杰蒂(James E. Hagerty)。他们于1902—1905年间分别在密歇根州、加利福尼亚州、伊利诺伊州和俄亥俄州开设了有关市场营销的课程。而早期对市场营销理论作出贡献的学校主要是威斯康星大学和哈佛大学。

1910年，威斯康星大学的拉尔夫·斯达·巴特勒出版了《市场营销方法》，一两年后，该书更名为《市场营销》，作为此期间该学科领域的唯一教材，被很多学校使用多年。保罗·艾维是第一个出版《市场营销原理》的学者，这部作品标志着市场营销从零散的思想向专门化的理论突破。紧随着艾维之后陆续出版《市场营销原理》的学者很多，如保罗、肯沃斯、弗雷德·克拉克、哈罗德·梅纳德、瓦次特·韦德勒和西奥多·贝克曼等。这些著作在此后三四十年里一直对市场营销理论的发展有着重要影响，这不仅在于他们对市场营销思想体系的创新，而且在于他们不断地对自己的著作进行修改完善。

1931年，美国市场营销协会(AMA)的成立，标志着市场营销的研究已成为一种企业和学术界共同重视的社会活动。在企业实践的推动下，有关营销的文章和论著急剧增加，理论界开始了市场营销理论体系构建的历程。1950年，尼尔·鲍顿(Neil Bolden)提出"市场营销组合"概念，确定了营销组合的12个要素，第一次对市场营销的研究范围进行了较为系统的界定。1960年，麦卡锡(Jerome McCarthy)在鲍顿提出的12项要素的基础上，继承了其师理查德·克莱维特教授关于营销要素的思想，概括性地提出了著名的市场营销4P组合的主张。

第二次世界大战以来，市场营销实践的发展促进了市场营销思想的系统化、科学化，进而推动市场营销科学理论的形成。在这一过程中，营销从思想向理论的转变，促进了营销科学发展的质的飞跃。

1. 4P理论

市场营销理论发展的一个重要时期出现在第二次世界大战以后。在此期间出现了一批对于市场营销学说的发展具有重要贡献的营销学者，其中最值得推崇的是杰罗姆·麦卡锡(Jerome Macarthy)和菲利普·科特勒(Philip Kotler)。1960年，麦卡锡和普利沃特(Prewater)合著的《基础市场营销》第一次将企业的营销要素归结为四个基本策略的组合，即著名的4P理论，即产品(product)、价格(price)、渠道(place)、促销(promotion)。这一理论取代了此前的各种营销组合理论，成为现代市场营销学的基础理论。菲利普·科特勒于1980年出版了《营销管理——分析、计划与控制》一书。它从企业管理和决策的角度，系统地提出了营销环境、市场机会、营销战略计划、消费者行为分析、市场细分和目标市场以及营销策略组合等市场营销的完整理论体系，成为当代市场营销学的经典著作，使市场营销学理论趋于成熟。

1986年，科特勒提出了大市场营销理论，将麦卡锡的4P组合理论扩展为6P组合理论，加上了政治力量(political power)和公共关系(public relations)这两个P。后来，科特勒又将之发展成为10P组合理论，新增的4个P分别为市场研究(probing)、市场细分(partitioning)、目标优选(prioritizing)、市场定位(positioning)。科特勒构思的"大市场营销理论"将市场营销组合从战术营销转向战略营销。

2. 4C 理论

随着市场竞争的加剧，4P 理论已经不能完全反映企业的营销实践。1990 年，美国北卡罗来纳大学劳特伯恩(Robert F. Lauterborn)教授提出了与传统营销的 4P 相对应的 4C 理论，即顾客(consumer)、成本(cost)、便利(convenience)、沟通(communication)。它强调企业首先应该把追求顾客满意放在第一位；其次是努力降低顾客的购买成本；然后要充分注意到顾客购买过程中的便利性，而不是从企业的角度来决定销售渠道策略；最后还应以消费者为中心实施有效的营销沟通策略。4C 理论的提出引起了营销传播界及工商界的极大反响，它注重以消费者需求为导向，与市场导向的 4P 相比，有了很大的进步和发展。

3. 4R 理论

20 世纪 90 年代后期，美国西北大学教授舒尔茨(Don E. Schultz)与人合作的《整合营销传播》(Integrated Marketing Communications, IMC)具有里程碑式的作用，其中提出了 4R 营销新理论，即关联(relevance)、反应(reaction)、关系(relationship)、报酬(reward)。4R 营销理论以关系营销为核心，注重企业和客户关系的长期互动，重在建立顾客忠诚。它既从厂商的利益出发又兼顾消费者的需求，是一个更为实际、有效的营销制胜术。4R 营销理论的最大特点是以竞争为导向，在新的层次上概括了营销的新框架，它根据市场不断成熟和竞争日趋激烈的态势，着眼于企业与客户的互动与双赢。

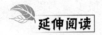

理论的构成要素

理论是由一组逻辑相关的符号要素构成的。这些基本要素包括：基本假设、概念，以及理论框架。了解理论的构成要素，有利于研究者在实际研究中运用理论和建构理论。

(1) 基本假设。理论体系的基本假设要符合世界的本质，基本假设是理论体系的前提，理论体系就是在基本假设的前提下逐次展开的推理或得出的结论。

(2) 概念。概念是对事物或现象的抽象概括，它是一类事物的属性在人们主观上的反映。概念是建构理论的"砖石"和基础，正是经过逻辑地联系起来的概念才最后形成理论。

(3) 理论框架。理论是由一系列概念、命题整合而成的阐述、解释、预测或控制某一现象的结构；框架是对概念之间关系的结构阐述。常见的理论框架大概有下列几种：视角理论框架、假设理论框架、解释理论框架和发现理论框架。

① 视角理论框架是关于研究对象的描述体系，包括了与研究对象有关的概念界定、分类及特征方面的论述。

② 假设理论框架是要验证的一种理论框架，这种框架往往包括了一些需要证实的特点、趋势、规律和关系等。

③ 解释理论框架出现在研究结果之后，是对研究发现和研究结果的解释。研究者可以借用各种现有的理论来解释研究结果和发现，只要逻辑上有其合理性。

④ 发现理论框架是研究者综合文献研究和/或实证研究发现并提出的新的有关研究现象或对象的理论体系。

资料来源：http://www.docin.com/p-539568240.html

(二) 营销前沿理论的内涵与特征

随着世界经济全球化的深入，区域经济一体化的蓬勃发展，以互联网、知识经济、高新技术为代表，以满足消费者需求为核心的新经济迅速发展，营销理论必将根据实践呈现出新的特点。

以信息经济、网络经济和知识经济为特征的新经济时代引领人类进入了瞬息万变的信息社会与个性时代，使得企业的营销环境发生了全面而深刻的变化，而营销领域随之出现的各类新观念又使得营销这门学科呈现出多样化和细分化的趋势。在此背景下，学术界必然提出很多与此相关的营销新观念和新问题，它们大多产自西方的营销实践，在理论研究领域尚未得到深层次的分析和挖掘。于是，总结与归纳新经济背景下营销实践的新思路与新特点是十分必要和必需的，这既能对营销理论的发展趋向有所预计，又能对国内企业界人士的营销实践提供新的思路。

营销前沿理论是指当前营销理论界探索和研究的最新理论问题。营销前沿理论不同于比较成熟和系统的市场营销理论，通常提出的时间不长，尚处于探索和完善过程。

营销前沿理论的特征主要体现在以下几方面。

(1) 不确定性。营销前沿理论中所讨论的营销观点和方法都具有暂时的不确定性，这些观点和方法都是有待学术论证或实践检验的，这为我们深入地探索并发展营销学科奠定了基础。通常较为确定的理论内容已经进入常用的营销学相关教材，直接用以指导学生学习、掌握，这些确定的理论知识一般不再进行研究。市场营销学的基本理论体系，如营销哲学、环境以及营销战略等，这些都是已经经过论证并被学界广泛认同的理论框架，都是确定性的，而在这一确定性的框架下，还需要根据时代和环境的变迁探索新的研究论题，并对其进一步研究论证。

(2) 新颖性。随着时代的变迁和经济的发展，环境不断发生着日新月异的变化。同时，伴随经济发展的营销活动也是不断变化的，在变化之中会引发的新问题，从而导致了新的研究主题或研究方法的产生，而这些正是营销前沿理论应当关注的热点。

(3) 热点性。前沿理论的热点性是指其探索的问题是普遍受到理论界乃至企业界积极关注的，是被大家讨论、思考得最多的问题，而这些问题在当前或者未来都将对学界研究或者企业实践产生一定的影响。因此，这类问题是值得探索和研究的。

(三) 学习营销前沿理论的意义

新媒体与新营销渠道的出现正在为市场营销带来全新的挑战与机遇，企业的营销策略与行为也将因此而发生深刻变革，学术界有待于探索更具灵活性和适应性的营销观点。营销学界一方面要从国内外的营销研究理论中汲取精华，用以指导企业的营销实践；另一方面要结合经济发展转型中的实际环境因素，探索新的营销观点，将其融入和贯通到营销理论与实践中。

随着营销实践的发展，营销的理论研究必将越来越丰富。尽管对于当前理论研究和实践进步的考察并不能够代表营销学的全部进展，但却足以预见营销理论和实践的未来趋向。对于处在不同营销阶段的企业而言，除了要知道最新的标向之外，还要了解和学习向其演进的路径，以便更好地适应自身所处的发展阶段，进而实现提升与超越。

市场营销是研究企业经营活动及行为的学科,营销既包括理论,也包括实践,而理论是用以指导实践的基础。以4P为代表的传统营销理论,目前已研究得较为成熟并被实践所证明。但是,随着科技的发展以及经济环境的变迁,需要审时度势地探索新的营销现象,进一步提出新的营销理论用以指导营销实践,即所谓营销前沿理论。营销前沿理论既包含了传统营销理论体系的核心思想,又涵盖着顺应时代发展的新的营销观念。前沿理论在指导当前和未来营销实践的同时,也是对营销理论体系的完善和创新,而这些创新并非是盲目的,而是在前人研究的基础上进行的。因此,它是科学的,同时这些理论也是有待进一步检验和丰富的。

对于在校大学生而言,尤其是营销专业的本科生,学习前沿理论,掌握市场营销研究的前沿动态,在领会营销理论的同时还能启发其新思路,对其写作并完成毕业论文大有裨益。与此同时,对于那些有意报考营销专业硕士学位考试的学生也有着更重要的指导作用。掌握营销学科的前沿理论,是其进行理论和实践研究的基础。

二、营销文献综述

作为处于学习阶段的在校学生,其自身研究及创新能力尚有待加强和提升,对于前沿理论的学习和掌握主要是通过"文献综述"来实现,通过研读有关学者的营销文献资料来了解目前的研究现状和动态,并从中获得启发。

(一)文献综述的内涵

"文献"是指用文字、图形、符号、音频、视频等技术手段记录人类知识的一种载体。文献的本质实际上是人类积累的知识,只不过是固化在一定物质载体上的知识。因为只有借助这些物质载体,这些知识才能得以保留并加以传播与传承。对于具体研究主题来说,有关文献总是散乱地分布在不同场所的不同载体上,所以必须进行专门的收集整理,才能获得专题研究所需要的、比较充分的文献资料。"综述"是由"综"与"述"两个部分组成。"综"即综合,概括,总结;"述"即描述,评述,述评等。综述即是在综合,概括,总结的基础上进行的描述,评述以及建构。

因此,文献综述就是针对某个研究主题,对与之相关的各种文献资料进行收集整理,对所负载的知识信息进行归纳鉴别,清理分析,并对所研究的问题在一定时期内已取得的研究状况、取得的成果、存在的问题以及发展的趋势进行系统而全面的叙述、评论、建构与阐述。其中,确定一个研究主题、收集整理专题文献、阅读与挖掘文献内容、清理与记述专题研究状况、建构与阐明专题研究发展趋势,是文献综述的主要内涵,也就是我们做文献综述必须完成的主要任务。

(二)文献综述的方法

文献综述是针对某一主题,搜集相关文献并对其进行系统的研读和分析,从而了解该主题的发端、本质、发展趋势以及不足的行为和过程。可以说,文献综述是做营销研究的基本功。但是,由于缺乏针对性的指导和训练,从部分本科甚至是硕士毕业生的毕业论文中反映出的问题是:很多学生不会做文献综述。这些学生在做文献综述的过程中,往往只是罗列、堆积其他研究者的观点,而缺乏对该主题已有观点的追溯、梳理、分析和评述。

可想而知,这样的文献综述是没有任何实际意义的。因此,掌握文献综述的方法是做营销研究不可忽视的基本技能。要做好一篇文献综述,主要有以下几个步骤。

(1) 发现前沿问题。通过大量阅读专业期刊、专著等书籍资料,从中学习相关理论知识和研究方法,结合自己的深入思考,试图提出问题,从而进一步探索新的研究命题。

(2) 追溯理论渊源。在提出问题之后,根据问题系统梳理相关理论脉络,查阅同类主题的已有文献,找出该研究命题的核心概念或观点最先由谁提出,此后又衍生出哪些研究问题,到目前为止该核心研究命题研究到了什么状态或程度。同时,根据文献资料的分析,思考自己提出的问题有无研究的意义。这里需要指出的是,通过大量阅读文献资料激发思考、提出问题是很好的学习方式,但是并不是每一个被激发提出的疑问或者观点都有继续深入研究的必要,对于那些已有研究及定论的研究命题,如果你的研究论点及方法与其一致,那么就不需要再做重复研究。

(3) 归纳理论观点。在大量、深入地阅读文献资料后,对前面研究者的观点和理论进行整理、归纳。通过对已有理论观点的分门别类地梳理,能够更为清晰地发现它们之间的联系和差别,从而发现研究的空白点,这为自己提出新的研究命题奠定了基础。

(4) 评说理论得失。对已有理论进行评述往往是很多同学在文献综述过程中忽略的一步。通过评说已有理论的得失,指明目前研究的空白点,从而引出自己新的研究论点,这才是文献综述所要达到的目的。

(三) 查阅文献的方法

做文献综述与对文献的学习和研究紧密结合在一起,因此,学会查阅文献是我们做研究的过程中首先要解决的根本问题。

前面已经介绍过"文献"的概念,那么在哪里查找文献呢?借助于目前已普及的网络资源,查找各种资料对于我们已经不是一件困难的事。查阅学术文献的资源库有很多,较常用的除了各类网络搜索引擎之外,主要可以通过中国知网的学术数据库来进行。中国知网(CNKI)是一个知识发现网络平台,它面向海内外读者提供中国学术文献、外文文献、学位论文、报纸、会议、年鉴、工具书等各类资源统一检索、统一导航、在线阅读和下载服务。它包含多个数据库,每个数据库都提供初级检索、高级检索和专业检索三种检索功能。

无论是借助网络搜索引擎还是类似于中国知网这样的数据平台,我们都可以根据要查阅资料的需要,通过主题词、关键字、作者等信息查找相关文献,然后根据研究命题对文献进行进一步的筛选。

 相关链接

阅读文献的三大问题:坐不住,记不住,想不开

文献阅读是科研的重要基础,但是并非每一个科研人员都喜欢和擅长看文献。由我自己的切身体会,我认为阅读文献存在的问题可以归纳为三个:坐不住,记不住,想不开。

第一大问题:坐不住

坐不住,指的是不喜欢看文献。为什么我们喜欢看小说,看电视剧,却不喜欢看文献

呢？主要是因为看小说、电视剧更有趣，而看文献却枯燥乏味。怎样才能解决"坐不住"的问题呢？

第一，通过大量阅读使看文献成为自己擅长的事情。人们总是对自己擅长的事情感兴趣，当大量阅读文献之后，积累了某一领域的基础知识，领悟到了阅读文献的方法，再去看文献难度就会降低很多，就容易静下心来读了。此外，在某一领域内阅读了一定量的文献之后，对该领域变得熟悉起来，而熟悉也可以增强兴趣。

第二，带着问题看文献。问题一旦提出，就有了回答的需求。带着问题看文献，满足了自己回答问题的需求，而需求得到满足就会导致快乐，所以带着问题看文献会更有兴趣。

第三，树立明确的目标。例如，一天看一篇文献，或者一周精读一篇文献。树立目标之后，就有了看文献的动力。如果能找到同学和自己树立同样的目标，相互监督、交流，则效果会更好。

第四，用"爱屋及乌"的方法提高兴趣。比如对某一位科学家的熟悉或兴趣，常常也可以转化为对他写的论文的兴趣，这就是"爱屋及乌"。此外，一般大家都有自己感兴趣的领域，看到非兴趣领域的文章，把它与自己感兴趣的领域联系起来，自然就更有兴趣了。

第五，用想象力增强看文献的兴趣。文献的内容虽然是死的，但是可以把它想象成活的东西，可以用它编故事。

第二大问题：记不住

精简记忆内容是提高记忆效率的好方法。我们可以轻松地将记忆内容精简为五分之一，十分之一，但是却不可能提高自己的记忆力五倍，十倍。精简记忆内容还有一个极其重要的好处——可提高自己对事情重要性的判断力。因为在精简记忆内容的时候，需要记忆的一定是重点，需要舍弃的是次要部分。

我们可以把一篇文献精简为一句话，几句话，或者很短的一段话。如果精简为一句话，这句话一般就是结论；如果精简为几句话，除了结论，还要加上关键实验；如果精简为一段话，还需要加上选题的依据，即为什么做这个研究，这个研究有多重要，为什么重要等。

看完一遍暂时记住了之后，不久就会忘记。所以，对于重要文献，定期复习很重要。

与熟悉的事物建立联系是促进记忆的重要方法。所以，看文献的时候，应该尽可能与日常生活和自己熟悉的理论、事物联系起来。经常这样做的话，很快就可以发现，其实大部分道理都是差不多的。

第三大问题：想不开

仅仅记住别人做的研究是不够的。科研的灵魂是创新，即使你能看完并记住成千上万篇文献，如果不能做出好的研究，只是浪费时间。"想不开"，指的是看了文献没有想法，没有收获。

怎样才能算是"想得开"了呢？看完一篇文献，能够提出问题，产生新的想法，对自己的课题有启发，或者指明了新的研究方向。带着问题看文献很重要，看了文献之后思考问题更重要。如果看完后没有问题，那么就依次回答以下几个问题。

1. 本文有多重要，为什么？

判断研究重要性的能力是科研鉴赏力的主要构成。只有不断地对文献和研究的重要性进行判断，才能逐步培养出自己的判断力。阅读文献应该从经典文献开始，并弄清楚经典文献重要的原因。

2. 作者为什么能想到这个选题？我能够想到吗？

决定科研人员水平的关键就是选题。选题关注三点：创新性、重要性和可行性。分析别人为什么能想到这个选题，可以使自己得到启发，将来也能想到好的选题。假设自己置身于作者的处境，了解作者知道的一些背景知识，问自己：我能够想到这个选题吗？如果可以，怎样想到？如果不可以，为什么？

3. 本文解决了什么问题，提出了什么新的问题？

几乎所有文献都是要解决一个科学问题。但是，科研是无止境的，一个问题的解决，往往导致许多新的问题产生。看完一篇文献，要问自己：本文解决了什么问题？这个问题有多重要？这个问题的解决产生了哪些新的问题？其中哪个是最重要的？

4. 本文对自己课题有何启发？

创造力的关键就是建立联系。看完一篇文献，一定要与自己做的课题或者将来打算做的东西联系起来，问自己：本文对我的课题有何启发？哪些地方可以为我所用？

5. 将来的发展方向是什么？

只有不断地对未来进行预测，才可以养成预测未来的习惯和提高自己对未来的预测能力。看完一篇文献之后，要思考：这个领域今后的发展方向有哪些？其中哪一两个是最重要的？

6. 本文有哪些不足？怎样改进？

金无足赤，人无完人，一篇文章写得再好也有缺点。能够发现高水平论文的缺点，不仅是自己科研水平的体现，也可以防止自己犯类似的错误，因此也可以提高自己的科研水平。所以看完文献之后应该思考文章有哪些不足，应该怎样改进。

7. 我有哪些新的想法？

回答完前面的问题之后，自然就想得开了，也会产生一些新的想法。这些新的想法可以作为自己的研究命题。

资料来源：http://blog.sciencenet.cn/blog-2068-500206.html

三、营销研究方法

研究方法是指在研究中发现新现象、新事物，或提出新理论、新观点，揭示事物内在规律的工具和手段。研究方法是人们在从事科学研究过程中不断总结、提炼出来的。由于人们认识问题的角度、研究对象的复杂性等因素，而且研究方法本身处于一个在不断地相互影响、相互结合、相互转化的动态发展过程中，所以对于研究方法的分类目前很难有一个完全统一的认识。

（一）宏观分类

根据研究活动的特征或认识层次，可以分为规范研究方法和实证研究方法。规范研究是指根据一定的价值判断为基础，提出某些分析处理问题的标准，树立相关理论的前提,作为制定社会活动政策的依据,并研究如何才能符合这些标准。它要回答的是"应该是什么"的问题。这种方法主要依据一定的价值判断和社会目标,来探讨达到这种价值判断和社会目标的步骤。实证研究方法是科学实践研究的一种特殊形式。其依据现有的科学理论和实践的需要,提出设计,利用科学仪器和设备,在自然条件下,通过有目的、有步骤地操纵,根据观察、记录、测定与此相伴随的现象的变化来确定条件与现象之间的因果关系的活动。主要目的在于说明各种自变量与某一个因变量的关系。

根据研究手段的不同,可以分为质化研究方法和量化研究方法。质化研究也称为定性研究,是对研究对象进行"质"的方面的分析。具体而言,是指运用归纳和演绎、分析与综合以及抽象与概括等方法,对获得的各种材料进行思维加工,从而能去粗取精、去伪存真、由此及彼、由表及里,达到认识事物本质、揭示内在规律。量化研究也被称为定量研究,是指确定事物某方面量的规定性的科学研究,就是将问题与现象用数量来表示,进而去分析、考验、解释,从而获得意义的研究方法和过程。定量,就是以数字化符号为基础去测量。定量研究通过对研究对象的特征按某种标准作量的比较来测定对象特征数值,或求出某些因素间的量的变化规律。由于其目的是对事物及其运动的量的属性作出回答,故名定量研究。定量研究与科学实验研究是密切相关的,可以说科学上的定量化是伴随着实验法产生的。

(二) 具体分类

以往,国内学界对于营销的研究多以定性研究为主,常采取案例分析的方式,且所采用的例子也较为简短。而在营销学研究发展的过程中,国外营销学研究方法越来越与自然科学的研究方法相接近。随着国内外学术活动的交流与合作,国内学者们对于营销学的研究方法也逐步向国外营销学研究方法学习和借鉴,使得对于营销学的研究更为科学和严谨。总结下来,营销的研究方法主要有以下几种。

1. 案例分析法

案例分析法又称作个案研究法,是指认定研究对象中的某一特定对象,加以调查分析,弄清其特点及其形成过程的一种研究方法。个案研究有三种基本类型:(1)个人调查,即对组织中的某一个人进行调查研究;(2)团体调查,即对某个组织或团体进行调查研究;(3)问题调查,即对某个现象或问题进行调查研究。

这一方法在市场营销的研究中常常用到,即对市场营销中特定目标、一定规模、具体事件案例就某一侧面进行剖析,深入讨论。这种专题式研究便于学生对某一问题的深层把握和透彻了解。

2. 模型的方法

模型法是先依照原型的主要特征,创设一个相似的模型,然后通过模型来间接研究原型的一种形容方法。根据模型和原型之间的相似关系采用模拟法,模拟法可分为物理模拟和数学模拟两种。模型方法作为一种现代科学认识手段和思维方法,所提供的观念和印象,不仅是人们获取知识的条件,而且是人们认知结构的重要组成部分,在学校自然科学日常教学中有着广泛的应用价值和意义。模型方法是以研究模型来揭示原型的形态、特征和本质的方法,是逻辑方法的一种特有形式。

在实际营销问题中要构造的模型主要有实证性模型和理论性模型。实证性模型是根据营销活动中的具体问题建立一个数学模型,依据一定的理论基础,设定相应的参数,通过假设检验对整个方程进行解释力检验,进而用以解释实际的营销问题。理论性模型是一种逻辑性的模型,如博弈论中的激励模型、竞争理论中的寡头博弈模型等。这些模型的建立需要一些简化的假设,进而分析营销活动中各方的行为,如果模型分析的结论得到实证资料和实证模型的证实,就接受这种理论模型;否则就放弃这种理论。

3. 实验的方法

实验的方法最先由国外的营销研究广泛使用,国内相关学者随后积极引进学习。实验法作为市场调查研究的方法在绝大部分教材中都有介绍。其操作的步骤主要是:首先,提出一个结论性的假设;其次,为了验证假设,再进一步设计相应的实验,通过实验得到具体的数据;再次,对获取的数据进行统计分析处理,如计算均值、标准差,差异性检验等,由此来判断前面假设的正确性。事实上,在市场营销研究的相关文献中,同一篇文章中常常进行多个实验,从不同的角度测试实验结果,以判断假设的正确性。

市场营销理论的发展经历了"从无到有,从提出到完善,再到更新理论形成"的这一过程。4P 理论、4C 理论、4R 理论的相继出现是历史发展的必然,它们之间的关系也并非简单的相互取代,随着经济的发展,必然会有越来越多的新的营销理念涌现出来,互相补充和完善。因此,在对市场营销基本理论学习的过程中,也要把握前沿理论的可能性方向。

本课程以国内外营销相关理论研究文献为基础,结合当前社会经济发展及营销实践的现状,梳理营销学界提出的较新营销观点和理论,对其进行深入分析讲解。目前,学界讨论的营销前沿理论及观念有如百花齐放,多而繁复。针对本科学生的学习,本书将梳理其中目前已有一定定论的理论观点进行讲解。

鉴于本课程的特点,要求学生在学习的过程中大量阅读相关文献,在阅读文献的过程中提出自己的问题与见解,对相关问题进行深入思考。同时,在课内外的学习中,建议学生对所学问题进行积极讨论,这既是对所学知识的巩固,同时也能启发新思维。需要指出的是,营销前沿理论只是营销理论研究的一个引子,希望通过这门课程的学习能引起学生对于市场营销研究的兴趣,启发新思路,拓展新视野,为更加深入的理论和实践研究奠定基础。

本讲小结

根据市场需要组织生产产品,并通过销售手段把产品提供给需要的客户被称作营销。营销学是关于企业如何发现、创造和交付价值以满足一定目标市场的需求,同时获取利润的学科。麦卡锡和普利沃特将企业的营销要素归结四个基本策略的组合,即 4P 理论:产品(product)、价格(price)、渠道(place)、促销(promotion),这一理论取代了此前的各种营销组合理论,成为现代市场营销学的基础理论;劳特伯恩教授提出了与传统营销的 4P 相对应的 4C 理论,即顾客(consumer)、成本(cost)、方便(convenience)、沟通(communication);舒尔茨提出了 4R 营销新理论,即关联(relevance)、反应(reaction)、关系(relationship)、报酬(reward)。

营销前沿理论是指当前营销理论界探索和研究的最新理论问题。营销前沿理论的特征主要体现为：不确定性、新颖性、热点性。前沿理论在指导当前和未来营销实践的同时，也是对营销理论体系的完善和创新，而这些创新并非盲目的，都是在前人研究的基础上进行的。

文献综述法是对文献内容进行系统的定量分析，通过研究内容与特定主题之间的关系，理顺或测度文献中本质性的实施和趋势。做文献综述的要点是：发现前沿问题，追溯理论渊源，归纳理论观点，评说理论得失。

研究方法是指在研究中发现新现象、新事物，或提出新理论、新观点，揭示事物内在规律的工具和手段。宏观上，根据研究活动的特征或认识层次，可以分为规范研究方法和实证研究方法；根据研究手段的不同，可以分为质化研究方法和量化研究方法。具体而言，营销的研究方法主要有：案例分析法、模型的方法以及实验的方法。

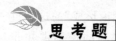

1. 什么是营销理论？它与实践的关系是什么？
2. 什么是营销前沿理论，它有哪些特征？
3. 如何掌握营销前沿理论？
4. 研究营销前沿理论有何意义？
5. 文献综述的内涵是什么？做文献综述需要注意哪些要点？
6. 研究方法如何分类？营销研究的方法主要有哪些？

新营销时代：元洲装饰掀起"爱家"风

现今的科学技术日新月异，也引领营销的战略、战术、方法、模式、理论等也随之风生水起，与高科技并肩前进。营销需要广告为其联结顾客，建立强势品牌，并且向潜在顾客与目标顾客群体提供价值、传播价值、塑造企业与产品形象，最后创造成功的长期成长。

有这样一句脍炙人口的广告语，"以家为本，将爱一生"。家是温馨的港湾，家是幸福的源泉，家是梦想的天堂。元洲装饰以"家"和"爱"，打造深具感染力与震撼力的家居文化。

元洲装饰（集团）成立于1997年，历经十余年的稳健发展，现已成为集家居装饰设计、家居产品设计、家居体验式卖场于一体的大型家居装饰企业，服务网络遍布全国。

一、以家为本，植入式营销展开有效传播

在中国电影如火如荼市场上，有两部电影让人回味无穷。一部是《杜拉拉升职记》，代表现代女性的勤劳、独立、聪明、追求事业与爱情成功的一种新时尚，新潮流。另一部是《将爱情进行到底》，反映现代恋爱与婚姻的美好、幸福，并且这份美好与幸福，要去真心经营，真心浇灌才能开出"爱"的花朵。元洲装饰正是在这两部电影中采取了"植入式营销"

策略。所谓植入式营销,是指企业把产品与服务,用特定的符号以视听的方式融入电视、电影、游戏、网游、网络视频等及舞台产品的一种新的营销广告形式,给受众留下深刻印象,以达其营销目的。在这两部生活题材的影片中,你会发现元洲装饰集团的植入式营销的植入物——"元洲装饰"字样的标识与品牌名称等。这是新时代营销的成功营销典范与睿智。元洲装饰这样做的目的,就是向受众与顾客们传递"家"的温暖与"爱"的价值。同时,也把这种"爱家"的文化与价值传播开来。有"爱",就有"家"。

二、将爱一生,微博营销传递顾客终身价值

新兴营销方式,主要是随着互联网技术的兴起与普及而进行的一种营销手段与活动。它利用网络这种新媒体与数字化信息技术,使网络受众接收到以文字、图片、视频、音频等形式传递的信息,从而达到与顾客沟通的目的。这是通过互联网创造营销价值的新方式、新方法和新理念。网络营销最时尚、最流行的莫过于很贴近民众的微博营销。

元洲装饰通过利用微博营销的电子营销渠道,向目标顾客群体提供了互动性与个性化的良机。元洲装饰可以更好、更多地与目标顾客群体互动、对话,进行卓有成效的沟通与交流,借机传递顾客终身价值。元洲装饰知道网络营销的效果,那些年纪很轻、受过高等教育拥有高学历、高收入的目标顾客群体在互联网微博上消耗的时间要明显超过其他传统媒体(电视、电影、杂志、广播、广告等)的消耗。微博营销方式,能减少产品与服务的推销成本,加载的信息能迅速被目标顾客群体所视听,并且传播广泛。

资料来源:http://info.china.alibaba.com/detail/1048783101.html

案例思考:分析元洲装饰的营销策略,对你有哪些启示?

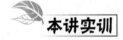

本讲实训

一、实训目的

1. 强化学生对营销理论的内涵与特征的理解。
2. 使学生认识到研究营销前沿理论的重要性。
3. 理解并掌握营销研究方法。

二、实训内容

利用学校的图书馆、电子资料数据库及网络学习资源,重点查找某一个营销研究主题,深度阅读文献,尝试做一篇该主题的文献综述;对于暂不能掌握文献综述方法的同学,阅读相关文献后,写一篇个人的学习体会。

三、实训组织及步骤

1. 教师明确实训目的、任务,介绍查找文献及做文献综述的方法。
2. 全体学生各自作业,但是鼓励同学间对于相关问题相互交流讨论,或向任课老师请教。
3. 该作业在三周之后提交,任课老师将对每份作业进行评审。
4. 任课老师在作业全部评审完后,将针对作业中反映出来的问题进行点评和总结。

参考文献

[1] "21世纪中国管理学发展研究"课题组.中国市场营销学研究的现状分析[J].学习与探索,2007,168(1):161-165.
[2] 陈晓萍,徐淑英,樊景立.组织与管理研究的实证方法[M].第2版.北京:北京大学出版社,2012.
[3] 郭国庆,成栋.市场营销新论[M].北京:中国经济出版社,2005.
[4] 郭菊娥,席西民.我国管理科学研究的回顾与发展展望[J].管理工程学报,2004(3):51-54.
[5] 何佳讯,卢泰宏.论中国营销的转型方向与研究方法[J].中国流通经济,2003(3):45-48.
[6] 金晓彤,王天新,王贺峰.营销理论与实践的前瞻性探析[J].商业研究,2011,3(407):1-5.
[7] 菲利普·科特勒.营销管理[M].第13版.卢泰宏,高辉,译.北京:中国人民大学出版社,2009.
[8] 李东进,王大海.中国大陆营销研究现状及发展趋势[J].营销科学学报,2008,4(3):107-121.
[9] 刘颐权.营销理论发展过程中的三次根本性飞跃[J].江苏商坛,2005(4):65,66.
[10] 罗国民.中国市场营销发展趋势探索[J].南开管理评论,2000(2):12-18.
[11] 欧阳桃花.试论工商管理学科的案例研究方法[J].南开管理评论,2004(2):100-105.
[12] 宋永高.国外营销学研究方法介绍[J].嘉兴学院学报,2001,11(6):43-46.
[13] 王丽萍,陈爱玲.市场营销发展的趋势及应对措施[J].经济师,2004(12):180,181.
[14] 王世革.市场营销发展新趋势探讨[J].管理学家,2013(6):35.
[15] 汪涛,徐岚.新营销理论的发展与整合[J].商业经济与管理,2002(2):20-23.
[16] 王雪冬,董大海.实证与案例研究方法在中国营销学中的应用[J].科技与管理,2012,14(2):55-60.

顾客价值

第二讲

超级奎因

超级奎因（Superquinn）是爱尔兰最大的连锁超市，它的创立者费格尔·奎因（Feargal Quinn）是爱尔兰的大师级营销人物。商场入口处安排了迎宾和帮助顾客，甚至会提供咖啡，下雨时提供雨伞以及安排停车。部门经理在通道处与顾客互动并回答问题。超市中有一个高质量的沙拉吧，每小时会有新鲜面包出炉，还提供商品何时到达的信息，包括提供这些商品的农民的照片等。超级奎因还有一个儿童看护中心。它还为顾客发放会员卡，可按购买数量积分，发现商场任何错误也可积分，如发现破了的罐头或坏了的西红柿。这种会员卡在许多其他公司（银行、加油站等）也能使用，顾客在这些地方消费时也能积分。由于这一切都超出了顾客的一般期望，超级奎因为许多人所喜爱，获得了一种狂热的追捧，超级奎因的经营理念和发展态势为业界所瞩目。2011年，爱尔兰商业巨头马斯格雷夫集团（Musgrave Group）花费重金将其纳入麾下。

资料来源：http://www.superquinn.ie/aspx/Content.aspx?id=866

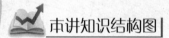

本讲知识结构图

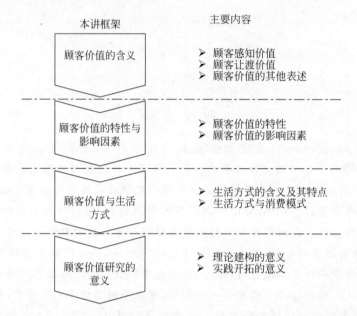

正如超级奎因的经验所表明的那样,顾客充分满意是企业营销活动成功的关键。公司如何能赢得顾客并战胜对手,答案在于更好地工作以满足或者超越顾客的期望。

市场营销是关于满足顾客需求与欲望的一门学科,营销活动的核心就是通过交换行为让渡顾客价值并达到顾客满意。顾客的满意状态是对于营销行为所传递、承载的顾客价值的衡量,顾客价值的提升与维系关系着顾客满意的持续创造。激烈竞争的经济中,随着理性顾客数量变得越来越多,他们面临的选择也越来越多。只有对价值交付过程进行调整,并选择、提供和沟通顾客所能接受的价值,企业才能赢得优势。

一、顾客价值的含义

自 20 世纪 80 年代以来,西方一些营销学者提出了顾客价值的概念,并对其内涵进行了阐述。不同的学者对顾客价值有着不同理解,这也说明了顾客价值内涵的丰富性。尽管不同的学者分别采用的是价值、顾客感知价值、顾客让渡价值等不同的术语,但本质上他们都是为了更全面而深刻地阐述顾客价值的概念。

价值研究起源于古典经济学,在古典经济学家的研究中,价值是商品的一个重要性质,它代表该商品在交换中能够交换得到其他商品的多少,价值通常通过货币来衡量,成为价格。古典经济学的核心是劳动价值理论,从斯密到李嘉图再到马克思无不以劳动价值理论作为自己理论的核心。

在马克思的政治经济学研究中,价值就是凝结在商品中无差别的人类劳动,即商品价值。马克思还将价值分为使用价值(给予商品购买者的价值)和交换价值(使用价值交换的量)。使用价值是物品的自然属性,任何物品要想成为商品都必须具有可供人类使用的价值。

自边际革命以后,新古典经济学完全放弃了劳动价值理论,更多的是采用效用价值理论。效用价值论认为,消费者购买商品是为了满足物质和精神的需要,商品价值由该商品效用决定的,效用是指物品能满足人们欲望的能力。由于商品的效用对于消费者具有边际递减的性质,因而消费者愿意付出的价格会随商品供给量的增加而减少。从价格形成的角度看,效用价值论更偏重于从商品的销售环节来分析价格。

1954年,彼得·德鲁克(Peter Drucker)提出"营销的真正意义在于了解对顾客来说什么是有价值的"。换言之,德鲁克认为:顾客购买和消费的绝不是产品,而是价值。从理论上看,德鲁克将效用价值论的思想延伸到营销领域。德鲁克的观念得到学术界和企业界的广泛响应后,为不断寻求新的以及可持续的竞争优势,人们做出了积极的理论与实践探索。

人物小传

彼得·德鲁克

彼得·德鲁克(1909—2005)生于维也纳,先后在奥地利和德国受教育,1929年后在伦敦任新闻记者和国际银行的经济学家。1931年获法兰克福大学法学博士学位。1937年移民美国,曾在一些银行和跨国公司任管理顾问。1946年他将心得成果写成《公司的概念》一书出版,对企业组织与结构有独到分析。1950年起任纽约大学商学院管理学教授。德鲁克在1954年出版的《管理实践》首次将管理学开创成为一门学科,奠定了他的管理大师地位。1966年出版的《卓有成效的管理者》成为"管理者必读的经典之作"。1973年出版的《管理:任务、责任、实践》则是一本奉献给企业经营者的系统化管理手册和教科书。他一生出版著作30多本,传播并畅销至全球130多个国家或地区。2002年,德鲁克获得美国公民最高荣誉奖"总统自由勋章"。

德鲁克最受推崇的是他的原则、概念及发明,主要包括:将管理学开创成一门学科;目标管理与自我控制是管理哲学;组织的目的是为了创造和满足顾客;企业的基本功能是营销和创新;高层管理者在企业策略中的角色;成效比效率更重要;分权化;民营化;知识工作者的兴起;以知识和资讯为基础的社会等。

资料来源:http://baike.baidu.com/view/28030.htm

(一)顾客感知价值

1988年,载瑟摩尔(Zaithaml)首先从顾客心理的角度提出了顾客感知价值(customer perceived value,CPV)理论。他将顾客感知价值定义为顾客所感知到的产品的利得与利失而形成的对产品效用的整体评价。顾客感知价值的核心是感知利益(perceived benefits)与感知付出(perceived sacrifices)之间的权衡。

载瑟摩尔根据调查,总结出顾客价值的四种含义。

1. 价值是低廉的价格

一些顾客将价值等同于低廉的价格,表明在其价值感受中所要付出的货币是最重要的。

2. 价值就是消费者对产品的预期

与关注付出的金钱不同,一些顾客将从服务或产品所得到的利益看作最重要的价值因素。

3. 价值是产品的性价比

有的顾客将价值概念化为"付出的金钱"与获得的"质量"之间的权衡。

4. 价值是消费者所感知的产品的利得与利失

一些顾客描述价值时考虑的既有其付出的因素(时间、金钱、努力),又有其得到的利益。

根据顾客对价值的这四种表达可以看出:顾客感知价值是顾客基于其所得和付出而对产品或服务效用的总体评价。虽然所得会因顾客而异(有些可能关注数量,另一些强调高质量,还有的顾客更看重便利性),付出也有不同(如一些顾客只关心所付出的金钱,一些则关心所付出的时间和努力);但是顾客价值都表示了从产品或服务中所获利益与购买、拥有或使用时所付出代价的权衡这一含义,顾客会根据感受价值作出购买决定,并不是单单意味着低价格。

(二) 顾客让渡价值

科特勒从让渡价值角度来剖析顾客价值,提出顾客让渡价值(customer delivered value,CDV)的概念,并将其定义为潜在顾客评估一个产品、服务或其他选择方案整体所得利益与所付成本之差(见图 2-1)。整体顾客利益是顾客从某一特定的产品或服务中,由于产品、服务、人员和形象等原因,在经济性、功能性和心理性上所期望获得的一组利益的认知货币价值。整体顾客成本是顾客在评估、获得、使用和处理该产品或服务时发生的一组认知成本支出,包括货币成本、时间成本、精力成本和心理成本。

延伸阅读

宜家家居(IKEA)于 1943 年创建于瑞典,"为大多数人创造更加美好的日常生活"是宜家公司自创立以来一直努力的方向。宜家品牌始终和创造最大顾客价值联系在一起并秉承"为尽可能多的顾客提供他们能够负担,设计精良,功能齐全,价格低廉的家居用品"的经营宗旨。宜家拥有出色的全球采购和供应链系统,保证了以低廉的价格提供优质的北欧风格家具。

宜家的经营理念:

(1) 美好生活:宜家商业理念是提供种类繁多、美观实用、老百姓买得起的家居用品。

(2) 产品系列:宜家产品系列种类繁多。

(3) 低廉价格:以低价格制造好产品。

(4) 瑞典传统:瑞典设计方法是宜家产品系列的基础。

由于宜家能够给消费者传递较高的顾客价值并且在消费者购买过程中耗费较低的顾客总成本,宜家的产品在全世界范围内得到广泛认可,至 2012 年宜家家居在全球 41 个国家和地区拥有 330 个商场。宜家产品以瑞典的家居风格完美再现大自然,产品设计精良、持久耐用、朴实无华,给人以简约、自然、清新之感,并影响着中国客户使之成为宜家的传播者。

资料来源:http://www.ikea.com/cn/zh/

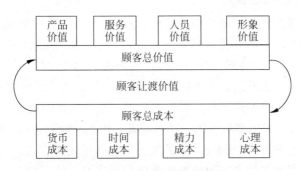

图 2-1 顾客让渡价值示意图

顾客让渡价值的测量可以归纳为如下公式:

$$\begin{cases} CDV = f(P_d, S, P, I) - f(M, T, C) & \text{绝对数表示} \\ CDV = f\dfrac{(P_d, S, P, I)}{f(M, T, C)} & \text{相对数表示} \end{cases}$$

其中整体顾客价值 $TCV = f(P_d, S, P, I)$,是一个关于产品价值为 P_d,服务价值为 S,人员价值为 P,形象价值为 I 的函数;整体顾客成本 $TCC = f(M, T, C)$,是关于货币成本为 M,时间成本为 T,体力和精力成本为 C 的函数。绝对数表示的 CDV 侧重于顾客让渡价值量的测量,而相对数表示的 CDV 侧重于顾客让渡价值质的测量,即顾客所付出的单位成本所获得的顾客价值。该方法明确了顾客价值形成的基本等式,且进一步指出了企业增加顾客价值的途径,即通过增加顾客总价值与削减顾客总成本提高顾客让渡价值,顾客让渡价值由此成为市场营销的核心。

 人物小传

菲利普·科特勒

菲利普·科特勒(Philip Kotler)是当代世界营销学权威之一,也是美国西北大学凯洛格管理研究生院庄臣公司资助的杰出国际营销学教授。他曾获得芝加哥大学经济学硕士和麻省理工学院经济学博士学位,还在哈佛大学、芝加哥大学从事过数学、行为科学方面的博士后工作。

科特勒博士出版了许多成功著作,主要有《营销学原理》、《营销学导论》、《营销管理》、《非营利机构营销学》、《新竞争》、《营销专业服务》、《医疗保健营销学》、《教育机构的战略营销》、《高视野》、《社会营销学》、《营销地点》、《营销集合》、《营销模型》、《国家营销》、《水平营销》等。此外,他还在一流刊物上发表了100多篇论文。作为营销领域的杰出领先者,他获得过许多重大奖项,并且是唯一得过三次"阿尔法·卡帕·普西奖"的学者,该奖是专门奖励发表在《营销学杂志》上最优秀年度论文作者的。

科特勒教授现任美国市场营销协会理事,并为多家美国或国外的著名公司做营销管理战略方面的顾问和咨询工作。

资料来源：http://baike.baidu.com/view/175448.htm

（三）顾客价值的其他表述

詹姆斯·安德森等人对营销活动中的价值进行定义，认为价值是顾客以一定价格购买某种市场提供物而获得的以货币形式表示的经济、技术、服务、社会利益；这种利益是指"净利益"，它是顾客获得的利益与为此而付出的成本（不包括价格）的比较。

盖奥则认为：顾客基于认知到的价值进行购买，价值建立的基础是顾客对预期得到的利益与预计要支付的成本的比较。顾客对他们可选择的产品进行这种利益和成本的比较，然后选择利益对成本比率最高的产品或服务。因此，他将顾客价值区分为两大维度：感知质量（利益）和感知价格（成本）。质量维度下包括促使顾客进行购买的产品的属性；成本维度下包括顾客支付的真实的成本和感知到的成本。

伍德拉夫基于信息处理的认知逻辑，提出了顾客价值的三层次模型（见图2-2）。这个模型认为，最低层次的顾客价值是顾客期望的产品属性及其性能，顾客在购买产品时，首先会考虑这些因素；第二层的顾客价值是顾客在购买和使用产品时，顾客对产品属性实现预期结果的能力形成的期望和偏好；第三层的顾客价值是指顾客对其目标的实现能力形成的期望。

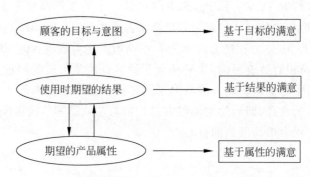

图2-2 伍德拉夫顾客价值三层次模型

拉伍德和格鲁罗斯认为，顾客在感知价值的过程中，不仅关注企业提供的产品和服务，也关注其与企业的持续关系所创造的价值，这就是关系价值（relationship value）。以往的顾客价值理念只关注企业与顾客交易的一个片段，也即情境片段（episode）。但由于关系是一个长期的过程，顾客价值将在一个长时间内出现，也就是在价值过程中存在着"全情景价值"（total episode value）。可以通过公式表述如下：

$$全情景价值 = \frac{情景利得 + 关系利润}{情景利失 + 关系利失}$$

同时，价格是个短期概念，原则上在核心产品送货时交付。但是，关系成本则是随着关系的发展发生的，而且边际成本呈递减趋势。核心产品和附加服务的效用也是在关系的发展过程中体现出来的。

$$顾客感知价值 = \frac{核心产品 + 附加服务}{价格 + 关系成本}$$

而附加价值也是随着关系的发展而显现出来的。而且,附加价值并不都是有益的,它有可能损害核心价值,如拖延的交货。

$$顾客感知价值 = 核心产品 \pm 附加价值$$

二、顾客价值的特性与影响因素

(一) 顾客价值的特性

1. 感知性

价值是主观的,它虽然与产品的价格、质量等相关,但它更多的是顾客心中的价值,是顾客的主观感受,即决定顾客价值的最终标准应该是对顾客特定需求满足的契合程度,顾客才是顾客价值的最终评判者。

2. 情境性

顾客价值是基于特定情境的。在不同的情境下,顾客的个人偏好和对价值的评价会有显著的差异,即使是同一顾客也可能在不同的情境中对同一产品进行不同的评价,顾客价值与产品的特定使用情境具有高度的相关性。

3. 权衡性

顾客价值总地来说是顾客在购买产品或服务的过程中的所得与付出之间的一种权衡。

(二) 顾客价值的影响因素

伍道以及汤尼将可能对顾客价值感知过程产生影响的因素归结为四类:

(1) 基于产品的因素,包括感知产品功效、感知风险、感知代价等。
(2) 基于顾客的因素,包括价值观、经验、个人情况等。
(3) 基于市场的因素,主要包括实用性、竞争性、感知资产。
(4) 基于消费过程的因素,包括消费环境、所处的消费周期阶段等。

延伸阅读

营销近视症

营销近视症(marketing myopia)是著名的市场营销专家、美国哈佛大学管理学院西奥多·莱维特(Theodore Levitt)教授在1960年提出的一个理论。营销近视症就是不适当地把主要精力放在产品上或技术上,而不是放在市场需要(消费需要)上,其结果导致企业丧失市场,失去竞争力。这是因为产品只不过是满足市场消费需要的一种媒介,一旦有更能充分满足消费需要的新产品出现,现有的产品就会被淘汰。同时消费者的需求是多种多样的并且不断变化,并不是所有的消费者都偏好于某一种产品或价高质优的产品。李维特断言:市场的饱和并不会导致企业的萎缩;造成企业萎缩的真正原因是营销者目光短浅,不能根据消费者的需求变化而改变营销策略。

资料来源:http://wiki.mbalib.com/wiki/%E8%90%A5%E9%94%80%E8%BF%91%E8%A7%86

三、顾客价值与生活方式

20世纪70年代起,西方市场营销学界兴起了以社会长远利益为中心的社会营销观念。社会营销观念认为,企业应认识到它们不能把焦点只集中于企业内部,而忽视顾客和环境的需要。现实的市场环境要求企业营销活动所关注的焦点已经不再是产品本身,而是通过各种营销策略构建产品的文化与符号意义,以契合与之相对应的生活方式。因此,掌握消费者的生活方式,找出市场需求,生产适应需求的产品和提供适宜的服务,最大限度地满足与消费者独特生活方式相适应的需求,已经成为企业获得持续竞争优势的重要选择。

(一)生活方式的含义及其特点

生活方式是由马克斯·韦伯提出的,它是指不同的个人、群体或全体社会成员在一定的社会条件制约和价值观念指导下所形成的满足自身生活需要的全部活动形式与行为特征的体系。它包括人们的衣、食、住、行、劳动工作、休息娱乐、社会交往、待人接物等物质生活和精神生活的价值观、道德观、审美观,以及与这些方式相关的各个方面。

Feldman和Thielbar(1971)概括了生活方式的四个特点:

(1) 生活方式是一种群体现象。一个人的生活方式受到他所在的社会群体以及与其他人之间的关系的影响。

(2) 生活方式覆盖了生活的各个方面。一个人的生活方式使他在行为上表现出连贯性,所以当我们知道一个人在生活的一个方面的行为方式,就可以推断他在其他方面的行为方式。

(3) 生活方式反映了一个人的核心生活利益。许多核心利益塑造了一个人的生活方式,比如家庭、工作、休闲和宗教等。

(4) 生活方式在不同人口统计变量上表现出差异,包括年龄、性别、民族、社会阶层、宗教和其他决定因素。另外,社会变迁也会导致生活方式的改变。

(二)生活方式与消费模式

在西方,最早研究生活方式的学者以韦伯和凡勃伦为代表,他们不仅把生活方式作为辨别阶级的有效指标,还把生活方式作为社会分层和尊荣的标志来研究。他们认为,地位较低的社会阶层总会把地位较高阶层的生活方式作为自己效仿的对象。而这种对生活方式的效仿,在极大的程度上就表现在消费模式(消费价值观与消费行为)的层面上。

顾客价值与生活方式有着密切的关系,顾客价值在很大程度上决定于生活方式。在现代商品社会,消费是"一种操纵符号的系统行为",消费者的消费行为已经从对商品使用价值的消费转移到对商品符号价值的消费。我们消费的是商品所承载的、社会赋予的符号价值:一方面,消费模式是消费者的一种"自我生活方式"的体现;另一方面,消费模式是一种社会阶层差异建构的手段,消费者通过消费模式与客体、集体和世界建立关系,来获得一种身份和建构意义。

企业通过对消费者心理、价值观、消费行为、视听接触的了解,让一群有着相同的支配时间和金钱模式的同质消费者产生一种感同身受相融合的认知并获得消费者自发性认同,创造出真正让消费者感动的商品的一种营销方式。

"80后"夫妻追寻不一样的生活方式

1982年出生的张芝伟来自浙江农村,上小学后,他跟着离异的父亲,来到刘家场镇。在刘家场镇,张芝伟的父亲再婚,并开始做贩卖山羊的生意。张芝伟十几岁时开始,每当寒暑假便跟父亲一起学做生意。

到2004年,张芝伟一家年收入超过100万元。随后,张家花了100多万元,在镇上建起了5层楼的私房。2008年,张芝伟与同为"80后"的松滋姑娘张静结婚。一次,张静上山采杜鹃花时,无意中发现了小天坑这个地方。四周没有人家,却离公路不远;三面环山,却有一块几十亩大小的平地,夫妻俩十分喜欢这个地方,经常到这里爬山、散步。2009年,孩子出生后,张芝伟进山居住的想法更加强烈:让儿子避开车来车往的马路,吃自己种的菜,喝山上的清泉,自由在山林玩耍,那是一幅多么快乐的画卷啊!2010年6月,在孩子1岁后,张芝伟几经考虑,不顾父亲的反对,带着妻子、背着工具、牵着狗,来到"小天坑",开始了他们的新生活。

张芝伟的家在一片空地的西北角,这里三面环山,房屋后一条水沟汇集着山上的雨水,水流到这里时却突然"消失",转入地下溶洞。当地人把这个地方叫"小天坑"。小天坑离松滋市刘家场镇仅3公里,海拔约300多米。周围的山虽然不高,但在一望无际的江汉平原,依然十分巍峨。刘家场镇位于松滋市西南,地处"两省三地五县"接合部,自古便是闻名的"口子镇",商贾云集。

一对身家数百万的"80后"小夫妻,放弃5层楼的豪华私房,执意钻进山里,试图建造远离尘嚣的"北美木屋"。他们从未当过农民,却开荒种菜,圈地养羊,希望过上"采菊东篱下,悠然见南山"的田园生活。他们回归却不隐居,还将回归田园的生活细节发在网络论坛上。近三个月,帖子点击量达90余万人次,回复2万余条。每有网友慕名造访,他们总是好酒好肉招待,一起爬山野炊。

资料来源:http://house.ifeng.com/news/detail_2011_02/25/4847571_2.shtml

四、顾客价值研究的意义

从20世纪90年代以来,顾客价值研究已经有了较多的论述,但尚有许多问题处于讨论的阶段,并且还有许多问题需要进一步研究:顾客价值内涵、顾客价值分类、顾客价值的测度、基于顾客价值管理的营销战略等。

综合来看,顾客价值的研究主要集中在经验分析和定性研究上,偏向以静态方法来明确顾客价值的含义,探讨顾客价值所包含的变量及相关变量之间的关系。但迄今为止尚未找到适当的方法进行测度,缺乏量化分析,涉及动态顾客价值理论及顾客价值测度的研究相对较少。

尽管如此,顾客价值问题的研究仍具有十分重要的理论与实践意义。

（一）理论建构的意义

顾客价值是现代营销理论的核心命题。顾客价值概念的提出为研究营销理论提供了一种全面的分析思路。

（1）以往的营销理论由于传统物质主义的影响，一直忽视人的内在价值。

（2）价值涉及人的本质。抛开了人的本质，价值问题往往难以阐释清楚。

（3）顾客价值强调了人的价值在市场需求乃至市场营销中的重要作用：人的全面发展需要通过相应的需求来实现。

（4）尽管目前对顾客价值的表述不尽相同、研究内容也各有千秋，但其抓住了营销理论的核心——顾客。

（5）与20世纪50年代以来市场营销观念一脉相承。从4P到4C直至关系营销，都贯穿着顾客价值这一主线。

（二）实践开拓的意义

顾客价值理论对营销实践活动的开展有着重要的启发意义。通过对顾客价值的理论研究，有利于开拓企业实践中的各个领域。

（1）顾客价值是企业市场细分、市场定位以及企业营销战略的基础。

（2）认识顾客价值或识别顾客价值，避免实践活动中的"营销近视症"。

（3）创造顾客价值，围绕顾客价值创造展开市场营销活动。

本讲小结

顾客价值是市场营销学领域的基本概念，顾客价值的维系与提升关系着顾客满意的持续创造，营销活动的核心就是通过交换行为让渡顾客价值并达到顾客满意。本讲主要围绕顾客价值及其相关概念而展开，介绍了顾客价值的含义、顾客价值的特性与影响因素、顾客价值与生活方式以及顾客价值研究的意义。顾客价值的概念源于20世纪80年代，其中，关于顾客感知价值和顾客让渡价值的相关研究较具代表性。顾客价值有感知性、情境性和权衡性三个特征，并受到产品、顾客、市场和消费过程四个方面因素的影响。顾客价值与生活方式有着密切的联系，并且在很大程度上取决于生活方式。顾客价值是现代营销理论的核心命题，顾客价值概念的提出为研究营销理论提供了一种全面的分析思路，并且对营销实践活动的开展有着重要的启发意义，通过对顾客价值的理论研究，有利于开拓企业实践中的各个领域。

1. 简述顾客感知价值的含义。
2. 什么是顾客让渡价值？企业要从哪些方面做出努力去提高顾客满意度？
3. 简述顾客价值的影响因素及特性。
4. 评述顾客价值理论对企业营销的指导意义。

5. 试从顾客价值的角度分析生活方式对企业营销活动的影响。
6. 试论顾客价值理论的演变及其背景(依据)。

"经营之神"的顾客价值营销

王永庆童年的时候,家里过着十分艰难的生活,几代人都以种茶为生,只能勉强糊口。王永庆的父亲王长庚整日照看茶园,微薄的收入勉强支撑着一个家庭的正常开销。9岁那年,王长庚不幸患病只得卧床休养,王永庆开始用自己瘦小的肩膀帮助母亲分担生活的重担。

15岁那年,王永庆小学毕业,先到茶园做杂工,后到中国台湾南部嘉义县的一家小米店当了一年学徒。第二年,王永庆做出人生中第一个重要决定,开米店自己当老板,启动资金则是父亲向别人借来的200块钱。问题随之而来,王永庆的小店开张后没有多少生意,原因是隔壁的日本米店具有竞争优势,而城里的其他米店又拴住了老顾客。

不过,16岁的王永庆展现了超强的营销能力,他通过提升米店产品价值、服务价值、人员价值和形象价值,提高了顾客满意度,从而打造出米店的市场竞争力,获得经营上的巨大成功。

一、产品价值

20世纪30年代的台湾,农村还处在手工作业状态,稻谷收割与加工的技术很落后,稻谷收割后都是铺放在马路上晒干,然后脱粒,砂子、小石子之类的杂物很容易掺杂在里面。用户在做米饭之前,都要经过一道淘米的程序,用起来有很多不便,但买卖双方对此都习以为常,见怪不怪。

王永庆却从这一司空见惯的现象中找到了切入点。他带领两个弟弟一齐动手,不辞辛苦,不怕麻烦,一点一点地将夹杂在米里的秕糠、砂石之类的杂物拣出来,然后再出售。王永庆通过提高产品的价值,使米店卖的米质量高于其他米店一个档次,产品价值达到或超过了消费者预期标准,米店的生意日渐红火。

二、服务价值

在提高米质见到效果的同时,王永庆在服务上也更进一步。当时,用户都是自己前来买米,自己运送回家。这对于年轻人来说不算什么,但对于一些上了年纪的老人,非常不方便;而当时年轻人整天忙于生计,且工作时间很长,不方便前来买米,买米的任务只能由老年人来承担。王永庆注意到这一细节,于是超出常规,主动送货上门,方便顾客的购买。

三、人员价值

每次给新顾客送米,王永庆就细心记下这户人家米缸的容量,并且问明这家有多少人吃饭,有多少大人、多少小孩,每人饭量如何,据此估计该户人家下次买米的大概时间,记在本子上。到时候,不等顾客上门,他就主动将相应数量的米送到客户家里,并把缸里的陈米掏出来,先把新米放进缸里,再把旧米放在上面,以免剩余的米时间长了发霉。这个小小的举动令不少顾客深受感动,铁了心专买王永庆的米,大大提高了顾客对企业的忠诚度。

四、形象价值

在小小的嘉义已有米店近30家，市场竞争环境非常激烈，王永庆通过提升产品价值和细节的服务打造出米店的品牌形象，树立了不同并超越于其他米店的形象价值，赢得顾客的心。

"经营之神"王永庆从以200元本金开办的米店，逐步打造出"世界50强"的台塑集团。他一生传奇的创业路留给营销人很多的启迪，其经营管理思想已成为企业家们信奉的至理名言。当今企业面对的是一个买方市场，是一个同业竞争日趋激烈的市场环境。产品更新频繁、消费者需求偏好多变，企业如何获得竞争优势，需要我们回归到营销的本质——为顾客创造价值的轨道上来。在激烈的竞争中，企业必须调整和营造自身的能力，使企业的经营管理、组织结构与顾客价值因素相适应。根据顾客的需求不断地为顾客创造比竞争对手多一点点的价值，顾客就会选择你，企业才能不断地发展与壮大。

资料来源：http://wenku.baidu.com/view/ce5ee0b9fd0a79563c1e729a.html

案例思考：
1. 试评王永庆的营销理念。
2. 王永庆经营奇迹的创造并不偶然吗？为什么？

本讲实训

一、实训目的
1. 加深学生对顾客价值、顾客感知价值以及顾客让渡价值的认识。
2. 根据具体的消费经历描述顾客价值的构成要素及其影响因素。
3. 结合实践理解顾客价值与生活方式的联系。

二、实训内容
以小组为单位，利用周末时间对家乐福、沃尔玛、苏宁等购物商场的顾客进行访谈，以加深对顾客价值诸多相关问题的理解，并依据访谈结果制作PPT，总结顾客价值的相关构成要素及影响因素。

三、实训组织及步骤
1. 教师明确实训目的、任务和评价标准。
2. 班级成员分为若干小组，每组6~8人。实行组长负责制，成员合理分工，团结协作，专人负责活动记录和资料整理。
3. 每个小组通过查阅资料加深对顾客价值的理解，并做好相关访谈内容的准备工作。
4. 小组成员利用周末时间进行实地访谈，并结合相关理论知识进行总结分析。
5. 各小组对访谈记录进行整理，并制作PPT。
6. 各小组在班级进行PPT演示，汇报观点并讨论、交流。
7. 班级演示之后，由指导老师点评和总结。

参考文献

[1] Boulding, William, Richard Staelin, AjayKalra, Valevie Zeithaml. A dynamic process model of service quality: from expectations to behavioral intentions[J]. Journal of Marketing Research,1993.

[2] Bradley T Gale, Robert Chapman Wood. Managing customer value: creating quality and service that customer can see[M]. New York: The Free Press, 1994.

[3] Gronroos. Value-driven relational marketing from products to resources and competences[J]. Journal of Marketing Management,1997.

[4] James C Anderson, James A Narus, Das Narayandas. Business market management: understanding, creating, and delivering value[M]. Upper Saddle River, New Jersey: Prentice-Hall, 1998.

[5] Leonard L Berry. Relationship marketing of services—growing interest, emerging perspectives[J]. Journal of the Academy of Marketing Science,1995.

[6] Max Weber. The theory of social and economic organization[M]. New York: Simon and Schuster, 1997.

[7] Thorstein Veblen, Martha Banta. The theory of the Leisure Class[M]. Oxford: Oxford University Press,2007.

[8] Valarie A Zeithaml. Consumer perceptions of price, quality, and value: a means-end model and synthesis of evidence[J]. Journal of Marketing,1988.

[9] 白长虹. 西方的顾客价值研究及其实践启示[J]. 南开管理评论,2001(2): 51-55.

[10] 菲利普·科特勒,凯文·莱恩·凯勒. 营销管理[M]. 王永贵,译. 上海: 上海人民出版社,2009.

[11] 赫向华,张理. 顾客价值理论研究综述[J]. 经济研究导刊,2010(6): 157,158.

[12] 胡旭初,孟丽君. 顾客价值理论研究概述[J]. 山西财经大学学报,2004,26(5): 109-113.

[13] 李扣庆. 试论顾客价值与顾客价值优势[J]. 上海财经大学学报,20013(3): 16-24.

[14] 刘研,仇向洋. 顾客价值理论综述[J]. 现代管理科学,2005(5): 82-84.

[15] 任学峰,李坤,顾培亮. 顾客价值战略与企业竞争优势[J].南开学报,2001(5): 84-88.

[16] 童煜,甘碧群. 构建基于顾客价值的企业核心能力[J]. 中南财经政法大学学报,2004(2) 109-112.

[17] 吴健安. 市场营销学[M]. 北京: 高等教育出版社,2007.

[18] 熊本峰. 关于顾客价值理论的述评与思考[J]. 重庆工商大学学报,2003,20(3): 57-59.

[19] 杨龙,王永贵. 顾客价值及其驱动因素剖析[J]. 管理世界,2002(6): 146,147.

[20] 余向平. 西方国家对顾客价值理论的研究述评[J]. 商业研究,2008(371): 103-106.

关系营销

安利公司是一家直销形式的日用品公司,是美国及全球最早开展直销的标志企业,生产450多种产品,业务遍及五大洲80多个国家和地区,全球员工超过1.3万人,营销人员超过500万人,而且发展迅猛,经济力量雄厚,靠关系营销成功地在全球进行扩张,特别是在中国市场,上演了一出关系营销的经典案例。1992年安利公司在广州建生产基地,1995年投产。1995年4月18日,国务院颁布了《关于禁止传销经营活动的通知》,对传销活动全面禁止,这对安利公司可谓是致命打击。可是安利公司通过关系营销,很快得到中央政府及对外贸易部和国家工商管局的支持,同年宣布企业转型成功,由传销转变为"店铺雇用销售人员"的直销方式,成了"转制"成功的代表,继续在中国拓展业务。为了能在中国扩大业务,安利公司一方面靠政治手段和经济手段,对中央政府及主管部门进行公关,安利公司总裁温安洛以美国商会主席的身份访华,使安利公司与中国政府的关系上升到中美关系的高度。正是安利公司的公关工作,才有了中国政府答应加入"WTO"后三年内为直销立法的承诺;另一方面加大了在中国的公益事业和广告的投入,不断改善营销环境,改变公司的形象,使安利公司在非常困难的环境下,仍然能够生存和发展。2009年安利(中国)公布销售额达到200亿元人民币;2012年公布销售额270亿元人民币。这些数据足可说明安利公司的成功和非凡的实力。

资料来源:http://baike.baidu.com/link?url=ZAp71nOos1vYrB-onDG4i1Q-an0T6-eF5VnXiSPzWLtmBbviraVZTQqHAos0mQNO

本讲知识结构图

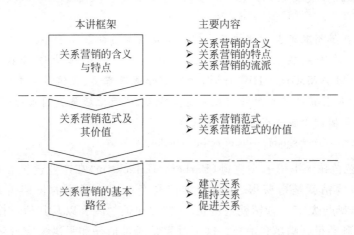

安利的例子告诉我们关系营销对于一个企业来说是十分重要的,正是关系营销使得安利即使是处在不利于自己的环境中,也依然能够及时地完成企业转型并且得到中国政府支持,进而使自己在竞争中立于不败之地。

一、关系营销的含义与特点

美国著名企业家查理斯·占得曼曾经说过:"公司不是创造购买,他们要建立各种关系。"关系营销概念的提出,突破了传统市场营销理论的桎梏,被西方舆论界视为"对传统营销理论的一次革命"。它以系统论为基础,将企业置身于社会经济大环境中来考察企业的市场营销活动,认为企业营销的核心是正确处理企业与消费者、竞争者、供应商、经销商、政府机构、社区及其他公众之间的相互关系。《整合营销传播》一书的作者唐·舒尔茨认为:"关系营销是所有未来营销的关键。"

(一)关系营销的含义

最早提出关系营销(relationship marketing)概念的是贝瑞(L. Berry),1983年他首先引入文献说:"关系营销就是提供多种服务的企业吸引、维持和促进顾客关系。"

伦纳德·L.贝瑞

伦纳德·L.贝瑞(Leonard L. Berry)博士是市场营销学领域的一名杰出教授,率先提出"关系营销"。目前担任德州农工大学梅斯商学院零售与营销领导的M.B. Zale主席。同时,他也是德州农工大学健康科学中心医学院的医学人文教授,在德州农工大学2008年5月的毕业典礼上被授予首席教授称号(当时荣获此称号的教授只有两名)。2001—2002年,贝瑞博士在梅奥诊所研究医疗服务中心担任客座科学家。他也是得克萨斯州A&M的零售研究中心的创始人之一,并且在1982年到2000年期间担任理事。

此外,他还是美国营销学会的前任主席。

贝瑞的《向梅约学管理》一书发表于2008年,由麦格劳·希尔公司出版。他编著的其他书还有《探索服务灵魂》、《伟大的服务》、《营销服务:以质量竞争》和《传递优质的服务》等。

贝瑞教授在德州农工大学曾被三次授予该高校教员的最高荣誉:一次教学杰出成就奖(1990)和两次研究杰出成就奖(1996,2008)。他还获得美国营销协会Paul D. Converse奖、AMA/McGraw-Hill/Irwin杰出营销教育家奖、营销科学学会杰出营销教育家奖、国际销售和营销高管年度营销教育者顶峰奖,同时他还被美国市场营销协会的服务营销特殊利益集团授予服务营销事业贡献奖。

资料来源:http://mays.tamu.edu/directory/employees/125/

1985年,芭芭拉·本德·杰克逊(Barbara. B. Jackson)在产业营销领域提出这个概念,认为"关系营销就是指获得、建立和维持与产业用户紧密的长期关系"。1990年,Gronroos提出观点认为:"营销就是建立、保持和加强与顾客以及其他合作者的关系,以此使各方面的利益得到满足和融合。这个过程是通过信任和承诺来实现的。"与此同时,Gummesson从关系与互动的角度定义了关系营销,认为"关系营销是市场被看作关系、互动与网络"。

以上是从狭义上来定义关系营销,还有些学者从更宽广的角度认识关系营销,其中有Morgan & Hunt,他们在1994年提出"关系营销是指所有的旨在建立、发展和保持成功的关系的一切活动"。

从上面的分析中我们可以看出关系营销定义不断丰富发展的脉络,由此可以从以下几个方面来理解关系营销。

(1) 关系营销的外延不断扩展,从开始仅限于对顾客关系发展到顾客以外的"其他伙伴关系"(包括供应商、竞争者、政府、公众、内部员工等)。

(2) 关系营销的定义逐步揭示了关系的内涵,提出了一些与关系建立、维持有关的概念,如承诺、互动、信任等。

(3) 关系营销的运用范围从"多重服务组织"和工业品市场开始,逐渐在各个市场得到了广泛的运用。

(4) 关系营销的核心概念是"关系",如何建立、发展和维持关系是关系营销研究的主要内容。

综上所述,可以将关系营销定义如下:关系营销是指企业在盈利的基础上,建立、维持和促进客户和其他伙伴之间的关系,以实现参与各方的目标,从而形成一种兼顾双方利益的长期关系。

海尔扎根客户关系

海尔集团副总裁周云杰每天上班的第一件事是登录海尔的CRM网站,按地域和产品查看销售信息。作为海尔集团商流本部的负责人,他会敏感地发现任何异常的情况。

周云杰强调,CRM(客户关系管理)不仅仅是一个技术手段,而且是企业对待客户的态度,即使没有这些软件系统,海尔仍然会非常重视与客户的关系。

就像客户关系管理的硬件系统在升级换代一样,海尔在客户关系管理的理念上也在不断创新。现在,海尔对销售员的考核不再以销售量为依据,而是围绕"让客户赚钱"的核心思想,确定在四个指标上:客户库存的周转天数、客户利润率、客户问题的解决程度和海尔产品在客户销售额中的份额。也就是说,考核的指标不是你有没有帮助海尔赚钱,而是你有没有帮助客户赚钱。

"表面上的需求只要用心都可以看到。但是要做到聆听消费者的声音,那就需要全身心投入了。"周云杰说,对海尔目前1.6万人的营销队伍来说,观念的彻底改变仍待加强。如果观念改变了,和客户的关系就能改变,海尔和国美电器的合作就是一个例子。

国美与海尔的关系曾经不尽如人意。然而,2003年1—4月,海尔与国美在北京市场上的关系发生了大转折:销售额比2002年同时期增加了4倍以上,国美成为海尔在北京市场销售额最大也是最重要的客户之一。不仅如此,国美与海尔还达成了战略伙伴关系,在北京市场上共同展开营销活动,进行强势联合。

负责海尔在北京地区销售的北京海尔工贸有限公司总经理张鹏对此变化的解释只有一个:海尔对客户,尤其是像国美这样的大客户的营销态度发生了变化。"说实话,对集团总部提出的让客户赚钱、用户满意、员工增值的说法,早先我们并没有悟透。"而在天才企业家加管理思想家张瑞敏的领导下,新的客户关系管理思想在员工的头脑中慢慢地渗透。

看到这些业绩,肩负海尔营销重任的周云杰概括说,就客户关系管理而言:"客户关系是树根,信息技术是树干,销售结果是树叶。"

资料来源:http://wenku.baidu.com/view/dcfd5dd576eeaeaad1f33003.html

(二)关系营销的特点

为了更好地了解关系营销,不得不提到交易营销。交易营销(trade marketing)是指为了达成交易而开展的营销活动,是交付功能、基本产品的价值传递过程。交易营销关注一次性交易,较少强调顾客服务,交易营销与顾客保持适度有限的联系。

关系营销与交易营销是两种截然对立的营销方式,通过与交易营销的对比,可以看到关系营销的特点主要有以下几个方面。

1. 关系性

交易营销以交换或交易为核心;关系营销以关系为核心,本质上是促进关系各方形成社会性纽带。

2. 互动性

交易营销认为市场中交易双方的主动性不同,即存在"积极的卖方"和"消极的买方",买卖双方是各自独立的因素。关系营销认为市场中存在"积极的卖方"和"积极的买方",双方是互动的关系。

3. 连续性

交易营销的交易活动是由具体的单个交易事件组成,各个交易活动之间不产生相互作用;关系营销认为供求双方的交易是连续过程,大量的交易都是重复进行的,前一次的交易往往对以后的交易活动产生作用。

4. 长期性

交易营销以即期收益为目标,关系营销以长期收益为目标。

(三) 关系营销的流派

关系营销理论的发展是世界上不同地区众多学者和实践者共同研究的结果,其中比较有代表性的流派主要有以下三种。

1. 诺丁学派(Nordic school)

这个学派主要以芬兰 Gronroos 教授和瑞典的 Gummesson 为主要代表,提出了顾客关系生命周期模型、顾客感知服务质量、服务管理与营销的过程性、内部营销对外部营销的重要性、互动营销和 30R 关系等理论与方法,较早尝试将从服务营销角度定义的关系营销扩展成营销的通用理论。

2. IMP 学派(industrial marketing and purchasing group)

IMP 学派是由瑞典 Uppsala 大学 Hakansson 教授等人于 1976 年发起成立的产业营销与采购(IMP)小组,该小组从网络理论的角度将传统的买卖双方之间的关系扩展到了三方及以上的"角色"之间,强调关系各方在资金、网络地位和技能等资源上的相互依赖性以及关系投资的共同性,以后逐渐发展成为关系营销的产业营销学派。

3. 社会交换学派(social exchange school)

这个学派主要从社会交换的角度研究企业与顾客、供应商、竞争者、内部雇员、政府等的关系。

二、关系营销范式及其价值

(一) 关系营销范式

进入 20 世纪末,市场营销学理论发生了一些显著变化,其发展大致经历了消费者市场营销、产业市场营销、非营利市场营销和服务业市场营销四个阶段,而营销学中的"关系"范式的出现对营销理论发展的影响力最大。

"关系"范式以关系营销(或关系性交易)理论为代表。关系营销在 20 世纪 80 年代末至 20 世纪 90 年代迅速发展,在西方市场营销学理论界掀起了一场革命,对市场营销持"关系"观点的学者对交易导向的营销理论进行了批判。关系营销的出现被科特勒称为"营销学研究范式的转变"。甚至有不少学者认为:关系营销理论的提出标志着传统的交易营销范式的终结。

在这里,"范式"(paradigm)一词是由美国科学史家、科学哲学家库恩(Thomas S. Kuhn)提出的,它指的是科学家群体所持有的共同信念、假说、理论、准则、方法的总和。在库恩的科学哲学思想中,"范式"是一个核心概念。他在《必要的张力:科学研究的传统和变革》(1959)一文中首次引用这个概念,随后在他 1962 年出版的《科学革命的结构》一书中提到了"一门学科成熟的标志,是具备一个科学家群体及其共同的范式"。

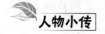

托马斯·库恩

托马斯·库恩(Thomas Samuel Kuhn,1922—1996),美国科学史家、科学哲学家,代表作为《哥白尼革命》和《科学革命的结构》。

《科学革命的结构》(*The Structure of Scientific Revolutions*,1962)是其最有名的著作,它为当代的科学思想研究建立了一个广为人知的讨论基础(不论是赞成或是批评),因此可以说是最有影响力的科学史及科学哲学家,其著作也被引用到科学史之外的其他广泛领域中。《纽约时报》认为,因为库恩的这本著作,让"范式"(paradigm)这个词汇变成当代最常出现的词汇之一。

资料来源:http://baike.baidu.com/link?url=mjGxLiBCiqljrhifaYZIe14mtmRyVCFMLPSzclcwLdO3wFfTsbueX0Q6U9Tt2KHzDAUe889gG3R6E2E2_tL5rK

库恩同时认为,范式这一概念与常规科学密切相关。"常规科学是指坚实地建立在一种或多种过去科学成就基础上的研究,这些科学成就为某个科学共同体在一段时期内公认为是进一步实践的基础。"当这些科学成就空前地吸引了一批坚定的拥护者,并且这些成就又足以无限制地为新的实践者留下有待解决的种种问题的时候,这些科学成就就构成了范式。

常规科学以某种范式作为自己的专业基础,在范式的指导下从事对于科学的解谜(puzzle-solving)活动。这一解谜的过程,既是范式不断完善的过程,也是解谜的分析日益深化和完善的过程。"取得了一个范式,取得了范式所容许的那类更深奥的研究,是任何一个科学领域在发展中达到成熟的标志。"

库恩还指出"科学革命"的实质,就是"范式转换"的革命:在特定时期,科学家广泛接受的科学范式中出现理论解决不了的"例外"时,就会出现范式危机,少数人尝试并成功地用新的思维和理论来解释,进而替代"不可通约"的原有范式。因此,科学革命发生的过程,就是新的理论范式逐步取代原有理论范式的过程。

根据前述的基本理论,库恩提出了科学发展的一般图式,如图3-1所示。

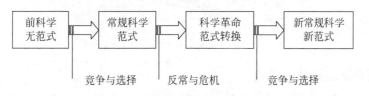

图3-1 库恩的科学革命过程

迄今为止,关系营销究竟是不是一种新的营销范式这一点仍然颇具争议。学术界把麦卡锡(McCarthy)提出的4P营销组合模式以及科特勒(Kotler)在此基础上提出的分析、计划、执行和控制营销管理理论统称为交易营销。把关系契约、相关营销、工作伙伴、共生营销、战略联盟和内部营销等类似的提法都归为关系营销的范畴。在这之间插入了顾客营销作为中介解释了营销理论范式由交易营销范式向关系营销范式转变的整个过程。如图3-2所示，营销理论范式的转变就是由交易营销范式转变为顾客营销范式，最后转变为关系营销范式的过程。

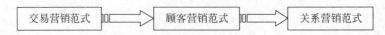

图3-2 营销理论范式转变过程

传统的交易营销范式是以4P为特征的营销战略与策略。4P是麦卡锡（Jerome McCarthy）提出的，主要包括：产品（product）、价格（price）、渠道（place）和促销（promotion）。

顾客营销范式是以批评4P组合为特征的营销，以追求顾客满意为目标。它是以美国营销专家劳特朋（Robert Lauteerborn）教授在1990年提出的4C理论为基础的，4C指的是消费者（consumer）、成本（cost）、便利（convenience）、沟通（communication）。

关系营销范式方面，美国营销学家舒尔茨（Done Schultz）在4C营销理论的基础上提出了4R理论，要求企业需要从更高层次上在企业与顾客之间建立起有别于传统的新型的互动性关系。4R指的是关联（relevance）、反应（reaction）、关系（relationship）、回报（reward）。

综上所述，我们可以看到交易营销范式的重心在企业，顾客营销范式的重心在顾客，而关系营销范式的重心在企业与顾客以及相关者的相互关系（见图3-3）。虽然交易营销范式、顾客营销范式、关系营销范式有许多不同，但是它们之间并非相互排斥，而是相互兼容，不断发展的结果。

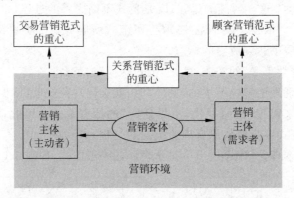

图3-3 营销范式重心与营销主体的关系

（二）关系营销范式的价值

从上述关系营销理论的演进及其内容看，关系营销是对传统营销理论的变革或进一步发展，而不是否定或替代传统营销理论。因此它具有其特有的价值：

1. 减少不确定性

长期关系有利于企业在不断变化的市场环境中尽可能地减少环境变化带来的不确定性。

2. 降低交易成本

长期关系有利于减少对新客户以及供应商的搜寻、评估、谈判、协调费用。

3. 整合外部资源

长期关系有利于在新产品开发速度、构筑进入壁垒、能力互补等方面具有优势。

三、关系营销的基本路径

关系营销的重心在于企业与顾客以及相关者的相互关系,所以关系是关系营销中的一个重要因素,关系营销的基本路径就是围绕关系进行的。首先是建立关系,其次是维持关系,最后是促进关系,这三者的联系如图3-4所示。

图3-4 关系营销的基本路径

(一)建立关系

主要有两种方法,一种是通过产品路径,以自身的产品与服务吸引顾客;另一种是网络路径,以相关网络关系获得顾客口碑营销、数据库营销。这些都是以企业能够在顾客的心目中建立比较高的可信度为基础的。

(二)维持关系

建立并维持与客户的良好关系是企业关系营销成功的基本保证。客户是企业生存和发展的基础,市场竞争实质就是争夺客户,企业必须高度重视现有市场和老客户关系。国外市场研究表明,吸引一个新客户的成本至少是保持一个现有客户的7倍,而且企业80%的营业额来自20%经常惠顾企业的客户。

在买方市场条件下,赢得客户满意,维持顾客关系的关键方法有两种:一种是质量路径,保持自身产品的质量,而在产品质量、功能、价格不相上下的时候高质量的服务就是保持老客户的竞争利器;另一种方法是感情路径,以增进双方的感情联系保持顾客,增强顾客的品牌忠诚度。充分树立"大客户"和"大市场"观念。

(三)促进关系

这一方面也有两种途径:一是学习路径,以合作中的相互学习或创意发展促进顾客关系;二是联盟路径,以相互持股或合资经营促进顾客关系。通过这两种途径,对企业与客户之间进行了深度关联,在不知不觉中增加了客户的情感转换成本,进而为企业留住了顾客。

联想的关系营销

联想集团公司自1984年以20万元人民币起家,到2012年营业额为340亿美元,联想品牌价值为711.92亿元人民币,其迅猛发展的势头令世人瞩目。联想成功的王牌之一是坚实的关系网——由一批忠诚的顾客与合作者构成。这张关系网不仅给联想带来丰厚的利润,更是联想构建国际企业大厦的基石。

一、联想与顾客的关系:心连心

为了提高顾客的满意度,联想推行五心服务承诺——"买得放心,用得开心,咨询后舒心,服务到家省心,联想与用户心连心",大大拉近了顾客与公司的关系。

(1) 满足顾客在各个阶段的需求。联想非常注意在各个环节都与顾客保持联系,最大限度地满足顾客的需要。在购前阶段,联想不仅采取广告、营业推广和公关等传统的营销手段,而且通过新产品发布会、展示会、巡展等形式来介绍公司的产品,提供咨询服务。在顾客购买阶段,联想不仅提供各种优质售中服务(接受订单、确认订单、处理凭证、提供信息、安排送货、组装配件等),而且帮助零售商店营业人员掌握必要的产品知识,使他们能更好地为顾客提供售中服务。在售后阶段,联想设立投诉信箱,认真处理消费者的投诉,虚心征求消费者的意见,并采取一系列补救性措施,努力消除消费者的不满情绪。这样,联想创造和保持了一批忠诚的顾客。此外,忠诚的顾客的口头宣传可起到很好的蚁群效应,增强企业的广告影响,也大大减低了企业的广告费用。

(2) 建立健全的服务网络,提供优质的服务。联想把帮助顾客使用好购买的电脑看作是自己神圣的职责,在"龙腾计划"中提出了全面服务的策略——"一切为了用户,为了用户的一切,为了一切的用户"。

二、联想与代理商的伙伴关系

在个人电脑市场上,由于竞争激烈,商家的利润越来越薄,经销商们很容易唯利是图,"跳槽"现象时有发生。然而,联想的队伍不但稳定,而且越来越多的经销商加入了联想的代理队伍。这是因为:第一,信誉保证。第二,保障代理商的利益。第三,与代理商共同发展。将代理商纳入联想的销售、服务体系,也纳入分配、培训体系,大家荣辱与共,一同成长。

三、联想与合作伙伴结盟关系

1988年联想公司进军海外市场的第一步,并不是贸然在海外设立子公司,而是在香港寻找合作伙伴——香港导远公司和中国技术转让公司。因为联想公司深知本身虽然以中国科学院为后盾,有雄厚的技术开发能力,但缺乏海外营销的经验和渠道,所以必须与合作伙伴结盟,以扬"技术"之长、避"国际营销"之短。事实证明,联想走出的关系营销的这一步是十分正确的。

现在,联想在研究开发上采用"内联外合"策略:"内联"是指联想加强与国内厂商的联合,真正做到资源共享,优势互补。"外合"是指进一步加强与国际著名厂商的合作,包括技术、产品以及销售的合作。同时联想也努力和国际厂商展开更深层次的合作。

资料来源:http://wenku.baidu.com/view/dcfd5dd576eeaeaad1f33003.html

本讲小结

关系营销是指企业在盈利的基础上,建立、维持和促进客户和其他伙伴之间的关系,以实现参与各方的目标,从而形成一种兼顾双方利益的长期关系。关系营销的特点有关系性、互动性、联系性和长期性这四点。

关系营销与交易营销是截然不同的两个概念,但是却不能将两种营销范式割裂开来。交易营销范式与关系营销范式都属于营销范式,可以说关系营销范式是由交易营销范式演变而来的,中间还经过了一个顾客营销范式的阶段作为二者的中介。范式最初是由库恩提出的,正如营销范式转变过程一样,一般科学的转变过程都可以在库恩的科学革命过程中找到根源。

一个企业想要永久地生存下去,在现代理论看来关系营销是必不可少的,因此了解关系营销的基本路径显得尤为重要,从建立关系到维持关系再到促进关系是关系营销的全过程。

思 考 题

1. 简述关系营销的含义及其特征。
2. 简述关系营销的流派。
3. 什么是范式?简述关系营销范式的演变过程及其价值。
4. 试论关系营销的基本路径。
5. 试分析我国关系营销的现状以及开展关系营销的策略。

案例与思考

马狮关系营销的完美体现

马狮百货集团(Marks & Spencer)是英国最大且盈利能力最高的跨国零售集团,以每平方英尺销售额计算,伦敦的马狮公司商店每年都比世界上任何零售商赚取更多的利润。马狮百货在世界各地有2 400多家连锁店,"圣米高"牌子货品在30多个国家和地区出售,出口货品数量在英国零售商中居首位。《今日管理》(Management Today)的总编罗伯特·海勒(Robert Hellen)曾评论说:"从没有企业能像马狮百货那样,令顾客、供应商及竞争对手都心悦诚服。在英国和美国都难找到一种商品牌子像圣米高如此家喻户晓,备受推崇。"这句话正是对马狮在关系营销上取得成功的一个生动写照。

早在20世纪30年代,马狮的顾客以劳动阶层为主,马狮认为顾客真正需要的并不是"零售服务",而是一些他们有能力购买且品质优越的货品。于是马狮把其宗旨定为"为目标顾客提供他们有能力购买的高品质商品"。马狮认为顾客真正需要的是质量高而价格不贵的日用生活品,而当时这样的货品在市场上并不存在。于是马狮建立起自己的设计队伍,与供应商密切配合,一起设计或重新设计各种产品。为了保证提供给顾客的是高品质货品,马狮实行依规格采购方法,即先把要求的标准详细订下来,然后让制造商一一依循制造。由于马狮能够严格坚持这种依规格采购之法,使得其货品具备优良的品质并能一直保持下去。

马狮要给顾客提供的不仅是高品质的货品,而且是人人力所能及的货品,要让顾客因购买了"物有所值"甚至是"物超所值"的货品而感到满意。因而马狮实行的是以顾客能接受的价格来确定生产成本的方法，而不是相反。为此，马狮把大量的资金投入货品的技术设计和开发，而不是广告宣传，通过实现某种形式的规模经济来降低生产成本，同时不断推行行政改革，提高行政效率以降低整个企业的经营成本。

此外，马狮采用"不问因由"的退款政策，只要顾客对货品感到不满意，不管什么原因都可以退换或退款。这样做的目的是要让顾客觉得从马狮购买的货品都是可以信赖的，而且对其物有所值不抱有丝毫的怀疑。

在与供应商的关系上，马狮尽可能地为其提供帮助。如果马狮从某个供应商处采购的货品比批发商处更便宜，其节约的资金部分，马狮将转让给供应商，作为改善货品品质的投入。这样一来，在货品价格不变的情况下，使得零售商提高产品标准的要求与供应商实际提高产品品质取得了一致，最终形成顾客获得"物超所值"的货品，增加了顾客满意度和企业货品对顾客的吸引力。同时，货品品质提高增加销售，马狮与其供应商共同获益，进一步密切了合作关系。从马狮与其供应商的合作时间上便可知这是一种何等重要和稳定的关系。与马狮最早建立合作关系的供应商时间超过100年，供应马狮货品超过50年的供应商也有60家以上，超过30年的则不少于100家。

在与内部员工的关系上，马狮向来把员工作为最重要的资产，同时也深信，这些资产是成功压倒竞争对手的关键因素，因此，马狮把建立与员工的相互信赖关系，激发员工的工作热情和潜力作为管理的重要任务。在人事管理上，马狮不仅为不同阶层的员工提供周详和组织严谨的训练，而且为每个员工提供平等优厚的福利待遇，并且做到真心关怀每一个员工。

马狮的一位高级负责人曾说："我们关心我们的员工，不只是提供福利而已。"这句话概括了马狮为员工提供福利所持的信念的精髓：关心员工是目标，福利和其他措施都只是其中一些手段，最终目的是与员工建立良好的人际关系，而不是以物质打动他们。这种关心通过各级经理、人事经理和高组管理人员真心实意的关怀而得到体现。例如，一位员工的父亲突然在美国去世，第二天公司已代他安排好赴美的机票，并送给他足够的费用；一个未婚的营业员生下了一个孩子，她同时要照顾母亲，为此，她两年未能上班，公司却一直发薪给她。

马狮把这种细致关心员工的做法化成是公司的哲学思想，而不因管理层的更替有所变化，由全体管理层人员专心致志地持久奉行。这种对员工真实细致的关心必然导致员工对工作的关心和热情，使得马狮得以实现全面而彻底的品质保证制度，而这正是马狮与顾客建立长期稳固信任关系的基石。

资料来源：http://wenku.baidu.com/view/12837301de80d4d8d15a4fd2.html

案例思考：

1. 试分析马狮的营销理念。
2. 在内部关系营销方面，马狮的做法有哪些值得其他企业借鉴？

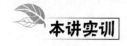

一、实训目的

1. 明晰关系营销的基本概念。

2. 通过相关关系营销案例的阅读,了解关系营销的大体内容,能够将关系营销与交易营销准确地分别开来。

3. 锻炼搜集分析资料、团队合作和口头表达等能力。

二、实训内容

以小组为单位,从书刊、报纸和网络等渠道搜集若干营销案例。选择其中最能体现关系营销内涵的一个,以个人陈述的方式将该案例介绍给全班同学。分析指出本组陈述的案例中最能体现关系营销的部分,帮助同学理解关系营销在一个企业或组织中的重要作用。

三、实训组织及步骤

1. 老师布置实训项目及任务,并提示相关注意事项及要点。

2. 将班级成员划分为若干小组,成员既可以自由组合,也可由老师指定组合。小组人数划分视班级总人数而定。每组选出组长 1 名,案例陈述代表 1 名,案例总结代表 1 名。

3. 以小组为单位,通过书刊、报纸、网络等渠道搜集关系营销案例若干。仔细阅读资料,充分展开讨论(课堂讨论或课外讨论均可)。选择其中最有启发性的一例作为实训的陈述对象。

4. 陈述之前,小组组长对本组的成员及各自承担的任务进行介绍,并以 PPT 形式进行案例陈述。

5. 自由讨论期间允许并鼓励其他小组成员提问,该组成员有义务做出有针对性的解答。

6. 由各组组长组成评审团,对各组的表现进行评分。

7. 由老师进行最后总结及点评。

参 考 文 献

[1] Andrian J Palmer. Relationship marketing: a universal paradigm or management fad [J]. The Learning Organization,1996.

[2] Berry L L. Relationship marketing: positioning for the future [J]. Journal of Business Strategy,1990.

[3] Barbara Bund Jackson. Build consumer relationships that last[J]. Harvard Business Review,1985.

[4] Christian Gronroos. From marketing mix to relationship marketing: towards paradigm shift in marketing[J]. Management decision,1994.

[5] Fredric E Webster. The changing role of marketing[J]. Journal of Marketing,1992.

[6] Gronroos C. Relationship marketing logic[J]. Asia-Australia Marketing Journal,1996.

[7]　Gummesson E. Marketing organization in service Business: the role of the part-time marketer[J]. Managing and Marketing Services,1990.

[8]　Gummesson E. Making relationship marketing operational[J]. International Journal of Service Industry Management,1994.

[9]　Jaqueline Pels. Exchange relationship marketing in consumer markets[J]. European Journal of Marketing, 1999.

[10]　Morgan R M,S D Hunt. The commitment trust theory of relationship marketing[M]. Journal of Marketing, 1994.

[11]　鲍勃·伯格. 关系营销——如何开展成功的关系营销[M]. 徐旭,译. 北京：中国长安出版社,2008.

[12]　戴静鸿. 关于关系营销几个问题的思考[J]. 南京大学学报,2000,37(5)：104-106.

[13]　邓永成. 中国人际关系营销的制度基础[J]. 上海财经大学学报,2006,8(2)：79-84.

[14]　菲利普·科特勒,凯文·莱恩·凯勒. 营销管理[M]. 王永贵,译. 上海：上海人民出版社,2009.

[15]　甘碧群,吴森. 论关系营销与交易营销的演化与兼容[J]. 商业经济与管理,2002(5)：5-8.

[16]　葛笑春. 对发展我国组织市场中关系营销的相关探讨[J]. 科技进步与对策,2005(3)：104-106.

[17]　胡峰,李敏伦. 关系营销的经济学渊源及其我国的适用性[J]. 中国流通经济,2001(5)：56-59.

[18]　焦晓波. 基于库恩科学哲学的关系营销范式的思考[J]. 经济问题探索,2005(8)：55-58.

[19]　罗珉. 管理学范式理论述评[J]. 外国经济与管理,2006,28(6)：1-10.

[20]　李颖灏. 国外关系营销导向研究前沿探析[J]. 外国经济与管理,2008,30(12)：39-58.

[21]　马丁·克里斯托弗,阿德里安·佩恩,大卫·巴伦泰恩. 关系营销——为利益相关方创造价值[M]. 逸文,译. 北京：中国财政经济出版社,2005.

[22]　寿志钢. 从交易成本透析关系营销[J]. 社会科学研究,2003(5)：43-45.

[23]　托马斯·库恩. 科学革命的结构[M]. 北京：北京大学出版社,2003.

[24]　托马斯·库恩. 必要的张力[M]. 福州：福建人民出版社,1981.

[25]　吴健安. 市场营销学[M]. 北京：高等教育出版社,2007.

[26]　吴友富. 关系营销在现代营销中的实施[J]. 经济管理,2008(23)：107-111.

[27]　汪涛,陈露蓉. 关系营销理论评述与本土化新解[J]. 财贸经济,2004(12)：62-65.

[28]　熊元斌,王娟. "关系营销是对传统营销理论的革命"质疑[J]. 南开管理评论,2005,8(3)：67-73.

[29]　杨长福,幸小勤. 库恩范式理论与"李约瑟难题"[J]. 四川大学学报(哲学社会科学版),2008(2)：68-73.

[30]　袁国华. 关于关系营销理论发展的理性思考[J]. 外国经济与管理,2004(6)：20-25.

[31]　袁国华,甘碧群. 关系营销理论的局限性评析[J]. 经济管理,2004(12)：63-69.

[32]　张新国. 21世纪关系营销发展新趋势[J]. 中南财经政法大学学报,2002(6)：101-104.

第四讲 蓝海战略

LG公司的蓝海战略

2005年5月,韩国LG公司启动了一项被比作"蓝海战略"的新计划。在这一战略中,LG电子决心摆脱以往依靠提高运营效率来获取竞争优势的策略,试图重新计划在新兴市场乃至从未涉及的空白市场中寻求利润增长空间。

LG认为,现在低价产品市场正蚕食世界,竞争极为激烈,采用一般技术的日用产品利润不断下降。凭借日用品的薄利多销战略已经很难取得世界第一,只有生产世界一等产品,才能开辟无竞争新市场,推动LG电子顺利实现全球化与高端化,达成"一等LG"的发展目标。

为贯彻蓝海战略,LG电子把企业的经营主题定位于"一等",而要拿出"一等"产品,LG电子制订了详细的推进计划。其中包括:2006年起,LG电子将不再生产原来采用一般技术的日用产品,只生产新技术的高端产品。此外,在开发、培养新产品的同时,LG电子还将强化高端产品的营销力度,加大对研发的投入和核心人才的培养,并实现跨国生产本地化。进一步促使LG电子演变为全球家电市场的技术统治者和高利润空间的发现者,为LG带来其他企业无法模仿的独创价值。

现在,在LG电子总体销量中,具有高附加价值的高端产品占30%～40%,低附加价值的产品群正在撤销。在低端产品比重较高的地区,譬如中国,LG电子将果断减少收益小的产品产量,将高端产品比重逐渐提高。

为了实现其蓝海战略,除了加强研发、放弃低端产品以外,LG电子还将走与三星等日韩企业一样的"设计经营"道路。LG电子不仅仅只强调设计,同时还强调要把设计贯穿到企业经营过程中。这种新模式要经历三个过程:第一,抢先推出差别化产品,吸引消费者的视线。因而LG电子要注重造型设计,努力培养能够预见时代变化趋势的眼光。第二,进一步提升消费者的满意度。第三,制造符合新时代的新款产品,即不断研究产品发展趋势,开创引领时代的设计,制造举世无双的世界首创的设计产品。LG电子认为:在许多产品的技术已经难分伯仲的今天,消费者通过产品满足美学、心理学等方面的需求却日益增高。在这方面,LG电子借助全球的设计网络,与全世界著名设计师们进行联系和沟通,融合、借鉴各个地域的设计理念。同时,为强化公司内部的设计力量和业务效率,LG电子建立了从业务的最初阶段起就让有关专家一同参与工作的系统,以保障LG电子所设计的每一款产品都是在LG电子集团品牌形象支持下推出的统一产品。

资料来源:高杰.LG的蓝海战略[J].企业改革与管理,2010(2):34-36.

本讲知识结构图

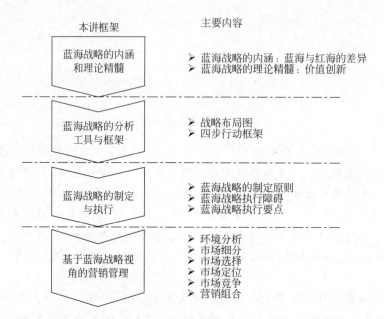

目前,众多企业每天都在一个有限的市场中,不断地重复进行激烈的竞争。为了获得更大的市场占有率,企业不得不展现出比竞争对手更大的竞争优势和更好的绩效。但是,往往在某一家企业展现出更好的绩效时,竞争对手便随之模仿,其结果是市场上的产品同质化现象严重。近乎无差异的产品和服务往往引发激烈的价格战,即便不是如此,企业也不得不在日益增长的竞争压力下谋求生存和发展。那么,如何在技术更新和产业融合速度加快的环境中,创造一个未知市场,在这个新市场中由于没有任何竞争对手阻挠,可以获得相对庞大的利益?本专题将介绍以创造新市场为目标的蓝海战略的内涵、理论精髓、分析框架及制定和执行,并讨论基于蓝海战略视角的企业管理。

一、蓝海战略的内涵和理论精髓

(一) 蓝海战略的内涵

W.钱·金和勒妮·莫博涅(2005)在《蓝海战略:超越产业竞争开创全新市场》将企业目前使用的战略分为"红海战略"和"蓝海战略"。"红海"代表当前已存在的所有行业,是一个已知的市场空间,其特点是市场已接近饱和,竞争激烈甚至残酷,利润空间小且呈逐渐缩小的趋势;"蓝海"代表当前尚不存在的所有行业,即未知的市场空间,其特点是市场是尚待开发的处女地,蕴含巨大的利润高速增长机会,而且尚不存在竞争,谁能掌握先占优势,谁就能成功。"红海战略"就是在红海市场中制定、实施的战略,以迈克尔·波特(1983)的竞争战略最为典型。钱·金等认为,波特的竞争战略即"红海战略"具有以下特征:通过差异化或低成本的战略选择,整合企业行为,在已经存在的市场内参与竞争,以争夺现有需求。"蓝海战略"则强调:通过同时追求差异化和低成本战略,整合企业行为,拓展非竞争性市场空间以规避竞争,创造并攫取新的需求。

W. 钱·金和勒妮·莫博涅

W. 钱·金(韩文名:金伟灿;英文名:W. Chan Kim),出生于韩国,是欧洲工商管理学院(INSEAD)波士顿咨询集团布鲁斯·D.亨德森战略和国际管理教席教授。在加入欧洲工商管理学院之前,他曾是密歇根大学商学院的教授。他也是欧洲、美国和亚洲一些跨国公司的董事会成员或顾问,以及达沃斯世界经济论坛的会员和欧盟的顾问成员。

勒妮·莫博涅(Renee Mauborgne)是欧洲工商管理学院INSEAD杰出研究员,INSEAD的法国枫丹白露校区战略和管理学教授,以及世界经济论坛研究会员。

W. 钱·金教授和勒妮·莫博涅教授是价值创新行动库的创建者,他们曾获得由国际商业学会和埃尔德里奇·海恩斯纪念基金颁发的埃尔德里奇·海恩斯奖,以表彰他们在国际商业领域的最佳原创性论文。钱·金与莫博涅在2005年2月合著出版的《蓝海战略》一书,系统地提出了蓝海战略的思想,不仅轰动了学术界、企业界,而且引起了许多国家或地区的政治领导人的高度重视。

资料来源:http://baike.baidu.com/link? url=IvPR92md-nTgNRhHTz7U8610IcTyLXjA1OmpXnI0JJZ4jjYBSftNwzVE3vMdiLd1,http://baike.baidu.com/link? url=ltcGs3duxxAdequSQCuHzLph38aIpG8fyOPlYOKUsXIjj2vNaNJCtKiDUYxtksd3

(二)蓝海战略的理论精髓

实施蓝海战略的两大核心法则是发掘传统市场边界之外的潜在需求和创造差异化兼具低成本的有效供给,两者的本质是价值创新。价值创新的重点既在于"价值",又在于"创新",这个"价值"是针对市场而言的,以价值为前提的创新才是更有意义的。在没有创新的背景下,价值的提升是规模扩张型的"价值创造",它提供了价值,但并不足以使企业超越市场,或跟上市场的步伐。概括起来,蓝海战略所体现的价值创新的方法包括效用创新和成本创新,即增加效用或开拓新效用而不增加成本或少增加成本、增加的成本远远小于增加的效用,开创新的无人争抢的市场空间。因此,蓝海战略的理论精髓是价值创新。

二、蓝海战略的分析工具与框架

W. 钱·金和勒妮·莫博涅为使蓝海战略的制定和执行系统易行,开发了一套包括战略布局图和四步动作框架在内的分析工具和框架。

战略布局图既是诊断框架也是分析框架,用以建立强有力的蓝海战略。战略布局图能捕捉已知市场的竞争现状,使企业明白竞争对手正把资金投入何处,在产品、服务、配送等方面产业竞争正集中在哪些元素上,以及顾客从市场现有的相互竞争的商品选择中得到了什么。

价值曲线是战略布局图的基本组成部分,它以图形方式描绘出一家企业在产业竞争各元素上表现的相对强弱。战略布局图的横轴上是同行业的各企业致力实现的各项要素，根据行业的不同，各项要素会随之而异；纵轴上是依据各项要素，显示出顾客获得的价值程度的数值。在战略布局图上，针对业界标准、竞争者、公司本身，标出各项要素的相关程度，形成的折线即为价值曲线，从价值曲线可以观察出业界标准、竞争者以及公司自身的战略轮廓。

蓝海战略认为，模仿竞争对手是完全没有意义的事情，只有创造出一条不同于其他企业的价值曲线；也就是说，应用与竞争对手完全不同的战略，才是胜出的要点。

四步行动框架是为了同时实现"差异化"与"低成本"而采用的辅助工具，即为了重构买方价值元素，实现价值创新，塑造新的价值曲线的工具。

四步行动框架是指在蓝海战略行动中对产业中既有元素进行剔除、减少或增加，以及对产业未有元素进行创造。

剔除是考虑将哪些产业中认定理所当然的元素进行剔除。这一问题使企业考虑剔除所在产业中长期竞争攀比的元素。这些元素经常被认作是理所当然的，虽然它们不再具有价值，甚至还减少价值。

减少是对现有产品或服务在功能上的过度设计，超出顾客所需，同时徒然增加企业成本的元素作出缩减的判断和决定。

增加是考虑哪些产业中的现有元素应该被增加到产业标准之上。

创造是对产业中从未拥有的元素进行考虑，可以帮助企业发现买方价值的全新源泉，以创造新的需求，改变产业的战略定价标准。

剔除和减少有利于削减不必要的产业元素，可以达到大幅度降低成本的目的，而增加和创造能够强调特定要素，实现差异化的目的。当把上述四步行动框架运用到产业的战略布局图上时，能够改变原本认定的事实，使之以全新的模样展现出产业和企业自身的战略轮廓。

三、蓝海战略的制定与执行

（一）蓝海战略的制定原则

1. 重建市场边界

蓝海战略的第一条原则是重建市场边界。要脱离红海竞争，惟有画出一条与业界标准和竞争对手迥然不同的价值曲线，创造出一个崭新的市场空间。此时，大致可考虑两种做法：一种是创造出一个新市场，另一种是审视市场价值定义，借此重建市场边界。由于创造崭新市场存在较大的风险和难度，在蓝海战略中重点讨论了如何重建市场边界的战略制定原则。

重建市场边界，最重要的思考方法是"着眼于非顾客"，即把不存在于现有市场中的买方视为努力的对象，暂时摒除既存的市场架构，重新定义买方。

重建市场边界可以通过以下六条途径得以实现：跨越他择产业重建市场边界；跨越战略集团重建市场边界；跨越买方群体重建市场边界；跨越互补产品重建市场边界；跨

越针对卖方的功能和情感重建市场边界;跨越产业趋势重建市场边界。

2. 注重战略全局

蓝海战略的第二条原则是注重战略全局而非数字,即注重从竞争战略全局而非现有市场数据角度实行价值创新开创蓝海。注重战略全局要求企业协调战略规划过程,在绘制战略布局图时用到各条路径所提供的创意,以制定蓝海战略。

注重战略全局的原则是降低战略规划风险的关键,通过开启企业组织中各类人员的创造性,把企业的视线引向蓝海战略。这一原则要求企业通过绘制战略布局图,实现战略的视觉化。

战略视觉化包含了视觉唤醒、视觉探索、视觉战略展示会以及视觉沟通等四个步骤。

(1)视觉唤醒是通过绘制当下的战略布局图,将企业的业务项目与对手进行比较,以观察需要改变的战略要素。

(2)视觉探索是通过基层实地探索,观察他所选择的产品和服务的独特优势,并分析需要剔除、创造和改变的和战略要素。

(3)视觉战略展示会是在实地观察的基础上绘制未来的战略布局图,然后听取顾客、竞争对手的顾客以及非顾客对所绘制的各种战略布局图的反馈意见,以构建最好的未来战略。

(4)视觉沟通是将战略转变前后的战略轮廓加以比较,选择能够支持企业向实现新战略迈进的项目和运营措施。

3. 超越现有需求

蓝海战略的第三条原则是超越现有需求。超越现有需求需要关注以下三个层次的"非顾客":第一,超越"准非顾客"需求。"准非顾客"是徘徊在市场的边界上,距离企业市场最近,只是出于必须而最低限度地购买产品和服务的买方。他们随时准备离开这个市场,但当企业所属产业能提供价值的飞跃时,他们将会留下来,并会更频繁地购买,从而使巨大的潜在需求得以开启。第二,超越"拒绝型非顾客"需求。这一层次的非顾客因为市场现有的产品或服务不可接受或超过他们的经济承受能力而不使用它们,这类顾客亦代表着一片未经开发的需求。第三,超越"未探知型非顾客"需求。未探知型非顾客距离企业的市场最远,是指被现有产业认为属于其他市场的未经探知的顾客。

企业应该通过着眼于上述非顾客与现有顾客的关键共同点,超越以上三层"非顾客"需求,将他们纳入新的市场,从而可以扩大企业的蓝海市场。

4. 遵循合理的战略顺序

蓝海战略的第四条原则是遵循合理的战略顺序,步骤如下:第一,杰出效用测试,即在购买、配送、使用、补充、维护和处置等买方消费周期中测试新产品效用。第二,产品战略定价,在"大众价格走廊"(即替代品的定价上限和定价下限之间的价格空间)中制定新产品价格。第三,目标成本规划,即在运营体系中使用简化运营过程、寻求合作伙伴和改变产业定价模式等成本杠杆规划目标成本。第四,利益群体接受,即促使员工、伙伴和公众接受新产品。

（二）蓝海战略的执行

1. 执行蓝海战略面临的障碍

企业制定了具有获利型商业模式的蓝海战略后，就必须执行这个战略。然而，对任何战略来说，都存在执行上的挑战。由于与红海战略相比，蓝海战略代表着对现状的重大改变，它取决于企业能否以更低的成本将与人雷同的价值曲线转变为另辟蹊径，这就加大了执行的难度。

一般地，蓝海战略在执行过程中将面对四重障碍。

（1）认知障碍。沉迷于现状的组织对战略变革的必要性往往存在意识上的迟缓或抵触。企业需要唤醒员工，通过亲身在现场体验萧条的现实情况、来自商业伙伴的压力、顾客投诉风暴等，切实感受执行新战略的必要性，并认同其原则目标。

（2）资源障碍。战略转变越大，执行战略所需要的资源也就越多，但企业资源往往是有限的。如何充分运用有限的资源促使或保证蓝海战略的顺利执行，企业需要增加经营资源少但效果卓著的热点领域的资源分配，同时缩减或切断经营资源占有多但效果不突出的冷点领域的资源投入，另外在剩余资源交换领域中应释放不需要的资源，并增加企业战略执行所需的资源。

（3）动力障碍。蓝海战略对既往战略的变革，常会由于企业不同部门的动力需求差异，而面对缺乏动力和积极性的员工。为带动整体组织的士气，首先要重点放在极具影响力的中心人物上，通过他们的协助和参与，让执行战略的氛围弥漫整个组织，以期获得预期的成功。

（4）政治障碍。来自强大的既得利益者的反对，会使蓝海战略执行遭遇组织政治上的障碍。此时，企业需要对在新战略中可能获益或利益受损的部门和人员进行分析，并采取分化手段，在更高的级别、更广的范围内争取支持者，孤立反对者。

2. 蓝海战略的执行要点

执行已制定的蓝海战略，需要克服重大组织障碍，并将战略执行与战略本身相融合，这两个要点能否顺利完成，是决定战略成功与否的关键。W. 钱·金和勒妮·莫博涅强调了"引爆点领导法"和"公平程序"在蓝海战略执行中的重要性。

引爆点领导法是以将心力集中于具有影响力的人、行为、活动上面的想法为主轴的新型领导理论。无论是思想还是流行，只要超过某个临界点，就会急速地扩张开来。这个点就是引爆点。W. 钱·金和勒妮·莫博涅注意到这个现象，并且在克服组织障碍方面充分地运用了引爆点领导法。也就是说，不是从侧面倾注所有的努力，而是着眼于特别具有影响力的要素，以此突破组织障碍，这就是他俩所提倡的引爆点领导法。

在执行蓝海战略时，公平程序是其中相当重要的一个环节。公平程序秉承的是"不论成败，只问程序是否公正"的理念。在战略变革时，组织成员往往并不在意事情的成败，而关注程序是否公正。因此，一旦出现程序不公正，员工对新战略将会转而采取否定态度。为避免这种情况发生，在执行战略时，公平程序是绝对必要的。

公平程序具有三个基础原则：一是参与，即给予全体员工参与的机会；二是解释，即组织在战略变革时，应当向员工充分解释决策形成的过程和理由；三是期望透明化，即明确对员工的期望和要求。

引 爆 点

由美国学者马尔科姆·格拉德威尔（Malcolm Gladwell）的书籍《引爆点》(*The Tipping Point*)中提到的一个观念，说明许多难以理解的流行潮背后的原因，并且发现其中的因素，说明如果能够掌握这些因素，就可以轻易地推动起一个流行潮。

引爆点的观念与流行病的传播十分类似，马尔科姆·格拉德威尔将建立起一个流行潮的三个法则分为：

一、个别人物法则

下列三种人导致了流行的发生。

（1）联系员：就是那种"认识了很多人的人"，这类人把朋友当作邮票一样地搜集，随时与人保持联系。这个角色可以把信息快速地散布出去。

（2）内行：就是那种"什么都懂的人"，他对某一种知识可以说是"达人"，不厌其烦地把相关的知识与朋友分享，但是却没有很好的说服力。这个角色对某件事情的狂热，使他所发掘出来的事情成为有价值的。

（3）推销员：就是那种"什么人都能够说服的人"，这种人没有很深的知识，但是有特殊的能力让见到面的人在短暂的时间就交付信任。这个角色能够把内行发现的东西与人们以简易的语言沟通。

二、附着力法则

有些话让我们"左耳进，右耳出"，但是另一些却让我们听过了再也忘不掉。附着力法则所说的就是当被传播的信息是容易被注意、记忆的，则容易形成流行。

三、环境威力法则

流行的趋势需要一个发展的温床，当一个环境形成的时候，个人的因素就不重要了。实验证明，在一个非作弊不可的环境中，不论是哪种家庭出身的学生都会作弊。

综合以上，只要一件物品或一个观念拥有适当的条件，就可以形成一个风潮，而掌握到了这个趋势，就可以让一个趋势引爆起来。

资料来源：http：// baike. baidu. com/link? url＝CrfQPqc_HPzhDo28nIXyx6Dnx3_7mIcxMkJfgOSSJ9yqJQiFJvzum9 jTz6Z95lX5

四、基于蓝海战略视角的营销管理

蓝海战略很大程度上反映了在当今的商业现实和竞争态势下，全球的企业界对追求新的战略手段以实现获利性增长的强烈渴望。蓝海战略基于重建主义的战略观点来构建市场结构和产业结构，它与波特提出的竞争战略有本质区别：蓝海战略突破了成本因素，着重改变现有市场，其主要注重价值创新而非价值创造，将市场由供给方转为市场需求方，开拓无人竞争的市场空间。同时追求标新立异与成本领先，通过创造新元素来提高买方价值。总地来说，基于蓝海战略的营销管理在环境分析、市场细分、市场选择、市场定位、市场竞争以及营销组合等方面都有所突破。

（一）环境分析：重组竞争结构，创造市场机会

蓝海战略在市场环境分析方面的启示是重组竞争结构，创造市场机会。作为营销环境中的微观环境，在产业竞争结构中，供应商、买方、替代品、潜在入侵者和现有竞争对手等竞争力量直接释放市场机会和市场威胁。重建市场边界原则实质上是重组产业竞争结构。其中，第一，他择产业实质上是替代品力量，跨越他择产业重建市场边界实质上是重组替代品力量创造市场机会。第二，战略集团实质上是现有竞争对手力量和潜在入侵者力量，跨越战略集团重建市场边界实质上是重组现有竞争对手力量和潜在入侵者力量创造市场机会。第三，买方群体实质上是买方力量，跨越买方群体重建市场边界实质上是重组买方力量创造市场机会。第四，互补品的来源之一实质上是供应商力量，跨越互补品重建市场边界实质上是重组供应商力量创造市场机会。第五，针对卖方的功能和情感实质上是自身价值链力量，跨越针对卖方的功能和情感重建市场边界实质上是重组自身价值链力量创造市场机会。第六，产业趋势实质上是整个产业竞争结构在产业生命周期中的演变趋势，跨越产业趋势重组市场边界实质上是重组整个产业竞争结构力量创造市场机会。

（二）市场细分：吸引顾客卷入，合并细分市场

蓝海战略在细分市场方面的启示是吸引顾客卷入，合并细分市场。在市场细分的行为细分变量中，根据顾客进入市场程度，将顾客分为常规顾客、初次顾客和潜在顾客。顾客进入市场程度决定市场规模。超越现有需求原则实质上是提高顾客进入市场的程度，从而吸引顾客卷入。蓝海战略从市场现有顾客中跳跃出来，将非顾客分为准非顾客、拒绝型非顾客和未弹指型非顾客三种类型，并强调对上述非顾客的分析。通过吸引顾客卷入，合并不同的细分市场，创造市场机会。

（三）市场选择：开发专业产品，锁定目标市场

蓝海战略在目标市场选择方面的启示是开发专业产品，锁定目标市场。在市场集中化、选择专业化、产品专业化、市场专业化和市场全面化五大类市场选择模式中，只有产品专业化模式开发一种产品满足多个细分市场。在市场选择中，超越现有需求原则只有选择产品专业化模式，开发一种产品满足多个细分市场，才能合并细分市场，并以此锁定目标市场。

（四）市场定位：占据对立定位，创建产品品类

蓝海战略在市场定位方面的启示是占据对立定位，创建产品品类。在战略布局图中，参照主要竞争对手（低成本型、差异化型和集中化型）价值曲线，蓝海战略实施"加减乘除"动作框架逆向设计新产品价值曲线。由于新产品价值曲线对比主要竞争对手价值曲线的逆向性，从市场定位看，价值创新原则实质上是占据对立定位，从而创建产品品类。

（五）市场竞争：整合双重优势，发动侧翼进攻

蓝海战略在开展市场竞争方面的启示是整合双重优势，发动侧翼进攻。传统竞争战略理论认为，在市场竞争中，企业只能实施低成本战略、差异化战略或集中化战略（低成本集中或差异化集中）分别获取成本优势或差异化优势，而兼顾低成本和差异化优势的夹在

中间战略则会受到低成本战略和差异化战略的夹击而必然落败。蓝海战略则认为,价值创新的"加减乘除"动作框架既能实施剔除和减少动作降低产品成本,也能实施创造和增加动作提高了产品价值,因此,蓝海战略整合了低成本和差异化双重优势。在整合双重优势基础上,由于价值创新创建了产品品类,在市场竞争中,新产品品类必然实施品类挤压形式间接削减原产品品类的市场份额,因此,价值创新原则实质上发动了侧翼进攻战略。

(六)营销组合:平衡营销组合,催化商业模式

蓝海战略在开发营销组合方面的启示是平衡营销组合,催化商业模式。作为提供价值和传递价值的载体,营销组合(产品、价格、渠道和促销)直接决定了市场效果。遵循合理的战略顺序原则实质上是平衡营销组合。其中,第一,产品是效用的载体,杰出效用测试实质上是平衡产品组合。第二,产品战略定价实质上是平衡价格组合。第三,利润空间是渠道的驱动动力,成本节省是增加利润空间的有效手段,目标成本规划实质上是平衡渠道组合。第四,沟通是促销的目标,利益群体接受实质是平衡促销组合。

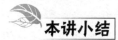

本讲小结

蓝海战略是 21 世纪战略营销管理领域的重要理论创新,蓝海战略摒弃了传统的红海竞争理念,提出通过价值创新开拓蓝海,实现顾客价值的满足和提升,同时实现企业经营目标。本讲主要围绕蓝海战略的内涵和理论精髓等展开介绍了蓝海战略的内涵、分析框架、执行要点以及蓝海战略对企业管理的影响。蓝海战略由 W. 钱·金和勒妮·莫博涅两位教授在 2005 年提出,基于两位学者长期以来对企业竞争实践的研究,在提出蓝海战略概念的同时,构建了一系列蓝海战略的分析框架和执行路径。其中,蓝海战略的理论精髓在于价值创新,通过绘制战略布局图和四步行动框架予以发现蓝海的所在。在蓝海战略的执行过程中,需要运用引爆点领导法和公平程序克服认知、资源、动力以及政治等方面的障碍。蓝海战略对传统顾客需求分析进行了突破,关注非顾客需求的挖掘和满足,结合价值创新的核心理论脉络,为营销理论研究提供了一种全新的分析思路,并且对营销实践活动的开展有着重要的启发意义,通过对蓝海战略的理论研究,有利于开拓企业管理实践中的各个领域。

1. 简述蓝海战略的内涵以及蓝海战略与红海战略的差异。
2. 什么是蓝海战略的理论精髓?企业要从哪些方面作出努力实现价值创新?
3. 选择一个你熟悉的企业,尝试勾画企业的战略布局图,运用四步行动框架考虑如何对价值曲线进行调整。
4. 简述蓝海战略的执行原则。
5. 企业实施蓝海战略将面对哪些障碍,应采取哪些措施予以克服?
6. 试论蓝海战略对企业管理的影响。

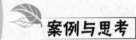

案例与思考

如家酒店的"蓝海战略"

如家为商务旅行、休闲旅游等客人提供"干净、温馨"的酒店产品,倡导"适度生活,自然自在"的生活理念。如家的成功,最大程度上是满足了人们对"3C",即方便(convenience)、舒适(comfortable)、干净(clean)的最基本要求;并通过品牌化、连锁化、标准化的方式,开辟了一个全新的市场——经济型连锁酒店,从而使如家摆脱了传统酒店行业红海的厮杀,跳进一片蓝海之中。

在战略布局图上,如家的价值曲线与竞争对手的曲线大相径庭。它的战略便是令人信服的蓝海战略的例子。其价值曲线的形状与星级酒店和社会旅馆的价值曲线相比可谓另辟蹊径,这是因它不以过去的竞争对手为标杆,而是跨越他择性产业看市场。

(1) 重点突出。看看如家酒店的战略轮廓,我们马上就能明白,该公司主要强调几个元素:给客人提供一个温馨、舒适的睡眠,即睡个好觉,同时能够洗个好澡。如家主要是在客房的干净程度、房间的布局、床以及淋浴上突出重点,低于传统的三、四星级的酒店的价格。它不在餐厅、桑拿、KTV、大厅等选择上做过多投资。相反,如家在酒店行业的传统竞争对手们,都在这些产业竞争元素上大力投入,在价格上也就越发难以与如家相竞争。这些公司投资过于分散,被竞争对手的行动牵着鼻子走,结果导致了高成本结构。

(2) 另辟蹊径。传统的酒店行业,三星追四星、四星追五星,而且三星之间、四星之间、五星之间都在为追赶竞争对手而制定竞争策略。这就导致传统的高星级酒店失去了自身的独特性。我们可以想想传统的高星级酒店千篇一律的餐饮、灰白色的房间内饰、豪华的大厅。因此,在这种情况下,很多新建的酒店就倾向于勾勒出与其定位相似的战略轮廓。事实上,就如家而言,高星级酒店和传统的社会旅馆倾向于勾勒出自身相同的价值曲线。与之相反,如家的价值曲线则是通过剔除、减少、增加、创造这四个动作,把自己与星级酒店和社会旅馆区别开来。比如说,如家自身的预订中心,使很多客人不再通过传统的预订中介进行预订。

(3) 令人信服的主题句。正如蓝海战略所说,一个好的战略会有清晰而令人信服的主题句。而如家新近提出的新的广告语——"不同的城市,一样的家",就是如家提出的自己的主题句。如家希望每个客人在目前全国40多个城市里,100多家酒店里都能享受到同样的温馨、同样舒适的服务。

如家成立这几年来,得到了飞速的发展,成为中国经济型酒店的龙头,在中国酒店业激烈的竞争中赢得一片天地,找到了全新的蓝海。

如家的成功绝非偶然,而是找出竞争对手忽略的地方,提供客户尚未满足的需求。

资料来源:http://biz.163.com/06/1122/09/30H9MARN00020QDS.html

案例思考:

1. 试分析如家酒店的蓝海战略理念。
2. 根据案例材料和酒店业现状,描绘如家酒店的战略布局图。

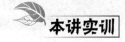

一、实训目的

1. 加深学生对蓝海战略和价值创新的认识。
2. 结合实践理解蓝海战略与企业竞争的联系。
3. 根据具体的企业竞争,描述企业如何从红海战略走向蓝海战略。

二、实训内容

以小组为单位,收集企业竞争资料,利用课余时间对企业高管或营销部门职员进行访谈,围绕企业竞争加深对蓝海战略构建和执行中存在的诸多问题的理解,并依据访谈结果制作PPT,总结蓝海战略的制定原则和执行方案。

三、实训组织及步骤

1. 教师明确实训目的、任务和评价标准。
2. 班级成员分为若干小组,每组6~8人。实行组长负责制,成员合理分工,团结协作,专人负责活动记录和资料整理。
3. 每个小组通过查阅资料加深对蓝海战略的理解,并做好相关访谈内容的准备工作。
4. 小组成员利用周末时间进行实地访谈,并结合相关理论知识进行总结分析。
5. 各小组对访谈记录进行整理,并制作PPT。
6. 各小组在班级进行PPT演示,汇报观点并讨论、交流。
7. 班级演示之后,由指导老师点评和总结。

参 考 文 献

[1] 彼得·德鲁克. 创新与企业家精神[M]. 北京:机械工业出版社,2006.
[2] 菲利普·科特勒. 科特勒谈营销[M]. 杭州:浙江人民出版社,2002.
[3] 克莱顿·M.克里斯坦森,迈克尔·E.雷纳. 困境与出路[M].北京:中信出版社,2003.
[4] (韩)W.钱·金,(美)勒妮·莫博涅. 蓝海战略[M]. 吉宓,译. 北京:商务印书馆,2005.
[5] 陈心德. 蓝海战略是超越竞争的价值创新[J]. 上海企业,2006(6):49-51.
[6] 陈亚. 解读蓝海战略[J]. 企业改革与管理,2006(7):62,63.
[7] 黄泰元. 蓝海战略本土化实践[M]. 北京:高等教育出版社,2006.
[8] 彭晓燕,钟学旗. 中小企业发展的蓝海战略理论研究[J]. 经济经纬,2009(2):91-94.
[9] 齐捧虎,徐娟. 企业竞争、核心能力和蓝海三种战略的比较研究[J]. 经济纵横,2008(1):115-117.
[10] 王建军,吴海民. "蓝海战略"的经济学解释[J]. 中国工业经济,2007,230(5):88-95.
[11] 王伟娜. 蓝海战略与企业发展[J]. 企业导报,2010(6):42,43.
[12] 魏久檗,糜仲春,晋盛武. 基于蓝海战略的企业技术创新网络分析[J].科学学研究,2006,24(s2):628-632.
[13] 肖文旺. "蓝海战略"的营销意义[J]. 统计与决策,2007,239(6):174-176.
[14] 严正. 中国企业蓝海战略——15个中国企业成功开创"蓝海"的经典案例[M]. 杭州:浙江人民出版社,2006.
[15] 杨继福. 论蓝海战略对企业营销创新的启示——基于创新管理与营销管理的交叉分析[J]. 消费导刊,2008(7):105-107.

绿色营销

沃尔玛：致力绿色营销

沃尔玛致力于为顾客带来实惠的环保商品，让顾客不需要在环保和价格之间做出取舍。2009年4月，沃尔玛中国在全国范围内启动以"绿色商品，省钱直降"为主题的"地球月"活动，积极响应总部在全球范围内发起的活动号召。为配合此次"地球月"活动，沃尔玛与宝洁公司（P&G）及中国绿化基金会（CGF）携手，顾客每购买一个指定的P&G大包装产品，其中的1毛钱便会捐献给中国绿化基金会，用于在北京和甘肃植树造林。

沃尔玛中国与供应商一起在各商场集中开展许多环保商品的推广促销活动，倡导"低价也能环保"的消费观念。2011年1月，为了响应全球对气候变暖的关注，沃尔玛中国的商场同时开展主题为"关注气候变暖，让地球更健康"的丰富多彩的社区公益活动，并于1月11日在北京望京环保旗舰店举行了活动启动仪式。沃尔玛在全国90多个城市的175家商场开展了同一主题的各种教育性活动，超过100个社区参与到活动中来。除此以外，沃尔玛还在部分城市启动了价格沟通促销策略，主动和顾客沟通其如何通过查价机制，保证提供给顾客的价格是有竞争力的，并推出"低价保证"方案和"降价"方案，采用彩页、报纸等多种方式积极和顾客沟通。从目前的市场调查数据来看，顾客对沃尔玛低价形象的认可度显著提高，同时带动了相关城市的销售。

公益环保，沃尔玛步行稳健。

资料来源：廖俊雄.沃尔玛：致力绿色营销[J].成功营销,2010(21).

本讲知识结构图

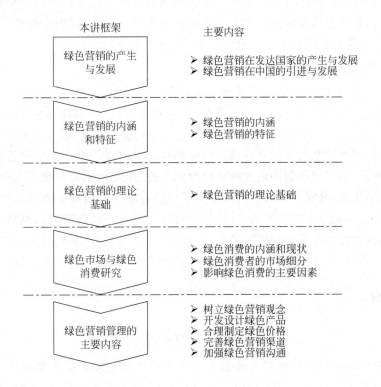

一、绿色营销的产生与发展

（一）绿色营销在发达国家的产生与发展

绿色营销（green marketing）[①]的萌芽可以追溯到20世纪60年代末70年代初（Peattie,2001）。绿色营销概念是在20世纪80年代提出来的。最早在出版著作中明确提出绿色营销概念的两位学者是英国的肯·毕提（1992）和美国的杰奎琳·奥特曼（1993）。此后，绿色营销开始迅速发展。毕提将绿色营销的发展归纳为三个阶段：第一阶段为生态性绿色营销阶段。20世纪60年代末，发达国家的许多学者开始从社会角度思考企业营销对生态环境的影响，发现许多生态环境问题，特别是资源耗竭和环境污染问题与企业的传统营销模式有关，于是提出了生态营销概念，即企业以社会和环境价值为中心，把绿色市场作为自己的主要市场，但在这种观念的转变不是消费者需求和其他营销压力所致。第二阶段为环境性绿色营销阶段。20世纪80年代末，由于人们对环境破坏的忧虑，且大量研究与实践表明，商业活动和环境密不可分，于是出现了环境性绿色营销观念。其内涵包括可持续、绿色消费者需求、竞争优势、经济效果和环境质量等要素。但在

[①] 绿色营销有一些相近的术语，如环境营销（environmental marketing）、生态营销（ecological marketing）、可持续营销（sustainable marketing）等。

这一阶段企业发现，要形成真正的竞争优势，产品和营销的绿化是非常艰难的，很容易与企业文化、策略和利益发生冲突。第三阶段为持续性绿色营销阶段。20世纪90年代末，学者们从环境和持续性需求出发，提出了持续性绿色营销的概念。即用一种有利和持续性的方法区分、预测和满足消费者及社会需要的过程，并对其进行相应的管理，最终实现企业营销活动与生态系统相协调（Peattie，2001；徐大佑、韩德昌，2007）。

（二）绿色营销在中国的引进与发展

20世纪90年代初开始，国内学者也从不同角度对绿色营销展开研究，其研究历程大致经历了启蒙、成长到成熟阶段。1993年到1994年是绿色营销的启蒙阶段，提出了绿色营销的概念及其意义；1995年到1997年是绿色营销的成长阶段，研究主要集中在绿色营销的理论基础、绿色壁垒对我国对外贸易的影响等几个方面；1998年后绿色营销研究进入相对成熟阶段，除了绿色营销理论研究继续深入外，还带动了其他相关理论的研究，如绿色消费、绿色流通，政府和非政府组织作用等。随着绿色营销理论研究越来越成熟，对企业实践更加具有指导作用。万后芬（2000）指出，人们对绿色营销的认识是一个发展和完善的过程，其内涵也在不断发展与丰富，从最初的"生态要素"发展到今天的"可持续性要素"；从"产品中心论"演进到今天的"发展中心论"。

人物小传

肯·毕提

肯·毕提（Ken Peattie）教授是最早在出版著作中明确提出绿色营销概念的学者之一。毕提现为英国卡迪夫大学（Cardiff University）商业关系可持续性和社会责任研究中心（BRASS）的主任，卡迪夫商学院的营销和战略教授。他曾在一家美国跨国报纸集团从事营销系统分析，并为英国电子产业进行过战略规划。毕提教授在绿色营销出版过多部著作，如《绿色营销（1992）》(Green Marketing)、《环境营销管理：迎接绿色挑战（1995）》(Environmental Marketing Management：Meeting the Green Challenge)，等等。毕提和弗兰克·贝尔茨（Frank-Martin Belz）合作出版的著作《可持续营销：全球视角》(Sustainability Marketing：A Global Perspective)被德国商业研究协会授予"2010年度商业图书"的称号。毕提指出，"可持续发展不是一个商业问题。对企业来说，它是从长远角度看待世界的一种方法和途径"。

资料来源：http://business.cardiff.ac.uk/contact/staff/peattie-0

二、绿色营销的内涵和特征

（一）绿色营销的内涵

对于绿色营销的内涵，很多学者进行了界定。毕提指出，绿色营销是一种能辨识、预期及符合消费的社会需求，并且可带来利润及永续经营的管理过程。绿色营销观念认为，企业在营销活动中，要顺应时代可持续发展战略的要求，注重地球生态环境保护，促进经济与生态环境协调发展，以实现企业利益、消费者利益、社会利益及生态环境利益的协调统一。奥特曼认为,从组织的角度来看,环境考虑必须被纳入营销的各个环节,从新产品到沟通以及之间的任何一点。绿色的整体性特征表明,除了供应商、零售商和新的利益相关者涉及绿色营销外,教育工作者、社区成员、管制者、非政府组织也卷入其中,环境问题应与消费者的主要需求相平衡(Ottman,2011)。魏明侠、司林胜、孙淑生(2001)指出,绿色营销是在可持续发展观的要求下,企业从承担社会责任、保护环境、充分利用资源、长远发展的角度出发,在产品研制、开发、生产、销售、售后服务全过程中,采取相应措施,达到消费者的可持续消费、企业的可持续生产、全社会的可持续发展三方面的平衡。张世新、魏琦(2005)认为,绿色营销是指在绿色消费的驱动下,企业从保护环境、反对污染、充分利用资源的角度出发,通过市场调查、产品开发、产品定价和分销以及售后服务等一系列经营活动,满足消费者的绿色需求,实现自身的盈利。

尽管不同学者对绿色营销的界定不完全一致,这主要是由于不同学者界定的角度不一致,或者概括的精练性不同,实际上不同学者的界定没有实质性差异。总体来说,绿色营销是指企业在生产经营过程中,将企业自身利益、消费者利益和环境保护利益三者统一起来,以此为中心对产品和服务进行构思、设计、制造、销售和沟通的营销过程。

(二)绿色营销的特征

绿色营销至少有如下几个特征:

(1)从视角看,绿色营销是出于保护环境、节约资源、可持续发展的视角。绿色营销观念要求企业在营销中不仅要考虑消费者利益和企业自身利益,而且要考虑社会和环境利益,将三者利益结合起来,遵守道德规范,履行社会责任。

(2)从过程看,绿色营销体现在市场调查、产品开发、产品定价、促销、分销及售后服务等营销的全过程。绿色营销强调在传统营销组合中纳入"绿色"因素:注重绿色消费需求的调查与引导;注重在生产、消费、回收过程中降低对环境危害的绿色产品的开发和销售;在定价、渠道、促销、服务等营销全过程中都要考虑以保护生态环境为核心的绿色因素。

(3)从目标看,绿色营销要实现企业利益、消费者利益、社会利益三方面平衡(即实现消费者可持续消费、企业可持续生产和社会可持续发展的三方面平衡)。

传统营销的研究焦点是由企业、顾客与竞争者构成的"魔术三角",通过协调三者间的关系来获取利润。绿色营销的目标是使企业利润目标同环境保护的社会目标相协调,促进企业和社会的可持续发展。

绿色竞争力:解开僵局

"绿色竞争力:解开僵局"(Green and Competitive: Ending the Stalemate)是迈克尔·波特(Michael E. Porter)和卡拉斯·林德(Claas Van Der Linde)于1995年在《哈佛商业评论》发表的同名论文中提出的开创性观点。一般的看法是,在生态与经济的对立状态下,目前正处于两难处境。一方面,严格的环保标准可以提高社会利益;另一方面,产业预防和处理的成本会导致更高的价格和降低竞争力。环境品质的改善变成一种掰手腕比赛。一方施压追求更严格的标准,另一方则尝试拉回原点,主流的政治风向决定着这两股力量拉扯的平衡点。

妥善设计的环保标准有助于引发创新,降低产品的总成本或提高产品的价值。这类的创新容许企业使用一系列更有生产力的原料、能源及劳动力等,抵消了改善环境影响的成本,终结此种僵持的局面,进而提高资源生产力(resource productivity),使得企业更有竞争力。政策制定者、商界领袖,以及环境学家只注意环保法规静态的成本影响,却忽略掉更重要的从创新而来的利益。经理人必须认识到,改善环境是经济的也是竞争的机会,而非令人厌恶的成本或无可避免的威胁。

资料来源:迈克尔·波特.竞争论[M].北京:中信出版社,2003.

三、绿色营销的理论基础

绿色营销的理论基础主要有:①增长的极限(limits to growth)和可持续发展理论(sustainable development theory);②宇宙飞船经济(spaceship economy)和循环经济(circular economy)理论;③外部性(externalities)理论;④公共品(public goods)和公共地悲剧(tragedy of the commons)理论。绿色营销的相关基础理论以及这些理论的基本概念、中心思想如表5-1所示。

表5-1 绿色营销的理论基础

基础理论	基本概念或中心思想
增长的极限理论	增长的极限来自地球的有限性。地球资源是有限的,不可避免地会有一个自然的极限。人口爆炸、经济失控,必然会引发和加剧粮食短缺、资源枯竭和环境污染等问题,这些问题反过来就会进一步限制人口和经济的发展
可持续发展理论	既能满足当代人的需要,又不对后代人满足其需要的能力构成危害的发展。可持续发展的基本原则有公平性原则、持续性原则和共同性原则。可持续发展包含两个基本要素:"需要"和对需要的"限制"
宇宙飞船经济理论	地球只是茫茫太空中一艘小小的宇宙飞船,人口和经济的无序增长迟早会使船内有限的资源耗尽,而生产和消费过程中排出的废料会污染飞船,毒害船内乘客,飞船会坠落,社会随之崩溃。为了避免这种悲剧,必须改变经济增长方式,从"消耗型"改为"生态型",从"开环式"转为"闭环式"
循环经济理论	是对"大量生产、大量消费、大量废弃"的传统线性经济模式的根本变革。它以资源的高效利用和循环利用为目标,以"减量化、再利用、资源化"为原则。实现以尽可能小的资源消耗和环境成本,获得尽可能大的经济和社会效益,从而使经济系统与自然生态系统在物质循环过程中相互和谐,促进资源永续利用
外部性理论	生产或消费对其他团体强加了不可补偿的成本或给予了无须补偿的收益的情形。界定外部性主要基于两点:一是不同经济主体之间由于行为或其后果存在"直接强加"效应;二是这种"直接强加"效应没有得到价值补偿。外部性发生时,依靠市场不能自动解决市场失灵问题,需要政府采取适当的管制政策消除损害,实现社会福利最大化

续表

基础理论	基本概念或中心思想
公共品理论	每个人消费这种产品或劳务不会导致别人对该种产品或劳务的减少。公共产品或劳务具有与私人产品或劳务显著不同的三个特征：效用的不可分割性、消费的非竞争性和受益的非排他性。对公共品来说,市场机制会造成私人市场提供的商品数量小于最优值。由此,需要政府介入以实现公共品的最优生产和分配
公共地悲剧理论	当公共的草地向牧民完全开放时,每一个牧民都想多养一头牛,因为多养一头牛增加的收益大于其成本。尽管因为平均草量下降,增加一头牛可能使整个草地的牛的单位收益下降,但对于单个牧民来说,增加一头牛是有利的。但如果所有的牧民都增加放牛量,那么草地将被过度放牧。有限的资源因自由使用和不受限的要求而被过度剥削。这源自每个个体都企图扩大自身可使用的资源,然而资源耗损的代价却转嫁给所有可使用资源的人们

四、绿色市场和绿色消费研究

(一) 绿色消费的内涵和现状

对于绿色消费的内涵,不同的学者或机构有不同的界定。国际上一些环保专家把绿色消费概括成 5R,即节约资源,减少污染(reduce);绿色生活,环保选购(reevaluate);重复使用,多次利用(reuse);分类回收,循环再生(recycle);保护自然,万物共存(rescue)等方面(万后芬,2006)。英国学者约翰·埃尔金顿(John Elkington)和朱莉娅·黑尔斯(Julia Hailes)在《绿色消费者指南》一书中将绿色消费定义为避免使用以下六大类商品的消费。具体包括:①危害到消费者和他人健康的商品;②在生产、使用和丢弃时,造成大量资源消耗的商品;③因过度包装,超过商品本身价值或过短的生命期而造成不必要浪费的商品;④使用出自稀有动物或自然资源的商品;⑤含有对动物残酷或不必要的剥夺而生产的商品;⑥对其他国家尤其是发展中国家有不利影响的商品。

2001 年,中国消费者协会提出绿色消费有三层含义:一是倡导消费者在消费时选择未被污染或有助于消费者健康的绿色产品。二是引导消费者转变消费观念,崇尚自然、追求健康,在追求生活舒适的同时,注重环保,节约资源和能源,实现可持续消费。三是在消费过程中注重对垃圾的处置,不造成环境污染。可以看出,绿色消费除了要求消费者消费有益于环境的产品外,也要求消费者消费有益于自身健康的产品。万后芬(2006)则指出,绿色消费也称可持续消费,是指一种以适度节制消费,避免或减少对环境的破坏,崇尚自然和保护生态等为特征的新型消费行为和过程。

从不同学者对绿色消费的界定可以看出,绿色消费至少有以下几个特征:第一,消费者在购买、使用、处理等消费全过程中不污染环境或浪费资源;第二,消费者注重抵制和不消费破坏生物多样性等生态环境的产品;第三,消费者在消费过程中不能损害他人的需要和利益。以此类推,某一代人的消费不能损害后代人的利益,某一国的消费不能损害其他国家的利益,特别是发展中国家的利益。根据以上特征,我们可以对绿色消费进行如下界定:绿色消费是一种以"文明、节约、保护、低碳、可持续"为宗旨和趋势,有益于资源能源持续利用和生态环境保护的一种消费方式。绿色消费至少有三个层次：

第一，消费者消费对资源环境友好、不会导致环境污染和资源耗竭的产品；

第二，消费过程和消费结果不应导致资源浪费、环境污染和生态破坏；

第三，消费者自觉改变传统的消费观念，避免奢靡过度的生活方式。在追求生活品质的同时注意节约能源资源，保护生态环境，实现可持续消费。

进行绿色市场和绿色消费研究，要在传统市场和消费研究基础上，增加一些"绿色"的研究内容。这里的"绿色"不仅体现在产品的购买方面，还体现在产品使用和处理回收方面。例如，即使消费者购买的是节油型汽车，但是在存在便捷公共交通工具的情况下消费者仍然普遍使用私家汽车，这又属于非绿色消费。因此，度量绿色消费除了需要度量产品的购买行为，还需要度量产品的使用和处理回收行为。根据王建明（2000）对城市消费者的大样本调查和统计分析，可以大体得出这样的结论：消费者多数还是根据其自身利益确定其绿色消费倾向，当绿色消费与自身利益相一致（即无须消费者付出额外经济成本），那么消费者更易于实行。反之，消费者实行的可能性会降低。

"绿色营销"的消费困局

皇明太阳能老总黄明一直非常郁闷，为什么他不能像苹果公司的乔布斯那样一呼百应。要知道，他研发的太阳能技术可是造福全人类的绿色能源技术，他因此被奥巴马赞誉为全世界的太阳能之王，其成就绝对可以彪炳史册。可是，乔布斯的 iPod、iPhone、iPad 常常引领时尚潮流，引发全世界的疯狂，并赚个盆满钵满；而黄明的太阳能产品却始终只能在农村及二三线市场徘徊，登不上一线市场，市场增长有限。

黄明的困惑也是整个绿色产业面临的困境：消费者为何对绿色、低碳无动于衷，绿色产业看上去很美，绿色营销却很难。

绿色营销的困局关键也许是绿色企业们没有摸透消费者的需求。奥美公司发布了一份针对中国消费者所进行的调研报告《与绿色同行：跨越绿色鸿沟》，这项调研项目揭示了为什么人们迟迟不采取环保行动的原因。调查时间持续了四个多月（从2010年7月至10月），访问了天津、上海、无锡三个城市的24户家庭。调研团队深入受访者的家里，观察他们每天的生活，记录他们的消费以及处置废品和垃圾的行为。此外，奥美还进行了一个全国性的网络定量调研，共有1 300名受访者接受了调研。

为什么人们迟迟不采取环保行动？

"今天，声称环保是一种不会错的时尚说法。可事实是，尽管消费者对环境问题有所关注，但是他们对这些问题无能为力，或者没有具体方法去实践绿色环保的行为。这就是市场与消费者之间的绿色鸿沟"，奥美亚太区首席知识官兼奥美爱地球大中华区负责人辛默（Kunal Sinha）表示。

调研发现，以下这些因素阻碍了人们的绿色环保行为。

(1) 大多数受访者认为，政府和大企业是解决环保问题的主力军，环保与自己无关。

(2) 消费者们一直被鼓励并认为，消费得越多越好；只有18.6%的受访者表示会限制自己的消费。

（3）大部分中国人刚刚开始有生以来第一次的中产阶级生活。55%的受访者声称"方便"是他们购买空调和汽车等产品的主要因素，而环保可能为他们带来不方便。

（4）53%的受访者认为绿色产品在中国市场价格偏高。而69%的受访者表示，如果环保产品和非环保产品的价格一样，那么他们将会购买环保产品；71%的受访者甚至愿意花多出10%的价格去购买环保产品。

（5）面对铺天盖地的环保认证，消费者很难分辨环保产品能效的真假。

（6）对于普通人来说，绿色英雄（即环保主义者）是一种环保形象；绿色对于这些英雄来说已经成为了一种个人标志，但他们的行为是普通人难以效仿的，不适合所有人。

针对当前的消费现状，政府、企业如何开展绿色营销呢？调研报告提出以下10项建议。

（1）大众，而非典范：绿色行动其实早已存在于大部分的民众生活之中，如骑自行车或者搭地铁上下班，夏天睡凉席而尽量不开空调，自带喝水的器具等。鼓励大众继续实践这些绿色行动，从而让他们理解环保并非只是富人和利他主义者的事。而且，绿色行动就是这么简单，并不需要什么英雄之举。

（2）产品，而非政策：彰显市场上已经有的绿色产品和服务创新、企业在制造和运输方面的革新，以及这些革新对环境的积极影响。让消费者了解这些信息，让他们知道他们所面对的环保选择。

（3）每一日，而不仅是地球日：应该提倡并每天都坚持绿色环保，而不仅仅只是在地球日或者是"地球一小时"活动时才这么做。坚持每一天日常生活中的绿色行为，而不仅仅是一年一度的噱头。

（4）个人，而非全球：从现在开始对话。让世界变得更好，这应该是许多个人的共同努力的结果。对于每一个中国家庭来说，孩子的诞生是接受绿色行为习惯的关键点。每年，中国有超过1 600万名的婴儿出生，而这1 600万名的机会将会开启一个有关责任心和绿色的对话。

（5）激励，而非斥责：为个人和群体建立鼓励机制，鼓励绿色的环保行为和购买决策。

（6）选择，而非强制：为消费者提供绿色选择。如果价格都差不多，那么品牌的环保认证就成为消费者选择这个品牌而不是其竞争对手的决定性因素。在适当的时间和地方提供环保选择是很重要的。

（7）对话，而非命令：重视沟通。当绿色活动的参与是以硬性规定且必须服从为前提，那么，即便人们暂时遵循了这些规定，随后也会把它们忘得干干净净。如果我们想要消费者实践绿色行为，那么他们需要的是鼓励，而不是命令。

（8）自觉，而非炫耀：创建良好的中国集体意识，鼓励家庭在他们需要购买某件物品前问问自己，他们是否真正需要这个东西，这件物品是否可以不买。

（9）合作，而非独战：互相合作。合作可以产生积极的变化。目前，绿色运动正处于"对抗"大于"共识"的困境。合作将会激发中国绿色科技市场大约每年一万亿美元的市场潜力。

(10) 整合,而非极化:一谈起绿色行为,人们立即被分成了两类。排污者 VS 受害者;生态保护者 VS 物质主义者。告知人们,环境问题对我们每一个人都有影响,两极分化什么问题都解决不了。

资料来源:http://www.cb.com.cn/info/2011_0427/203665.html

(二) 绿色消费者的市场细分

王建明(2010)根据消费者在购买行为、使用行为、处理行为这三个因子上的差异,采用聚类分析(cluster analysis)对消费者进行市场细分。发现根据三因子可以将消费者划分为四个不同的子群体:第Ⅰ类消费者群体占16.4%。他们在产品购买、使用和处理中都不注重绿色消费,称之为"非绿色消费者"。第Ⅱ类消费者群体占23.3%,他们在产品使用和处理过程中注重绿色,但购买中不注重绿色。他们实行绿色消费的底线是不损害个人利益,称之为"中绿色消费者"。第Ⅲ类消费者群体占22.8%,他们在产品处理时注重回收,但在购买、使用中不太注重绿色。这部分消费者注重回收完全出于个人的经济利益,且不愿意改变生活方式和消费习惯,称之为"浅绿色消费者"。第Ⅳ类消费者群体占37.5%,他们在产品购买时非常注重绿色,也比较注意产品回收和使用的绿色,称之为"深绿色消费者"(见图5-1)。可见,不能简单地把中国消费者划分成"绿色"和"非绿色"非此即彼的两极。事实上,中国消费者在绿色消费程度上是多维的,可以分为多个不同的子群体。

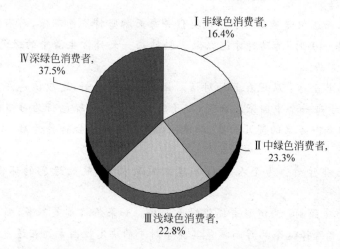

图 5-1 中国城市消费者的绿色市场细分

(三) 影响绿色消费的主要因素

影响绿色消费的主要因素包括绿色心理意识、社会参照规范、个体实施成本、制度技术情景。

(1) 绿色心理意识是绿色消费的内部心理基础。

① 环境问题认知。只有消费者认识到环境危机问题对社会和自身的危害,才会做出相应的行为反应。

② 绿色消费知识。部分消费者不注重实施绿色消费,这缘于相关绿色消费知识的匮

乏,如缺乏碳排放、碳足迹、节能标志等相关知识。

③ 社会责任意识。消费者关于实施绿色消费的社会责任感越强烈,其绿色消费倾向也就越明显。

④ 行为效果感知。个体对其自身行为效果的感知越强,即更加相信"只要每个人在日常消费行为中作出改变,环境危机就更能得到解决",那么其绿色消费倾向也越显著。

(2) 社会参照规范是影响个体实施绿色消费的外部情境因素。包括社会风气因素、群体压力因素、面子文化因素、政府表率因素等因子。特别值得一提的是中国的社会风气、人情消费和送礼文化观念因素。它导致了极为严重的资源浪费和环境污染问题,已成为制约绿色消费的主要障碍。此外,政府部门人员的消费状况很大程度上引领着全社会的绿色消费风气。

(3) 个体实施成本是影响个体实施绿色消费的内部情境因素。包括物质生活方式、行为便利程度、传统生活习惯、个体经济利益等因子。绿色消费的实施成本有时体现为物质成本,有时体现为时间、精力、便利性丧失等非物质成本。由此,实施绿色消费的便利程度、传统生活习惯、个体经济利益等因素是影响个体实施绿色消费的重要情境因素。另外,个体越倾向于物质生活方式和消费观念,那么他们也就越容易忽略绿色消费。持有物质主义消费观念的个体通常倾向于以自我中心者,其主观动机可以概括为:短视、慷慨、失算、炫耀和攀比等方面。在追求物质生活的过程中,他们往往忽视了绿色消费。

(4) 制度技术情境是影响个体实施绿色消费的外部因素。制度技术情境也由四个因子构成:

① 基础设施配套,如是否存在完善的公共交通设施、垃圾分类回收网点、电动汽车充电站等基础设施。

② 产品技术条件,即绿色产品的可获得性、技术条件的成熟性。例如,电池性能、充电技术成熟性是制约很多潜在车主购买新能源汽车的主要因素之一。

③ 经济激励政策,即价格杠杆、经济手段等激励性措施是否完善。

④ 行政法规政策,即政府法规政策和政策执行力度是否有效。

五、绿色营销管理的主要内容

(一) 树立绿色营销观念

在绿色营销观念下,企业的首要问题不是协调消费者需求、企业自身条件和竞争者状况三方面关系使自身取得利益,而是协调与自然生态环境的关系。营销决策的制定必须首先建立在有利于节约资源和保护环境的基点上,使营销的立足点发生新的转移。例如,消费者研究需要着眼于绿色需求的研究,不仅要考虑现实需求,更要放眼于潜在需求。企业与同行竞争的焦点,不在于争夺目标市场的份额,而在于有利于保护环境的最优营销措施,这才是企业制胜和基业长青的法宝。

(二) 开发设计绿色产品

企业实施绿色营销必须为社会和消费者提供满足绿色需求的绿色产品。绿色产品是指对社会、对环境改善有利的产品。它具有如下特征:

(1) 产品的核心功能既要能满足消费者的传统需要，符合相应的技术和质量标准，更要满足对社会、自然环境和人类身心健康有利的绿色需求，符合有关环保和安全卫生的标准。

(2) 产品的实体部分应减少资源的消耗，尽可能利用再生资源。且产品制造过程中应尽量减少对环境的危害。

(3) 产品的包装应减少对资源的消耗，废旧包装应尽可能便于再利用或再循环。

(4) 产品生产和销售的着眼点，不在于引导消费者大量消费而大量生产，而是指导消费者适量消费而适量生产。

（三）合理制定绿色价格

鉴于绿色产品考虑了环保成本，由此绿色产品成本往往会高于传统产品，主要包括以下几方面。

(1) 产品开发中因增加或改善环保功能而支付的研发成本。

(2) 产品生产中因制造对环境和人体无污染、无危害而增加的工艺制造成本。

(3) 产品使用新型绿色材料或可循环材料而可能导致的材料成本。

(4) 企业实施绿色营销可能增加的管理成本、销售成本、财务成本。

当然，绿色产品的高成本是暂时的，随着科学技术的发展和环保政策的完善，绿色产品成本会逐步趋于下降。企业合理制定绿色价格，一方面当然应考虑上述因素适当提高绿色产品价格；另一方面应注意到，随着人们绿色意识增强和收入增加，消费者对绿色产品价格的可接受能力会相应提高。

（四）完善绿色营销渠道

企业实施绿色营销必须完善绿色营销渠道，可从以下几方面努力。

(1) 发现和选择热心绿色环保的中间商，启发和引导中间商的绿色意识，建立稳定的营销网络。

(2) 注重绿色营销渠道有关环节的工作。从绿色交通工具的选择，绿色仓库的建立，到绿色装卸、运输、贮存、管理办法的制定与实施，做好绿色营销渠道的一系列基础工作。

(3) 尽可能缩短流通渠道，减少渠道资源消耗，降低渠道费用。

（五）加强绿色营销沟通

绿色营销沟通是通过绿色媒体向消费者和社会传递绿色信息，引导消费者的绿色需求，最终促成绿色购买。绿色沟通的主要手段有以下几方面。

(1) 绿色广告沟通。通过广告突出产品的绿色功能定位，引导消费者理解并接受绿色广告诉求。特别是在绿色产品的引入期和成长期，需要通过多维度、多层面、全方位的绿色广告，营造绿色氛围，激发绿色购买。

(2) 绿色推广沟通。通过人员推销和营业推广，直接向消费者宣讲、推广产品绿色信息，讲解、示范产品绿色功能，激励绿色消费欲望。

(3) 绿色公关沟通。开展系列公关活动，如环保公益活动的参与、赞助，与消费者进行绿色社交联谊等，树立企业的绿色形象，为绿色营销构建良好的社会基础。

本讲小结

绿色营销的萌芽可以追溯到20世纪60年代末70年代初,作为一个明确概念则是在20世纪80年代提出来的。尽管绿色营销诞生的时间不长,但是对营销实践和营销理论产生了广泛而深远的影响。本讲主要介绍了绿色营销的产生和发展、绿色营销的内涵和特征、绿色营销的理论基础和现实困境、绿色营销管理的主要内容。如今,节约资源、保护环境已成为时代主题和社会共识。有远见的企业必须重新定位,向消费者传达更长远、可持续性的企业价值,而不仅仅是着眼于短期的销售增长和财务利润,营销绿色化是其中非常重要的一部分。传统营销正在发生变革,朝着与消费者和社会建立并保持长期利益关系的过程发展。未来的营销需要探索如何在减少资源消耗和环境污染,满足顾客需求的同时传递价值。

思考题

1. 简述绿色营销的含义及其与传统营销的差异。
2. 简述绿色营销的产生及其理论基础。
3. 评述绿色营销理论对企业营销实践的指导意义。
4. 以某一特定行业为例,试论企业营销"绿色化"的战略步骤。
5. 试论绿色营销观念在市场营销观念演进中的地位。

案例与思考

蒙牛:绿色乳业进行时

2010年,中国人均GDP超过4 000美元。依据发展经济学理论,当一个国家或地区的人均GDP超过3 000美元的时候,"大消费"时代即将来临。

"从全球经济发展的历史经验看,中国的'大消费'时代已经到来,中国乳业面临着跨越式大发展的全新历史机遇。"蒙牛集团总裁杨文俊在参加"中国之声"两会特别节目《做客中央台》时说。而"大消费"时代的特征具体到乳业,表现为中国人均饮奶量有望达到每年百余公斤的国际平均水平。

据《中国奶业年鉴》2009年的数据,中国共有不同规模的乳制品企业2 000多家,行业规模已跃居世界前列。但是其中真正形成规模的只有800多家企业,销售过亿的只有10家左右。从单个企业的规模化、集约化来看,中国乳品行业距离世界顶尖水平还有一定的差距,中国乳业迫切需要可持续发展的创新驱动力。而在绿色、环保、食品安全等问题日益为社会高度关注的今天,打造绿色企业成为乳业发展的必然选择。

一、打造绿色产业链

在世界绿色经济的发展大趋势下,蒙牛进行了相应的探索,坚持采用绿金模式;在业内率先倡导共建绿色产业链,带领中国乳品行业实现绿色复兴;持续开展"生态行动助力中国"生态体验活动,推动"绿色"进一步全民化等。

如今,蒙牛坚持绿色创新,绿色环保已成为其下一个5年内进行组织创新和技术创新的动力之一。目前,从生态奶源建设到与消费者的终端沟通,蒙牛建立了一条绿色的全产业链:在奶源建设方面,推进大型生态牧场建设,夯实优质奶源基础,并配套建成了全球最大规模的畜禽粪沼气发电厂,利用牛粪发电;在生产方面,采用低碳节能生产方式,严格管理控制工厂的能耗和排放,建成了万吨级污水处理厂,将生产废水处理后循环利用;在物流方面,综合分析产品物流网络,制定就近配送方案,减少产品运输环节的碳排放;在包装方面,将逐步使用来自可持续发展森林制造的产品包装,与供应商一起打造绿色供应链,实现可持续发展。

蒙牛乳业总裁杨文俊表示:为适应我国乳品行业"十二五"目标,蒙牛确定了未来5年的战略目标,即确保营业收入超过500亿元,跨入世界乳业十强行列。这就意味着蒙牛的国际化水平将得到极大的提高,能够在全球范围内对奶源、研发和市场进行更有竞争力的布局。"创新性的差异化竞争,是企业自我超越、蜕变成长的新动力。蒙牛将继续加大奶源建设、新产品研发组织架构调整等,形成自己的差异化竞争优势。"

目前,蒙牛已在全国各地建立了40多个生产基地,参建、参股的万头牧场为14座。"未来还将再建20~30座大型牧场,蒙牛70%以上的奶源来自规模化饲养的大型牧场与现代化小区,以保障原奶的可靠品质。"杨文俊说。

在蒙牛的生产过程中,每一包蒙牛牛奶都要经过9道工序、36个监控点、105项指标检测。蒙牛位于和林格尔的六期工厂,拥有全球最先进的液态奶生产车间。在这里,消费者可以通过透明的生产线了解牛奶生产的整个过程。

"这几年,中国乳品企业尤其是大中型企业,都将产品品质、消费者的安全保障放到了至高无上的地位,消费者会对中国乳业产生信心。"杨文俊说。

二、面对面的生态体验

作为2011年西安世界园艺博览会专用乳制品提供商,蒙牛一直希望将生态的理念带给每一位消费者。在2010年4月17日以"生态行动,助力中国"为主题开展大型终端体验活动,先后在杭州、上海、嘉兴、苏州、南京等三十多个城市举办。此次活动重在"体验",让公众参与到生态文明建设中。而网上的"碳测试"、"绿化中国"等生态活动旨在唤醒全民的生态意识。此次活动从线上到线下,从企业理念扩展到全民行动,从关注人类到回归个人,蒙牛的生态城市行,让绿色与生态理念进一步平民化、全民化。

蒙牛生态城市行上海站的蒙牛联合供应商向媒体、消费者发出了"绿色产业链倡议",宣布将把"绿色产业链倡议"作为蒙牛优先选择供应商和合作伙伴的准绳;未来将采用更多可持续发展森林制造的更符合环保概念的包装材料,以实际行动推动中国乳业实现绿色发展。

为了让更多的社会大众参与到生态文明行动中,此次活动中各大场馆的建设都是围绕生态主题展开的。比如,360度全景模式的"蒙牛乳品馆"展示了其坚持绿色经营理念取得的成绩,而"未来乳品馆"以3D技术带来的影像冲击则为消费者提供了虚拟未来乳品世界的视觉盛宴。在活动现场,穿着牛奶包装的模特们、"绿色地球"形状的包装回收机,无不体现着绿色社会责任的主旋律。

世界自然基金会(WWF)全球气候变化应对计划主任杨富强博士指出:"蒙牛这次的绿色行动非常好,它不是单纯地向消费者推销产品,而是与消费者进行面对面的沟通对话。因此,这个活动在推动环保理念普及方面比媒体的日常宣传做得好得多。"

通过"生态行动,助力中国"活动,蒙牛一方面向消费者展示了蒙牛的生态草原,凸显了蒙牛的绿色奶源和牛奶品质;另一方面向广大民众普及了绿色低碳的消费理念,在中国普及低碳生活方式。与一般的巡展不同,蒙牛非常注重活动形式的创新和活动意义的延伸。在活动现场,除了常规的生态展览,蒙牛还设置了美女环保时装秀、环保纸盒DIY大赛、环保知识竞赛、生态草原游大奖抽取等互动环节,增强活动的吸引力。更引人关注的是,几乎每一场活动,蒙牛都邀请了丁俊晖、薛之谦等体育和娱乐明星前来助阵,与现场观众共话低碳生活,分享快乐。

同时,为了让生态行动影响更多的地区和消费者,蒙牛还推出了中国乳业第一个碳测试网站,构建了一个线上绿色中国大本营,吸引了包括香港、台湾等地区的数万网友注册参与,引领了一场网络低碳风潮。

三、与WWF"地球一小时"同行

为了实现企业的可持续性发展,蒙牛发起了多项绿色行动,从生态奶源建设到绿色低碳生产,从发展循环经济到建设乳业绿色产业链,绿色理念覆盖了蒙牛战略布局的方方面面。

早在2007年,蒙牛就建起了全球最大的畜禽粪沼气发电厂,用牛粪发电。2009年,蒙牛生态草原基金设立,目标是让中国草地资源的保护和建设有一个长效机制。2010年"生态行动,助力中国"则走进中国三十多个城市。

2011年,蒙牛宣布加入WWF绿色环保行动行列,将绿色行动进一步扩大化。为了更好地响应此次活动,针对活动的主题,蒙牛乳业在北京、上海和深圳等全国多个城市的卖场同期发起了包装回收行动。对于2011年参与WWF的"地球一小时"、发起包装回收活动等绿色活动,蒙牛相关负责人表示:"通过包装回收,企业可以与消费者的心连在一起,共同推广绿色环保理念,让绿色与生态理念进一步大众化、全民化,推动更多的消费者加入到绿色环保的行动行列。蒙牛还将继续承担自己的企业社会责任,投身公益事业,回报社会。"

蒙牛是参与WWF"地球一小时"活动的中国首家且唯一的乳品企业。"作为'熄灯一小时'的同行者,蒙牛将参与更多的环保活动,贡献中国乳品行业第一品牌的绿色力量。此次活动的熄灯仪式于3月26日在北京最高的建筑三期国贸隆重举行。为了助力此次熄灯活动,针对活动'改变'的主题,蒙牛于'地球一小时'活动前期在全国多个城市的卖场发起了包装回收行动——回收任意牛奶品牌包装,并承诺'使用更多来自可持续发展森林制造的包装材料;并持续推进牛奶包装的回收计划,相比去年,2011年的同比回收量翻一番;蒙牛将继续致力奉献更多品质好奶,与消费者分享绿色生活'。"蒙牛高层表示。

资料来源:贾红飞.蒙牛:绿色乳业进行时[J].新营销,2011(4).

案例思考:

1. 在乳品行业(奶业),绿色营销战略是不是一个合适选择?为什么?
2. 蒙牛的绿色营销管理体现在哪些方面?

3. 对于蒙牛等乳品企业来说,你认为其绿色营销管理如何进一步完善?

本讲实训

一、实训目的
1. 加深学生对绿色营销理念、绿色营销策略的认识。
2. 结合实践了解消费者绿色消费、企业绿色营销的现状,及其对个体生活的影响。

二、实训内容
以小组为单位,利用周末或假期对典型经营者和典型消费者进行访谈,以加深对企业绿色营销和消费者绿色消费等相关问题的理解,并根据访谈结果制作PPT,总结企业绿色营销的理念、现状和策略。

三、实训组织及步骤
1. 教师明确实训目的、任务和评价标准。
2. 班级成员分为若干小组,每组6~8人。实行组长负责制,成员合理分工,相互合作。
3. 每个小组通过查阅资料加深对绿色营销的理解,并做好相关访谈内容的准备工作。
4. 小组成员利用周末或假期进行走访调研,并结合相关理论知识进行总结分析。
5. 各小组对访谈记录进行整理,并制作PPT。
6. 各小组在班级进行PPT演示,汇报观点并讨论、交流。
7. 班级演示之后,由指导老师点评和总结。

参 考 文 献

[1] Jacquelyn Ottman. The new rules of green marketing: strategies, tools, and inspiration for sustainable branding[M]. Berrett-Koehler Publishers, 2011.

[2] Ken Peattie. Towards sustainability: the third age of green marketing[J]. The Marketing Review, 2001, 2(2): 129-146.

[3] Meredith Ginsberg, Bloom Paul N. Choosing the right green marketing strategy[J]. MIT Sloan Management Review, 2004, 46 (1): 79-84.

[4] Michael Jay Polonsky, Philip J. Rosenberger. Reevaluating green marketing: a strategy approach [J]. Business Horizons, 2001, 44(5): 21-30.

[5] Ricky Y K Chan. An emerging green marketing in China: myth or reality? [J]. Business Horizons, 2000, 43(2): 55-60.

[6] William Kilbourne. Green marketing: a Theoretical perspective [J]. Journal of Marketing Management, 1998, 14(6): 641-655.

[7] 菲利普·科特勒. 反思:可持续营销——亚洲公司成功的战略、战术和执行力[M]. 北京:中国市场出版社, 2008.

[8] 肯·毕提. 可持续营销[J]. 成功营销, 2009(5).

[9] 甘碧群. 关于绿色营销问题的探究[J]. 外国经济与管理, 1997(3).

[10] 何志毅,于泳.绿色营销发展现状及国内绿色营销的发展途径[J].北京大学学报:哲学社会科学版,2004(11):85-93.

[11] 井绍平.绿色营销及其对消费者心理与行为影响的分析[J].管理世界,2004(5):145,146.

[12] 李荣庆.绿色营销:国内研究述评[J].生态经济,2007(4):96-99.

[13] 刘凤军,吴琼琛.绿色贸易壁垒下我国企业绿色营销问题研究[J].中国软科学,2005(1):71-77.

[14] 刘敏.绿色营销案例——行业绿色商机与实践[M].北京:清华大学出版社,2012.

[15] 刘宇伟.绿色营销的理论贡献刍议[J].扬州大学商学院学报,1996(3):42-45.

[16] 司林胜.我国企业绿色营销理念及实践的特征分析[J].商业经济与管理,2002(6):5-10.

[17] 万后芬.绿色营销[M].北京:高等教育出版社,2006.

[18] 万后芬.绿色营销的理论、措施及宏观监控体系[J].商业经济与管理,1995(5):16-19.

[19] 王建明.消费者资源节约与环境保护行为及其影响机理[M].北京:中国社会科学出版社,2010.

[20] 王文举,张庆亮.我国发展绿色营销的问题及对策[J].经济理论与经济管理,1997(5):67-71.

[21] 王向阳.绿色消费的心理分析对绿色营销沟通的启示[J].北京商学院学报,1997(5):62-65.

[22] 魏明侠,司林胜,孙淑生.绿色营销的基本范畴分析[J].江西社会科学,2001(6):88-89.

[23] 文启湘,胡芳肖.绿色营销的正外部性市场失灵及其治理[J].中国流通经济,2003(7):41-44.

[24] 熊毅."绿色营销"理论溯源、实践分析及策略探讨[J].商业研究,1999(6):21-23.

[25] 徐大佑,韩德昌.绿色营销理论研究述评[J].中国流通经济,2007,(4):49-52.

网络营销

鼠标＋水泥：钻石小鸟一飞冲天

中国珠宝行业近年的飞速发展有目共睹，已开始进入一个崭新的品牌竞争时代。然而，"品牌定位不准确，品牌核心价值不清晰，品牌气质趋于雷同"一直是困扰着国内珠宝企业的关键问题，价格战、渠道战成为众多本土品牌难以走出的黑洞。

在这样一个大背景下，有一家企业另辟蹊径，走出了一条独特的从传统行业进军互联网的品牌建设之路，它就是知名的网络钻石品牌——钻石小鸟。

2002年，钻石小鸟总裁、联合创始人徐磊，人称"石头哥哥"与人称"鸟姐"的妹妹徐潇联手创立了钻石小鸟。那时的钻石小鸟仅仅只是易趣网一家小小的钻石商铺。与诸多创业者一样，徐氏兄妹也是白手起家，不同的是他们选择了一个更富挑战的项目——将价格昂贵的钻石搬到互联网上去卖。在今天看来这似乎没什么不寻常，可在21世纪初期，中国的网民数量极其有限，网购的人更是少之又少，如此境况下选择网上卖钻石，可谓极近疯狂。

凭借着网络营销的利剑，钻石小鸟真正创造了钻石营销模式的奇迹。十多年里，徐氏兄妹的网钻生意越做越大，从第一桶金区区3 000元到如今年销售额超过8亿元，钻石小鸟也成为网络钻石品牌第一名。一直以来，钻石小鸟的玩法都备受关注，究竟是O2O模式造就了小鸟今天的成绩，还是小鸟"玩转"了网售钻石经？

2002年，英语专业毕业的徐潇就职于一家外资软件公司。彼时，毕业于同济大学珠宝鉴定专业的哥哥徐磊已经是一名珠宝供应商。由于工作中要经常接触互联网，加之兴趣使然，徐潇便利用课余时间在eBay网上做起了银饰生意，悉心打理加上独有的营销"秘籍"，很快，她的银饰就成了畅销品，短期内集聚了颇高的人气。正当朋友们艳羡徐潇人气爆棚的银饰生意时，她又有了一个更大胆的想法：有哥哥的钻石批发公司这么便利的货源优势，为何不将钻石拿到网上去售卖？为何不让爱时尚、爱网购的年轻人也拥有一个属于自己的钻饰？

雷厉风行的徐潇很快就在哥哥的协助下开始在网上卖起了钻石，可接连几个月，徐潇都没有接到一笔订单。但骨子里的倔强与做事专注的态度使得徐潇没有放弃，在坚持3个月后，终于赚来了第一桶金——3 000元。

几经周折，徐潇在2004年与哥哥联合注册了公司，并同时上线了自己的垂直网站"我要钻石网"，可问题又随之而来，新网站去哪里找客流？在多番摸索和探究之后，徐潇找到了篱笆网——当时一个很火的装修论坛。徐潇认为，有装修需求的人或许会有结婚购买钻石的打算，于是她决定在这里找到潜在客户，这个想法与当时篱笆网准备开设结婚频道的设想不谋而合，因此徐潇顺利成为篱笆网的优质客户。篱笆网特地为钻石小鸟举办了一场线下"团购会"，吸引了大批客户参团，钻石小鸟当月的销售额翻了好几倍。

随着"钻石小鸟"品牌逐渐被人们知晓，一些做黄金、翡翠等传统珠宝生意的商家主动上门要求与钻石小鸟合作，徐氏兄妹也曾为要不要接受而纠结过，但最终这些诱惑都被他们拒之门外。徐潇说："黄金是极易被中国消费者所接受的珠宝品类，它的确会带来非常高的流量，但是回过头来想，一家定位于钻石的公司却经营着形象十分传统的其他产品，岂不是很奇怪？所以，我们拒绝了这些，只是想将全部注意力和精力都专注于钻石品类，并且坚持把它做好做精。"经过多年来对于品牌的专注和坚持，钻石小鸟的销售成绩也连年攀升。数据显示，2009年钻石小鸟销售额近4亿元；2011年超过6亿元；2012年达8.2亿元，并且实现了全面盈利。当被问及2013年的销售目标时，徐磊笑笑并用手指比画着说："今年我们的目标是10亿元。"

"鼠标＋水泥"成为专有名词。2004年，钻石小鸟在上海开设了第一家Office直营店，目前实体店已在全国范围内开设14家。这种Office直营店均建立于CBD的4A级写字楼中，并被赋予4C使命，即concept of new model（全新模式）、create your own ring（钻戒DIY）、culture of diamond（钻石文化）、care for love（为爱呵护），而其核心职能是让用户体验钻石文化，增强其购买信心。在钻石小鸟体验中心，消费者可以经历从裸钻、戒托款式的挑选，到亲眼目睹加工并见证自己戒指诞生的整个过程。在这个过程中，消费者既能了解更多的钻石知识，还能随时向专业人士咨询和学习。

在大力打造体验店的同时，钻石小鸟一直致力于挖掘出更多线上线下联动方式，让更多年轻消费者愿意走到线下的体验中心去，体验他们专业化的服务。例如钻石小鸟提供的一对一顾问式服务，用户在现场还可以DIY"裸钻＋戒托"的现镶服务；而且每个体验店里配备的电脑会引导线下用户进行线上消费，最终将这部分群体完全转化为线上消费群。

作为垂直电商O2O模式的最早试水者，徐潇现在还有一个新领悟，那就是所谓O2O模式不能刻意为之。要将生意做好，专注于线上能力以及品牌影响力本身才是关键。现在看来，"鼠标＋水泥"模式帮助钻石小鸟突破了钻石在中国网络销售中用户的"信任"难点，但钻石小鸟的成功在于遏制住了追求大而全的冲动，专注于强化品牌专注度，在一个细分领域里深耕，直到将它做好做精。如今，钻石小鸟首创的"鼠标＋水泥"商业模式经常见诸报端的各种报道，至今在百度上已经累计到216万条，更有数家知名商学院将钻石小鸟的品牌发展商业模式作为经典的商业案例搬进了课堂。

聚众化定制彰显网络营销差异化能力。随着珠宝市场日益成熟，消费需求不断变化，竞争在很大程度上取决于品牌和产品服务的差异化。品牌的差异化建立在产品和服务的基础上。根据市场发展和消费者需求，钻石小鸟制定了"定制占销售总比70%"的策略。

"过去的B2C是从品牌到用户，现在的C2B是通过互联网的聚类效应，把同一类消费者聚集进来，我们就是为这类消费者做聚众化定制。"徐磊说。

与传统珠宝定制方式不同，钻石小鸟将消费者定制需求进一步细分。传统的钻戒半

第六讲 网络营销

定制,消费者可以自主选择戒托和裸钻两个部分来组合,这基本能满足大多数消费者需求,但还有一小部分人群无法在这种简单定制中寻找到自己心仪的款式。因此,钻石小鸟根据这部分小众需求推出半定制的另一种高级定制方式:消费者不仅可以选择自己中意的戒托、裸钻,还可以根据自己的喜好对戒冠等更小的部分进行随意搭配和变换。此外,消费者还可以选择在成品基础上进行个性DIY。例如,在钻石小鸟饰尚圈系列中,消费者可以根据自己的想法将一个成品吊坠变换出多种不同的造型与风格,搭配不同场合不同服饰的需求,而其中的DIY理念是在设计之初,设计师就考虑并融入产品的。

凭借网络营销与实体店营销的有机融合,钻石小鸟品牌获得了巨大的成功。2012年3月30日,中国时尚品牌百强报告由清华大学经济管理学院、中国奢侈品贸易委员会及世界奢侈品协会中国代表处等联合评审,钻石小鸟以擅长婚戒和潮流饰品而备受年轻消费者的喜爱,与知名品牌通灵珠宝、七彩云南等跻身中国珠宝品牌10强。而据中国宝玉石协会珠宝行业2011年度权威报告显示,钻石小鸟与周大福分别成为消费者网购钻戒和在传统门店选购钻戒的中国10大珠宝品牌的首选品牌。

资料来源:根据马佳.钻石小鸟——在电子商务的"绿藤"上歌唱[J].中国黄金珠宝,2012(4):46,47;区小东,罗志斌.鼠标+水泥:钻石小鸟一飞冲天[M].销售与市场(评论版),2011(11):66-69;穆媛媛.钻石小鸟:网售钻石经[J].IT经理世界,2013(8):32-34.编写。

本讲知识结构图

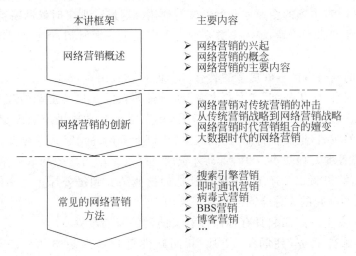

2010年,英国Tesco Mobile公司发布了一项关于迄今为止世界上最伟大的10项发明的调查结果。互联网紧随汽车、飞机和灯泡,位列第四。的确,互联网的出现给世界带来了巨大的变化,它把全球的计算机互联从而实现了信息的无障碍共享以及跨越时空的即时交流,改变了人类的生活和工作方式,改变了传统的商业模式。互联网在政治、经济、社会等领域产生深刻的影响,发挥巨大作用,所以说互联网是上帝带给地球人的最好礼物。今天,互联网更是成为了地球人不可或缺的生存方式。互联网与其说是一种信息技术,不如说是一种社会转型的推进器。

在营销领域,互联网的影响力更为惊人。互联网商业模式既可以以摧枯拉朽之势颠覆昔日的商业巨头,也可以以迅雷之势造就"虾米企业"快速成长的商业神话。同样,互联网的产生还大大地改变了人们的消费习惯和消费理念。伴随着互联网商业模式的兴起,《木兰辞》中"东市买骏马,西市买鞍鞯,南市买辔头,北市买长鞭"的商业景象也受到了巨大改变。在此背景下,网络营销便成为了抓住顾客、获取持久竞争优势的重要策略。

一、网络营销概述

(一)网络营销的兴起

1994年4月12日,美国亚利桑那州两位从事移民签证咨询服务的律师坎特(Laurence Carter)和西格尔(Martha Siegel)夫妻把一封"绿卡抽奖"的广告信发到他们可以发现的每个新闻组,这在当时掀起了轩然大波,他们的"邮件炸弹"让许多服务商的服务处于瘫痪状态。更有趣的是,他们虽然仅花费了20美元通过互联网发布广告信息,却吸引来了250 000个客户,赚了10万美元。这就是在网络营销中赫赫有名的"律师事件",这可以说是第一个网络营销案例。在"律师事件"之后半年多,1994年10月27日,网络广告才正式诞生,这标志着网络营销时代正式开启。而直到1995年7月,全球最著名的网上商店亚马逊才正式成立,这标志着网络开启线上销售业务范畴,但已经比"第一个利用互联网赚钱的人"足足晚了15个月。

在我国,网络营销起步比较晚,1997年是中国网络营销的诞生年。在1997年以前,中国已经有了互联网,但那个时候的互联网主要为政府单位、科研机构所使用,还未用于商业,直到1996年,中国的企业才开始尝试着使用互联网。那个时候网络营销的特点是:网络营销概念和方法不明确,绝大多数企业对上网几乎一无所知,是否产生效果主要取决于偶然因素。

那个时候的网络营销事件更多的具有传奇色彩,如"山东农民网上卖大蒜"堪称网络营销神话。当拥有"中华蒜都"、"大蒜之乡"西李村的农民在自己生产的菠菜每斤两三分钱还无人问津、一筹莫展的时候,1996年5月,山东省金乡县村民李敬峰走进互联网,注册了一个自己的域名,把西李村的大蒜、菠菜、胡萝卜等产品信息一股脑儿地搬到互联网上,发布到世界各地。1998年7月,青岛外贸通过网址主动与李敬峰取得了联系,两次出口大蒜870吨,销售额270万元。互联网让他们把菠菜卖到每公斤1元多的好价钱还供不应求,一份1 000吨的大蒜合同已订到了美国。

当时,国内发生了好几起具有标志性意义的网络营销事件:1997年2月,ChinaByte开通免费新闻邮件服务,到同年12月,新闻邮件订户数接近3万;1997年3月,在ChinaByte网站上出现了第一个商业性网络广告;1997年11月,首家专业的网络杂志发行商"索易"开始提供第一份免费的网络杂志。

(二)网络营销的概念

朱迪·斯特劳斯(Judy Strauss)等学者在他们合著的《网络营销》一书中,将网络营销定义为,利用信息技术去创造、宣传、传递顾客价值,并且对客户关系进行管理,目的是为企业和各种相关利益者创造收益。拉菲·默罕默德(Rafi A. Mohammed)等学者在他们合著的《网络营销》一书中将网络营销定义为:通过在线活动建立和维持客户关系,以协调满足公司与客户之间交换概念、产品和服务的目标。

在国内,按照冯英健先生的解释,"网络营销是企业整体营销战略的一个组成部分,是为实现企业总体经营目标所进行的,以互联网为基本手段营造网上经营环境的各种活动"。缪启军则认为:"网络营销是指以现代营销理论为基础,通过互联网营销替代传统的报刊、邮件、电话、电视等中介媒体,利用互联网对产品的售前、售中、售后各环节进行跟踪服务,自始至终贯穿于企业经营全过程,寻找新客户、服务老客户,最大限度地满足客户需求,从而达到以开拓市场、增加盈利为目标的营销过程。它是直接市场营销的最新形式。广义地说,凡是以互联网为主要手段进行的、为达到一定营销目标的营销活动,都可称为网络营销。"国内也有学者从关系营销的角度定义网络营销,认为网络营销是通过网络、信息技术建立和维持的一种高度互动、个性化的长期关系,以更有效地满足客户需求和实现营销者的诉求目标。

综合近几年国内外专家学者关于网络营销的定义可以发现,这些专家学者对网络营销的研究和理解往往侧重不同的方面:有些偏重网络本身的技术实现手段;有些注重网站的推广技巧;还有一些人把新兴的电子商务企业的网上销售模式也归入网络营销的范畴。但不管如何表述,至少有三点是相同的:

(1)网络营销不等同于网上销售。网上销售是网络营销发展到一定阶段产生的结果。网络营销是为实现网上销售而进行的一项基本活动，但网络营销本身并不等同于网上销售。这可以从两个方面来说明：第一，网络营销的效果可能表现在多个方面。如企业品牌价值的提升、加强与客户之间的沟通、作为一种对外发布信息的工具等，网络营销活动并不一定能实现网上直接销售的目的，但是有益于增加总的销量；第二，网上销售的推广手段也不仅仅是网络营销，往往还要采取许多传统的方式，如传统媒体广告、发布新闻、印发宣传册等。

（2）网络营销不等于电子商务。电子商务比较权威的定义是国际商会于1977年在巴黎的世界电子商务会议上提出的：电子商务是指对整个贸易活动实现电子化。从涵盖范围方面可以定义为，交易各方以电子交易方式而不是通过当面交换或直接面谈方式进行的任何形式的商业交易；从技术方面可以定义为，电子商务是一种多技术的集合体，包括交换数据（如电子数据交换、电子邮件）、获得数据（共享数据库、电子公告牌）以及自动捕获数据（条形码）等。由此可见，电子商务与网络营销有着明显的区别，电子商务的核心是交易，而网络营销的核心是顾客需求。由于二者都以互联网作为运作的基础，在现实中很难划清界限。当一个企业的网上经营活动发展到可实现电子化交易的程度，就认为是进入了电子商务阶段。而如果该企业奉行以顾客需求为中心的营销理念，那么这个企业也在进行网络营销。

（3）网络营销建立在传统营销理论基础之上。与网络营销相比，传统营销理论尽管在具体内容和表现形式上不能适应网络经济的要求，但其基本指导思想（以顾客为中心）与基本理论框架却被网络营销继承和发展，并在互联网的应用中被发展到极致。可以说，网络营销理论是传统营销理论在互联网环境中的应用和发展，网络营销是企业整体营销的一个组成部分，是建立在互联网之上，借助于互联网的特性来实现一定营销目标的一种营销手段。

（三）网络营销的主要内容

作为新的营销方式和营销手段，网络营销的内容非常丰富。一方面，网络营销活动要求企业决策者能够及时把握虚拟市场的消费者特征和消费者的行为模式，为企业在网上虚拟市场进行营销活动提供依据；另一方面，在网上开展营销活动要有助于实现企业的目标，使硬性生产系统和柔性生产系统结合起来，最大限度地满足客户需求，以达到开拓市场，增加利润的目的。网络营销并没有脱离营销活动的基本目的，也没有改变营销活动的主要内容，只是在营销的实施和操作过程中与传统方式有所区别。网络营销的实质是客户需求管理，其主要内容包括以下10个方面。

1. 网上市场调查

网上市场调查是指利用互联网的交互式信息沟通渠道搜集信息的过程。其调研的内容包括对消费者、竞争对手以及整个市场情况的及时报道和准确分析。营销调研在互联网环境和技术的支持下，调研成本低，信息量大，从而可以进一步了解消费者的现实和潜在需求，深化个性营销的观念和规则，并且对传统的细分目标市场进一步细分。利用网上调查工具，可以提高调查效率和调查效果。在利用互联网进行市场调查时，重点是如何利用有效工具和手段调查并搜集整理资料。在互联网上获取数据不是难事，关键是如何在信息海洋中获取想要的信息和分辨出有用的信息。

2. 网上消费行为分析

互联网用户是一个特殊群体，有着与传统市场群体截然不同的特性，因此要开展有效的网络营销活动，必须深入了解网上用户群体的需求特征、购买动机和购买行为模式。互联网作为信息沟通工具，正成为许多兴趣和爱好趋同的群体聚集交流的地方，并因此在网上形成了一个个特征鲜明的网上虚拟小区。了解这些虚拟小区的群体特征和偏好是分析网上消费者行为的关键。

3. 网络营销策略的制定

不同企业在市场中处于不同地位，在利用网络营销实现企业营销目标时，必须采取与企业所处地位相适应的营销策略。因为，网络营销虽然是非常有效的营销手段，但企业实施网络营销时是需要进行投入并带有风险的。

4. 网上产品和服务策略

网络作为有效的信息沟通渠道改变了传统产品的营销策略，特别是渠道的选择。在网上进行产品和服务营销，必须结合网络特点重新考虑产品的设计、开发、包装和品牌的传统产品策略，由于互联网技术创造了降低交易成本的机会，低价位和快速反应有可能成为网上产品和服务的营销策略。

5. 网上价格营销策略

网络上进行的信息交流和传播，从诞生开始就是自由、平等和免费的，因此网上市场的价格策略大多采取免费或者低价策略。制定网上价格营销策略时，必须考虑到互联网对定价的影响和互联网本身独特的免费方式。

6. 网上渠道选择与直销

互联网对企业营销影响最大的是对企业营销渠道的影响，企业借助互联网的直接特性建立的网上直销模式，改变了传统渠道中的多层次的选择、管理与控制问题，最大限度地降低了渠道中的营销费用，从而获得了巨大成功。

7. 网络公共关系

开展网络公共关系的目的是通过影响传播媒介从第三方立场的评论，来树立企业和产品的形象，提高企业或产品的知名度，以增强产品对顾客的吸引力。

8. 网络广告

网络广告的最大特点是具有交互性和直接性，沟通双方可以突破时空限制直接进行交流，而且简单、高效，费用低廉。网络广告的目的是宣传推广自己的公司，树立起公司良好的商业形象，发布公司产品信息，逐步增加产品在市场上的占有率与销售额。

9. 网络营销渠道管理

网络营销渠道可分为直接分销渠道和间接分销渠道。网络的直接分销渠道是由生产者到消费者，中间没有任何一级分销的销售模式；如果中间还存在一个以上信息中介的，就是间接分销渠道。网上营销渠道的管理是为了在加速商品和资金流转、减少促销成本、扩大销售的过程中，最大限度地满足客户的需求。

10. 网络营销管理与控制

在互联网上开展网络营销活动，将面临许多传统营销活动不可能碰到的新问题，如网络产品质量保证问题、消费者隐私保护问题以及信息安全问题等。这些都是网络营销必须重视和进行有效控制的问题,否则网络营销效果会适得其反。

二、网络营销的创新

(一)网络营销对传统营销的冲击

网络营销作为一种新兴的营销渠道,并非一定要取代传统的渠道,而是经由信息科技发展来创新与重组营销渠道。但不可否认的是,网络营销对传统营销造成了冲击,它所具有的互动性、虚拟性、个性化、全球化、永恒性是传统营销无法比拟的,主要表现在以下三个方面。

(1)对营销渠道的冲击。网络营销渠道的建立过程十分方便、快捷,建立后容易改变,而且企业容易控制,这就对传统营销渠道的建立过程缓慢,建立后不易改变及企业难以控制等问题带来很大冲击,带来了对中间商作用的改变。因为,网络营销使生产商可与最终用户直接联系,从而使中间商的重要性有所降低。

(2)对标准化产品的冲击。产品是传统营销组合中最重要的因素,任何企业的市场营销活动总是首先从确定向目标市场提供什么产品开始的,然后才涉及定价、促销、分销等方面的内容。而网络营销则可以通过国际互联网进行网上调研,根据顾客反馈,对不同的顾客提供不同的产品。

(3)对传统营销方式的冲击。首先,是顾客关系,网络营销的企业竞争是以顾客为焦点,争取顾客、留住顾客、扩大顾客群、建立亲密的顾客关系、分析顾客需求、创造顾客需求等,一切围绕客户成为最关键的营销方式;其次,是竞争形态的转变,由于网络的交互式、对话式及自由开放式,使网络时代的竞争是透明的,人人都能掌握竞争对手的产品信息与营销作为。因此,胜负的关键在于如何适时获取、分析、运用这些来自网络的信息,并制定极具优势的竞争策略。

(二)从传统营销战略到网络营销战略

在营销战略层面,企业如果利用数字信息技术实施战略,市场营销就转为网络营销。所谓网络营销战略,就是企业利用信息技术来实现既定目标的营销战略。简而言之,网络营销战略就是科技战略和营销战略的结合,形成企业的网络营销战略。许多网络营销战略规划都体现了制定公司目标和战略的基本原则。开展网络营销需要企业资源和高层决策者的支持,所以遵循这些原则是十分重要的。美国克拉克塔(Kalakota)和鲁滨逊(Robinson)曾经在1999年对此提出过四项原则:

(1)从战略层面看,网络营销战略应该体现其与公司整体的理念和经营目标是一致的,并且说明成功运作将会给企业带来哪些影响。

(2)从经营层面看,网络营销战略应该反映实施后会有哪些改进,及如何量化这些改进的成果。例如,假设网络营销战略中提出要使用客户关系管理软件,那么在战略中就应该说明将如何增强客户关系,会有多少额外的收入。

(3)从技术层面看,网络营销战略应该体现所使用的新技术如何与现有的信息技术整合。例如,新技术与现有的供应链是否能够产生协力优势。

(4)从财务层面看,网络营销战略应该包含成本效益分析,并采用标准的衡量指标

(比如投资回报率和净现值指标等)。

(三) 网络营销时代营销组合的嬗变

在早年生产力不发达、产品参差不齐、竞争不甚激烈的情况下,营销策略关注的重心是产品,营销传播也多以产品为中心展开。1960年,美国学者杰罗姆·麦卡锡(McCarthy E. Jerome,1960)将其归纳为以4P为基础的营销组合(marketing mix),即产品(product)、价格(price)、渠道(place of distribution)和促销(promotion)。这种理论曾经长期主导企业营销实践的发展。

但到了20世纪90年代,随着生产力和商品经济的快速发展,市场饱和,竞争日趋激烈,消费者成为企业营销争夺的核心。原本以4P为中心的营销组合模式,开始不受欢迎,营销越来越注重人(消费者/顾客)的因素。1990年,罗伯特·劳特朋(Robert F. Lauteerborn,1990)针对当时市场环境和消费者地位的变化,提出了以顾客为中心的4C营销组合理论,即客户(customer)、成本(cost)、便利(convenience)和沟通(Communication)。劳特朋等认为,在新的市场环境下,企业营销组合的重心不再是传统意义上的产品,而应该是人(消费者或顾客)。企业应更多地关注客户的欲望和需求,关注满足这些需求消费者所要付出的成本,提供方便的购买和体验环境,并建立良好的沟通渠道和过程。

90年代后期,随着互联网和电子商务开始出现,以网络为代表的新兴电子媒体以其双向、互动的特点从根本上改变了社会的人际交往和信息传播模式。于是,网络营销应运而生。这时又有人根据网络和新媒体技术的特点,从侧重于营销传播的角度,提出所谓的"新4C"营销组合理论,即连接(connection)、沟通(communication)、商务(commerce)和合作(co-operation)。新4C理论的出现促进了电子商务和网络营销的发展。企业的营销传播活动从以产品促销为中心,发展到以网络沟通为中心,借助于更方便、快捷的网络沟通方式,将企业与顾客连接在一起,在满足客户需求和信息交流的过程中,将营销目标与顾客需求"整合"到一起。在满足顾客需求的前提下实现企业营销价值。新4C组合是网络和电子商务发展的产物。

新千年前后,又有学者(Don E. Schultz,1999,Elliott Ettenberg,2001)从不同角度,提出了以关联(relevance)、反应(reaction)、关系(relationship)和报酬(reward)为基础的新营销要素组合,即4R理论,对营销实践产生了很大的影响。

但在今天,企业面临的情况又不同了,市场环境、媒体技术和供求关系都发生了巨大的变化。商品经济空前发达、物质生活极大丰富、好产品遍地开花、消费者拥有更大选择权、企业竞争异常激烈。在这种情况下,营销传播的方法、模式就显得日趋重要。好产品更需要好的营销传播方法。企业要通过营销传播创新抓住公众注意力,宣传营销理念和消费主张,让顾客看到好产品"好"在什么地方,拥有这样的产品客户会得到什么样的利益和价值,并让有需要的客户能很方便地找到它们。只有这样才能打动客户、拉升需求、实现促销目的。

特别是近年来随着以SNS(社交网络)、移动终端、平板电脑、博客(Blog)、微博(Micro-Blog,如Twitter等)为代表的社会化媒体(social media)技术的发展,彻底地改变了人际沟通和社会交往模式,加速了企业营销组合蜕变和演化的进程(姜旭平,2011)。企业逐渐地意识到:营销就是要关注顾客、关注客户的沟通方式、兴趣和行为的变化。在新的社会化媒体环境下,一些说教性的企业宣传没人听了,一些强制推出的广告没人看了,一些请人做"托儿"、制造假"口碑"、自吹自播的信息很难有人再信了。取而代之的是一些幽默、搞笑、娱乐化的内容在网上大行其道、颇受欢迎。许多聪明的企业敏锐地注意到了这一趋势背后所隐藏的商业价值,开始利用这些方法展开网络营销,并取得了非常好的营销效果。

纵观这类优秀企业实践和网络营销传播现象,我们发现在这种社会化媒体和消费者为王的时代,企业营销传播的方式和规律变了,传统的 4P、4C、4R 等营销要素组合已经不能直接用于企业实践。而一些成功案例多是以趣味、讽刺、幽默和娱乐来引发公众的兴趣;以有利于大众的方式来引导顾客对产品特点的关注;以新颖的思想、题材、方法吸引眼球、打动市场,并引发各种的共鸣。营销信息的传播方式,不再是企业去告诉消费者,而是变成了"让大家告诉大家","使受众自发成为活动参与者或信息传播者","让广告或产品特点变成口碑,让消费者成为营销信息再传播的载体"。在游戏和互动中引导大家对产品特点的关注,消费者在自娱自乐中,不知不觉地传播了企业的营销理念、接受了企业的消费主张。这种营销信息的传播方式和风细雨、润物无声,更易被人所接受。

这类营销传播方式有一个共同的特点,即强调:趣味性/娱乐化(interesting);利他性/价值观(interests);创新性/思想性(innovation)和互动性/共鸣(interactive)。姜旭平教授将其归纳为 4I 营销组合模式。

(四)大数据时代的网络营销

在传统媒体时代,电视台的数量是几百家,报纸的数量是上千家,杂志的数量是数千家,而互联网时代,网站的数量是数以百万计,网民的数量是数以亿计,而每个网站上每一天的互动行为则不计其数,因此,互联网上的信息和数据是海量的。根据美国马萨诸塞州的 EMC 公司的调查报告,2011 年全球被创建和被复制的数字总量是 1.8ZB,1.8ZB 是多大的量呢?其结果是这样的:1.8ZB 相当于两千多亿个时长为两小时的视频,如果一个人 24 小时 365 天持续观看的话,看完所有视频大约需要 4 700 万年!还有全美国民以一分钟发送三条微博,连续无休息地发送要发送 2 700 年的量!如果把 1.8ZB 的信息保存起来需要 575 亿台 32GB 的 iPad,它们堆积起来相当于日本富士山的 25 倍高,长城的 2 倍长。进入 2012 年,全球被创建和被复制的数据总量已达 2.7ZB,是十年前全球数据总量的 2 亿倍,其中文本、照片、音频、视频、医疗影像等内容超过 85%。2012 年,EMC、IBM、Oracle 等跨国 IT 巨头纷纷发布大数据战略和产品,美国实施大数据计划、联合国发布大数据报告……"大数据"无疑是年度最火 IT 词汇。

根据杜克大学的一项研究显示,是习惯而非有意识的决策促成了我们每天 45% 的选择。因此,只要了解习惯的形成方式就可以更简单地控制它们。通过数据分析消费者的购物行为,便能准确地预测下一步的消费。对于营销这一原本就属于数据驱动的领域,大数据提供了一个前所未有的机会,用先前不能做到的方式来挖掘消费者洞察,优化企业的营销策略。大数据的挖掘就像是在给用户画像。先搜集用户在网络上留下的痕迹,也就是数据,然后通过技术处理对数据进行分析,得出用户的特征,洞察用户的喜好,将用户的画像逐渐越描越细。通过更丰富的消费者数据,包括网站浏览数据、社交数据和地理追踪数据等,可以绘制出完整的消费者行为描述。在大数据时代,企业可以以更多的数据为素材,使用更好的分析工具,进而以多种不同的维度对消费者进行细分,跳出传统营销模式中对消费者的简单细分,真正做到针对细分群体的个性化营销。数据化营销的第一大作用,就是可以把目标客户切分得更细致,更精准,使得我们在推广过程中的内容与买家更相关,把运营从千人一面变成千人千面,真正做到精准营销。

商业巨头是怎么玩转大数据的?

最早关于大数据的故事发生在美国第二大的超市塔吉特百货(Target)。在美国,孕妇对零售商来说是一个含金量很高的顾客群体。但她们一般是去孕妇用品专卖店而不是到 Target 购买孕期用品。一提起 Target,人们马上想到的是清洁用品、毛巾和袜子之类的日用消费品,却忽视了这家美国第二大零售企业有孕妇需要的一切。问题是 Target 能否设法把这些细分顾客从孕妇用品专卖店手里分流一部分。

出生记录在美国是公开的,等孩子出生了,新生儿母亲就会被铺天盖地的产品优惠广告包围,那时 Target 再行动就晚了。因此,如果 Target 能够赶在所有零售商之前知道哪位顾客怀孕了,营销部门就可以早早地向她们发出量身定做的孕妇优惠广告,提前圈定宝贵的顾客资源。为此,营销部门的人员求助于 Target 的顾客数据分析部(Guest Data & Analytical Services),希望他们建立一个模型,在孕妇第 2 个妊娠期就把她们给确认出来。

但是怀孕是很私密的信息,如何能够准确地判断哪位顾客怀孕了呢? 数据分析部高级经理 Andrew Pole 想到了 Target 有一个迎婴聚会(Baby Shower)的登记表。于是,他们开始对这些登记表中记录的顾客消费数据进行建模分析,不久就发现了许多非常有用的数据信息。如通过模型发现,许多孕妇在第 2 个妊娠期的开始会买许多大包装的无香味护手霜;在怀孕的前 20 周大量购买补充钙、镁、锌的善存片之类的保健品。最后 Andrew Pole 选出了 25 种典型商品的消费数据构建了"怀孕预测指数",通过该指数,Target 能够在很小的误差范围内预测到顾客的怀孕情况,于是,Target 实现了早早地将优惠广告寄发给孕妇顾客。

为避免出现顾客收到这种广告会大惊失色的情况,Target 巧妙地把孕妇用品优惠广告夹杂在其他一大堆与怀孕不相关的商品优惠广告中,这样顾客就不会质疑 Target 知道她怀孕了。百密一疏的是,Target 的这种优惠广告间接地让一个蒙在鼓里的父亲意外发现其高中生的女儿怀孕了,此事被《纽约时报》报道后,结果是 Target 大数据的巨大威力轰动了全美。

根据 Andrew Pole 的数据分析模型,Target 制定了全新的促销方案,结果 Target 的孕期用品销售呈现了爆炸性的增长。Target 很快就将大数据分析技术从孕妇顾客群向其他各种细分客户群推广,从 Andrew Pole 加入 Target 的 2002—2010 年间,Target 的销售额从 440 亿美元增长到了 670 亿美元。

资料来源:http://content.businessvalue.com.cn/post/7890.html

三、常见的网络营销方法

互联网技术的发展为企业的营销方式创新提供了前所未有的机遇。尤其是进入21世纪以来,各种网络营销方法层出不穷,让消费者目不暇接。可以说,网络营销已经成为了主要的全球性媒介,是全球市场最重要的营销工具(Samiee,1998)。互联网的全球性及传播性使其成为国际互动营销最为理想的传播工具(Javenpaa & Tractinsky,1999)。总体而言,目前网络营销可分为15种主要形式。

(一)搜索引擎营销

搜索引擎营销是目前最主要的网站推广营销手段之一,尤其基于自然搜索结果的搜索引擎推广,因为是免费的,因此受到众多中小网站的重视。搜索引擎营销方法也成为网络营销方法体系的主要组成部分。

搜索引擎营销主要方法包括:竞价排名、分类目录登录、搜索引擎登录、付费搜索引擎广告、关键词广告、搜索引擎优化、地址栏搜索、网站链接策略等。

(二)即时通讯营销

即时通讯营销又叫IM营销,是企业通过即时工具IM帮助企业推广产品和品牌的一种手段,常用的主要有两种情况:第一种是网络在线交流。中小企业建立了网店或者企业网站时一般会有即时通讯在线,这样潜在的客户如果对产品或者服务感兴趣自然会主动和在线的商家联系。第二种是广告。中小企业可以通过IM营销通讯工具,发布一些产品信息、促销信息,或者可以通过图片发布一些网友喜闻乐见的表情,同时加上企业要宣传的标志。

(三)病毒式营销

病毒式营销是一种常用的网络营销方法,常用于进行网站推广、品牌推广等。病毒式营销利用的是用户口碑传播的原理,在互联网上,这种"口碑传播"更为方便,可以像病毒一样迅速蔓延,因此病毒式营销成为一种高效的信息传播方式。而且,由于这种传播是用户之间自发进行的,因此几乎是不需要费用的网络营销手段。病毒营销的巨大威力就像一颗小小的石子投入了平静的湖面,一瞬间似乎只是激起了小小的波纹,转眼湖面又恢复了宁静,但是稍后你就会看到波纹在不断进行着层层叠叠的延展,短短几分钟,整个湖面都起了震荡。这就是病毒式营销的魅力。

(四)BBS营销

BBS营销又称论坛营销,就是利用论坛这种网络交流平台,通过文字、图片、视频等方式传播企业品牌、产品和服务的信息,从而让目标客户更加深刻地了解企业的产品和服务,最终达到宣传企业品牌、产品和服务的效果,加深市场认知度的网络营销活动。

BBS营销就是利用论坛的人气,通过专业的论坛帖子策划、撰写、发放、监测、汇报流程,在论坛空间提供高效传播。包括各种置顶帖、普通帖、连环帖、论战帖、多图帖、视频帖等,再利用论坛强大的聚众能力,利用论坛作为平台举办各类踩楼、灌水、贴图、视频等活动,调动网友与品牌之间的互动,而达到企业品牌传播和产品销售的目的。

(五)博客营销

博客营销是通过博客网站或博客论坛接触博客作者和浏览者,利用博客作者个人的知识、兴趣和生活体验等传播商品信息的营销活动。博客营销本质在于通过原创专业化内容进行知识分享争夺话语权,建立起个人品牌,树立自己"意见领袖"的身份,进而影响读者和消费者的思维和购买行为。

(六)聊天群组营销

聊天群组营销是即时通讯工具的延伸,具体是利用各种即时聊天软件中的群功能展开的营销,目前的群有 QQ 群、MSN 群、旺旺群等。

聊天群组营销时借用即时通讯工具具有成本低、即时效果和互动效果强的特点,广为企业采用。它是通过发布一些文字、图片等方式传播企业品牌、产品和服务的信息,从而让目标客户更加深刻地了解企业的产品和服务,最终达到宣传企业品牌、产品和服务的效果,加深市场认知度的网络营销活动。

(七)网络知识性营销

网络知识性营销是利用百度的"知道"、"百科"或企业网站自建的疑问解答版块等平台,通过与用户之间提问与解答的方式来传播企业品牌、产品和服务的信息。

网络知识性营销主要是因为扩展了用户的知识层面,让用户体验企业和个人的专业技术水平和高质服务,从而对企业和个人产生信赖和认可,最终达到传播企业品牌、产品和服务信息的目的。

(八)网络事件营销

网络事件营销是企业、组织主要以网络为传播平台,通过精心策划、实施可以让公众直接参与并享受乐趣的事件,并通过这样的事件达到吸引或转移公众注意力,改善、增进与公众的关系,塑造企业、组织良好的形象,以谋求企业的更大效果的营销传播活动。

(九)网络口碑营销

网络口碑营销是把传统的口碑营销与网络技术有机结合起来的新的营销方式,应用的是互联网互动和便利的特点。在互联网上,通过消费者或企业销售人员以文字、图片、视频等口碑信息与目标客户之间而进行的互动沟通,两者对企业的品牌、产品、服务等相关信息进行讨论,从而加深目标客户的影响和印象,最终达到网络营销的目的。

网络口碑营销是 Web 2.0 时代网络中最有效的传播模式。网络口碑营销在国际上已经盛行了很久,美国有专门的协会对此领域进行专门的权威的探讨。

(十)网络直复性营销

网络直复营销是指生产厂家通过网络,直接发展分销渠道或直接面对终端消费者销售产品的营销方式。譬如 B2C、B2B 等。网络直复营销是通过把传统的直销行为和网络有机结合,从而演变成了一种全新的、颠覆性的营销模式。很多中小企业因为分销成本过大和自身实力太小等原因,纷纷采用网络直复营销,想通过其成本小、收入大等特点,达到以小博大的目的。

(十一）网络视频营销

网络视频营销指的是企业将各种视频短片以各种形式放到互联网上，达到宣传企业品牌、产品以及服务信息的目的的营销手段。网络视频广告的形式类似于电视视频短片，它具有电视短片的各种特征，例如感染力强、形式内容多样、肆意创意等，又具有互联网营销的优势，例如互动性、主动传播性、传播速度快、成本低廉等。可以说，网络视频营销是将电视广告与互联网营销两者"宠爱"集于一身。

（十二）网络图片营销

网络图片营销就是企业把设计好的有创意的图片，在各大论坛、空间、博客和即时聊天等工具上进行传播或通过搜索引擎的自动抓取，最终实现传播企业品牌、产品、服务等信息，来达到营销的目的。

（十三）网络软文营销

网络软文营销，又叫网络新闻营销，通过网络上门户网站、地方或行业网站等平台传播一些具有阐述性、新闻性和宣传性的文章，包括一些网络新闻通稿、深度报道、案例分析等，把企业、品牌、人物、产品、服务、活动项目等相关信息以新闻报道的方式，及时、全面、有效、经济地向社会公众广泛传播的新型营销方式。

（十四）RSS 营销

RSS 营销，又称网络电子订阅杂志营销，是指利用 RSS 这一互联网工具传递营销信息的网络营销模式。RSS 营销的特点决定了其比其他邮件列表营销具有更多的优势，是对邮件列表的替代和补充。使用 RSS 的以行业业内人士居多，比如研发人员、财经人员、企业管理人员，他们会在一些专业性很强的科技型、财经型、管理型等专业性的网站，用邮件形式订阅杂志和日志信息，从而达到了解行业新的信息需求。

（十五）SNS 营销

SNS 全称 Social Networking Services，即社会性网络服务，譬如中国人人网、开心网等都是 SNS 型网站。这些网站旨在帮助人们建立社会性网络的互联网应用服务。SNS 营销是随着网络社区化而兴起的营销方式。SNS 社区在中国快速发展的时间并不长，但是 SNS 现在已经成为备受广大用户欢迎的一种网络交际模式。SNS 营销就是利用 SNS 网站的分享和共享功能，在六维理论的基础上实现的一种营销。通过病毒式传播的手段，让企业的产品、品牌、服务等信息被更多的人知道。

本讲小结

进入 21 世纪以来，网络信息浪潮席卷全球，伴随着网络在社会、经济各个领域的渗透，网络市场迅猛发展，网络营销应运而生并获得了巨大的发展。作为一种互动的、直接的、及时交互的、客户全过程参与的营销模式，网络营销对人们的消费习惯和消费理念产生了深刻的影响。广义地说，凡是以互联网为主要手段进行的、为达到一定营销目标的营销活动，都可称为网络营销。网络营销并没有脱离营销活动的基本目的，也没有改变营销活动的主要内容,只是在营销的实施和操作过程中与传统方式有所区别。网络营销的实质是客户需求管理,其主要内容包括网上市场调查、网上消费行为分析、网络营销策略的制定、网上产品和服务策略、网上价格营销策略、网上渠道选择与直销、网络公共关系、网络广告、网络营销渠道管理、网络营销管理与控制等 10 个方面的内容。网络营销作为一种新兴的营销渠道,并非一定要取代传统的渠道,而是经由信息科技发展来创新与重组营销渠道。但不可否认的是,网络营销对传统营销的营销渠道、标准化产品以及传统营销方式等都造成了明显的冲击。在营销战略层面,企业如果利用数字信息技术实施战略,市场营销就转为网络营销。所谓网络营销战略,就是企业利用信息技术来实现既定目标的营销战略。互联网技术的发展为企业的营销方式创新提供了前所未有的机遇。网络营销时代,营销组合也从传统的 4P 转向了新的 4C 营销组合理论,即连接(connection)、沟通(communication)、商务(commerce)和合作(co-operation),甚至 4I,即趣味性/娱乐化(interesting)、利他性/价值观(interests)、创新性/思想性(innovation)和互动性/共鸣(interactive)。当前,全球已进入信息爆炸的大数据时代,网络营销又再次迈入了大数据时代的发展之旅。进入 21 世纪以来,各种网络营销方法层出不穷,让消费者目不暇接,诸如搜索引擎营销、病毒式营销、博客营销等新型的网络营销手段不断成为众多商业企业追逐的新宠。

思考题

1. 简述网络营销的概念。
2. 网络营销与传统营销是相互对立的吗?为什么?
3. 制定网络营销战略时应该注意哪些问题?
4. 试论述互联网技术对网络营销带来了什么样的影响。
5. 谈谈你对未来网络营销发展趋势的看法。
6. 目前网络营销主要有哪些形式?

案例与思考

戴尔:如何利用网络营销赚钱

1983 年,18 岁的大学新生迈克尔·戴尔开着卖报纸赚的钱买的白色宝马汽车去报到,后座上摆着三部电脑。在得克萨斯大学奥斯汀分校不足一年的就学时间里,他凭借给他人的电脑升级,积累了知识、技能和最初的一点点财富。本着"直销顾客"的信念,戴尔公司以 1 000 美元的注册资金,在一所大学里成立了。

1993 年,戴尔公司已壮大为年销售量达 20 亿美元的电脑界"黑马",成长率高达 127%,但如此超速的成长也给 28 岁的迈克尔·戴尔和他的公司带来了一系列致命的问题。秉持"摒弃存货、倾听顾客需要、坚持直销"的三大黄金法则,戴尔终于扭转乾坤。

6 年后,戴尔公司的年营业额超过 190 亿美元,每天通过网络售出价值逾 1 200 万美元的电脑系统,迈克尔·戴尔成为《财富》500 强企业总裁中最年轻的一位。

早在20世纪80年代后期,戴尔公司的技术人员就已架设起FTP,供传送档案之用。如果你是某个可上网的大学或政府组织的会员,你需要某个档案,便可以到戴尔公司的FTP服务器去下载这份资料。

一、在线直销模式的提出

1994年6月,戴尔公司推出了自己的网站,网站里包含了资源的信息,以及寻求支持的电子邮件信箱,主要诉求对象是熟知技术的人,因为他们接受新科技的速度通常比较快。没多久,对方告知,希望能有一套计算个人电脑的不同组装费用的方法。所以戴尔在第二年便推出在线组装。进入戴尔网站的顾客可以选择一套系统,再加上或删除不同的零部件,例如存储器、磁盘驱动器、影像卡、调制解调器、网络卡、声卡、扬声器等,然后马上可以算出这套系统的价格。在那个时候,顾客还是必须与业务代表通话才能完成交易,但顾客已经稍稍尝到电子式直销模式的甜头。

戴尔曾对网络知识传播的速度大感吃惊。3M公司的信息总裁对戴尔说:"我真的很喜欢你们的网站。"像这样的回馈,给了戴尔信心,于是他确定:"网络将成为主流,而我们必须在网络上得胜。我们应该扩大网站的功能,做到在线销售。"戴尔在出席董事会的时候,坚定地表示:"网络可以进行低成本、一对一而且高品质的顾客互动,在线销售最终会彻底改变戴尔公司做生意的基本方式。"

正如他所观察到的,网络使得直接模式生产合理的延伸,创造出与顾客之间更强的关系。网络会取代传统的电话、传真及面对面接触,以更快、更经济、更有效的方式,提供顾客所需的信息。

网络带给戴尔公司的好处非常显著。它适用于所有戴尔公司的顾客群,可以成为进一步确认及锁定不同细分市场的有效工具,而且范围可以超越美国,遍及世界。网络交易一对一的特性,可以让公司不必大幅增加人员,也能增加销售量,因为销售人员可以投入更多时间在较高价值的活动上,而不必处理琐碎的小事。

网络增进了信息流通的速度,不仅降低了成本,结果使顾客也多受其惠。到后来,戴尔公司必须处理交易,包括订货状况、组装、价格等,每个环节都要花钱。但是在网络上,这些交易几乎不用花费任何成本。现在上戴尔网站的人数超过200万人,但不管是200万人或者2 000万人,其成本差距非常微小。戴尔网站上每多一笔交易,就可以降低公司的间接成本,为顾客省下很多钱。

1996年6月,戴尔公司开始通过网站销售台式和笔记本式电脑。此后,戴尔通过网络营销而塑造的"直销模式"更是被商业界传为佳话。戴尔公司的直销模式依旧遵循最初模式创立时的理念,即按照客户要求制造计算机,并向客户直接发货。然而戴尔向客户提供的订单直销依旧依托内部的技术支持,并与技术开发者建立一对一直接关系,辅以改善零部件采购等电子采购,从而保证戴尔能够为客户提供更为物超所值的技术方案,而系统配置和性能等方面也尽可能符合客户所需。

戴尔公司选择网络订单直销并不是为了降低投入,戴尔中国区消费及小企业事业部总经理黄恩浩曾透露,"如果对比直销与分销两种不同的成本资源投入,戴尔的直销模式并没有降低成本"。直销模式中需要根据用户的需求,制定针对性的解决方案抑或特配服务,因此直销模式在市场层面甚至会花费比分销零售更多的资源,而减低成本也并不是直销的首要任务。

戴尔所看重的是能够更直接地面对客户,从订单及电话、网络销售团队中即时得到客户的信息反馈,从而在第一时间清楚地知道客户对某一个产品的需求和改善建议。而通过直销,戴尔可以在销售产品之后的几个月中,保持跟客户之间的持续沟通,也就是将更多的资源花在"如何让客户满意"这件事情上。

二、多渠道销售

戴尔一向奉行扁平化多渠道的业务模式,从2008年开始,戴尔在中国也相继与淘宝网、当当网、京东商城等国内电子商务平台合作,开设网络销售渠道。然而在各个渠道产品结构铺设之前,戴尔首先会挖掘各个平台客户群的分布和关注偏好,并根据对方的库存情况,在不同的平台上有意识地铺设产品,以引导客户。

在天猫戴尔旗舰店上,基于天猫平台的庞大用户,消费者基本上可以购买到所有戴尔官网上销售的产品,但为了提高投入产出比,戴尔调整了天猫旗舰店的产品构成分类标签,以迎合淘宝客户群的分布性及偏好特征。

在戴尔当当旗舰店所销售的产品种类较戴尔官网进行了选择和精细化,销售模式以现货为主,主要提供的产品为新上市的热销机型,而产品多针对25~45岁的年轻群体和中产家庭设计,这些受众正好与当当网用户群体高度重合。

其实戴尔在每一款新产品生产过程中就已设定渠道销售策略,在产品生产前两个月,产品经理和销售团队就会研究产品的客户群,针对为该客户群提供哪些服务进行讨论,并确定产品的销售平台。在经过互联网平台推广后,戴尔公司也会针对不同的渠道去查看用户的使用情况,最终给到不同渠道的内容也会有差异化,以此引导不同渠道的消费群。

在戴尔现在的计划中,公司在未来加大中国网络渠道营销的力度,将其官方网站与淘宝网、当当网作为重要的销售渠道,扩展多元化网络营销渠道。

三、以客户为中心

在直销和分销渠道中,戴尔都持续做客户需求调研,分析每个渠道的库存、年龄段、客户的购买习惯,戴尔的电商渠道给予客户更为丰富的内容和设计师理念,但如果有消费者进入实体店,戴尔也会相应地将针对性信息提供给客户,实现线上与线下互补。

以直销模式起家的戴尔公司一直是行业内网络营销发展的经典案例,而在多平台的网络营销渠道拓展中,"以客户为中心"一直是戴尔的核心。在戴尔公司发布的2011年财报显示,戴尔公司全年营收为620.71亿美元,其中网上销售与计算机相关的产品(包括网络与打印机等)的销售额达到了600亿美元,而戴尔公司年营业额的40%~50%来源于戴尔公司的网站。

资料来源:根据刘媚琪. 戴尔电商:直销生意经[J]. 商业价值,2012(12). http://content.businessvalue.com.cn/post/8639.html 以及"戴尔:如何利用网络营销赚钱" http://www.dginfo.com/xinwen-81414/整理编写。

案例思考:
1. 网络营销与电子商务有何差异?
2. 网络营销为企业带来哪些机遇和挑战?为什么?

本讲实训

一、实训目的

1. 加深学生对网络营销的认识。
2. 阐述网络营销对企业和消费者带来的影响。
3. 结合实践理解网络营销的形式。

二、实训内容

利用课余时间,访问戴尔、钻石小鸟、淘宝、京东等企业网站,也可根据自己需要体验在线购物。分成小组,分别对开展网络营销的一些本土企业进行调研、访谈,以加深对网络营销现状及发展的认识。最后,依据网站访问及体验、企业调研及访谈结果制作PPT,总结网络营销的现状、发展趋势及优劣势。

三、实训组织及步骤

1. 教师明确实训目的、任务和评价标准。
2. 电子商务网站的访问及在线购物体验由各个学生单独完成。对开展网络营销企业的调研、访谈,则将班级成员分为若干小组,每组6~8人。实行组长负责制,成员合理分工,团结协作,专人负责活动记录和资料整理。
3. 每个小组通过查阅资料加深对网络营销的认识,并做好相关调研、访谈内容的准备工作。
4. 小组成员利用课余时间进行实地调研访谈,并结合相关理论知识进行总结分析。
5. 各小组对访谈记录进行整理,并制作PPT。
6. 各小组在班级进行PPT演示,汇报观点并讨论、交流。
7. 班级演示之后,由指导老师点评和总结。

参 考 文 献

[1] Alba Joseph, John Lynch, Barton Weitz, etal Interactive home shopping: consumer, retailer, and manufacturer incentives to participate in electronic marketplaces[J]. Journal of Marketing, 1997, 61(6): 38-53.

[2] Don E Schultz. Perhaps the 4Ps should be the 4Rs [J]. Marketing News, 1999, 33(11):7

[3] E W T Ngai. Internet marketing research (1987—2000): a literature review and classification[J]. European Journal of Marketing, 2003, 37(1/2):24-49.

[4] Grewal, Rajdeep, James M Comer, etal. An investigation into the antecedents of organizational participation in business-to-business electronic markets[J]. Journal of Marketing, 2001, 65(6): 17-33.

[5] Javenpaa S L, Tractinsky N. Consumer trust in an internet store[J]. Information Technology and Management, 1999, 1(2): 45-71.

[6] John A Schibrowsky, James W Peltier, Alexander Nill. The state of internet marketing research: a review of the literature and future research directions[J]. European Journal of Marketing, 2007, 41(7/8):722-733.

[7] Kalakota R, Robinson M. e-business: roadmap for success[M]. Addison-Wesley, Reading, Massachusetts,1999.

[8] Nadia Pomirleanu, John A Schibrowsky, James Peltier, et al. A review of internet marketing research over the past 20 years and future research direction[J]. Journal of Research in Interactive Marketing,2013,7(3):166-181.

[9] R Lauterborn. New marketing litany:4Ps passe,4Cs takeover[J]. Adverting Age, 1990(10):1.

[10] Samiee S. Exporling and the internet: a conceptual perspective[J]. International Marketing Review,1998,15(5):413-426.

[11] Wientzen H R. What is the Internet's impact on direct marketing today and tomorrow[J]. Journal of Interactive Marketing,2000(14):74-78.

[12] Zeithaml,Valarie A,A Parasuraman, Arvind Malhotra. Service quality delivery through web sites: a critical review of extant knowledge[J]. Journal of the Academy of Marketing Science, 2002,30(4):362-375.

[13] Zettelmeye,Florian. Expanding to the Internet: pricing and communication strategies when firms compete on multiple channels[J]. Journal of Marketing Research, 2000,37(8):292-308.

[14] 艾略特·艾登伯格. 4R营销——颠覆4P的营销新论[M]. 文武,穆蕊,蒋洁,译. 北京:企业管理出,2003.

[15] 拉菲·默罕默德. 网络营销[M]. 第2版. 王刊良,译. 北京:中国财经出版社,2004.

[16] 冯英健. 网络营销基础与实践[M]. 第3版. 北京:清华大学出版社,2007.

[17] 姜旭平. 从4Ps到4Is——网络营销发展的新趋势[R]. www.drcnet.com.cn,2011.

[18] 缪启军. 网络营销[M]. 上海:立信会计出版社,2007.

第七讲 精准营销

美国超市 Target 基于数据挖掘的精准营销

　　消费者每一次进行消费，其实都将自己的消费模式细节透露给销售方。现在销售商尤其是电子商务销售公司，致力于利用数据挖掘分析出消费者的个人偏好、需求、对不同优惠券的反应等，进行客户信息管理，向客户精准推销，提高销售效率。Target 是美国最大的连锁超市之一，该公司使用数据挖掘极其有效地提高营销精准率，能做到在事情显现之前就预测到它的发生，旨在"提供最专业的建议"。有一个经典案例是该超市基于数据挖掘系统分析，结果给一位高中女生寄去婴儿用品优惠券，其父亲发现后投诉 Target 误导未成年人，但却在之后了解到他女儿已经怀孕的事实。原来 Target 超市的数据库系统给每个顾客分配一个 Target Guest ID，在该条目下详细记录顾客的信用卡信息、网上注册信息、在 Target 官网浏览的每一个页面和停留时间长短、每次的购买行为等信息，数据挖掘团队专门分析这些收集到的历史信息，预测顾客将来的购物行为和需求甚至生活方式，然后发邮件给顾客。例如判断一个女性怀孕，线索是该顾客已经发生了的消费行为，她可能购买了维生素补给、大量的专用乳液、无水洗手液等典型的孕妇会购买的一些商品，在孕妇、婴儿用品页面停留较长时间等。由于美国人非常注重隐私，为了避免上述早于父亲发现女儿怀孕这种尴尬事件发生，Target 针对性地改变营销策略，把母婴系列产品的优惠券和信息混合在其他产品的信息里发给顾客，掩人耳目，结果是 Target 的母婴产品销量猛增。

　　资料来源：谭磊. New Internet：大数据挖掘[M]. 北京：电子工业出版社，2013.

本讲知识结构图

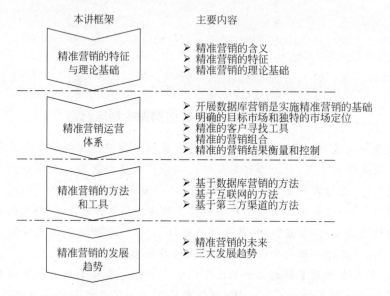

在信息化、网络化和数字化的今天,消费者需求呈现碎片化和再中心化的趋势。一方面是消费者需求越来越复杂,越来越体现个性化,市场呈现多元化、碎片化特征;另一方面在消费者网络互动越来越便利的情况下,消费者又倾向于汇集成不同的群落,分享共同的消费体验和价值观,体现出再中心化的特征。在这种新形势下,传统的 4P 策略面临着严峻的挑战,它们只能提供大众化的产品,像大海捞针一样地向消费者海量轰炸营销信息,导致了营销效益低下,营销资源浪费严重。

挑战与机遇并存,信息化与数字化的发展,为营销的发展奠定了基础。为了充分利用数字网络提供的信息资源,科学家和学者们提出了大数据的概念。在大数据的框架下,人们构建网络平台,建立数据仓库,在现代数据挖掘技术的帮助下,从海量数据中挖掘金矿。在挑战的驱动和机遇的拉动下,精准营销应运而生,其目的是打破传统营销局限,依托现代科学技术,充分利用数据资源,将传统的"狂轰滥炸"式的营销发展为现代的"精确制导"式的营销。

作为一种新的营销范式,精准营销是具有颠覆性的营销理念、运作和方法的结合,刚刚处于起步阶段,其内涵、体系、工具等重要方面远未成熟,还在不断发展变化中,但是由于其潜力和影响力,目前精准营销已经获得了业界和学界的极大关注,可以预见,在不远的将来,精准营销将成为商业界克敌制胜不可缺少的营销武器。

一、精准营销的特征与理论基础

(一)精准营销的含义

20 世纪 90 年代末,美国营销学者 Lester Wunderman 首先提出精准营销的概念,得到了学术界和企业界的广泛响应,学者和管理者们做出了积极的理论与实践探索。到目前为止,精准营销的研究仍然以定性研究和经验分析为主,涉及量化分析的实证研究以及精准营销测量的文献较少。综合来看,现有精准营销的定义和内涵可以分为两类,第一类将精准营销限定在营销沟通的范围内;第二类则将精准营销扩展到所有4P活动中。

美国营销学者Lester Wunderman在1999年提出,精准营销以生产商的客户(包括销售商)为中心,通过各种收集数据的方式建立客户资料库,对数据进行科学分析,找准潜在客户,根据客户的特征制定操作性较强的营销传播方案,并尽可能详细地追踪客户的资料。著名营销学者菲利普·科特勒也认为大众营销时代已经过去,未来的主流是精准营销,并于2005年提出定义:精准营销是指企业在营销中采取更精准的、可衡量的和高回报的营销沟通,营销沟通计划更注重结果和行动,更重视对直接销售沟通的投资。Zabin和Brebach(2008)认为精准营销是为了促进营销目标的有效达成,企业在正确的时间,使用正确的渠道,向正确的客户传播正确的信息,从而有效影响目标客户购买决策的一种现代营销方式。在这个定义里包含了作者提出的精准营销的4R法则:正确的顾客(right customer)、正确的信息(right message)、正确的渠道(right channel)和正确的时间(right time)。以上学者的定义都属于第一类定义,其特点是重点关注营销沟通的精准性和高效性。

近年来国内也有不少学者开始关注精准营销的研究,并且强调所有营销活动都应贯穿精准营销的思想,属于第二类定义。徐海亮(2006)梳理了国内外研究,将精准营销定义为:在精准定位的基础上,建立个性化的顾客沟通服务体系,实现企业可度量的低成本扩张之路。吕魏(2008)对精准营销提出了定义:精确营销是以科学管理为基础,以洞察客户为手段,恰当而贴切地对市场进行细分,并采取精确的营销操作方式,将市场做深做透,进而获得预期效益。王波和吴子玉(2013)认为,精准营销模式可以概括为5W营销分析框架,在合适的时机(when),将合适的业务(which),通过合适的渠道(where),采取合适的行动(what),营销合适的客户(who)。在整个过程中贯彻"以客户为中心"的理念,实现营销管理的持续改善。

(二) 精准营销的特征

1. 目标消费者的选择性

精准营销的特征首先体现在目标消费者的选择性,目标受众必须准确而具有针对性,否则,所有的后续营销活动都失去"精准"之意。尽管传统营销也通过市场细分然后选择目标市场,但是由于受到技术和数据的限制,目标受众仍然针对性不强,不够准确,"狂轰滥炸"的现象大量存在。精准营销凭借大数据时代先进的数据收集技术,建立庞大的营销数据库,运用现代数据挖掘技术,对目标消费者进行精确锁定,从而提高了目标受众选择的精准性。

2. 营销活动的有效性

精准营销在找准目标消费者的基础上,对消费者行为资料进行收集和分析,提高消费者洞察,通过合适的媒介将正确的信息传播给消费者,并与消费者进行双向沟通,然后,通过合适的渠道将正确的产品传递给消费者,从而大大提高企业营销活动的效率和效果。

3. 成本的经济性

美国著名商人约翰·华纳梅克曾感叹道:"我知道我的广告费有一半是浪费的,问题是我不知道浪费掉的是哪一半。"这就是传统营销的困境。精准营销利用数据的准确性，注重消费者信息接触点的准确和推送内容、诉求的准确，提高营销传播效率，大大降低了成本。借助数据库营销，精准营销选择更为合理的渠道布局和渠道形式，提高商品周转率，降低库存量，从而降低成本。

4. 效果的可衡量性

营销既是科学也是艺术，相对传统营销，精准营销的科学性大幅度提高，营销决策方法从以定性为主转为以定量为主。对营销活动进行全程监控，对营销活动的成本和营销努力达成的效果进行量化测量，从而提高了营销效果的可衡量性，检视各环节的效用来优化流程。

5. 精准程度的动态性

精准营销的精准程度随科学技术的发展和营销活动的开展呈现出动态性。收集数据的计算机软件和设备越来越先进，数据挖掘技术也在不断发展，因此，现在的精准营销比过去精准，而未来又比现在精准。精准营销传播活动的开展一般认为经历三个阶段：第一个阶段是定向地域投放；第二个阶段是定向客户兴趣爱好投放；第三个阶段是定向行为投放，目前处于第三个阶段的前期。

尿不湿和啤酒

尿不湿和啤酒超级商业零售连锁巨无霸沃尔玛公司拥有世界上最大的数据仓库系统之一。为了能够准确了解顾客在其门店的购买习惯，沃尔玛对其顾客的购物行为进行了购物篮关联规则分析，从而知道顾客经常一起购买的商品有哪些。在沃尔玛庞大的数据仓库里集合了其所有门店的详细原始交易数据，在这些原始交易数据的基础上，沃尔玛利用数据挖掘工具对这些数据进行分析和挖掘。一个令人惊奇和意外的结果出现了：跟尿不湿一起购买最多的商品竟是啤酒！这是数据挖掘技术对历史数据进行分析的结果，反映的是数据的内在规律。那么这个结果符合现实情况吗？是否是一个有用的知识？是否有利用价值？

为了验证这一结果，沃尔玛派出市场调查人员和分析师对这一结果进行调查分析。经过大量实际调查和分析，他们揭示了一个隐藏在"尿不湿与啤酒"背后的美国消费者的一种行为模式：在美国，到超市去买婴儿尿不湿是一些年轻的父亲下班后的日常工作，而他们中有30%～40%的人同时也会为自己买一些啤酒。产生这一现象的原因是：美国的太太们常叮嘱她们的丈夫不要忘了下班后为小孩买尿不湿，而丈夫们在买尿不湿后又随手带回了他们喜欢的啤酒。另一情况是丈夫们在买啤酒时突然记起他们的责任，又去买了尿不湿。既然尿不湿与啤酒一起被买的机会很多，那么沃尔玛就在他们所有的门店里将尿不湿与啤酒并排摆放在一起，结果使尿不湿与啤酒的销售量双双增长。

按常规思维，尿不湿与啤酒风马牛不相及，若不是借助数据挖掘技术对大量交易数据进行挖掘分析，沃尔玛是不可能发现数据内这一有价值的规律的。

资料来源：谭磊. New Internet：大数据挖掘[M]. 北京：电子工业出版社，2013.

（三）精准营销的理论基础

回顾历史，营销的发展经历了从低级到高级，从粗犷到精准的发展过程，精准营销的出现和发展，离不开过去营销理论的积累。总结起来，精准营销的理论基础主要涉及市场细分理论、4C理论、让渡顾客价值理论和大数据理论。

1. 市场细分理论

市场细分理论要求把消费者分为不同的组群，针对不同组群的需求差异分别开展营销活动，这与精准营销的理念是相同的，精准营销正是要找到有特定需求的消费者组群，非常精准地对他们进行营销沟通，从而获得极低的成本、高忠诚度以及极佳的效果。

2. 4C理论

4C即指消费者的欲望和需求（consumer wants and needs），消费者获取满足的成本（cost），消费者购买的方便性（convenience），企业与消费者的有效沟通（communication）。4C理论的核心与以往的营销观念不同，强调从消费者的角度出发，解决顾客需求问题、顾客成本、顾客便利性和顾客沟通来开展企业的营销活动。精准营销真正贯彻了消费者导向的基本原则，强调比竞争对手更及时、更有效地了解并传递目标市场上所期待的满足。精准营销降低了消费者满足需求的成本，产品本身成本、产品获取成本、信息收集成本等方面都降低了。精准营销方便了顾客购买，它向消费者提供大量而契合消费者需要的商品和服务信息，将商品陈列到消费者方便购买的渠道，这些营销活动都提高了消费者的便利性。精准营销强调并实现与顾客实施双向、互动的沟通，让企业很好地了解消费者，消费者得到尊重，同时让消费者也很好地了解企业和产品。

3. 让渡顾客价值理论

让渡顾客价值理论强调企业的收益来源于企业让渡给顾客的价值，让渡顾客价值是顾客总价值与顾客总成本之间的差额。其中顾客总价值是指顾客购买某个产品或者得到服务所期望获得的某些利益，顾客总价值包括：产品价值、服务价值、人员价值和形象价值。顾客总成本是指顾客为购买某一产品或服务而支付的货币及所耗费的精力和时间，顾客总成本则包括：货币成本、时间成本、精力成本和体力成本。精准营销能够大幅度提高顾客总价值，其产品设计、开发和销售充分考虑了消费者需求的个性特征，与此同时，精准营销中的个性化服务，提供了很高的服务价值。精准营销还大大降低了顾客总成本，精准营销可以保证与客户进行个性化的沟通，直接投递给客户他们所想要的信息，这样就可以降低客户信息搜索的成本，另外，网络环境下的精准营销努力实现交货渠道的个性化和便捷性，进一步减少了交易费用的支出，扩大了商品销售量，成为众多企业努力实践的营销方式。

4. 大数据理论

大数据理论认为，"大数据"时代已经降临，在商业、经济及其他领域中，决策将日益基于数据和分析而作出，而并非基于经验和直觉，庞大的数据资源使得各个领域开始了量化进程。在进入信息时代之后，人们趋向把所有存储在计算机上的信息（无论是数字还是音乐、视频、图片）都统称为数据，人们通过对这些数据的交换、整合、分析，来解释各种现象背后的原因，同时预测事物的发展趋势。精准营销正是在大数据背景下，以数据库营销和数据挖掘技术为基础而发展起来的。

二、精准营销运营体系

精准营销的实现,是一项系统工程。营销要能有效地"精准"起来,需要建立比较完善的营销运营体系。运营体系包括精细的消费者需求分析、精准的市场细分与定位、精密的市场营销组合和精到的营销控制与考核。它们彼此既互相独立,又相互依赖,形成一个密不可分的整体。

(一)开展数据库营销是实施精准营销的基础

数据库营销就是企业通过收集和积累会员(用户或消费者)信息,经过分析筛选后,针对性地使用电子邮件、短信、电话、信件等方式进行客户深度挖掘与关系维护的营销方式。数据库营销的核心是数据库和数据挖掘。通过收集和积累消费者大量的信息,经过处理后预测消费者有多大可能去购买某种产品,以及利用这些信息给产品精确定位,有针对性地制作营销信息,达到说服消费者去购买产品的目的。通过数据库的建立和分析,各个部门都对顾客的资料有详细全面的了解,可以给予顾客更加个性化的服务支持和营销设计,使"一对一的顾客关系管理"成为可能。要做好数据库营销,首先必须通过一种可行的方式来收集客户及潜在客户的信息,组建数据库。关键信息包括折扣促销信息、新产品活动信息、新的服务信息、与消费者有关联或对其有帮助的个性化信息等。创建数据库后,最重要的事情就是对数据库的资料进行有效整理,识别出优质客户,根据数据库中顾客信息特征有针对性地判定营销策略和促销手段,提高营销效率,帮助公司决策制造适销的产品,以及给产品制定合适的价格,同时,找出数字背后的原因,挖掘出市场潜力,再花精力去建立顾客忠诚度。

(二)明确的目标市场和独特的市场定位

为了实施精准营销,企业首先要在市场细分的基础上选择明确的目标市场,并且清晰地描述目标市场地理、人口、心理、行为和需求特征。明确地知道目标消费者的相关需求有哪些关键特征,系统和深入地分析研究目标市场是实施精确化营销的基础。在激烈的现代市场竞争中,企业必须在目标市场中对品牌或者产品进行清晰和独特的定位,其核心是"准",集中体现在企业的优势要与消费者的核心利益相一致,这样,企业才能建立竞争优势,使自己的产品在众多竞争性产品中脱颖而出,企业的营销才能引起消费者的关注与兴趣,激发购买行为的产生。

(三)精准的客户寻找工具

目标市场中有大量客户存在,接下来的关键问题是如何找到目标顾客,而且是"精准"、经济地找到,这除了要求开展数据库营销外,客户寻找工具成了企业能否寻找到潜在顾客的关键。寻找工具包括电子邮件、门户网站、搜索引擎、呼叫中心、手机短信、窄告、博客、微信等。

(四)精准的营销组合

首先是高效的顾客沟通系统。"精准"地找到顾客以后,企业需要与目标顾客进行有效率的双向、互动沟通,让顾客了解、喜爱企业及企业的品牌和产品,最后形成购买行为。大量的研究证明,广告与受众的关联性在诸如地域定向、兴趣定向,甚至重定向等定向方式中都需要被充分考虑。

其次是产品、品牌和价格的精准。产品功能、品牌形象以及价格是影响顾客购买的最主要因素。产品的精准主要表现在当产品的目标顾客确定以后,要根据目标顾客的需求特点来设计个性化产品,品牌的精准体现在要打造适合目标市场消费者社会及心理需求的品牌个性,价格的精准主要表现在定价上,根据消费者的收入特征,提供不同档次的产品。只有产品、品牌和价格都符合顾客的需要,顾客才会满意,进而产生购买意愿。

最后是营销渠道的精准。顾客产生购买意愿后,企业需要可靠的物流配送及结算系统来支持顾客购买行为的全面完成。要做到营销渠道的精准,首先要保证中间商经营的市场与产品的目标市场比较吻合;其次中间商的经营范围与产品的性质吻合或相近。该系统对提高顾客的便利性、降低顾客成本十分重要。

(五)精准的营销结果衡量和控制

受数据和分析技术的限制,传统营销主要关注营销业绩,对于营销活动的具体信息,以及每一项营销活动的具体成效却无法进行衡量。而精准营销拥有庞大的数据库、先进的数据挖掘技术和营销活动监测系统,因而可以对每一项营销活动的成本及成果进行量化的衡量。精确的营销结果衡量有助于营销控制顺利实现,控制的目的是纠偏,确保营销活动按计划进行,营销目标能顺利实现。明确的目标和标准是前提。精准营销的基本要义就在于有针对性地满足消费者的个性化需求,实现低成本、高绩效的营销目标,要求各个营销环节坚持"精、准、细、密"的标准。在控制过程中,营销的目标和标准要做到明晰、准确,尽可能采用定量的方式来表述。同时,控制与考核要注意时效性,及时控制、按时考核、随时纠偏,应用现代信息技术,实施动态性的即时管理。

三、精准营销的方法和工具

精准营销的方法和工具非常丰富,而且还在不断发展。这些方法可归为如下三大类。

(一)基于数据库营销的方法

基于数据库营销的方法是精准营销最为基本的方法,但是建立一个潜在消费者数据库是一项长期、艰巨的工作,需要企业投入人力、财力和物力,不断积累、持续努力。如果企业短期内没有建立数据库或者无力建立数据库,也可以租用其他组织的数据库,如市场专业调研公司数据库、邮政数据库、社会保障数据库、管理咨询公司数据库等。但是长期来看,实行精准营销的企业应该建立自己的数据库。目前基于潜在消费者数据库的精准营销方法主要有:

(1)电话营销。利用电话接线员和呼叫中心,根据消费者的特征,从潜在消费者数据库中搜寻对某一产品很可能有需求的潜在顾客,然后与他们进行电话沟通。包括电话销售、电话覆盖、电话机会管理、客户服务和技术支持。在沟通信息比较简单的情况下,由于电话是双向直接沟通,沟通效率非常高。

(2)邮件直复营销。利用数据库和数据挖掘技术,识别购买可能性较高的消费者,然后给这些潜在顾客发送邮件,与他们沟通有关产品及其服务的详细情况。在传统营销模式下,邮件直复营销的回复率非常低,在精准营销下,由于潜在消费者识别精准,回复率会比较高。

(3) 即时通讯营销。随着即时通讯工具如 QQ、MSN 等渗入消费者的日常生活,越来越多的公司开展即时通讯营销。通过数据库营销选准潜在消费者的前提下,企业通过即时通讯工具与他们沟通交流,不仅能够传送文字、图片、音频、视频等信息,还能够即时交流,其效率远远高于邮件直复营销。

(4) 手机短信营销。手机短信营销的优势是手机运营商储存有比较完备的数据库,用户使用手机的全过程在电信运营商那里都会留下完整的记录,企业可以与电信运营商合作,在法律允许的范围内从手机用户数据库中寻找潜在消费者,并直接通过手机短信方式与目标用户者进行沟通,往往能取得良好的效果。

(二) 基于互联网的方法

除了数据库外,企业可以通过互联网来识别消费者的心理、价值观、兴趣、行为等特征,然后开展精准营销活动。目前基于互联网的精准营销方法主要有:

(1) 门户网站广告。在网络上,消费者会留下一些有价值的个人资料,网站平台可以根据资料,加上每台电脑网络连线的 IP 资讯筛选,做更精准的"IP targeting"(IP 定位),以很低的成本,精准地找到目标消费群。另外,绝大多数互联网门户网站都开设了许多不同的频道,企业可以选择与自己品牌和产品特性相符的频道投放广告。进入某个频道的互联网用户一般都对相关内容感兴趣,这时企业的广告投放就显现出精准性了。

(2) 关键词搜索广告。目前主要搜索网站都提供关键词搜索广告服务,想购买某类产品或服务时,许多消费者都会通过搜索网站去查询相关信息,企业的产品信息通过搜索网站就能出现在需要的消费者面前,针对性、精准性就非常强。

(3) 博客和微博。博客和微博是互联网 Web 2.0 技术的一种新应用,网民不但可以浏览互联网的信息,而且可以把自己想要传播出去的信息(比如汽车信息)非常方便地发送到互联网上,让其他网民浏览,并相互讨论。这样,对这一领域感兴趣的人往往会在互联网的博客或者微博区聚集到一起。

(4) 来电广告服务。当有需求的消费者通过网络广告页面提交自己的电话号码(完全免费),或者直接用电话拨打一个广告转接号码(免长途费和信息费),就能连通广告主的电话,进行直接的沟通洽谈。广告主网络广告的展示和点击查看都是免费的,只有接通双方电话才开始收费,让每一分钱都用在了广告主想要的目标受众身上,这对于无法精确评估效果的展示型广告模式和按点击付费的广告模式而言,无疑代表了更高的精准性。

(三) 基于第三方渠道的方法

有些企业难以直接找到自己的潜在消费者,但其他企业(通常是非竞争企业)的渠道却可以非常好地指向自己的潜在客户。当两个企业针对相同的目标顾客群体,虽然产品不同,借助对方的渠道能够很好地进行精准营销。

登录网站的当前用户现在最可能购买什么东西?

丹佛的 eBags 旨在针对旅客销售手提箱、手提袋、钱包以及提供其他旅行服务。该公司采用 Kana 软件公司的 E-Marketing Suite 来整合其网站的 Oracle 数据库、J. D. Edwards 财务系统、客户服务电子邮件和呼叫中心,从而获得客户购买行为习惯方面的信息。数据分析能够帮助公司确定是哪个页面导致了客户的高采购率,并了解是什么内容推动了销售。

eBags 技术副总裁 Mike Frazini 说:"我们尝试展示不同的内容,来观察哪些内容的促销效果最好。我们最终的目标是完全个性化。"与设计页面以鼓励大部分消费者采购的做法不同,一个个性化的解决方案将不停地创建页面以适合每个具体的访问者。因此,如果访问者的浏览记录显示其对手提包感兴趣,网站将创建突出这些商品的客户化页面。Frazini 指出,用于当前实施数据挖掘的分析方法也能用于部署自动化的网站定制规则。

寻找基于较少的数据和商业规则来创建个性化网页是客户化网站减少资源耗费的方法之一。开利(Carrier)公司——位于美国康涅狄格州 Farmington 的一家空调制造厂商声称,仅仅通过利用邮政编码数据,其升级版 B2C 网站的每位访问者所产生的平均收益在一个月内从 1.47 美元提高到了 37.42 美元。

当客户登录网站时,系统将指示他们提供邮政编码。这些邮政编码信息将被发送到 Web Miner 服务器,也就是一个数据挖掘 ASP。然后,Web Miner 的数据挖掘软件将对客户进行假设,并基于这些假设来展示商品。例如,如果客户来自富裕的郊外地区,网站将显示出带有遥控器的空调机;如果客户的邮政编码显示邻近大量公寓楼,则弹出式广告将展示窗式空调机。

通过采用这种相对简易的方法,该公司能够在数秒内生成网页。Carrier 全球电子商务经理 Paul Berman 说:"与通常的想法相反,客户化电子商务在创建有针对性的服务时并不需要询问客户 8 条或 9 条信息。我们只需要 1 条信息,而且实际证明效果确实不错。"和 Carrier 一样,"音乐家之友"(Musician's Friend)也正在减少用于确定客户化内容的商业规则。它是 Guitar Center 有限公司的目录和 Web 分支机构。

资料来源:http://www.shujufenxi.net/? p=1806

四、精准营销的发展趋势

作为一种营销理念和方法,精准营销还处于起步阶段,但是已经显示出了未来良好的应用前景,特别是随着计算机和信息技术的进步,精准营销的方法和工具越来越丰富,相关应用必将越来越广泛和深入,精准营销在商业制胜中的作用也会越来越大。展望未来,精准营销可能呈现如下的发展趋势。

(一)精准营销进一步的发展取决于工具和方法的推陈出新和日益完善

精准营销强调营销的科学化和量化,数据库技术、数据挖掘技术、搜索引擎技术的发展和升级是精准营销的核心推动力。正如有学者所言,精准营销并不是先有理论再有相应方法和工具,工具和方法的推陈出新和日益完善将是精准营销理论发展最主要的推动力。

(二)基于互联网的方法可能成为精准营销中最为活跃和最具创造性的部分

互联网上的海量数据是取之不尽、用之不竭的珍贵资源,随着大数据时代的出现,从互联网上直接收集数据的方法和工具蓬勃发展,互联网上收集数据的成本会越来越低。另外,基于互联网的方法对企业过去的客户积累基础依赖度很低,而且这类方法对中小企业更具性价比优势,因此这类方法将成为精准营销领域最活跃、最具创造性的一部分。

(三) 精准营销将先在新兴产业得到应用并逐步应用到传统产业

由于新兴产业没有过去习惯做法的束缚,没有大量物流的制约,非常容易尝试和采用新兴的精准营销。在新兴产业的示范和带动下,精准营销将逐步应用到传统产业,并将不断提高这些产业的营销效率。

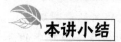

精准营销是一种新的营销范式,目前刚处于萌芽阶段,尽管还不成熟,其潜力与发展趋势已经引起了业界和学界的极大关注。综合各种观点,大体上可将精准营销概括为在精准定位的基础上,依托现代信息技术手段建立个性化的顾客沟通服务体系,实现企业可度量的低成本扩张之路。精准营销的特征主要有目标消费者的选择性、营销活动的有效性、成本的经济性、效果的可衡量性和精准程度的动态性。精准营销是在一系列基础理论的支撑下发展起来的,包括市场细分理论、4C理论、让渡顾客价值理论和大数据理论。精准营销是一项系统工程,完善的运营体系包括消费者需求分析、市场细分与定位、市场营销组合和营销控制与考核。精准营销的工具和方法包括基于数据库的方法、基于互联网的方法和基于第三方渠道的方法。精准营销的发展潜力巨大,可以预见,精准营销将在企业的市场营销运营中得到越来越广泛的应用。

1. 简述精准营销的含义。
2. 简述精准营销的特征。
3. 精准营销有哪些基础理论?
4. 试述精准营销的运营体系。
5. 目前精准营销的方法与工具有哪些?
6. 结合自己的理解,评述精准营销未来的发展趋势与前景。

定制爱情

宅男们总幻想为自己定制一个女朋友,也许他们的愿望将不日达成。不是借助3D打印机,而是靠大数据时代的婚恋网站。

2012年底,网易旗下全新婚恋交友网站"花田"上线。花田以免费沟通为卖点,主打一二线城市中高端市场。摒弃了传统婚恋网站的"人工红娘",花田不提供任何人工服务,从推荐到搜索全由系统自动完成。

"我们可以通过'内心独白'来挖掘用户的性格特征。"网易花田负责人夏天宇说。现在,他和他的团队正试图通过自然语言处理技术和语义分析方法来解码用户性格,实现"软硬兼施"的精准推荐。首先,他们运用切分词方法,从用户的"内心独白"中提取出现频率较高的关键词;再将这些关键词分类,如感性词汇或理性词汇;最后,通过文本分析、语义分析,从中挖掘出用户的性格是内向、外向、理想化还是现实派等。这一技术目前还在测试中,2013年下半年会逐步投入使用。

自2012年12月28日向全国开放注册以来,花田注册用户已近25万户,每日活跃用户4万人。网易的技术储备却不容小觑。"有道"搜索提供的自然语言处理技术,被用于通过文本挖掘用户性格。网易自研的原本用于网易邮箱的人脸识别技术,更是婚恋网站求之不得的利器。

花田团队只有30多个人,大多是"85后"。他们在对海量软硬数据进行分析的基础上,总结出一些人物特征,建立出一定数量的人物模型。再分析具体用户,将其分门别类套入各种模型。这样,用户心仪其中某一个人,便可向其推荐这一类人。

这种模型不仅是性格模型,还包括外貌模型。"我们马上要推出人脸识别。比如你想找个长相像范冰冰的女生,你输入范冰冰,就会推荐给你很多范冰冰脸型的女生。"夏天宇介绍,花田的后台已经提取出范冰冰脸型的数据,之后还会推出几十种流行的男女明星脸型供用户选择。

更令人感兴趣的是,如果花田能够跨产品平台,结合网易门户、邮箱、游戏等其他网易资源进行大数据分析,是否就能向用户推荐与自身阅读习惯、工作习惯、娱乐习惯都匹配的对象呢?真正的大数据必然是跨平台的,而这点别家很难做到。

数百年前的媒婆们绝想不到,若干年后,一群技术出身的工程师们用冷冰冰的数据为痴男怨女保媒拉纤。

资料来源:李春晖. 定制爱情[J]. 中国企业家,2013(7):100,101.

案例思考:
1. 相对于传统的婚恋网站,"花田"的业务有何特色?
2. "花田"体现了精准营销的哪些理念?

本讲实训

一、实训目的
1. 加深学生对精准营销概念和特征的认识。
2. 通过访谈,提升学生对精准营销对消费者行为影响的理解。
3. 通过调研企业,使学生了解精准营销的运营体系和方法工具。

二、实训内容
以小组为单位,利用周末时间首先对沃尔玛购物商场以及中国移动的顾客进行访谈,然后,在老师的帮助下对中国通信运营商的精准营销进行调研,以加深对精准营销运营体系以及方法工具的认识和理解,并依据调研结果制作PPT,总结对精准营销的新的认识和体会。

三、实训组织及步骤

1. 教师明确实训目的、任务和评价标准。
2. 班级成员分为若干小组,每组 6~8 人。实行组长负责制,成员合理分工,团结协作,专人负责活动记录和资料整理。
3. 每个小组通过查阅资料加深对精准营销的理解,并做好相关访谈和调研内容的准备工作。
4. 小组成员利用周末时间进行实地访谈和调研,并结合相关理论知识进行总结分析。
5. 各小组对访谈记录进行整理,并制作 PPT。
6. 各小组在班级进行 PPT 演示,汇报观点并讨论、交流。
7. 班级演示之后,由指导老师点评和总结。

参 考 文 献

[1] Sara Kimberley. Online health check to build prospect data for Alpro Soya [J]. Precision Marketing, 2006, 18 (29).
[2] Vickie Lamb. Personal search sites face ICO clampdown [J]. Precision Marketing, 2006, 18 (36).
[3] Zabin Jeff, Gresh Brebach. Precision marketing: the new rules for attracting, retaining and leveraging profitable customers [M]. John Wiley & Sons Inc, 2008.
[4] 曹彩杰. 浅议 B2C 模式下的精准营销[J]. 哈尔滨商业大学学报(社会科学版),2010(3):33-36.
[5] 程绍珊,席加省. 精准营销:如何进行营销信息管理[M]. 北京:北京大学出版社,2006.
[6] 高杰. 精准营销:客户交互价值评价、分类及其使能技术的应用研究[M]. 上海:上海财经大学出版社,2009.
[7] 郭鑫. 基于精准营销的提升品牌竞争力的实现途径[J]. 山西财经大学学报,2012(4):112,113.
[8] 贺海涛. 以精准营销挖掘移动通信市场[J]. 经济师,2007(10):220,221.
[9] 杰夫·萨宾,格莱士·布雷巴克. 精准营销[M]. 魏青江,方海萍,译. 北京:高等教育出版社,2008.
[10] 菲利普·科特勒,凯勒·莱恩·凯文. 营销管理[M]. 第13版. 卢泰宏,高辉,译. 北京:中国人民大学出版社,2009.
[11] 李明,杨武宏. Web 2.0 时代的精准营销理论与方法[J]. 商务营销,2007(7):55-57.
[12] 刘征宇. 精准营销方法研究[J]. 上海交通大学学报,2007(S1):144-146.
[13] 吕巍. 精准营销——分析与行动[M]. 北京:机械工业出版社,2008.
[14] 时炼波,张俐华. 论精准营销的内涵与实施策略[J]. 企业经济,2009(8):90-92.
[15] 唐微,张春霞. 精准营销趋势探讨[J]. 东方企业文化,2010(10):79.
[16] 王芳艳,屈成才. 精准营销:营销传播新趋势[N]. 营经济报,2005-09-19.
[17] 王俊,陈贵松,田家华. 精准营销理论浅探[J]. 集体经济,2009(1):70,71.
[18] 王宁. 精准营销对消费者品牌态度及购买意愿的影响研究[D]. 中南大学,2011.
[19] 王琦. 刍议企业精准营销工具的选择[J]. 现代财经,2007(11):84-86.
[20] 吴建安. 市场营销学[M]. 北京:高等教育出版社,2007.
[21] 伍青生,余颖,郑兴山. 精准营销的思想和方法[J]. 市场营销导刊,2006(5):39-42.
[22] 伍青生,余颖,郑兴山. 营销新发展:精准营销[J]. 经济管理,2006(21):56-58.
[23] 徐海亮. 精准营销理论[M]. 北京:机械工业出版社,2006.

[24] 徐海亮.论精准营销的体系及理论[N].中国邮政报,2006-09-14.

[25] 杨炯纬.精准营销四部曲[J].广告大观综合版,2013(2):89-91.

[26] 杨涌滨.论精准营销的实现[J].河南社会科学,2012(4):102,103.

[27] 尹启华,邓然.精准营销研究现状[J].经济研究导刊,2010(9):158,159.

[28] 曾志生,陈桂玲.精准营销:如何精准地找到客户并实现有效销售[M].北京:中国纺织出版社,2007.

[29] 张红梅.精准营销:市场分析、预测[M].北京:经济科学出版社,2012.

[30] 佐拉蒂,加拉赫.精准营销:社会化媒体时代企业传播实战指南[M].屈云波,李珍,译.北京:企业管理出版社,2013.

第八讲 长尾营销

"二八定律"的挑战者：长尾营销

"二八定律"认为20%的人掌握着80%的财富，即少数主流的人和事物可以造成主要的、重大的影响。所以厂商们都把精力放在那些拥有80%客户去购买的20%的商品上，着力于购买其80%商品的20%的主流客户。传统观念中当市场份额过小，相应的市场回报也就很小，而开拓市场的成本却不见减少，因此长尾市场就很可能是一个亏损的市场。而当计算机和网络等新技术的出现使得用低成本甚至零成本去开拓这类市场成为可能时，很多人就利用了这些技术去开拓长尾市场，并取得了巨大的成功。

Google是一个最典型的"长尾"公司，其成长历程就是把广告商和出版商的"长尾"商业化的过程。数以百万计的小企业和个人，此前他们从未打过广告，或从没大规模地打过广告。他们小得让广告商不屑，甚至连他们自己都不曾想过可以打广告。但Google的AdSense把广告这一门槛降下来了：广告不再高不可攀，它是自助的，价廉的，谁都可以做的；另一方面，对成千上万的Blog站点和小规模的商业网站来说，在自己的站点放上广告已成举手之劳。Google目前有一半的生意来自这些小网站而不是搜索结果中放置的广告，数以百万计的中小企业代表了一个巨大的长尾广告市场，这条长尾能有多长，恐怕谁也无法预知。

同样另外一些长尾营销的典型代表企业，如eBay开创了买主也是卖主的史无前例的网上交易平台，让数量众多的小企业和个人通过这个平台进行交易和互动，创造了惊人的交易量和利润。亚马逊员工精辟地概述了其公司的"长尾"本质：现在我们所卖的那些过去根本卖不动的书比我们现在所卖的那些过去可以卖得动的书多得多。像这样的企业还有很多：百度、苹果、淘宝、维基百科、Netflix等。它们的成功让我们看到了长尾市场的巨大魅力，好像也动摇了传统市场中不可动摇的经典——"二八定律"。

资料来源：http://www.mbalib.com/

本讲知识结构图

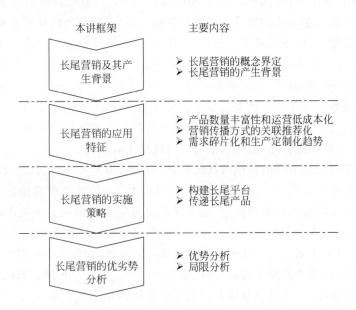

提及热门产品,作为消费者大家马上可以联想起许多范例,如苹果 iPhone 手机、联想笔记本、浙江卫视的"中国好声音"等。然而现实并非所有产品都是热门产品,都能取得惊人的市场绩效,小众产品的营销工作更具普适性。与热门产品对应的大众市场有所不同,小众产品通常对应于利基市场,目标消费者群体数量有限,单个非热门产品的市场规模不大。在营销实践当中,一旦某个产品的市场规模有限,而目标消费者地理位置又处于分散状态时,满足消费者需求的营销成本就非常高,难以获取利润。对于企业而言,非热门产品类似"鸡肋",放弃觉得可惜,投入资源开发又得不偿失。是否有行之有效的策略来针对此类产品的营销呢?长尾营销为此提出了针对性的解决方案,它将小众产品称为"长尾产品",通常是销量较小的产品,为这些长尾产品的营销打开了一扇新的大门。

长尾营销的基本设想是若能将无数的长尾产品汇聚起来,其市场规模则可以抗衡热门产品。它由美国学者 Chris Anderson 于 2004 年在《The Wired》杂志上提出,他认为网络为买卖双方提供了新型聚集平台,网络渠道的兴起为长尾产品的销售提供了可能性。在《长尾理论》一书中,Chris Anderson 论述了长尾市场是对传统"20/80"法则的颠覆。传统市场中,20%的热门产品贡献 80%的销售额和 100%利润。而在长尾市场中真正的大热门产品只有 2%,大约占 50%的销售额和 33%的利润,90%的长尾产品(也即小众产品)带来 25%的销售额和 33%的利润。长尾营销的独特之处在于,小众产品也能有效开拓市场,也能为企业创造可观利润。

一、长尾营销及其产生背景

(一)长尾营销的概念界定

长尾营销目前仍然缺乏具体概念,较多的是其将作为现象观察的总结。为了便于学习和掌握其内涵,指导营销实践的开展,需要我们从概念上给出定义。对其认识可分成两步,首先需要明白"长尾"所代表的市场意义,其次结合实践来理解其具体营销内涵。"长尾"实际上是统计学中幂律(power laws)和帕累托(Pareto)分布特征的一个口语化表达,是指函数分布中远离中心值的部分。以我们日常交流、书写使用的汉字为例,常用字所占汉字总数比例非常小,但使用频率非常高(如图8-1中A部分)。而生僻字所占的总字数比例非常大,但每个汉字的使用频率非常低(如图8-1中B部分)。将此延伸至产品市场,常用汉字代表着热门畅销产品,生僻字则表示长尾产品。就单个产品相对显而易见热门产品的市场规模显然比长尾产品要大得多。但就整体比较,则众多长尾产品构成的市场规模可以比拟热门产品,因为小众产品拥有庞大的基数。其发挥的原理就是涓涓细流,汇聚成河,数量众多的长尾产品,汇集起来的市场规模不容小视。

虽然我们知道长尾市场的规模可以比肩热门产品,但是长尾产品如何成功实现销售,则是长尾营销所关注的问题。长尾产品通常为小众产品,因此长尾营销也等同于小众产品营销。我们可以将长尾营销理解为,运用营销的策略和工具满足小众产品目标消费者群体的需求,从而实现企业的经营目标。其中的营销策略也即传统的产品、价格、渠道、促销策略,只是针对于小众产品受众的特点进行相应的调整,如长尾产品销售渠道以网络销售为主,产品促销以消费者圈子间的口碑、推荐传播形式为主。长尾营销的基本逻辑思路仍是基于传统营销范式,只是在具体营销策略上采用网络时代的新工具和新需求规律进行了渐进式变革。

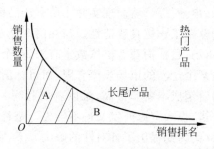

图8-1 长尾市场示意图

(二)长尾营销的产生背景

长尾产品即小众产品,其生产和销售一直存在。当小众产品的目标受众比较聚集时,小众产品营销会比较顺利。而当其目标受众分散时,由于经营成本较高,实现成功营销的难度较大,长尾营销对此提出了应对措施。也即利用网络低成本销售渠道、传播渠道作为实施手段,开发和寻找长尾产品的目标消费者,其产生具有以下时代背景。

1. 丰富的产品供给

网络市场的发展,带来了产品供给的丰富性。网络经济最大的特征就是其产品品种多,基数非常庞大。在网络市场中几乎可以找寻到所有想购买的产品,这丰富了消费者的选择空间,消费者不必再为找不到符合个性化需求的产品而担忧。同时供给的丰富性,也进一步刺激了消费者的个性化需求——为了表达自我尽量避免与他人雷同的商品,为小众产品市场的发展奠定了需求基础。因此,产品的供给和需求个性化共同为长尾营销的发展提供了可能。

2. 先进的信息搜索技术

网络技术的发展,降低了产品搜寻的难度和成本。在传统商品零售时代,当面前有成千上万件商品,消费者要想从琳琅满目的货架中找到自己想要的商品是件很费神的事情。为了提高效率和降低购买风险,消费者往往选购一些商家拟订的所谓热门商品,作出这样的决策可能并非完全出自消费者本意。而网络技术为我们提供了搜索引擎,它是划时代的商品搜索工具,通过搜索引擎消费者可以获取数不尽的各种选择商品。这是目录邮寄营销形式的延伸,搜寻成本的降低为多样性商品的营销实现提供了必要条件,使得产品的尾巴可以拖得越来越长,网络搜索引擎为长尾营销的实现提供了工具基础。

3. 发达的物流供应链体系

现代物流供应链体系的建立,降低了产品的渠道和存储成本。首先,随着全球物流行业的发达,商品的传递运输成本不断降低,可以通过第三方物流以低成本的方式帮助企业实现产品的直接供应。其次,随着全球供应链体系的逐步建立,越来越多的商家尽可能地让存货集中进行销售,如沃尔玛、家乐福等大型连锁超市。网络销售平台的兴起,如亚马逊公司已经向虚拟存货模式扩展,将产品放在合作伙伴的仓库中,这些仓库分布在世界各个角落,随时可以提供丰富的商品,企业将存货成本有效地转嫁给第三方。由此可见,现代物流供应链管理的发展是长尾营销实现的基础条件。

4. 高效的信息沟通

信息知识经济的发展提高了信息沟通的效率,降低了信息沟通成本。当今知识经济的发展,使得消费者拥有更多获得信息的渠道,企业也可以实施更多的个性化推荐方案,部分降低了生产者和消费者之间的信息不对称。消费者可以更好地掌握购后风险,便于其个性化追求与别人不同的消费价值观。网络信息技术的发展,更加凸显了知识经济对商品营销模式的影响,信息沟通效率的提高,消费者的个体意识增强,这些都导致了对长尾商品的需求。网络时代下的个性化需求最终催生了多样化的产品生产和设计,是实现长尾营销中消费者需求的基础。

克里斯·安德森

克里斯·安德森是《连线》杂志主编。在他的带领下,《连线》已多次获得国家杂志奖提名,并赢得了 2005 年、2007 年及 2009 年卓越新闻奖最高奖项。2009 年,该杂志被《广告周刊》杂志的各位编辑评为"十年最佳杂志"。安德森是 3D Robotics 和 DIY Drones 的联合创始人。3D Robotics 是一家发展迅速的空中机器人制造企业。安德森也是《纽约时报》畅销书《长尾理论》、《免费:商业的未来》和《创客:新工业革命》的作者。

资料来源:http: //baike. baidu. com/subview/3023038/10855298. htm? fromId = 3023038&from =rdtself

二、长尾营销的应用特征

根据长尾理论在应用中的总结归纳,长尾营销具有以下特征。

(一)产品数量丰富性和运营低成本化

长尾营销的开展离不开互联网,只有在互联网上才可以真正做到存储和流通的渠道足够大,而支付的成本又足够小,长尾营销的开展才有利可图。虽然从政治到公共关系,从乐谱到大学体育,长尾无处不在,但长尾营销的开展要以互联网作为必要条件。因此现有长尾营销实践的代表性企业,均与网络相关,如在线音乐商 Rhapsody 和 iTunes、在线图书商亚马逊、在线 DVD 租赁商 Netflix,以及网上交易平台 eBay、搅拌机商 KitchenAid(使用网上供应系统)、玩具商 LEGO(利用网站销售并与用户互动)、在线软件商 SALESFORCE.COM、搜索引擎商谷歌。

长尾营销成功的前提是获得长尾市场的收益要高于成本,在不用增加边际成本的前提下给最终用户提供几乎无穷多的选择,互联网正是符合这一要求的最佳场所。如对于 iTunes 这样的纯数字服务来说,由于不再需要货架,也没有制造成本和分销费用,卖出一件非流行品与卖出一件流行品之间没有任何区别,它们的边际利润都是一样的。从存货规模上来看,全球最大的实体零售商沃尔玛的商品数量规模远远不及亚马逊,但由于搜索引擎的帮助,消费者在亚马逊上购买商品更为便利。长尾营销开展的特征之一就是给顾客们丰富的选择,但也要帮助他们搜索,网络、数量和搜索是长尾营销开展的盈利法宝。

(二)营销传播方式的关联推荐化

传播是为了向目标消费者传递商品有关信息,传统营销的传播模式通常是由企业发起,以电视广告、报纸、户外广告等为传播载体。而长尾营销中的传播,主要依靠相关联产品的推荐化。由于产品供给数量庞大,过多的商品选择反而给消费者决策造成干扰,消费者难以确定自己的准确需求。此时推荐是非常有针对性的传播新模式,特别是专家或朋友圈子的推荐,可信度要强于传统的营销传播模式。通过网络关联产品的推荐系统,根据性质类似的产品间相互推荐,可以帮助长尾产品成功实现销售。例如,1988 年英国登山家 Joe Simpson 写了一本名叫《触摸巅峰》的书。该书讲述了一个在秘鲁安第斯山脉与死神擦肩而过的登山者的故事,但这本书出版后并不畅销,很快就被人们淡忘了。十年后,另一部描写登山悲剧的书《进入稀薄空气》成为了畅销书,此时出版社运用长尾营销,把已经沦落到长尾末梢无人问津的《触摸巅峰》重新找出来进行关联推荐:"喜欢《进入稀薄空气》的读者也喜欢《触摸巅峰》。"结果极大地促进了《触摸巅峰》的销售,实现了长尾产品的成功销售。

关系推荐的成功在于利用商家和顾客之间信息的不对称性,通过特定的推荐,使一些本来位于长尾序列中的小众商品与热门商品联系起来,建立商品之间的关联。有助于简化消费者原本漫无目的的海选,起到抛砖引玉的作用。具体操作模式为:以某些热销商品作为引子,然后通过关联推荐系统建立长尾商品与热销商品的联系,从而实现长尾商品的错位营销,可以极大提高长尾营销传播的效率。

(三)需求碎片化和生产定制化趋势

需求的碎片化是指消费者对满足自身需求的商品有着个性化需求,希望自身的个性得到发挥。而通常热门产品消费者数量较多,需求具有较强的共同性。而长尾营销中,消费者之所以选择小众商品,是希望碎片化需求得到满足。能够适应个性化碎片的做法就是定制,按照个性化消费者的碎片需求而进行专门生产。以亚马逊书店为例,该书店50%左右的营业额来自长尾上那些需求量极低的利基书籍。尽管亚马逊书店几乎能满足每一个人对书籍的碎片化需求,但是亚马逊书店绝无能力在现实的书库中储存如此大量的销量极低的书籍。他们储存的只是该书籍的电子版本,在接到客户的订单后才付印、装订和邮寄。尽管顾客也许并不知晓,但是他们拿到的书籍确是按照他们的要求而单独定制的,而不是提前就已经存在的。这也说明了实施长尾营销的商家必须学会如何对待碎片化需求,并且保证边际效益不会因成本的增加而递减,才能取得长尾营销的成功。

三、长尾营销的实施策略

长尾理论不仅揭示了商品销售的规律特征,而且为企业长尾营销的开展提供了可行性的指导方针,网络是长尾市场营销的重要选择。长尾的意义在于无限的选择,但面对琳琅满目的商品和广告信息过载,消费者感到不堪重负,常常会无所适从。长尾营销为此提出了解决方案,一方面借鉴网络营销以其丰富的、随时更新的企业和产品信息内容;另一方面通过搜索引擎、关联推荐等低成本的方式进行营销运作。既使消费者节约了大量的搜寻成本,获得了满足自己个性化需求的商品和服务,又以节省的方式为企业长尾产品开辟了新的市场。从整体的实施策略上分析,长尾营销的开展首先需要建立一个可以销售长尾产品的平台,其次从技术上帮助消费者进行长尾产品搜索。

(一) 构建长尾平台

平台是一个大而便捷的沟通渠道,一般都是通过借助第三方平台来开展长尾营销,长尾平台主要有以下几种:①拍卖类网站,如 eBay、淘宝等这一类网站通过开创了一种买主同时也是卖主的商业模式,让数量众多的小企业和个人通过它的平台进行小件商品的销售互动,从而创造了惊人的交易量。②网络零售商,如亚马逊、当当网、京东商城等。亚马逊有超过一半的销售量都来自于在它排行榜上位于 13 万名开外的图书。如果以亚马逊的统计数据为依据的话,这就意味着那些不在一般书店里出售的图书要比那些摆在书店书架上的图书形成的市场更大。如果我们能够摆脱资源稀缺的限制,潜在的图书市场将会至少是目前的两倍多,最大的财富孕育自最小的销售。③搜索引擎类,如谷歌、百度。谷歌的成功就在于它找到并铸就了一条长尾,以占据了谷歌半壁江山的 Adsense 为例,它面向的客户是数以百万计的中小型网站和个人,对于普通的媒体和广告商而言,这个群体的价值微小得简直不值一提。但谷歌是通过为其提供个性化定制的广告服务,将这些数量众多的群体汇集起来,带来了非常可观的利润。不管是商品销售还是信息搜索,它们的成功让人们看到只要将尾巴拖得足够长,就会聚沙成塔,产生意想不到的惊人效果。

(二) 传递长尾产品

消费者搜索长尾商品主要有两种方式,即消费者主动搜索式和消费者被动推荐式。主动搜索式的消费者根据自己的实际需求登录谷歌或者百度这样的搜索引擎,或者亚马逊、eBay 这样的交易平台,搜寻自己想要的商品信息。企业可以与平台合作,提高自己商品的曝光度和搜索结构,便于消费者搜寻;消费者被动推荐式主要出现在网络交易平台的 eBay、淘宝、当当等这样的网络上。通过注册用户的信息挖掘,以及消费者的消费路径，通过 E-mail 进行定期或者不定期的商品推荐，达到一对一的沟通。推销的这类商品主要是长尾商品，通过人们的商品交易完成基础性的推荐，以进一步来寻求新的交易。

简而言之，长尾营销策略的基本思路是制造长尾、传播长尾并帮助搜寻长尾，也可以说是网络作为新的传播工具、分销渠道在小众产品营销当中的新应用。

四、长尾营销的优劣势分析

长尾营销为长尾产品开辟了广阔市场，确实创造了许多长尾产品销售的奇迹，为小众产品经营企业的发展指明了新方向。一些以前难以销售的产品，借助长尾营销思路可以寻找到合适的目标消费者，而且实现这一销售的成本较低。以上这些均是长尾营销的独特优势，然而并不是所有的企业都适合采用长尾营销，长尾营销也有其局限性，需要我们正确理解和运用。

首先，就长尾营销理论本质上而言，它只是对现有营销理论的补充，而非颠覆。长尾营销只是将营销中对一般产品的关注聚焦在小众产品身上，围绕小众产品营销策略中渠道和促销两个环节上进行了方法创新。传统产品营销中，渠道和促销有可能采取线下或混合组合的模式，长尾营销中渠道和促销均在网上进行，而互联网作为渠道、促销手段已经得到过很多应用。所以长尾营销只是结合特定的产品，在销售和传播工具上进行了改进，取得了比以往更优的效果。

其次，在具体应用范围上长尾营销模式只适用于互联网相关企业，它有着产品边际成本不递增的束缚条件。在长尾营销成功的典范中，均与互联网存在着密切关系，如 iTunes 上的音乐、亚马逊上的电子图书，这些数字产品的生产、储存、传递成本确实可以忽略不计，因此在网上只要销售出去，对于企业而言都是有利可图的。然而现实企业中，实体长尾产品的生产、储存本身成本较高，较难做到按个性化需求生产。网络渠道虽然可以帮助这些小众产品的销售，但是达不到一定的销售规模，企业仍然无利可图。因此长尾营销只是考虑到了范围经济，向消费者提供足够多的可选品种，而忽略了个体经营企业要求的规模经济。

本讲小结

社会发展已经迈入多元化时代，一方面众多的企业向市场上提供了数量庞大的商品；另一方面消费者需求逐渐注重个性化，偏好与他人不同的商品。这对大众化产品的经营提出挑战，同时为小众商品的发展带来了机遇。在这种背景下，长尾营销应运而生。总结归纳起来，长尾营销的特征有：产品数量丰富性和运营低成本化；营销传播方式的关联推荐化；需求碎片化和生产定制化趋势。从整体的实施策略上分析，长尾营销的开展首先需要建立一个可以销售长尾产品的平台，其次从技术上帮助消费者进行长尾产品搜索。对比传统的营销方式，长尾营销具有开辟广阔的市场、为小众产品的经营企业指明方向、帮助以前难以销售的产品找到目标市场等优势。然而，长尾营销理论本质上而言，它只是对现有营销理论的补充，而非颠覆。同时，在具体应用范围上长尾营销模式只适用于互联网相关企业，它有着产品边际成本不递增的束缚条件。

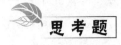

1. 简述长尾营销的概念内涵与应用特征。
2. 结合现实的企业案例，思考长尾营销的开展策略。
3. 简述长尾营销的优劣势，分析长尾营销适用情景，并提出长尾营销策略的改进方案。

旧书网站验证长尾理论

对于旧书买卖的记忆，也许不少人印象里只留住了街边巷口收废品者嘴里那一声长长的吆喝，谁会想到它能创造网络奇迹？

1999年，山西财经大学毕业生孙雨田来到北京。2002年，他创办的孔夫子旧书网现已成为世界最大的中文旧书网，其总成交额突破2亿元。这个基于C2C模式经营旧书的网站找到了当当、淘宝之外的一片"蓝海"。

一、当网络遇到旧书

2002年，计算机专业出身的孙雨田决定要做自己最擅长的事——建立一个网站，取名"孔夫子"。看到很多大学毕业生毕业之际都将书作为废品卖掉，而这些书大部分是即将入学的新生所需要的，他将网站主攻方向定为校园二手书。然而，对于旧书网站来说，仅有学生书籍一类远远不够。

这年五一，孙雨田特地去北京地坛书市碰运气，看能否找到合作的旧书店，拉到孔网书店的第一个店主。"转遍整个书市，我只发现了一家旧书店。当我兴奋地找到老板介绍，并希望他把书放到网上卖时，他似乎不感兴趣，几句话把我打发走了。"

2002年10月，孙雨田在天涯发布了一个宣传孔网的帖子。很快，一个名叫"胡同"的网友回了帖，他认为通过网络卖旧书的主意不错。"这是当时唯一给我回复的人。"

"学生旧书市场有限，为什么不做古董书籍的专业旧书网呢？电子商务加旧书，一定是未来淘书的趋势。""胡同"算是北京旧书圈里的老江湖，他以自己在旧书圈疲于实体店淘书的经历，对"孔夫子"网站做了一个最重要的"策略性"建议。不仅如此，他和孙雨田每天都要进行几个小时的商量和沟通，筹划孔网的升级和未来。

既然决定联姻旧书和电子商务，那么二者的契合点又在哪里？

"经营新书的网站早已有当当网等，它们从出版社拿书、送书上门这两个过程都是传统的，吸引读者的是打折手段。而且这些网站只不过是传统渠道的一个分支，如果没有这些网站，读者照样可以在实体书店买到书。但旧书网站就不一样。"孙雨田分析，购买旧书的读者是分散的，一般只能通过旧书市场交易，费时费力而且局限于本地，买旧书非常不易，这就使得旧书网店有了很大的存在空间。此外，在网上旧书卖家不需打折，书凭借珍贵稀少就能卖出个好价格，旧书的长尾潜力显现。

"买旧书的人一般在30岁左右，学历较高，对古籍善本等最有兴趣，而且对旧书网的忠诚度很高。"在"胡同"等网友的协力下,孙雨田根据购买旧书的人群为孔网设置了相关栏目。

二、以会费、佣金来盈利

2003年的"非典"为很多电子商务网站带来了生机,孔网也不例外。据了解,"非典"期间,由于网络书店不断加盟,"孔夫子"的销售量居然超过了中国所有书店的总和。

不过,"烧钱"的网站饿着肚子生存始终不是长久之计,孙雨田想要开拓盈利空间。

2006年11月8日,免费运行近5年的孔夫子旧书网开始对"书店联盟"实行自愿缴费。孙雨田分析说,凭热情、仅靠个人投入搞网站无法长久,而卖广告对一个专注于书籍交易的网站并不是什么好办法,只有通过收费,才是长远之计。

最开始,新开通的书店、一星级书店、二星级书店每年会费100元,三星级书店、四星级书店、五星级书店每年200元。网站通过对书店的星级认证,会对它们实行不同程度的担保,读者可以根据星级标准确定书店的诚信度;而且网站实行的是实名注册,只有注册者才可以交易,参加交易的人,完全建立在自愿基础上。

拍卖佣金是孔网的另一大盈利板块。据公开媒体报道,2007年,孔夫子旧书网在线拍卖板块开始盈利;2008年初,"孔夫子"又对在线拍卖进行收费,按照成交额抽取8‰佣金,即成交1000元收取8元费用。目前,其在线拍卖区每天成交额约为25万元,每天佣金费用能达2万元。此外,孙雨田还提高了书店联盟收费标准,将以前的100元到200元会费提高至100元到600元,现在已经吸引到了4000多家书店会员。

据孙雨田的统计,现在"孔夫子"拥有了4000多家联盟书店、1570万种新旧书籍和60多万会员,拍卖区每天成交额达25万元,两年里各方面成绩都增长了四五倍。

孙雨田还打起了新书的主意。孙雨田透露说,除了引入书商或个人的新书、特价书外,他们还与出版社达成了合作意向,未来会免除中间书商成本,直接以出版社名义在网站上售书。

资料来源:http://www.tmtpost.com/53443.html

案例思考:旧书籍具有长尾产品的哪些特征,孔夫子旧书网是如何成功实现长尾营销的?

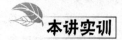

一、实训目的

了解长尾营销出现的原因与实现途径。

二、实训内容

以小组为单位,首先搜集网络渠道中的长尾产品,其次搜寻该企业经营模式相关案例信息。通过分析现实企业实施长尾营销的模式,总结长尾营销的操作模式。

三、实训步骤与要求

1. 教师明确实训目的、任务和评价标准。

2. 班级成员分为若干小组,每组6~8人。实行组长负责制,成员合理分工,团结协作,专人负责活动记录和资料整理。

3. 每个小组通过查阅资料搜集成功的长尾产品和实施长尾营销的企业案例。

4. 小组成员以团队为单位，分析这些案例企业为何实施长尾营销，以及是如何实施的。

5. 各小组对小组讨论进行整理，并制作PPT。

6. 各小组在班级进行PPT演示，汇报观点并讨论、交流。

7. 班级演示之后，由指导老师点评和总结。

参 考 文 献

[1] Brynjolfsson E, Hu Y J, Smith M D. From niches to riches: anatomy of the long tail [J]. Sloan Management Review, 2006, 47 (4): 67-71.

[2] Brynjolfsson E, Hu Y, Simester D. Goodbye pareto principle, hello long tail: the effect of search costs on the concentration of product sales [J]. Management Science, 2011, 57(8): 1373-1386.

[3] Elberse A. Should you lnvest in the long tail? [J]. Harvard Business Review, 2008, 86(7/8): 88-96.

[4] Fleder D M, Hosanagar K. Blockbuster culture's next rise or fall: the lmpact of recommender systems on sales diversity [J]. Management Science, 2007, 55(5): 697-712.

[5] Oestreicher-Singer G, Sundararajan A. Recommendation networks and the long tail of electronic commerce [J]. MIS Quarterly, 2012, 36(1): 64-74.

[6] Zhou W, Duan W. Online user reviews, product variety and the long tail: an empirical investigation on online software downloads [J]. Electronic Commerce Research and Applications, 2012, 11(3): 275-289.

[7] 柏佳洁,吕巍. 长尾定位、模式创新[J]. 市场营销导刊,2007(5):60-63.

[8] 程绍珊,秦磊. 长尾理论在传统行业中的应用[J]. 销售与市场,2008(28):48-51.

[9] 姜奇平. 得"长尾"者得天下——长尾基本法则[J]. 企业研究,2007(6):26-38.

[10] 沙原,杨波. 基于长尾理论的家庭财产保险发展问题研究[J]. 保险研究,2010(9):70-76.

[11] 杨连峰. 长尾理论的经济分析[J]. 生态经济,2010(12):28-31.

[12] 张宇焰,潘启龙."长尾理论"在创意产品营销中的应用探析[J]. 市场营销导刊,2009(4):34-36.

第九讲 注意力营销

"芙蓉姐姐"的营销启示

"芙蓉姐姐"是何人？假设我在问这个问题的时候，你已经知道答案，或和我一样产生着好奇，那就OK，不管是哪样，你已经成功地"被"营销了。因为"芙蓉姐姐"触动了你的神经。这是个很有意思的话题。

"芙蓉姐姐"忽如一夜春风来，刮得满天下的网民，男女老少们晕头转向。而时间过去这么久，"芙蓉姐姐"依然是以她的绝对自我，绝对自信，不断制造着热点，无论褒与贬。结果是：想出名的"芙蓉姐姐"真的出名了；想唱歌的"芙蓉姐姐"真的出了唱片；想演戏的"芙蓉姐姐"真的登台了。在很多人似乎觉得荒诞可笑的事情，居然不是按照我们通常的逻辑以及判断发展，梦想成真居然可以这样？居然真的是这样。

从客观角度出发，"芙蓉姐姐"以其营销的投入产出比计算，推广传播的速度、热度、持续度，受众涉及面之广，在近年的营销个案中都实属罕见。而更为稀罕的是，一度引起争议的话题人物"芙蓉姐姐"，在逐步被大众文化接纳的同时，正悄然转变形象，成为另类成功的又一个典型，这无疑又印证了新营销环境下网络平台的神奇魅力。一个人，何以搅动大局，不断触动着大众的神经？的确很值得探究一二。

这是一个充斥着广告的年代。我们见多了各式各样眼花缭乱的广告画面，耳边萦绕着众多如出一辙的广告台词。而在一遍一遍被新篇章的代替里，我们的记忆力似乎总在倒退。"出位"无疑是获得最大关注的前提，而如何把握度量，如何在变幻的时局中掌握主动、攻守自如，只怕非一般拙人所能为之。长线策划更是期间命脉所在，绝不是稀里糊涂地随波逐流。看"芙蓉姐姐"，笑便笑了，骂也骂了，又何妨？黑猫白猫，逮着耗子的，那才算好猫。不管这位"芙蓉姐姐"是否有意而为，但成功总有规律，我们要做的是更清醒地认识其间的规律，吸收精华以指导我们的行动。

在这个五彩斑斓的世界里，无论如何，吸引到受众的眼球，你"名声大噪"的梦想就成功一大半了。

资料来源：http://wenku.baidu.com/view/ea1c543710661ed9ad51f331.html

本讲知识结构图

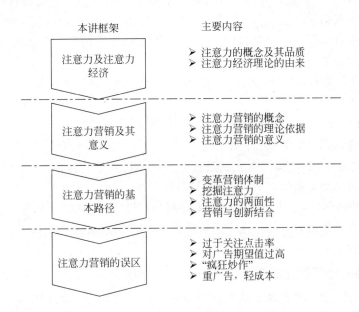

在信息社会已然到来的今天,信息在社会经济发展中所占的比重日益重要、所起的作用是日益巨大。当今的社会是一个信息极大丰富甚至泛滥的社会,而相对于无限的信息资源来讲,人的注意力却是有限的,因此它是稀缺的。现代科技的发展使得生产的技术壁垒降低,产品的无差异性使得竞争的焦点越来越集中在以前所并不为人注意的一些方面,如消费者的关注程度上。因此,产品的价值实现就会在很大程度上依赖于企业所拥有的注意力资源。作为一种有别于传统的资源,注意力有着其自身的特点,进而影响着企业营销理念和营销方式。

一、注意力及注意力经济

(一) 注意力的概念及其品质

我们生活在"注意力经济"大行其道的年代:设计新颖的广告,大张旗鼓的促销活动,隆重的产品新闻发布会,规模浩大的新品展览会,轮番向我们轰炸。就连频频在媒体露面的企业总裁们也成为了企业吸引注意力的一张王牌。在互联网时代,由于信息汇集和"爆炸",使信息由过去的紧缺资源变为过剩资源,而人们的注意力则成为一种紧缺资源。谁能通过自己的努力吸引更多的注意力,谁就可能获得更多的经济效益。由于注意力这种资源受到给予注意一方的人数的限制,所以"注意力"是一种固有的稀缺资源。随着互联网的发展,注意力的有限性与信息资源的无限性之间的矛盾更显突出,即"注意力短缺"。在这种情况下,有价值的不再是信息,而是注意力,注意力本身具有了可资本化的价值。

注意力是指人的心理活动指向和集中于某种事物的能力。"注意"是一个古老而又永恒的话题。俄罗斯教育家乌申斯基曾精辟地指出:"'注意'是我们心灵的唯一门户,意识中的一切,必然都要经过它才能进来。"

注意是一种意向活动,它不像认知那样能够反映客观事物的特点和规律,但它和各种认知活动又是分不开的,它在各种认知活动中起着主导的作用。人的所有心理活动总是和注意联系在一起的。

注意力有四种品质,即注意的稳定性、注意的广度、注意的分配性和注意的转移性,这是衡量一个人注意力好坏的标志。

(1) 注意的稳定性,指一个人在一定时间内,比较稳定地把注意集中于某一特定的对象与活动的能力。

(2) 注意的广度,也就是注意的范围有多大,它是指人们对于所注意的事物在一瞬间内清楚地觉察或认识对象的数量。

(3) 注意的分配性,是指一个人在进行多种活动时能够把注意力平均分配于活动当中。人的注意力总是有限的,不可能什么东西都关注。

(4) 注意的转移性,是指一个人能够主动地、有目的地及时将注意从一个对象或者活动调整到另一个对象或者活动。注意力转移的速度是思维灵活性的体现,也是快速加工信息形成判断的基本保证。

(二) 注意力经济理论的由来

"注意力经济"这一观点最早见于美国加州大学学者 Richard A. Lawbam 于 1994 年发表的一篇题为《注意力的经济学》(*The Economics of Attention*)的文章。而最早正式提出"注意力经济"这一概念的是美国营销学家迈克尔·戈德海伯(Michael H. Goldhaber),他于 1997 年发表了一篇题为《注意力购买者》的文章,在文章中指出"目前有关信息经济的提法是不妥当的,因为按照经济学的理论,其研究的主要课题应该是如何利用稀缺资源"。对于信息社会中的稀缺资源,他认为,当今社会是一个信息极大丰富甚至泛滥的社会,而互联网的出现,加快了这一进程,信息非但不是稀缺资源,相反是过剩的。而相对于过剩的信息,只有一种资源是稀缺的,那就是人们的注意力。

著名的诺贝尔奖获得者赫伯特·西蒙在对当今经济发展趋势进行预测时也指出:"随着信息的发展,有价值的不是信息,而是注意力。"这种观点被 IT 业和管理界形象地描述为"注意力经济"。

著名跨领域经济学家,2011 年阿玛蒂亚森经济学奖得主陈云博士说:"未来 30 年谁把握了注意力,谁将掌控未来的财富。"

"注意力经济"的横空出现,首先是和信息革命密切相关。随着计算机网络、光纤光缆、卫星通信等技术为基础的信息革命的到来,人类信息传递的渠道和速度发生了根本的变化,特别是国际互联网络的开放性和全球性,打破了以往信息以国家主权和国家地理为界限的制约,使整个世界成为一个信息相通的世界。同时,随着社会生活和经济生活的高度数字化和信息化,信息的内容更加广泛和丰富。这些信息一旦进入了国际互联网络,以接近零的成本进行复制和传播,在以网络为基础的虚拟空间和数字化经济中,对信息的注意力日益成为一种重要的商业资源。面对浩如烟海的信息,个人的注意力相对信息来说是一种极其有限的商业资源,注意力也就成为企业激烈竞争的焦点。

"注意力经济"就是指如何配置企业现有的资源,以最小的成本去吸引客户的注意力。

培养其潜在的消费群体,获得最大的未来无形资本,即经营消费者的注意力。因此,抓住消费者的注意力这种稀缺的商业资源,是企业经营成败的关键,也是在竞争环境下研究营销之所需。

(1) 在知识爆炸的后信息社会,注意力资源已经成为十分稀缺的经济资源,不但成为财富分配的重要砝码(最直观的反映就是明星、名人现象),而且经营注意力资源的产业如媒介、广告、体育、模特等获得迅猛发展,成为高利润的新兴产业群,注意力经济正在形成。

(2) 注意力经济已经成为一种十分流行的商业模式,新兴产业的出现都不再是润物细无声,而是先打雷后下雨,在一番轰轰烈烈的声势中登台亮相,表现出泡沫经济的特征,互联网的发展就是采取这种方式登上历史舞台的。

(3) 注意力经济营造了一种新的商业环境和商业关系,它改变了市场的观念以及市场的价值分配。最明显的表现,就是我们进入一个品牌经济时代。在这样的环境下,商家更加注重公众的注意力和长期顾客的维持(注意力的保持),关系营销、事业营销、品牌教育等新概念被引进。

(4) 这种新的商业模式使得企业越来越注重客户价值,管理的内涵日益外部化,媒介的风险日趋突出,注重客户的价值与客户关系的协调管理,引进了声誉管理和风险公关的新理念。

(5) 注意力经济引发了发展战略的变革,专注化已经成为企业发展的趋势,大企业在纷纷剥离非主导业务,加强自身的核心竞争力,小企业则靠专业化和特色化获取生存的空间。

(6) 注意力经济对人的能力提出了新的要求,而且为增强企业适应注意力经济的能力而派生出一系列新的职位,从而在企业中加强注意力能力培训。

另外,注意力经济又与信息经济、知识经济有着不同的内涵界定:信息经济着重描述的是一种新型的社会形态——信息社会;知识经济则从生产要素的角度来界定社会经济发展的阶段;而注意力经济所侧重的是一种新型的商业模式。

二、注意力营销及其意义

(一) 注意力营销的概念

"注意力"是一种固有的稀缺资源。随着互联网的发展,注意力短缺更显突出,争夺注意力越来越成为实现商品价值的必然要求,经营注意力对企业来说具有普遍的重要意义。要经营好注意力,必须制定一套完善的注意力营销策略。不断创新,从而锁住企业的有效注意力,推动企业的不断发展。

注意力营销是指个人、企业、事业单位及社会组织,为了推销或管理自己的企业及其产品、服务和信息等,以获取和保持消费者注意力,努力实现企业营销目标而实施的各种活动。注意力营销的作用对象是消费者的注意力,注意力营销的重要特征是信息过剩而注意力稀缺,其核心是获取和保持更多的注意力。

(二) 注意力营销的理论依据

注意力营销与其他学科有着密切联系,比如心理学、经济学、传播学、行为科学等。相关学者经过研究认为,注意力营销体系的形成是以一定的理论知识为基础的,用这些已被证明的理论来阐述注意力营销发展就更有说服力。

1. 信息经济学的信息传递

信息经济学的原理认为,随着国际分工精细化的发展,人们对专业知识的获得和学习掌握变得更加困难,行业与行业在信息知识方面处于不对等的地位,在买卖交易市场上交易双方对产品的信息是不对称的,卖方对产品往往拥有更多的私人信息,解决买卖双方信息不对称的一个重要的方法就是信息传递和甄别。但要对方进行信息甄别进而培养对自己的忠诚度,首先是要吸引它的注意力。所以,注意力也是企业信息传递的目的和重点。

另外,信息经济学中的"马太效应"、"晕轮效应"对注意力营销颇有启示。在霍夫兰德的态度改变模式中,传达者是否被人喜爱,对接受者是否改变态度起重要的影响。心理学的研究证实了生活中经常发生的"光环效应"或称"晕轮效应"。根据这种心理特征,注意力营销常常用具有高吸引力的人物来传达信息,即所谓的名人效应。首先,高吸引力可以给受众造成强烈的视觉冲击力;其次,高吸引力的人由于晕轮效应,造成消费者对他们的一切都盲目接受,产生一种爱屋及乌的心理效应,进而接受由他们推荐的产品或观众;最后,具有高吸引力的人常常可起一种示范作用,从而引起他人模仿。

2. 施拉姆公式与注意力营销

著名传播学者施拉姆提出,传播获选的或然率公式,一条信息被人们注意和选择的可能性(即或然率)与它能够提供给人们的报偿(价值)程度成正比,与人们获得它的代价(所谓"费力")程度成反比。要吸引受众注意力,首先必须为人们提供一种更能贴近受众实际需要、质量更好、风格更佳的传播产品;其次应该使受众可以以一种较之一般水平更低廉的代价和更便捷的方式获得这种传播服务。

3. 行为模式与注意力营销

西蒙对人类决策过程作了心理学角度和组织理论角度的广泛研究,把人的认知过程看成信息通道处理信息的过程,并研究了有机体传递信息的过程及其限制,提出了有限理性的行为基础——心理机制问题。有限理性的决策行为模式认为,以往的经济学家着重研究决策结果的合理性,很少注意决策本身的问题。他借助于心理学的研究成果,对决策过程进行了分析,提出了在有限理性前提下的决策行为模式——"寻求满意"。

西蒙所提出的有限理性的决策行为模式与科特勒把消费者的购买决策过程分为五个阶段很相似,难以引起注意或注意程度不够就说明了人的有限理性。很显然,注意力营销在购买者作出决策之前,要想方设法吸引他们的注意力,并使之感到满意。

4. 行为学的动机原理与注意力营销

行为学家研究证明,无论是人或者是动物为追求某种"奖赏"或"奖励"都表现出各种行为。行为的必然性与可能性取决于对有利行为结果兑现的认知。人们对某些行为可能为自己带来有利结果的认知,使人们产生了表现出行为的倾向性。是否能得到"奖励",还须对"奖励"的兑现性有所认识。假若这种行为被认为是可能"奖励"的话,人们表现这种行为的可能性将会大大提高。因此,营销人员应抓住消费者这些动机吸引消费者的注意力。

5. 进化论与注意力营销

在信息产品极度丰富的今天,广告无处不在。不断涌进的信息使我们的感官麻木。持续的噪声使整个社会都得了注意力短缺混乱症。营销面临着困境,如何解决这个营销环境污染问题,我们引进达尔文进化论来说明。

生物学家达尔文认为,在生物界中普遍存在一个规律——适者生存。从达尔文进化理论引用一个比喻,今天营销中的注意环境越来越不适合广告生存了。为了生存,新的、更合适的广告品种将会演化出来,那就是——注意力营销——注意机制。对于营销人员来说,注意力就好像清洁的水、新鲜的空气、不拥挤的环境;广告比作是在注意力这个生态环境下生存的人类。要使广告的品牌健康成长,营销人员就必须仔细地、耐心地培养注意力,必须善用注意力这个非常稀缺的传播资源,不要以为消费者的注意力是理所当然的。因为注意力这个资源比起迅猛发展的信息资源是非常稀缺的。也就是说,营销要既能得到注意力,又不会使问题恶化。营销的指导思想应该是:把注意力当作新鲜的空气和干净的水一样视为珍贵资源,非常珍惜和善用注意力这个十分稀缺的传播资源。

(三) 注意力营销的意义

在我们能够正确理解注意力营销的概念之后,应该再进一步明确为什么要研究注意力营销。在当前的注意力经济背景下,研究注意力营销是时代赋予我们的责任,具有重要的现实意义。主要表现在:

1. 信息的丰富导致了注意力的缺乏

我们的先辈没有遇到过注意力问题,至少无法同我们相提并论。他们并没有因特网以及数量不断增长的网络资源。无论信息爆炸源于何时,这些我们原先的注意力对象在今天看来都是那么的微不足道。在这样一个信息爆炸的时代,我们稀缺的不是信息而是人们的注意力。正如诺贝尔奖获得者、著名经济学家赫伯特·西蒙所指出的那样,"信息的丰富导致了注意力的缺乏"。

2. 消费者的注意力是一种稀缺的商业资源

信息是无限的,而人的注意力是有限的,一个人不可能把自己有限的注意力用来关注所有无限的信息。无论是一则广告、一个网站、一个产品,还是一个企业,从营销的角度来说,一定要能够引起大众消费者的关注。即使你的产品再好,网站的网页制作得再精美,广告做得再漂亮,如果没有大众消费者的光顾,价值就等于零。因此,在信息爆炸和产品丰富的信息社会中,酒香也怕巷子深,谁能够拥有更多的注意力,谁就拥有更多的财富。只有当更多的人注意你,你才有可能顺利地开展你的业务,达成你的交易。所以,注重研究人的注意力规律,如何抓住消费者的注意力这种稀缺的商业资源,就成为当今商业竞争的新视点。

3. 注意力能够直接转化为生产力

生产力就是人们征服和改造自然获取物质生产资料的能力。更通俗地说,生产力就是人将自己的肢体、大脑和五官通过工具得以增强,以便更加有能力获取和改造自然资源而满足人类生存和发展的需要。注意力能够直接转化为生产力。

4. 理解和管理注意力是现实商业成功的最重要的决定因素

现代市场营销理论认为,消费者购买行为的形成是由于消费者的需要、欲望、兴趣、情绪和意志等一系列心理活动发展演变的结果。"注意"是心理活动发展不可缺少的重要一环,顾客只有完成注意心理活动后才能继续情绪、意志等心理活动。我们的企业正是依据上述消费者的心理活动过程来开展有针对性的市场营销活动的,并由此促进目标顾客顺利完成心理活动发展过程,激发消费者的购买行为。在当今产品极大丰富的情况下,适合消费者需求的同类产品是极其繁多的,只有抓住了消费者的注意力的产品及其信息才能实现其价值和使用价值。因此,企业必须从产品、服务、品牌、企业形象到分销和促销策略上,增加吸引注意力的成分或力度,学会运用竞争眼球的高超艺术,采取新的营销策略以争取更多的注意力。唯有如此,才有更大的可能获得消费者的"青睐",使企业得以持续发展,做强、做大。

 营销故事

麦当劳用 EIEIO 式内容获取注意力

营销最困难的事情就是得到受众的注意,而受众却是很吝啬的。社会化媒体所带来的改变是:从以前的需要注意力变成了赢取注意力。而你所赢取到的注意力却又恰恰来自于那些你最想接触的人群。从需求注意力到赢取注意力,虽然只是稍微的改变,却改变了营销行为。

我们往往只关注那些对我们有价值的东西,所以营销人员就必须知道如何向自己的目标受众提供具有价值的事物。营销人员一旦做好这点,就可以受到关注,之后就能达到自己的目标。

下面就来看看麦当劳提供什么样的内容来赢取注意力。麦当劳式内容(EIEIO):

1. Entertain(娱乐性内容)

搞笑的视频、有趣的图片和文字等。具有趣味性的内容由于其娱乐功能往往能够吸引到注意力。也许你不善于做一些搞笑的视频等娱乐内容,不过也许公司里会有其他人擅长于此,你可以邀请他一起来做。

2. Inspire(情感)

良好地利用社会化媒体就能够将人性元素带入业务中,从而与客户建立一种带有感情的联系,带有情感的内容能够加深这种联系。

情感性内容可以是:来自消费者自己的视频、文字等证言;员工写的动人的故事;CEO 的亲切问候……

这样你的客户就能了解公司里的人,有时候你还可以跟他们谈谈公司里的人。

3. Education(教育性内容)

Social Media Examiner 就是一个这样的博客,博客基本上都是关于社会化媒体的指导性内容,这成为它获得注意力的资本。其实教育性内容基本上要回答下面几个问题:

- 该做什么;
- 不该做什么;
- 什么时候做;
- 什么时候不做;

- 为什么要做;
- 为什么不做。

4. Inform(通告式内容)

通告式内容与教育性内容的区别在于前者是要告诉"什么事"、"怎么了"等信息,比如分享新闻、公司最新信息或者是 Twitter 上一些有趣的更新,又或者是一些揭秘性的内容。

5. Outrage(具有争议性的内容)

争论可不是坏事,而且往往是一个很好的获取注意力的方式。不过在选取争议性的内容上要小心点。

资料来源:http://www.360doc.com/content/10/1027/10/4203426_64378901.shtml

三、注意力营销的基本路径

当注意力形成了价值时,企业必然会运用所有可能的手段去争夺有限的注意力资源,从而企业的营销就将转向以注意力为营销的核心,这就形成了注意力营销。简单地说就是通过获得消费者的注意力来打开市场渠道。企业不仅要考虑吸引注意力,还要考虑用何种营销策略"黏住"怎样的消费者,又如何将其注意力转化为硬性的盈利指标。企业不仅创造公众注意,而且应该让公众不断参与互动,只有这样才能称得上是真正成功的营销传播。对于企业的注意力营销路径,应当从以下几方面着手。

(一)变革营销体制,形成有效的注意力

并不是所有的注意力后面都跟着消费能力,并不是有了注意力就能有经济效益。管理学中的 80/20 原理具体到营销之中就是只有 20% 的营销手段才是有效的,剩余的 80% 是没有得到消费者的注意的无效手段。因此,如何才能找出潜在客户并有针对性地吸引他们的注意力,使之形成有效注意力是当前新经济模式下企业营销的迫切要求。企业应当变革营销体制,有效运用多种营销手段,同时对目标市场进行细分,分析目标客户的心理,有针对性地采取措施吸引其有效注意力。

(二)把握时机,挖掘注意力

为了争夺注意力,企业要善于利用合适的动机进行炒作。即企业应当具备良好的公共关系和引导,把握公众注意力的能力。企业要针对自身的服务和产品挖掘有炒作潜力的题材,在有利于充分发挥题材优势的时机积极营销,以达到形成共鸣、充分吸引客户注意力的目标。把握时机的作用就是要使营销的作用达到尽可能地放大,尽可能地搜集并深入挖掘消费者的注意力。恰当的题材加上适当的时机会吸引到足够多的注意力资源。

(三)在营销中应当考虑到注意力的两面性

对于企业来讲会有正面和负面的双重注意力之分,企业要尽可能多地吸引正面注意力并防止负面注意力。成功营销不仅要具有知名度(即注意力),还要注意品牌的信誉度。成功的品牌兼具良好的知名度和信誉度。在品牌的营销过程中,应该努力沿着市场信誉度与知名度共进的方向发展,同时通过有效的营销手段保持消费者的正面注意力。如果信誉度发展呈负值时,品牌的知名度越高,企业所受到的负面影响就越大,这种情况下,企

业需要采取补救措施防止这种负面注意力的持续。

（四）营销要和创新结合起来

如果仅仅拥有注意力而没有良好的创新能力,企业的发展就失去了持续发展的动力。新经济模式下,面对层出不穷的同类商品或服务,消费者难以保持其忠诚度,注意力的转移很频繁。要想保持住注意力,必须要有强大的创新能力,从而创造出与其他企业产品和服务的差异性。通过这种差异性使顾客印象深刻,不自觉地投入注意力。

四、注意力营销的误区

注意力营销是注意力经济的必然产物,其特点显著,但也有一定的迷茫性和非具象性,因而对其理解及利用不可避免地会产生一些误区,主要表现在以下几方面。

（一）过于关注点击率

注意力营销在网络营销中的应用最为典型,因此,网络点击率是营销者关注的焦点。甚至一些营销者过度地关注点击率,认为高涨的市场注意力能够带来更高的点击率。而事实上,注意力经济片面地强调了市场知名度的作用,而忽视掉了作为企业生存根本的消费者的信任。根据有关的市场调查显示,当消费者对网站内容不满意时,他将在6个月内不会再次访问该网站。注意力带来的不仅仅是机会,如果在网站建设上不注重内容、商务和服务的话,注意力就会变成对品牌的杀伤力。

从传统的市场营销理论来说,成功的市场营销不仅要具有知名度和美誉度,而且应具有品牌忠诚度。在品牌推广的过程中应努力向品牌忠诚度方向发展,不能只片面地强调市场知名度。如果品牌忠诚度发展为负值时,品牌的知名度越大,对企业造成的负面影响也就越深。

因此,作为网络营销人员,不能只考虑提高点击率和浏览量,应该重点考虑运用何种营销策略"黏住"什么样的消费者,又如何将这些人的注意力转化为硬性的盈利指标。

（二）广告能带来更好的效益?

往前追溯5~8年,能够给企业带来直接效益的,无疑是广告了。但在当今数字化的网络时代,广告厂商并未像期望的那样投入网站怀抱,广告收入很难支撑绝大多数网站的存在和发展。在实施注意力营销过程中,广告是最直接也是附加值较低的目标,但要将注意力转化为经济效益,广告虽然直接,却不是最好的方式。

对于广告主而言,做广告即是在高价购买注意力。由于以电视为代表的大众传播网把受众置于相当被动的境地——在特定的时间和空间内选择度很小地接受信息,所以这张大网很容易在短时间内将人们的注意力资源一网打尽。但是在数字时代,每个人都拥有不再被垄断的信息主权。信息和信道数量的无限增长,使得在信息接收者绝对数量不断增长的情况下,有效注意力反而越来越稀少。从某种意义上说,数字时代是一个"与广告说再见"的时代。

（三）注意力营销等于"疯狂炒作"

片面强调注意力很容易将一些网站引入歧途,这些网站的营销人员缺乏全盘整合的营销传播计划,没有将主要精力放在实质内容上,而是放在做表面文章和打宣传广告上。

其策划思路是，等吸引了足够的注意力，认为获得了最大的资源，接下来就是去寻找风险投资或是想方设法将自己卖个高价。结果是许多网站堆积了大量哗众取宠的内容，除了只会消耗用户的时间、资源之外，不可能为用户带来真正的价值，长此以往，一旦用户形成固有观念，认为网络不过如此，对网络就可能再也提不起兴趣，如此的"注意力营销策划"只会损害中国互联网的健康发展，损害这些网站自身的发展。

（四）重广告，轻成本

网络营销的优势在于增加新用户的成本非常低。而现在有相当多的网站，并不靠提供更多有价值的内容获取更多的用户，而靠地毯式轰炸的广告投入直接买用户，从而使成本与用户量成比例地增长。这就丧失了网络经济高增长率的基本因素。不少投资人并不能分辨这两种网站经营模式的区别，投资给后一种公司，因此不可避免地会导致泡沫的产生。当大量的公司靠注意力经济主导下的"市场营销"获得了大量的用户后，那些真正做服务的公司也不可能免俗，这就如同"价格战"。在投资充足的环境下，这种战争会持续下去，而大家看到的现象就是所有的网络公司都在亏损或只有微小的赢利。泡沫使网络公司容易获得投资，同样地，高涨的泡沫也使大多数网络公司不得不跟进投入大量的广告和营销费用。

在网络营销中，控制成本是关键。如果没有高涨的泡沫，网络营销本来并不需要花大量的钱。而能否保持住用户，关键是看其提供的服务。仔细检查用户量和各项成本的关系，所有和用户量构成线性关系的成本都是需要尽量减低或除去的。

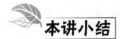

本讲小结

注意力是指人的心理活动指向和集中于某种事物的能力。注意力有四种品质，即注意的稳定性、注意的广度、注意的分配性和注意的转移性，这是衡量一个人注意力好坏的标志。"注意力经济"就是指如何配置企业现有的资源，以最小的成本去吸引客户的注意力。培养其潜在的消费群体，获得最大的未来无形资本，即经营消费者的注意力。注意力营销是指个人、企业、事业单位及社会组织，为了推销或管理自己的企业及其产品、服务和信息等，以获取和保持消费者注意力，努力实现企业营销目标而实施的各种活动。注意力营销与其他学科有着密切联系，注意力营销的体系的形成是以一定的理论知识为基础的，用这些已被证明的理论来阐述注意力营销发展就更有说服力。

在当前的注意力经济背景下，研究注意力营销是时代赋予我们的责任，具有重要的现实意义。企业的注意力营销的路径主要是：变革营销体制，形成有效的注意力；把握时机，挖掘注意力；在营销中应当考虑到注意力的两面性；把营销与创新结合起来。与此同时，注意力营销的误区主要表现在：过于关注点击率；认为广告能带来更好的效益；认为注意力营销等于"疯狂炒作"；重广告，轻成本。

1. 什么是注意力？它有哪些特质？
2. 如何理解注意力经济现象？

3. 什么是注意力营销？注意力营销有何意义？
4. 试论网络时代,注意力营销的策略有哪些。
5. 注意力营销给企业的启示有哪些？
6. 注意力营销的误区有哪些？

案例与思考

《泰囧》成功背后的营销策略

《人在囧途之泰囧》自上映以来获得了巨大的成功,一部成本不到3 000万元的影片上映一周票房突破4亿元,这实在创造了票房神话。如此大的反响背后其实有着互联网新媒体的重要作用。

百度指数显示,自2012年12月11日起,《泰囧》的关注度开始急剧上升,一周之内的用户关注度暴涨798%,媒体关注度增长312%。关注的人群主体是20~39岁的年轻人,男性比例约占78%。截至今日,在百度上搜索《泰囧》的相关新闻,搜索结果约为482万篇。

除了与影片本身的创作构思、观影体验有关外,《泰囧》前期多方位的营销宣传更是功不可没。下面我们就来盘点一下《泰囧》上映前运用了哪些营销策略。

一、明星效应

徐峥、王宝强作为国产喜剧片的"王牌组合",受到广大影迷的喜爱,二人在《人在囧途》中的精彩表现给观众留下深刻的印象,《泰囧》打着《人在囧途2》的旗号,吸引了不少目光,另外还有大腕范冰冰加盟影片,再添亮点。徐峥此次不光作为演员出现,更是亲自导演,他的"徐氏喜剧"已经有口皆碑,让人充满期待。

二、网络互动

早在上映之前,出品方就在网上发布了《泰囧》系列物料,色彩明快、风格鲜明、笑料十足,徐峥、王宝强、黄渤三人组成的"囧神"组合,因其接地气又特色鲜明的角色形象,成为网民竞相创作的灵感来源,连著名漫画家陈柏言都为三人创作了漫画形象。随后,网络上刮起了"全民P图"风,使《泰囧》还未上映,就受到了网络热捧。

三、微博推广

主演徐峥、黄渤等也多次发微博,对《泰囧》极力推荐,并对票房成绩充满信心。截至12月20日早上10点,在微博上搜索《泰囧》,找到近420万条相关信息,显示出人们对该电影的热衷程度。

四、多渠道造势

《泰囧》还展开了其他攻势。首先,其在宣传片上的独具特色成为一大亮点。片方与万达电影院线合作,由徐峥和王宝强亲自出马拍摄了一系列个性定制宣传片。这一宣传创新之举,集电影制作发行方与院线的力量于一体,借《泰囧》亲民与狂欢的气场,大胆尝试,双方密切配合,有望为电影的营销宣传开创一种新的模式。其次,不但上映前召开新闻发布会、庆功会、影迷见面会等活动,为影片造势,影片多位大牌主演也做客《快乐大本营》《天天向上》等有名的收视率高的娱乐节目,在节目中反复推荐。影片的宣传海报也在各大影院突出展示,引人关注。

五、广告攻势

在 PPTV、PPS、优酷等各大网络电视和视频网站捆绑广告,在醒目位置进行宣传造势。

六、口碑相传

在电影正式上映之前,在不同城市举行免费试映会,精心挑选试映族群,限制一人只发一张电影票,并在每场电影放映后现场与观众进行座谈,不断使观众加深对影片的印象,制造"一传十,十传百"的效果。这样,影片上映后得到了良好口碑的铺垫,并且逐渐通过互联网等渠道开始发酵。

互联网新媒体飞速发展的今天,无论是 PC 端还是移动端都占据着人们的生活,新媒体营销必然成为商业上不可缺少的手段,而往往小手段就能发挥巨大作用,这也是各商家对此趋之若鹜的原因。

资料来源:http://zz.2cto.com/201212/178158.html

案例思考:《泰囧》的营销战略给你哪些启示?

本讲实训

一、实训目的

1. 加深学生对注意力营销的内涵及意义的理解。
2. 通过对实际案例的分析,掌握注意力营销的要点。
3. 结合实践,探索注意力营销的新途径。

二、实训内容

以小组为单位,利用网络资源或进行实例调研,搜集注意力营销的案例,选取其中一个或多个典型案例进行深入分析,梳理其在注意力营销过程中的要点,进一步分析这些企业或个人在注意力营销方面所表现出来的亮点或疏漏之处,总结从中得到的启示。

三、实训组织及步骤

1. 教师明确实训目的、任务和评价标准。
2. 班级成员分为若干小组,每组 6~8 人。实行组长负责制,成员合理分工,团结协作,专人负责活动记录和资料整理。
3. 每个小组通过网络资源或实地调研搜集注意力营销相关案例。
4. 小组成员对搜集到的案例进行集体讨论,并结合相关理论知识进行总结分析。
5. 各小组对典型案例及讨论结果进行整理,并制作 PPT 课件。
6. 各小组在下节讨论课中进行 PPT 演示,汇报观点并讨论、交流。
7. 班级演示之后,由指导老师点评和总结。

参考文献

[1] Chris Ledrer, Sam Hill. See your brand through your customer's eyes [J]. Harvard Business Review,2001(6).

[2] James C Anderson. Customer value propositions in business markets [J]. Harvard Business Review,2006(3).

[3] Miehael H Goldhaber. Attention Shoppers [J]. Hotwired,1997(5).

[4] Mitsuru Kodama. Customer value creation through community [J]. Information Management,1999(19).

[5] 董先剑.知识经济时代营销的取向——注意力营销[J].现代企业,2004(2):48,49.

[6] 董先剑.注意力营销的理论依据[J].现代企业,2006(1):45,46.

[7] 哈达.互联网时代的注意力营销[J].经济与管理研究,2001(3):72,73.

[8] 何永棋,侯轩娇."注意力经济"下的营销新取向[J].商业经济文荟,1999(6):40-42.

[9] 黄勇,曾薇,张海滨.信息时代的注意力经济研究[J].当代经济,2007(1):79,80.

[10] 荚莺敏,吴之洪.注意力价值论[J].华东经济管理,2002,16(2):23-25.

[11] 刘铁明,高松.收购注意力:信息经济下的营销取向[J].税务与经济 2000(2):65-67.

[12] 罗利,向扬.信息时代的注意力经营[J].经济师,2004(10):45,46.

[13] 石培华.注意力经济[M].北京:经济管理出版社,2000.

[14] 托马斯·达文波特.注意力经济[M].北京:中信出版社,2007.

[15] 潘红玲.注意力经济[J].电子商务,2000(11):53,54.

[16] 向鑫,王积俭.新经济模式下注意力资源的稀缺对营销的影响[J].商业研究,2001(12):122-124.

[17] 席清才.基于注意力经济背景下的注意力营销研究[J].长春工业大学学报(社会科学版),2009,21(5):23-26.

[18] 杨芳.注意力管理与消费行为[J].北方经贸,2007(10):102-104.

[19] 周忠.注意力经济下的企业成败[M].太原:山西教育出版社,2000.

[20] 朱连心.注意力经济时代的品牌营销策略[J].商业经济,2004(10):113-115.

第十讲 团购营销

一次成功的网络团购营销

2010年8月27日,武汉环艺影城为庆祝影城成立13周年,决定和美团网武汉站强强联手,推出75元超值双人观影套餐,每份套餐包含有两张3D《盗梦空间》的电影票,还附送两份迷你爆米花。这份原价为196元的影票套餐,折扣低至3.8折。团购活动仅举办了3天,便卖出了13 400多份,票房超过100万元。

据了解,这次团购是环艺影城举办多场优惠活动以来最成功的一次。"以前也有做过一些优惠活动,但只是小规模的限量优惠。这次和美团网合作,公司计划给出15 000份的数量,主要是看中了团购网站的宣传速度,以及互联网销售平台带来的成果。事实证明,量大价优能带来效益,入驻团购网站是一个正确的决策。"环艺影城总经理吴瑛表示。

网络团购活动不仅给影城带来了一次性的销售爆发,而且还迅速提高了影城的知名度和美誉度,对后期的影票销售产生了积极的影响。据统计,在没有团购电影票以前,该影城工作日期间平均售卖400多张票。而和美团网联手举办团购活动以后,销量成倍增加,一天甚至能卖出1 000多张电影票。

资料来源:林芬.一次成功的网络团购营销[N].经济日报,2010-09-20.

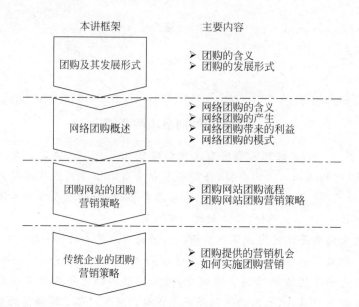

武汉环艺影城与美团网合作开展网络团购营销的案例向我们揭示了这样一个事实：越来越多的企业正在与第三方团购网站合作开展团购营销活动，越来越多的消费者正在通过团购网站购买产品和服务。在这个合作过程中，美团网向消费者提供环艺影城的电影票，并抽取佣金；消费者得到大幅优惠的电影票；环艺影城则一方面赚取票房资金，另一方面又获得宣传效果，持续提升后期票房。可以说，三方都在这个交易过程中获得了收益，达到了多赢的效果。

一、团购及其发展形式

（一）团购的含义

引例中的网络团购实际上只是团购的一种特殊形式，因此我们需要先了解什么是团购。所谓团购，就是一个消费者团队向商家采购的一种商务模式。其实团购并非新名词，其最早起源于英国的消费合作运动，该运动所产生的大量的消费者为了改变在交易中的弱势地位，通过购买数量来提高谈判能力以获得更为优惠的价格，其基本原理就是量大价优。

（二）团购的发展形式

起初，消费者的联合仅是熟人的联合，这种联合购买在如今的日常生活中仍然大量存在。但这样形成的购物团体由于人数太少，很难取得商家在价格上的较大让步，因此后面就出现了以单位集体作为组织者进行的联合购买。单位会将本机关或企业的具有相同消费需求的员工共同组织起来，以集体的形式与商家进行谈判，以取得价格、服务等方面的更大优惠。例如单位组织本单位员工共同购买某小区的楼盘、某类保险、某种商品等。但单位集体本身有自己的本职工作,组织这种团购活动并非常态,而消费者对团购的需求却是一种常态,因此该功能逐渐扩展到社会上,从而出现了专门的第三方团购服务机构(如引例中的美团网)。它们会通过互联网、报纸、电视等平台,将有意向购买同一产品的相识或不相识的消费者组织起来,组成一个购物团体,大量地向厂家、供应商进行购买。由于数量比较巨大,因此提高了价格谈判能力,能在保证质量的前提下享受低于市场零售价的团体采购优惠,并且还可共同维权。

在没有出现网络团购前,第三方团购服务机构组织的团购经常采用的是团购会的形式。团购服务机构会事先在各种媒体上发布公告,通知团购会时间、地点、内容等事项。团购会的当天,团购服务机构会派主持人及其他工作人员参加,负责组织和主持会议,厂家和商家会派具有一定拍板权的代表参加,消费者也会大量涌入现场。三方到齐后,主持人就会一家家邀请厂商代表上台,并代表消费者和厂商代表现场砍价,直到协商出一个双方都能接受的团购价,该团购成功。事后消费者就可以以该价格与厂商进行交易。如果出现厂商不肯大幅度打折,消费者不满意厂商代表所提出的价格时,则该厂商的团购失败。这会影响到该厂商能否参加下次团购。这种团购会的形式被大量运用在家具、建材、家装、婚庆用品、家电等产品的团购中。

二、网络团购概述

(一) 网络团购的含义

随着互联网和电子商务的发展,团购运用到互联网上就产生了如今的网络团购。总结各类定义,我们认为,网络团购就是指一定数量的消费者通过互联网渠道组织成团,以折扣购买同一种商品,其基本过程是在互联网上将具有相同购买意向的零散消费者有意识、有组织地集中起来,从而以最优惠的价格大批量地向商家购买某种商品。

网络团购为消费者带来的是实惠,为团购网站带来的是营收,那么为商家带来的主要是什么呢?应该不是利润,因为经过较大折扣后,商家虽然应该还会赚钱,但相比较零售赚的肯定要少很多。实际上,团购带给商家最大的价值不在于盈利,而在于传播。团购网站本身所具有的传播价值是企业最宝贵的宣传平台,企业可以通过团购网站,以较低的成本让消费者关注甚至购买自己的产品,不仅卖出商品可以赚钱,还能以最快的速度提升自己的知名度,这与投放巨额广告费相比无疑是最划算、最讨巧的广告宣传。因此,网络团购对于商家来说,其传播价值才是最重要的。

目前比较通行的网络团购形式大体上分三种:其一,销售者通过网络组织消费者团购。销售者在这种团购形式中往往是通过网络发布团购信息,邀请消费者参与团体采购。因为消费者采购数量大,从而也保证了销售者的更大利润。而销售者自愿将价格降低到比单个采购低得多的水平。其二,消费者通过网络自发组织的团购。在此类团购中所有的参与者都是有产品购买需求的消费者,组织者也是消费者之一,组织者通过网络将零散的消费者组织起来,以团体的优势与销售者谈判,从而获得比单个消费者更为优越的购买条件。其三,专业团购组织通过网络组织团购。除了消费者和销售者以外,在这种团购中扮演重要角色的是专业的团购组织。专业团购组织既不是销售者,也不是消费者,而是为了帮助销售者销售和消费者购买而提供服务的组织。当然,此种形式的组织者也可以是自然人或个人。当前，网络团购的主要形式是第三种，即由专业团购组织（主要形式是团购网站）组织的网络团购。

（二）网络团购的产生

虽然团购起源于英国的消费合作运动，但最早利用网络团购模式的却并不是英国，而是美国2008年11月成立的Groupon网站，该网站也是目前我国绝大多数团购网站所模仿的对象。

2008年11月诞生于美国芝加哥的"Groupon.com"团购网站以其简单的商业模式，只用了7个月的时间就实现了盈亏平衡，成立第一年便有了5000万美元的纯收入；2010年销售收入超过5亿美元。2011年11月，成功在纳斯达克上市。2012年实际营收达到23.3亿美元。

延伸阅读

Groupon团购模式

Groupon最早成立于2008年11月，以网友团购为经营卖点。Groupon即group（团体）和coupon（优惠券）两个词的组合。它的特点是：每天只推一款折扣产品、每人每天限拍一次、折扣品一定是服务类型的、服务有地域性、线下销售团队规模远超线上团队。Groupon团购模式有人称之为团购2.0，它与传统团购网站的区别是：第一，每天只推一款折扣产品，避免网友花费大量时间浏览无关的页面。第二，这是一种多方共赢（消费者、商家）的电子商务和线下消费的模式。消费者、商家、网站运营商各取所需，让资源分配得到最大的优化。第三，传统的团购网站提供的商品折扣非常低，有些只有九七折、九八折，但Groupon折扣最大可以到二、三折甚至更低，消费者从中可以获得巨大的利益。

Groupon的盈利核心在于收取商户高达30%~50%的交易佣金，回款周期为两个月，即网上团购活动结束当天结算1/3，1个月后结算1/3，2个月收结算剩余的1/3，如此能迅速回笼资金，变现利润以边盈利边疯狂扩张。

2010年12月，Groupon又推出两项新功能：Deal Feed和Groupon Stores。Deal Feed允许用户个性化订阅Groupon交易信息，并将其与Facebook关联，了解朋友们何时进行了交易、关注了新商家和提交了评论。Groupon Stores则允许企业创建和随时推出自己的交易服务。商家可以在Groupon网站上建立一个永久免费的电子商务页面，随时提供促销服务，允许消费者关注商家的Groupon Stores，通过邮件和Deal Feed提交交易。

Groupon表示，随着交易需求不断扩大，每日一笔交易难以满足所有人，商家经常需要等待几个月才能推出交易。个性化、Deal Feed和Groupon Stores能让更多商家向更相关的消费者提供交易。

资料来源：http://baike.baidu.com/view/3373583.htm

在Groupon团购模式的带动下，2010年3月我国也诞生了首家团购网站——满座网。之后我国的团购网站开始进入一个快速发展时期，从2010年初至2011年9月，诞生了5 000余家团购网站,逐月增长超过20%。用"爆炸"来形容这个场景的繁荣程度也毫不为过。但一窝蜂式的同质增长也导致了"百团大战"、"千团大战",很多团购网站折戟沉沙。据统计,截至2011年9月,我国已有近1 000家团购网站倒闭、并购、转型;同时,不再更新的团购网站也达到1 000家之多,还有很多团购网站在寻求被收购。目前,我国的网络团购行业在经过2011年的"千团大战",2012年的倒闭、并购、精细化运营讲求盈利的发展后,行业结构正在逐渐稳定,存活下来的团购网站如满座网、美团网等开始盈利,网络团购行业正在驶入增长的快车道。

满 座 网

满座网是中国第一家正式上线的团购网站,2010年3月18日正式推出一日多团的销售模式。满座网创始人冯晓海为网站取名"满座",寓意为"高朋满座",而Groupon进入中国市场取名即为"高朋"。满座网倡导聪明、时尚的计划消费理念,为消费者提供包括餐厅、酒吧、KTV、SPA、美发店等服务,消费者能够以低廉的价格进行团购并获得优惠券,并为消费者发现值得信赖的商家,让消费者享受超低折扣的优质服务。

2012年9月,满座成为行业内第一家实现盈利的团购网站。和其他网站大而全的思路不同,满座网把自己的业务定位在全国一、二线主要城市,面向25~35岁年龄段的上班白领,注重网站服务的品质。

资料来源:http://baike.baidu.com/view/3426055.htm

(三) 网络团购带来的利益

消费者参加网络团购,可以带来如下利益。

(1) 省钱。凭借网络,将有相同购买意向的会员组织起来,用大订单的方式减少购销环节,厂商将节约的销售成本直接让利,消费者可以享受到让利后的最优惠价格。

(2) 省时。团购网站所提供的产品和服务都是团购网站经过筛选后选中的知名品牌,供货商均为厂家或本地的总代理商,团购网站会和供货商协商团购价格,消费者直接跟团,可避免自己东奔西跑选购、砍价的麻烦,节省时间、节省精力。

(3) 省心。团购过程中消费者占据的是一个相对主动的地位,可享受到更好的服务。同时,在出现质量或服务纠纷时,更可以采用集体维权的形式,使问题以更有利于消费者的方式解决。

(4) 社交活动。因为是团体购买,消费者还可以在网上网下通过购物会友,交流消费信息和购物心得,增加生活情趣,提高生活品质。

(四) 网络团购的模式

根据提供的团购服务内容不同,可以将网络团购分为以下三种模式。

1. 生活服务信息类团购模式

此类模式主要基于区域市场而提供服务,为消费者挑选出优质的商家,每天在网站上展示一家优质商家的一项极其优惠的服务,以吸引消费者前往体验。该模式的特点是:

成本低；非实物的商品售卖使团购网站没有物流、库存积压成本；即使团购失败也是一次专场的网络营销展示，从而提升品牌知名度与影响力。拉手网就是此类团购模式的典型。在它推出的"午餐秒杀"计划中，拉手网以商圈为单位，以商圈中的重点地标为中心，在地标建筑周边一公里内选择5～10家餐厅作为"午餐计划"合作商家，为周边的拉手用户提供午餐选择。为提高午餐计划的效果，拉手网在选择合作商家时非常注重商家午餐产品的多样性和接待能力的长期性、丰富性。

2. 特定产品类团购模式

此类模式涵盖范围既可以基于区域市场，也可面向全国市场，主要以电子商务为主，分为三类：第一类是B2C电子商务网站自身推出的团购网，如珂蓝钻石网推出的火拼团；第二类是网络交易平台推出的团购网，如淘宝网推出的聚划算、百度推出的团购平台；第三类是纯团购网。该团购模式具有以下特点：成本低、覆盖范围广；所针对的消费群体明确，目标性强；在已有的用户资源上，一方面加强用户黏性、活跃度等，另一方面吸引新用户、激发潜在用户的消费。

3. 导航类团购模式

此类模式集结了各团购网站每日的团购信息，用户可通过该网站获取各大团购网站的最新信息，选择比较团购。此类模式国内典型企业有团购导航网、"我是团长"网等。该团购模式的特点是：信息覆盖面广，具有比较购物的功能，是团购的团购；导航可以以最低的成本保持用户的稳定增长；在培养一定的用户基础上可成为团购网的一个宣传推广基地。但据相关专家分析，未来中国团购市场格局将会发生较大变化，团购大站可能不会超过5家，更大一部分团购网站将会走向"垂直"，受此影响靠团购网站赚钱的导航网站可能会大批逝去。此类团购模式未来不容乐观。

三、团购网站的团购营销策略

（一）团购网站团购流程

各团购网站的团购流程大同小异，其典型的流程见图10-1。从中我们可以看出，消费者在进入团购网站后，就可以浏览当日推荐的团购商品和服务，根据已团购人数及团购上限等情况选择自己喜欢的商品，然后形成订单，登录并支付货款。之后，如果团购的是服务，则查看优惠券并将消费码发送到手机上，然后在截止日期之前，携消费码到商家消费，消费后上团购网站评价，消费结束。如果团购的是有形商品，则由供货商发货，消费者收货并确认、评价，完成团购。如果对商品不满意，则可申请退货退款，并发还货品，等待退款，团购中止。

当然，这个流程只是消费者本身经历的过程。其实，在此流程背后，团购网站还需要做大量的工作，如前期鉴别筛选供货商家，与商家谈判团购价格和条件，制作团购宣传网页，中期与供货商家及时沟通，后期与供货商家结算货款，监督供货过程，处理消费者投诉等。在团购的各项工作中，品质和售后服务决定了团购的成败。

（二）团购网站团购营销策略

为了有效开展团购营销，团购网站需要从以下四个方面展开工作。

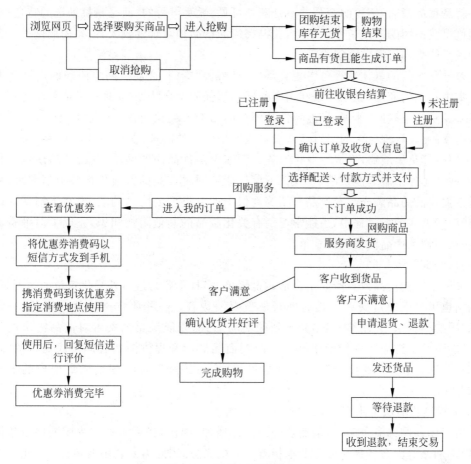

图 10-1　团购网站团购流程

1. 产品策略

1）建立严格的产品审查制度

团购网站最大的作用是整合资源,即将线下商家的销售需求和消费者的购买需求整合在一起,进而产生交换。产品品质的好坏决定了团购的成功与否和消费者的满意程度。虽然网站销售的产品都来自线下商家,但团购网站也需要对产品品质承担连带责任。因此,团购网站必须加强产品管理,对拟销售的产品和有关商家进行严格的审查,建立审查制度。团购网站至少要审查三个方面的内容:第一,审查商家合法资质,进行信誉考察,通过实地调查、查阅文献资料等方法审查商家的经营以及服务状况。第二,审查产品和服务,对产品和服务进行体验,确定商品、服务质量之后再在网站推出。第三,审查价格,了解原价,避免出现虚假原价、虚假折扣等问题。

2）实施差异化定位

目前大多数团购网站选择的产品都是日常生活用品或服务,没有什么特色。同质化的结果就是更加激烈的竞争。对于拉手网、美团网等有实力的全国性知名团购网站,其定位可以是综合性的、为大多数的网民提供团购服务的网络团购企业。而对于中小型的、地方性的团购网站而言,就需要在竞争中另辟蹊径,实施差异化定位。实际上,Groupon 采用的就是精品策略,销售的产品并不是随处可见、唾手可得的,而是精挑细选的特色产品,这很值得我国团购网站借鉴。当然,获得超值的精品相对难度较大,需要团购网站具备高超的谈判能力和资源整合能力。

差异化定位的具体途径可考虑:第一,可销售"冷门"产品。网络团购的产品并非一定要集中在热门商品,完全可以利用团购网站超强的聚合特性,实现产品或者服务销售的"长尾"。利用互联网"地球村"的特性和团购网站的人气聚合性,网络团购可以提供若干的冷门商品(长尾理论中的"长尾"),满足人们个性化的需求,在利基市场中寻找商机。第二,采用目标集聚战略,形成专业化形象。例如聚美优品团购网站,其将产品聚焦在化妆品上,并且延伸了服务链条的上下游,不仅仅能够通过产品的低廉价格吸引消费者,更是通过聚美优品的品牌介绍及产品介绍等类似于课堂类型的网站功能,丰富了消费者的诉求,让消费者在消费过程中,更能学习到有关化妆品的其他附加知识,完成了对消费者的锁定,从而避免产品同质化的竞争。

3) 创新交易方式

在网络团购产品或者产品组合形式过于单一,且不容易进行差异化定位的情况下,团购网站也可考虑通过交易方式的创新来吸引消费者。一些团购网站就采用了"一日多团"、"团购+秒杀"、"团购+LBS"等新的交易形式,既能满足消费者对商品需求的多样性,又能满足上游商家进行网络推广以起到商品展示和提供消费者体验式消费的需求。例如拉手网推出"午餐秒杀",糯米网也推出"实时团购",最大限度满足用户的零散性需求。

4) 提高售后服务水平

由于团购网站竞争激烈,消费者的选择性增加,因此,售后服务成为团购网必争的领地,团购网站对消费者售后服务业承担着一定的义务,因此需要利用网站客服帮助消费者解决在售前售中售后遇到的问题。比如美团网推出的"双退"让会员消费没有后顾之忧,从而使其成为团购网站的忠实顾客。

2. 价格策略

1) 定价考虑因素

团购网站依靠低价格吸引消费者,但是却不能依靠低价格实现多赢。低价格无法保证线下商家获得丰厚的利润且还会造成已有价格体系的混乱;无法使终端消费者享受到企业承诺的优质服务;无法保证作为中介地位的团购网站生存和发展的需要。这样的产品提供,其作用相当于商家促销,难以起到长久、多赢的效果。因此,想要实现三者共赢,团购网站在制定团购价格时必须考虑以下因素。

(1) 产品价格弹性。对于富有弹性的产品,可以制定具有诱惑力的价格吸引消费者参与团购活动;而对于缺乏弹性的商品,则制定比传统市场略低的价格即可。如考虑竞争因素,为了提高市场占有率,则可以考虑给予产品一个较高的折扣,实行低价定价策略。

(2) 消费者的价格认知。对于新产品,消费者对价格缺乏认知,可以考虑较高定价;而对于成熟期的产品,则适合低价团购。对于具有品牌优势或者具有良好信誉的产品,企业能够提供品质保证,则定价时可以采用声誉定价法,价格也可以适当提高。

(3) 差别定价。为使利润最大化,在适合的情况下也可以采用差别定价法进行定价。

以餐饮行业团购为例,可以用人数进行差别定价。例如可以对多人餐(例如10人餐)进行较大的折扣以吸引消费者参与团购,而对较少人(2人餐)则提供较少折扣。另外也可以采用分时定价的方法以时间的先后进行差别定价。例如自上线至第一天,折扣可能是三折,第三天之后可能是五折,下线时折扣则是八折,以此类推,以此来鼓励消费者尽快下单。

2) 考虑产品供给能力

在以折扣价提供团购产品的同时,企业还必须考虑线下商家的商品或者服务的承受能力。否则会造成价格打折,服务也随着打折的现象。尤其对于服务时间、经营场所固定的餐饮业更是如此。对于接待能力有限的线下商家,有必要制定团购人数上限。

3) 采用新型定价方法

从销售的角度看,为了防止低价格对企业或者产品品牌产生负面影响,知名品牌一般不喜欢参与网络团购活动。但如果企业的目的是为了增加企业或者产品品牌的曝光率,利用网络团购网站很强的人气,知名品牌也会参与网络团购活动,但这时需要采用一些诸如抽奖、秒杀或者限时、限量等新型定价方法。例如2012年3月18日拉手网西安站开展"0"元抽奖送100台正品行货苹果iPad平板电脑的活动,短短十天便吸引了1 799 019人的参与。

当前团购网站的定价模式一般是先定价然后再聚集消费者,团购网站与商家事先协定交易价格之后才发布团购信息,消费者处于被动接受的状态。实际上为了吸引消费者,刺激消费者参与团购的积极性,团购网站也可以采用反向定价法,即事先不确定价格,只指定商品的价格范围,比如达到1 000人时多少钱,达到1 500人时多少钱,然后由消费者自发定价,最后根据消费者实际达到的人数确定最终交易价格。

3. 渠道策略

1) 通过多种新兴渠道提供团购服务

团购网站可以通过多种渠道向消费者提供团购服务,其中最主要的渠道就是传统互联网渠道,另外还要重视新兴的移动互联网渠道,通过WAP站点向移动终端用户提供团购服务。当然,最好能与移动终端制造商合作,直接在移动终端内置团购网站客户端,向移动终端用户提供团购服务。

2) 建立企业联盟

网络团购企业和线下商家的合作不应仅限于短期合作,而应将合格的商家作为战略合作伙伴,进行深层次的合作。网络团购企业可以在其网站上投放上游合作商家的广告,而上游合作商家也可在其门店对网络团购企业进行地面推广,这样可以相互促进营销效果,互相成为对方有力的宣传渠道,增加消费者了解和关注双方合作团购项目的可能性。

4. 促销策略

团购网站的促销包括网站本身的促销、团购商品的促销和客户关系管理。

1) 创新网站促销方法

网站促销的目的是提升网站访问量,进而提高团购成交量。团购网站应重视以下促销方法。

首先要重视搜索引擎优化。即要尽量使网站在消费者搜索结果中排名靠前。要达到这个目的,一方面要注意研究搜索关键词,尽量使每一个关键词都有针对性,符合目标人群的搜索习惯。根据百度数据研究中心2012年3月发布的数据来看,45.81%的消费者习惯直接搜索团购网站名,11.87%的消费者习惯搜索"网站+城市",这两部分客户具有一定的忠诚度,需要提供优质服务。11.68%的习惯搜索"团购+城市"的消费者比较关注本地生活化服务,团购网站可以为他们推荐感兴趣的相关产品,刺激其购买欲望。10.86%的习惯搜索"团购+产品"的消费者对所需要购买商品的目的性明确,对他们应该进行开发和培养,以养成在本网站消费的习惯。另一方面,在有资金实力的情况下,应该进行竞价排名,尽量使本网站在搜索结果中排在前列。此外,也有一些消费者开始使用团购导航网站来筛选最合适的团购信息,团购网站也需要和团购导航网站开展一定的合作。

其次,要增加对网站本身的宣传。具体方法有:

(1) 网络广告投放。投放网络广告可以增加团购网站的曝光率,增加网站被访问的概率。该方法费用较高。团购网站在选择网络广告投放网站时应主要考虑团购企业自身的特点和对方网站在某一领域的知名度,以减少投放费用,增强广告针对性。

(2) 电子邮件推广。消费者注册时留下的电子邮箱也可以作为宣传渠道。网站可定期向消费者发送团购信息,提供消费者感兴趣的商品的链接,从而提醒和刺激消费者在本网站进行消费或重复交易。

(3) 联盟推广营销。可分为针对消费者的和针对合作网站的联盟推广营销。针对消费者的形式主要是举行"邀请有奖"活动,每位用户都可以通过QQ、邮件、微博、SNS社区等社会化营销工具邀请好友注册并首次购买,而获得一定额度的返利,作为下次购买用。通过好友推荐的这种病毒式营销方式比商家直接传递广告信息更具有亲和力和说服力。针对合作网站的形式主要是在合作网站上投放团购活动的链接入口。消费者如果通过合作网站的链接进入到网络团购网站并进行消费,则网络团购企业将根据消费者的消费金额以一定的比例返还给合作网站。

(4) 社会化媒体营销。即团购网站利用包括微博、博客、开心网、人人网、豆瓣网等SNS社区和工具,主动对目标客户进行促销宣传,吸引他们对团购网站进行访问。

(5) 即时通信工具营销。即利用QQ、MSN、飞信等即时通信工具主动进行营销推广。例如,团购网站可以自建QQ群,吸引目标客户加入该群,增强对这一部分客户的黏合度。同时网络团购企业要配备专人到各地方群、购物群、行业群等场所进行发帖的营销活动,进行网站的宣传。这种方法成本低且效果很好。

2) 创新产品促销方法

产品促销的目的是提高产品销量,具体做法除了常见的抽奖促销、折扣促销、赠品促销外,还有以下方法。

(1) 捆绑促销。即捆绑搭配不同类知名产品进行团购促销。通过产品的捆绑组合,可以优势互补,提升产品最终的价值,满足消费者的多种需要。

(2) 积分促销。积分活动非常适合网络团购,利用编程和数据库等技术很容易实现,操作起来非常简便。并通过积分完成对消费者的锁定,会员邀请好友访问团购网站并发生实际消费行为也可以获得一定积分优惠。不少团购网站的积分促销是将积分兑换成网站自己发行的"虚拟货币","虚拟货币"仅能在本网站上购买商品使用,实际上是给消费者相应的优惠。

（3）事件促销。网络团购企业可以抓住节假日或热门事件，充分利用网络这个平台以新闻形式来传播促销信息，引导消费热点，在短期内迅速刺激消费者产生购买行为。

3）加强客户关系管理

消费者选择某个团购网站，除了价格因素外，服务也是选择时考虑的一个重要因素。加强客户关系管理有助于提高网站服务水平。团购网站可以建立客户关系数据库，详细记录用户的个人信息和消费偏好、消费习惯，并用数据挖掘软件对用户的购买行为和浏览行为进行数据挖掘，以分析出用户潜在的消费需求，并据此主动向用户推送产品和服务。同时还可通过电话、短信、邮件、线下推广活动等方式持续保持与用户的信息沟通，以加强客户关系，维护客户的忠诚度。

拉手网团购营销方案

1. "0"元抽奖活动，以这种形式增加会员人气，让大家了解网站。例如：抽奖送100台正品行货苹果iPad平板电脑，有1 151 640人参与。

2. 一店多种套餐，满足不同客户的需求。例如：重庆刘一手火锅四人套餐108元，参与人数778人；多人套餐276元，参与人数25人；双人套餐65元，参与人数82人。

3. 多店通用券，顾客各个地区选择性大大提高，造成品牌连锁效应。例如：金汉斯烤肉4店通用，参与人数5 039人；蜜之坊11店通用，参与人数95人。

4. 选择地方优质品牌的大店造成品牌影响力。例如：中州皇冠假日酒店参与人数35人，迪欧咖啡参与人数54人。

5. 其他选择性，如养生、休闲酒店、健身、照相、儿童、甜品等。

6. 午餐秒杀，为就近的消费群体提供便利条件，增加点击率，扩大宣传。

7. 专门的物流公司，为实物体的销售提供便利，不会因为别家的物流公司造成公司自身品牌的影响力，又增加顾客的信任度。

资料来源：http://wenku.baidu.com/view/9d3367204b35eefdc8d333ed.html

四、传统企业的团购营销策略

这里的传统企业指非团购网站企业。对这些传统企业来说，通过网络团购实施营销，一方面是增加了一条新的营销渠道，另一方面也是实施促销宣传的新的形式。那么，利用团购网站，传统企业可以获得哪些营销机会呢？

（一）团购提供的营销机会

1. 提高品牌知名度

对于那些急需提高知名度，但又缺乏巨额广告费用的新品牌来说，团购网站无疑是一个不错的平台，它们所聚集的超强人气可以让企业在短时间内迅速提高品牌知名度，所付出的代价只是提供特别的价格折扣，而这种价格折扣与巨额广告费相比只是九牛一毛。

因此，团购是一种提高品牌知名度的既经济又有效的途径。

2. 新产品上市推广

能否吸引足够多的消费者试用，常常关系到新产品上市的成败。有时，企业为了获得第一手的消费意见，会先在小范围内投放产品，请他们先行试用，根据他们的使用体验对产品做出改进。由此曾催生出试客网、试客联盟、试客广场、试用网等数百家专门提供试用服务的第三方平台。团购网站虽然和这些平台性质不同，但也同样能帮助企业推广新产品，达到同样的试用效果，且能带来一定的销售额。

3. 日常产品促销推广

每逢淡季或者特别的节假日，厂家总会开展产品促销活动，以抢占市场份额，提高营收。网络团购其实也可视为这样的常规促销活动在网络上的延伸，且这种形式可以省去大量的人力投入，也无需担忧出现人流量太大无力应对的局面。

4. 特殊产品的销售模式

某些特殊的产品或服务规模效应特别明显，以至于当购买量足够高时成本几乎可以降低为零，团购方式完全可以成为其主要销售模式。例如某些虚拟产品（如软件）、可以数字化的产品（如网络课程）、标准化的实物产品（如书籍）等，就可以进行大量的网络团购。

（二）如何实施团购营销

1. 选择合适的团购网站平台

企业进行团购营销时不同的营销目标决定了团购网站选择也应该有所不同。如果企业以实现销售、提升短期销量为目标，应该选择纯商业团购网站，如拉手网、美团网、窝窝网等；如果企业以品牌推广和产品推荐为主要目标，则应该选择成熟的电子商务网站和社交网络团购网站，如聚划算、F团、QQ团购等；具有明显地域特征的商品和服务则可选择特定城市团购网站，如58团购等。

2. 选择合适的量价策略

所谓量价策略是指根据团购量和团购产品的成本所确定的团购价格，这是网络团购工作中的一个关键环节，是影响团购成败和团购数量多少的根本因素。而团购价格是根据商品本身的性质和企业进行团购的目的所确定的。对于一些服务和特殊商品来说，如果在短期内提供超多数量的服务或商品有困难，或者说难以实现，就应该把价格定得高一点，以限制团购的数量，以免产生巨大的消费行为而影响服务质量偏差。合适的量价策略需要企业与团购网站联合谈判确定。

由于团购产品一般都会提供较大的折扣，这样很容易形成与传统渠道间的冲突和造成价格体系混乱。对很多企业来说，这两个问题非常严重。为避免出现这些情况，企业可考虑提供为网络团购提供专供品。例如爱慕服装（Aimer）在线上专供"心爱"品牌，定位于"快时尚"，定价仅是爱慕旗下主力品牌的1/2甚至1/3，以此来满足特殊用户群的消费需求；美特斯·邦威在线上专供品牌AMPM，款式较线下更潮，价格比线下更为便宜。

3. 保证产品与服务品质

产品和服务的品质和售后服务是决定团购成功与否的关键因素。当通过团购网站进行团购宣传后，传统企业需要做的就是要保证消费者团购到的产品和服务的质量，保证价低质优，不能出现价格打折品质也打折的情况。对于团购销售出去的产品和服务，传统企业要做到一视同仁,为消费者提供同质的产品和标准的售后服务。

4. 重视品牌传播效果

网络团购给企业带来的最主要的不是利润,而是传播效果。所以传统企业应该明白网络团购的真正价值所在,要锁定团购带来的产品和品牌宣传效果。为提高传播效果,企业可考虑与有良好合作记录的团购网站建立企业联盟,互相合作在线上线下帮对方进行产品和品牌宣传,形成合作共赢的局面。

5. 注意培养客户忠诚度

研究发现,网络团购消费者的心理是对价格极其敏感的,而对品牌的忠诚度却是比较低的。团购只是带来了一次消费,带来了企业与消费者一次接触的机会,能否让消费者在消费后形成品牌忠诚,取决于企业如何为消费者服务。因此,企业应以培养忠诚顾客为目标,注意抓住这次难得的营销机会,为消费者提供完美的服务质量,为顾客的再次光临提供优惠条件,建立和维护良好的客户关系,这样才能形成顾客的多次消费,最终形成顾客忠诚。

本讲小结

团购营销是近年来新兴的一种营销方式,它涉及厂商、团购组织机构和消费者三方参与者。网络团购是目前主要的团购营销形式。本讲就围绕网络团购而展开,介绍了团购与网络团购、团购网站的团购营销策略、传统企业的团购营销策略。团购其实质是消费者在团购网站的组织下,通过互联网渠道组织成团,以提高谈判能力,从而以最优惠的价格向厂商购买某种商品或服务。网络团购可以给消费者带来省钱、省时、省心和社交活动的利益。根据提供的团购服务内容不同,网络团购可以分为生活服务信息类团购模式、特定产品类团购模式、导航类团购模式三种。为有效开展团购营销,团购网站在产品策略方面需要建立严格的产品审查制度、实施差异化定位、创新交易方式、提高售后服务水平。价格策略方面,定价时需要考虑产品价格弹性、消费者的价格认知和差别定价;需要考虑产品供给能力;采用新型定价方法。渠道策略方面,需要通过多种新兴渠道提供团购服务、建立企业联盟。促销策略方面,需要创新网站促销方法、创新产品促销方法和加强客户关系管理。利用团购网站,传统企业可以获得提高品牌知名度、新产品上市推广、日常产品促销推广和进行特殊产品销售的营销机会。传统企业在实施团购营销时,应注意选择合适的团购网站平台、选择合适的量价策略、保证产品与服务品质、重视品牌传播效果和注意培养客户忠诚度。

 思考题

1. 简述网络团购的含义和三种形式。
2. 简述三种网络团购模式及其特点。
3. 试述团购网站的团购营销策略。
4. 传统企业可以从网络团购中获得哪些营销机会?

5. 传统企业应如何通过团购网站实施团购营销？试结合某一具体企业进行详细分析。

案例与思考

萝卜团营销策略方案

一、项目背景

（一）项目介绍

该项目为精品团购模式。它是一种每天只推出一款产品的新型电子商务购物网站模式。这种模式的购物网站被称之为精品团购。由于精品团购大都有当场消费的特点，所以，几乎所有的精品团购大都是走城市路线，一个城市接着一个城市覆盖。现在精品团购网站模式已被大众所接受，发展迅速。这种全新的网络购物模式，确实给电子商务购物网站带来了新的突破口。前景非常可观。

（二）项目商业模式

简单地说，萝卜团购网站就是一个团购的中介网站。它每期推出多款团购产品。产品超级低价。它通过平台把有意购买低价打折物品的人们召集到一起组成一个团购队伍，当这个队伍的人数达到最低限度时，则可成功进行团购，享受最低价格购买到该商品。如果人数没有达到最低限度，则此次团购无论成败，用户也无须承担任何风险（视情况而定负担运费）。

二、项目实施方案

（一）产品策略

立足宁波本地，运营前两个月，暂不选择需要物流配送的商品。等有一定运营经验以及有个时间准备后可做需物流的产品。

（1）产品综合定位：选择品牌知名度高的、地段位置好的、产品品质好的、可以长期合作的商家，形成战略合作商业伙伴。

（2）产品涉及行业：百货、餐饮娱乐、美体健身、旅游娱乐、生活服务等行业。

（3）具体产品类型：餐厅、茶馆、影院、酒吧、KTV、美容院、美发店等产品。

（二）定价策略

（1）由于产品的定位不同，所以产品的折扣率不一定会那么低。但还是会选择折扣率能在60%的产品。我们以65%的折扣率卖出去。

（2）产品价格随着节气不同，或者促销需求力度不同而进行价格调整。比如在节假日、活动期间，为促销需要可能价格会低于进货价。

（三）形象宣传策略

1. 品质点亮你的生活

网购不再是漫长的等待包裹的过程，也不用担心买到的产品是水货，我们是您的品质生活管家，确保您与家人、朋友、同事之间的和谐关系，共同呵护您的身心健康；我们更重视的是您非物质类的生活享受与情操陶冶。

2. 想你所想,爱你所爱

我们能为您有规律性地提供朋友聚餐、个人护理、运动健身、休闲娱乐等方面的解决方案,想你所想,爱你所爱。

3. 你快乐,所以我快乐

我们,一切为了你的快乐,给你提供舒适贴心的产品服务和客服服务。你快乐,所以我快乐。

三、推广方案

(一) 推广目的

网站推广的目的在于让尽可能多的潜在用户了解并访问网站,通过网站获得有关产品和服务等信息,为最终形成购买决策提供支持。

(二) 推广定位

前半年只针对宁波本地用户,以互联网的方式进行推广。后半年在市场站稳脚跟,并扩大规模。做长久的销售方案,制定长期的目标,并预期5年内成为全国百强企业之一。

(三) 推广策略

围绕品牌传播策略的主方向,强化全新的网购体验(简单、快速)、超低折扣的优质商品、超强的团购人气(限时、限量、限价)。

实施邀请返利机制、策划推广之星等活动。

推出消费等级机制,等级越高,享受的折扣越多。

老客户的精准营销、客户关怀及二次购买达成。

1. 线上推广

广告传播:聚合的力量、每日一单精品、全新的生活主张。形式有:①新闻稿。在区域性门户网站(适当选择一些全国性门户网站)发布新闻稿,在传统纸媒发布软文。②联盟推广:签约联盟网站。与区域性门户或社区网站合作。进行网址站、插件推广。

话题营销:在一些网站上开通微博、博客、建设群组等。通过软文炒作/话题营销/口碑营销,扎根于区域内网络、社区。并通过组建兼职团队"枪手"的力量,推广载体包括论坛帖子、群组话题、微博、博客、日志、百科、问答等,传播的核心内容是:全新的购物方式与体验、全新的生活主张(引导非物质的生活享受)、超强的团购人气等。

同业合作,资源互换,联合组织活动与区域内互补型购物网站(例如服饰类、化妆品购物网站)进行战略合作,为双方网站客户提供增值服务内容,互通优惠券、积分、相互引导相关产业产品等;还可以进行资源互换,也可一起组织促销活动,其他间接可以促进人气和销量的活动等。

其他免费线上推广方式:搜索引擎优化、QQ签名、微博、博客、SNS群组、QQ群推荐、网摘推荐、SNS分享等。

2. 线下推广

媒体广告推广:公交站台、报亭、电梯、户外广告、公交车身广告以及电视媒体广告等。

写字楼扫楼:印制精美的小书签,加载拉米网品牌形象、网址及代金券序列号,通过兼职体系定期在当地主要写字楼进行扫楼式推进。

印刷品：海报、POP 单页、拉米网 Logo 不干胶等，张贴于商家门店的显眼位置。

礼品：用于老客户的兑奖活动或新客户推介现场，包括购物袋、T 恤衫、帽子、雨伞、钥匙链、记事簿、笔、手提袋、粘贴小磁物、图章、粘贴便条纸、画板、台历、挂历、公司吉祥物等。

资料来源：http://wenku.baidu.com/view/d51efe44336c1eb91a375d76.html

案例思考：

1. 你认为萝卜团在行业竞争中具有哪些优势和劣势？
2. 试分析萝卜团的项目实施方案和推广方案能否使该团购网站成功上线。

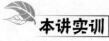

本讲实训

一、实训目的

1. 加深学生对团购网站及团购营销的认识。
2. 根据对实际团购网站的研究，分析团购网站营销中存在的不足。
3. 提出团购网站营销改进措施。

二、实训内容

以小组为单位，利用业余时间对拉手网、美团网、糯米网等团购网站进行浏览研究，以加深对团购网站与团购营销的理解，并依据分析研究结果制作 PPT，总结团购网站团购营销策略、存在问题，并提出解决建议。

三、实训组织及步骤

1. 教师明确实训目的、任务和评价标准。
2. 班级成员分为若干小组，每组 6～8 人。实行组长负责制，成员合理分工，团结协作，专人负责活动记录和资料整理。
3. 每个小组通过查阅资料加深对团购营销的理解，并做好网站调研的准备工作。
4. 小组成员利用业余时间进行网站浏览，并结合所学网络团购理论知识对网站内容、营销策略、存在问题等进行总结分析。
5. 各小组对分析结果进行整理，并制作 PPT。
6. 各小组在班级进行 PPT 演示，汇报观点并讨论、交流。
7. 班级演示之后，由指导老师点评和总结。

参考文献

[1] 陈伟. 中国网络团购企业营销策略研究[D]. 西北大学，2012.
[2] 崔菁. 网络营销时代的团购研究[D]. 福建师范大学，2012.
[3] 弗兰克·森尼特. 团购之王：Groupon 的创业疯魔史[M]. 王佩，译. 北京：中信出版社，2013.
[4] 黄俐. 网络团购的营销之道[J]. 经营与管理，2011(7)：48-50.
[5] 林旭耀. 基于 Groupon 网络团购模式的网络营销策略研究[J]. 中国商贸，2010(26)：19，20.
[6] 彭哨. 第三方团购网站营销策略研究[J]. 价值工程，2011(2)：156.

[7] 钱大可.网络团购模式研究[J].商场现代化,2007(1):100.
[8] 王洋.团购网站的营销策略研究[D].北京邮电大学,2011.
[9] 吴新华.新消费主义视域下我国网络团购营销策略研究[D].河南大学,2012.
[10] 查曰礼.网络团购营销模式分析[J].企业改革与管理,2011(7):65-67.
[11] 张耀方.网络团购的营销策略分析[J].现代经济信息,2011(13):44.
[12] 詹少青.Groupon团购模式背后的营销奥秘[J].销售与市场(评论版),2010(9):52-54.

第十一讲 定制营销

C2B 先行者：戴尔的定制营销之路

25 年以来，戴尔直销模式的核心就是"按需定制"，用户可以根据自己的需求，定制属于自己的电脑，包括各种不同的配置，如 CPU、硬盘、内存等来满足自己的需求。今天，戴尔将"按需定制"发扬光大，让电脑产品从内到外实现个性化"定制"。戴尔将了解消费者内在需求，提供消费者喜爱的产品作为企业发展的重中之重。戴尔消费者业务发展迅速，与这种企业文化息息相关。戴尔了解到消费者对于自己的电脑同样也有定制的需求，于是，戴尔便将设计和个性定制融入公司的发展战略，成为全球唯一一家可以实现电脑全面定制的企业。

在戴尔，消费者不仅可以自己选择所需要的硬件配置，更加可以就笔记本的外壳色彩、图案、材质自由搭配。经过长期在设计方面的投资和努力，戴尔的产品最终以其无语伦比的外观、精心挑选的材质、值得信赖的品质在业界得到广泛的认可且屡获殊荣。

目前，戴尔零售店已接近 6 000 家，覆盖 1～6 级城市。根据 IDC 公布的数据显示，2011 年全年戴尔在 x86 服务器的市场份额排名中国市场第一。这家从一开始就不走寻常路的 PC 厂商，似乎在用这样的表现，又一次向全世界宣告"非主流"的胜利——当 PC 企业为了白菜价的产品和利润拼得头破血流时，戴尔已经在另一战场取得新的成绩。

资料来源：http://www.emkt.com.cn/article/579/57951.html

本讲知识结构图

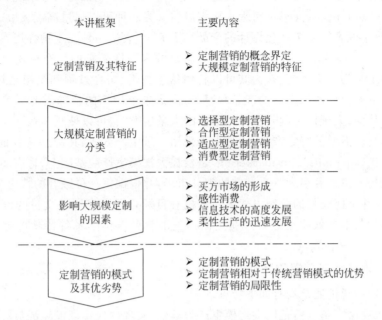

定制对人们来说并不陌生,在早期市场上,许多手艺人为顾客加工产品时,都采取定制这一做法。例如裁缝师根据顾客的身高、体形、喜欢的式样来分别对布料进行加工,即所谓的量体裁衣。自 20 世纪 70 年代以来,越来越丰富的商品供应带来了越来越激烈的市场竞争,同时也促进了客户需求的多样化,客户不再满足于被动地选择已存在的商品,而是需要能表达其意愿的产品。为满足客户需求和赢得市场竞争,制造商不得不生产定制和个性化的产品,同时还要保证该产品上市快、低成本和高质量。大规模定制营销为企业提供了满足这些需求的途径。

一、定制营销及其特征

(一)定制营销的概念界定

自 20 世纪 90 年代以来,西方各国学术界都在回顾 20 世纪工业化社会的历史经验和教训,重新思考新世纪的挑战。在制造领域,计算机、互联网和通信技术的迅猛发展,出现了许多新技术,它们正在改变竞争的基本规则,传统的生产方式面临新的巨大挑战。大规模定制(mass customization,MC)就是可能改变世界面貌的新的生产方式。大规模定制的思想最早由 Alvin Toffler 在《Future Shock》(1970)中提出,Stanley Davis 在《Future Perfect》(1987)中首次使用 mass customization(译为"大规模定制"或"大批量定制")一词,B. Joseph Pine Ⅱ 在《Mass Customization：The New Frontier in Business Competition》(1993)中第一次对大规模定制进行了系统论述:大规模定制的核心是产品品种的多样化和定制化急剧增加,而不相应增加成本。Pine Ⅱ 根据客户定制需求将大规模定制分为四类,说明他开始倾向于从实用的角度定义大规模定制。这标志着大规模定制理论研究和实践应用的开始。

尽管人们对大规模定制的概念仍然存在一定分歧,但基本上可分为两类:一是广义上的大规模定制;二是狭义上的大规模定制,它将大规模定制视为一个系统。前者的代表人物是 Davis 和 Pine Ⅱ。Davis 将大规模定制定义为一种可以通过高度灵敏、柔性和集成的过程,为每个顾客提供个性化设计的产品和服务,来表达一种在不牺牲规模经济的情况下,以单件(one-of-a-kind)产品的制造方法满足顾客个性需求的生产模式。许多学者将大规模定制定义为一个系统,认为其可以利用信息技术、柔性过程和组织结构,以接近大规模生产的成本提供范围广泛的产品和服务,满足单个用户的特殊需要。美国生产与库存控制协会认为,大规模定制是一种创造性的大量生产,它可以使顾客在一个很大的品种范围内选择自己需要的特定产品,而且由于采用大量生产方式,其产品成本非常低。

定制营销(customization marketing)是指在大规模生产的基础上,将市场细分到极限程度——把每一位顾客视为一个潜在的细分市场,并根据每一位顾客的特定要求,单独设计、生产产品并迅捷交货的营销方式。它的核心目标是以顾客愿意支付的价格并以能获得一定利润的成本高效率地进行产品定制。美国著名营销学者科特勒将定制营销誉为 21 世纪市场营销最新领域之一。

(二)大规模定制营销的特征

大规模定制营销通常具有如下特点。

第一,大规模定制营销是以大规模生产为基础,实现现代化规模经济与顾客的个性需求紧密结合。随着社会经济的发展和收入水平的提高,消费者需求的同质性将趋于减少、弱化,而异质性或差异性会不断增强、扩大。个性化需求将成为新时期消费需求的一种常态和主流趋势,大规模定制营销就是在这一变化趋势下产生的。在现代化大生产条件下最大限度地满足顾客的个性化需要,这必然增加生产经营过程的复杂性,导致成本上升。国外企业为了解决这一难题,实现规模经济与顾客个性需求的理想结合,将产品的主体结构和主要部件实行大规模的标准化生产,而在产品的最后加工组装阶段实行细分,顾客的参与也主要集中在这一阶段。通过这种方式较好地实现了企业的规模效益和顾客个性化需求满足的双赢目标。

第二,在大规模生产的基础上,把每一个顾客都作为一个单独的细分市场。大规模定制营销打破了按需求类别对消费者进行群体分割、集聚的传统细分方式,把具有相同消费个性的消费者视为一个细分市场,并将其作为企业的目标市场。

第三,生产的着眼点是使产品能够体现顾客的意志。在大规模定制营销方式下,营销的着眼点是满足消费者的个性需要和特定要求,这就带来了消费者参与产品设计的必然性。消费者可以提出个人的产品设计意见,由定制企业完成产品的制造。可见,大规模定制营销是消费者与产品供应者共同完成的营销活动。没有消费者的参与,就不是真正意义上的定制营销。

第四,现代科学技术与传统服务方式紧密结合。大规模定制营销是生产经营与消费领域的一项重大革命,它赋予传统生产经营方式下产销见面、以销定产新的内涵。现代科学技术进步带来的大规模工业生产曾一度拉大了生产经营与消费在时空上的距离,造成了信息传递阻隔,使许多产品的生产经营滞后于消费。大规模定制营销使企业能依靠较强的生产经营能力和效率,将顾客对某一产品的需求进行分解后再概括,产品的每一组成部分都有不同的设计。顾客在购买时可以按照自己的喜好选择搭配,甚至提出产品设计方案,然后由生产部门进行加工组装。

韩国历史上首次观众参与集资的影片

《26年》改编自韩国人气漫画家江草批判现实的网络连载作品,讲述了韩国历史上1980年光州5·18民主化运动中,数千名市民受当时军人政权朴正熙的打压含冤致死,经过26年卧薪尝胆的酝酿,以"光州守护派"第一人郭镇裴、国家射击队选手沈美真、警察权正赫,及企业会长金甲世和他的秘书金主安这些受难者二代为首的民间组织向惨案的始作俑者——"那些人"展开复仇的故事。

作品固然深受欢迎,同时也挑逗着忠武路影人的敏锐触角。早在2008年,就已传出《26年》将被改编的口风,当时的片名叫作《29年》。然而,好事多磨,由于题材过于敏感等缘由,投资方于最后一刻临时撤资,令影片进度一拖再拖。当影片再次获得投资方青睐时,预算却仍出现巨大缺口。眼看拍摄计划又要破产,剧组决定孤注一掷,凭借江草作品的高人气度在官网向大众网民募集资金。这也是韩国历史上首次观众参与集资的影片。事实证明,群众的眼光是雪亮的,嗅觉是敏锐的,这部从筹拍到完成耗时四年的作品在万众期待下,电影票预售率高达26.4%,力压同期上映的多部热门影片,排名预售榜第一位,首周票房即告捷,并且得到一致好评。

《26年》堪称江草人气作《邻居》之后的另一部群戏,人物众多,但又个性分明,不仅需要默契的配合,更要突出自己的表现方式。

《26年》是韩国历史上首次观众参与集资的影片。通过官网,剧组成功得到近15 000名普通网友响应,募集了7亿韩元。这些出资人的名字将在片尾出现,并且有机会参与影片在六个城市的首映式,得到特别珍藏海报与DVD等。影片主题曲《花》改编自歌手李承焕2003年发行的专辑《His Ballad 2》中的曲目。原唱者李承焕、原曲作者李圭浩以及尹尚、李石勋、郑智灿、金亨中、YOZOH、尹道贤、"你好大海"、Ynot、虎兰、金钟书和任瑟雍11人为《花》献声。副歌部分则由40余名音乐人及影片主演共同演绎。

资料来源:http://baike.baidu.com/link?url=pqOGEnvIp98WabtJLnmSlEUyT1Uszm5xwAsuphXXn8veH9bV3EO3DhSziIoVUPXoUzED-qSoR5XbPng1THroz_

二、大规模定制营销的分类

大规模定制营销使企业销售产品时变被动为主动,更好地迎合消费者的需求。它的适用范围十分广泛,不仅可以用于汽车、服装、自行车等有形产品,也可以用于无形产品定制,如金融咨询、信息服务等。让顾客参与到实际的产品开发中,正在成为一种越来越普遍的做法。企业可根据本企业产品生产特点与顾客参与程度,选择不同的大规模定制营销方式。

（一）选择型定制营销

在这种方式中,产品对于顾客来说其用途是一致的,而且结构比较简单。顾客参与程度很高,通过顾客参与,提出设计要求,从而使产品具有不同的表现形式。它适用于产品对顾客来说其用途一样,而且结构较简单的情况。例如,在文化衫上印有顾客所喜爱的图案或卡通或幽默短语,可以突出表现消费者的个性,电脑绘制艺术照同样也是按顾客喜好选择设计自己的形象。

（二）合作型定制营销

当一类产品具有多种产品结构时,可供选择的零部件式样比较繁多,顾客一般难以权衡,他们不知道何种产品符合自己的需要,这时顾客有一定的参与程度,企业与顾客进行直接沟通,介绍产品各零部件的特色性能,并以最快的速度将定制产品送到顾客手中。在日本的许多自行车商店,销售人员帮助客户挑选所需零件外形、颜色,然后将数据输入计算机描绘自行车的蓝图,然后再根据顾客要求进行调整,直至满意。商店将数据传真到工厂,立即投入生产。两个星期后,顾客便可以骑上符合自己要求的定制自行车了。

（三）适应型定制营销

顾客的参与程度比较低,定制企业适应顾客提出的要求,为顾客设计,生产产品。适应型定制营销方式适用于企业的产品本身构造比较复杂的情况,顾客可以根据不同场合、不同的需要对产品进行调整,变换或更新组装来满足自己的特定要求。如灯饰厂按顾客喜欢的式样设计,再按顾客对灯光颜色强度要求进行几种不同组合搭配,满足顾客在不同氛围中的不同要求。

（四）消费型定制营销

顾客的参与程度很低,公司通过调查掌握顾客的个性偏好,再为其设计好更能迎合其需要的系列产品或服务,这样便可以增加消费数量或次数。它适用于消费者不愿意花费时间参与产品设计,同时消费行为比较容易识别的情况。

三、影响大规模定制的因素

大规模定制虽然越来越受到消费者和企业的青睐,但大规模定制却并不适合所有的企业。学者归纳了影响大规模定制的六方面因素,即客观存在顾客对定制的需求、市场条件必须合适、价值链做好了准备、相关技术的可获得性好、企业的产品适合定制和知识可以共享等。

（一）买方市场的形成

企业间竞争加剧的20世纪50年代后期,资本主义经济高度发展,社会生产力迅速提高,发达国家已逐步实现了经济的高度社会化、市场化、现代化和科技化,商品极大丰富化与高质量化促使买方市场的形成,为适应这一市场变化,企业不得不认真进行市场分析,研究企业产品进入市场、占领市场的营销策略与方法,从消费质量、消费水平、消费服务、产品多样化方面入手,尽可能满足每位顾客的需求。在这一过程中,定制营销的理念逐渐被企业所接受且其模式得到应用。

(二) 感性消费

在感性消费时代,顾客需求发生变化,同质市场减少,异质市场增多。现代营销学认为消费观念和消费方式经历了基本消费时代、理性消费时代,到当今的感性消费时代。在感性消费时代,由于物质产品的丰富,客观上促使了顾客需求的变化,顾客需求趋于强调个性化、多样化、人文化、差异化,消费层次也日益细分。人们购买商品时常诉诸于情感,将其对人生、世界的认识情绪与情感的体验融入对品购买行为以及消费方式的选择中,将购买视为体现自我价值,实现价值追求的重要途径。例如,面对不同的产品,同样的价格与质量,顾客单凭个人喜好就给予肯定或否定。因而不同顾客在购买产品时更倾向于考虑企业的领导地位,可信度、服务水平等非定量因素,人们摒弃了从众心理而转向求异心理,同质市场数量减少,异质市场数量增加,市场日趋微型,个性化服务大行其道,成为企业争夺顾客的利器。

(三) 信息技术的高度发展

在工业化经济时代,受技术因素和消费水平的制约,企业只能运用大批量生产的方式,提供给顾客基本满意而非绝对满意的产品。随着信息技术的高速发展,使企业能充分利用电子商务平台在很好地规划运作内部资源的同时,加强企业间协作,整合其所具有的如供应商、代理商、承运商等外部资源,从而能在对市场作出快速反应的同时,提高对客户销售及服务承诺的准确性与实时性,从而为定制营销奠定技术基础。如戴尔计算机公司开发了一种使顾客自行设计个人电脑的互动在线系统,顾客从一系列的性能、元件、价格、送货方式中进行选择,其中产品性能及元件的选择就多达 1 600 种组合。公司根据顾客选择向供货商的制造系统发出指令,制造系统开始按步骤有序地完成采购、装配和送货的过程。

(四) 柔性生产的迅速发展

柔性生产的迅速发展成为大规模定制营销模式实现的技术前提。所谓柔性生产系统是指企业的生产线具有快速调整和应变的能力,使企业能同时接受大批顾客的不同订单,适应不同产品的生产要求,提高生产效率。先进的柔性生产技术使得企业能够接受非标准化或非完全标准化的产品,从而满足定制生产的需要。

四、定制营销的模式及其优劣势

(一) 定制营销的模式

传统的营销是对客户需求的获取以及目标市场的选择,即通过市场调查获取客户的需求信息,再根据企业的自身优势和对竞争对手的综合分析,选择出目标客户和目标市场;其次,针对目标市场的客户设计开发和生产标准化的产品,在这里企业舍弃了部分客户,产品只是满足部分客户的需求;再次,产品生产出来之后,企业将会通过传统的销售渠道(销售商、中间商、分销商)再结合广告宣传、关系推广等一系列的促销组合将产品销售出去;最后是产品的售后服务,企业会提供一些维修服务,同时根据客户的反映,对标准化产品进行改进,以更适应客户的需求(见图 11-1)。

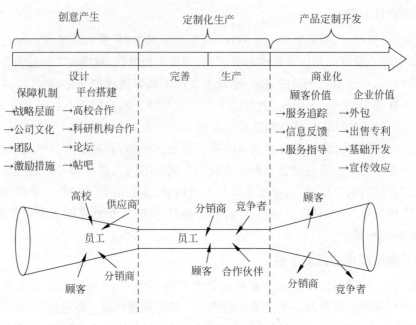

图 11-1 定制营销的流程模式

对于定制营销,首先是产品设计开发前对客户需求的获取,通过对市场进行调查,以充分获取客户的各种信息,尽可能多收集到客户的信息;其次是产品的设计开发,根据第一步中充分获取到的客户信息对产品进行模块化设计,使生产出来的模块能够经过重新搭配,以尽可能地满足客户多样化的需求。同时,如果有必要将客户纳入到产品的设计开发过程中,则根据客户的特殊需求设计开发产品;再次是产品的销售,定制的产品是以客户定制而生产的,故不存在生产出来的产品没有市场的情况,根据客户的定制信息,快速地通过第三方物流体系配送到客户手中;最后是产品售后服务,通过与客户建立良好的关系,及时地获取客户的需求变化信息,并根据客户的要求随时对产品的设计进行改造,以适应客户的需求变化。

定制营销和降低企业生产成本在人们看来永远是相冲突的、抵触的。企业往往运用批量生产就只能生产出标准化的产品,不可能满足每个客户的个性化需求,因为大规模生产时代,更多地依赖于针对某一种功能的专用机器,设备缺乏通用性,整个生产过程通常是只为一种产品设计的,任何设计上的变动都需要重新设计开发生产过程,任何细小的变化,企业都要付出与新产品开发相差无几的费用来进行专门的研究开发、产品设计、制造过程的重大调整等,这一切都只会为产品带来巨大的成本增加和相应的交货期延迟。如何同时实现品种多样化和低成本、高效率?如何将批量生产和定制生产有机结合起来?

人们对产品的需求尽管有差别,但也有共同点。就产品本身而言,同一种产品中的各个部分无论差别有多大,它们总有相同的部分。这些个性产品中的相同部分就构成了在定制中引入批量生产方式的基础,即分清消费者的个性化需求和共性需求,对产品中具有通用性的零、部件进行批量生产,而只是在需要体现产品个性化时进行定制生产,即可实现两者的有机结合。

近年来,全球经济迅猛发展,市场经济的国际化使资源、商品能够在全世界范围内自由流动,卖方市场因此急剧膨胀,供应于市场上的商品越来越丰富,品种繁多,令人目不暇接。消费者对商品的选择有了极大余地,因而不再只关心"数量的满足",更希望获得"品质上的享受"。消费者把目光转向了"个性化"和"多元化"。商品的消费不只是给人以物质上的享受,更重要的是带来一种标新立异的精神满足感。在市场上找不到满意的商品后,消费者就希望能借助于企业为自己定制。由于定制的产品是顾客直接参与设计的,自然与顾客的需求更加吻合,针对性更强,顾客满意度更高。

(二)定制营销相对于传统营销模式的优势

迈克尔·波特认为"标歧立异"和"目标集聚"是企业取得竞争优势的重要战略。如果企业能为顾客提供独特的利益,顾客当然不会旁顾。如果企业只按自己的想法进行设计生产、提供产品,就难以制造大的差异。定制营销既提供了产品差异,又实现了集中服务于单一目标的战略。定制营销相对于传统的营销理论的框架,体现了以下优势。

(1)竞争优势。定制营销是在满足客户个性化需要的基础上生产出的差异化产品,能够使企业持久地拥有差异化竞争优势。企业竞争能力的高低,由其差异化产品给顾客带来的满意度和忠诚度的高低决定。

(2)市场优势。通过定制的产品,企业能够预知客户偏好,能够较好地研究市场;此外,定制营销能够充分考虑统一市场"边缘客户"的需求,从而可增加销售量,扩大市场份额。

(3)产品优势。按照客户需求而定制的产品可能只有极少数,甚至根本没有竞争对手,所以它在某种程度上居于垄断地位。

(4)敏捷优势。实施定制营销的企业能迅速地生产定制产品,从而能迅速地适应市场、技术、标准和潮流等方面的变化。

(5)价格优势。由于定制的产品更好地满足了客户的需求,对客户来说价值更高,具有溢价效应,企业可以获取更高的利润。

(6)双赢优势。通过实施产品定制,销售厂商以卖产品的形式满足了顾客的需求,更多顾客的购买提高了企业产品的竞争力;从而使厂家与顾客实现了双赢。

延伸阅读

乐事薯片新尝试:向 Facebook 用户征集口味

菲多利(Frito-Lay)最近准备开发一款新口味的乐事薯片,但和过去不同,它没有召集众多专家来咨询意见,而是上线一款 Facebook 应用,向网友征集薯片口味作为新产品的参考,与英语"Do me a favor"谐音,这项竞赛取名"Do us a flavor"。菲多利的北美首席市场总监 Ann Mukherjee 称,"这是消费者调查的新方式,我们得到了一大堆新想法"。

为了吸引人们参与调查,菲多利设置了抽奖,每天抽选出 20 名幸运者,获得公司赠送的奖品。乐事将从参赛者发明的新配方中选出 3 种,依这些配方制成薯片,在市场上销售,然后请消费者到社交网站投票,评出最佳口味。冠军可获得 100 万美元奖金或者这种最佳口味薯片 2013 年净销售额的 1%。乐事薯片曾在美国以外市场用类似方法征集创意，设计出新产品，如澳大利亚恺撒色拉味薯片、埃及虾味薯片和波兰香肠味薯片。

开发新产品不是闭门造车，首先要了解消费者到底喜欢什么。现代营销既是客户导向的，也是竞争导向的，但是归根到底都不外乎是为了更好地满足客户需要。理解消费者的购买行为是所有现代营销理论与实践的起点。

问卷调查是人们最常用的市场调研方式。只不过，传统的是拿着纸质的问卷去消费者家里挨个填写，而今更多的是借助现代互联网络，充分利用其便利与互动的特性，以更低的成本接触到更广泛的目标客户。乐事薯片则将其进一步延伸至当下风头正劲的社交网络——坐拥9亿用户的Facebook，以年轻网民为主体的Facebook正是其目标客户的聚集地。

资料来源：编译自纽约时报网站7月30日报道：Social Media Are Giving a Voice to Taste Buds，http://www.nytimes.com/2012/07/31/technology/facebook-twitter-and-foursquare-as-corporate-focus-groups.html?_r=3&smid=tw-share

（三）定制营销的局限性

尽管定制营销有很多优势，但它毕竟不是放之四海皆准的模式，这种模式也有其局限性。定制营销的局限使它在很多行业停滞不前，当其采用者知道了这些局限性以后，向定制模式的转变就更加平稳，同时减少了挫折。因此，充分了解其限制条件和风险，对于进入这一新前沿来说是很重要的。其局限性主要集中表现在以下几个方面。

1. 企业实力

企业必须具有过硬的软硬件条件，这是最基本也是最重要的，它决定着企业有没有能力把消费者需要的个性化产品生产出来。一方面要求企业对生产流程进行重组，建立柔性生产系统，也就是需要一条快速反应、灵活多变的流水线，它只要改变控制软件就可以适应不同品种式样的加工要求；另一方面，企业应加强信息基础设施建设，信息是连接企业与顾客的桥梁，信息不畅通，企业就无法及时了解顾客的需求。此外，过硬的管理系统也是成功实施定制营销的关键。定制营销不只是营销部门的事情，它要求企业的营销部门、研究与开发部门、制造部门、财务部门等相互合作。所以企业除了具备柔性生产系统和通畅的信息化系统的硬件设施，还应有一个协调互助的团队。而这两方面的具备往往需要企业有较强的综合实力。

2. 信息过量

过量的信息也会给客户带来困扰，从而对定制产生限制作用。因为客户能有效接收的信息量是有限的，而新的产品和服务被不断开发出来，面对激增的品种，客户无法确定什么产品最适合自己。客户不得不吸收更多的信息以做出明智的选择，这也意味着像在杂货店购物这样的活动将要花费比以前更多的时间。由于定制化产品具有更多的功能，客户要弄清怎样使用的难度增加了。所以说，信息过载对于定制营销模式是一个威胁，这一模式平衡了公司持续开发动态产品和服务流的能力。如果不加以阻止或克服，公司将不得不要么将产品种类减少到不会导致信息过载的水平，要么就失去市场份额。

3. 生产过程冲击

产品和过程技术的冲击可以在任何时间任何行业发生，不管这个行业中的企业采用何种管理模式。新的定制模式缩短了产品生命周期,热衷于新产品,可以比旧模式更从容地吸收新的技术和创新。然而,根本的创新,通常是来自行业外部的公司,它能够产生新的主导方案,该方案有如此多的压倒优势以至于它能够巩固需求并消除早先的方案,不管已经有了多少个品种和个性化定制。在定制营销模式下,最可怕的是新产品和过程通过产生新的主导方案使分化的需求逆转。通过以上对定制营销的概念、定制营销及传统营销的比较及相关性、定制营销优势等阐述,不难看出:定制营销一方面满足了顾客的个性化需求,提高了顾客的满意度;另一方面企业以顾客为中心,提高了顾客对企业的忠诚度。但同时,它也有一定的局限性,企业应根据市场的实际需求和企业自身情况决定是否采取定制营销策略以及如何采取定制营销策略。

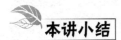

本讲小结

自20世纪90年代以来,西方各国学术界都在回顾20世纪工业化社会的历史经验和教训,重新思考新世纪的挑战,在这种背景下,定制营销应运而生。定制营销是指在大规模生产的基础上,将市场细分到极限程度——把每一位顾客视为一个潜在的细分市场,并根据每一位顾客的特定要求,单独设计、生产产品并迅捷交货的营销方式。大规模定制营销具有以下特征:以大规模生产为基础;把每一个顾客都作为一个单独的细分市场;生产的着眼点是使产品能够体现顾客的意志;现代科学技术与传统服务方式紧密结合。大规模定制营销可分为选择型定制营销、合作型定制营销、适应型定制营销以及消费型定制营销。其虽然越来越受到消费者和企业的青睐,但大规模定制却并不适合所有的企业。学者归纳了影响大规模定制的六方面因素,即客观存在顾客对定制的需求、市场条件必须合适、价值链做好了准备、相关技术的可获得性好、企业的产品适合定制和知识可以共享等。每个企业可依据自身的条件,来确定是否适合开展定制营销,而不能盲目跟风,最终造成不可挽回的恶果。

1. 简述定制营销的概念内涵与特征。
2. 结合现实的消费情境,分析定制营销出现的原因。
3. 简述定制营销的优劣势,并针对定制营销的劣势分析,提出营销学的解决办法。

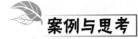

营销之谜:用户扭曲力场!

2011年5月底,开始筹备小米手机的发布时,黎万强接下了小米手机的营销任务。为保险起见,黎万强设计了一个3 000万元的营销计划,主要是一个月的全国核心路牌计划,这也是凡客早期一战成名的手段。对于要做100万台手机的目标而言,3 000万元已经是个很少的营销费用了。100万台2 000元的手机价值20亿元,一般的公司至少会投

2‰~3‰的营销费,按这样计算,小米在营销上的成本应该是5 000多万元。但是,这个营销方案很快被雷军"拍死"了。雷军对黎万强说:"你做MIUI的时候没花一分钱,做手机是不是也能这样?"

黎万强是雷军的金山旧部,曾是金山词霸总经理,他到小米后的第一个任务是负责MIUI,被逼上梁山,黎万强只能选择过去在金山被证明最有效、最不花钱的手段——通过论坛做口碑。在MIUI早期,黎万强团队满世界泡论坛,找资深用户,几个人注册了上百个账户,天天在一些知名Andriod论坛里灌水发广告,被封号后换个号继续灌。好不容易拉来了1 000人,从中选出100个作为超级用户,参与MIUI的设计、研发、反馈等。这100人也是MIUI操作系统的点火者,是小米粉丝文化的源头,也是其用户体验的特别方法论。纯靠口碑,第二个星期200人,第三个星期400人,第五个星期800人,一点点成长起来。最近,MIUI的用户数是1 700万。后来,在2013年4月9日的小米米粉节上,小米特别发布了一部专门为感谢那100个铁杆粉丝的微电影,名字就叫作《100个梦想的赞助商》,把他们的名字一一投影到了大屏幕上,对他们表达了感谢。那一刻,他们中的很多人泪流满面。

在"0预算"的前提下,黎万强首先建立了小米手机论坛,2011年中期,借鉴MIUI论坛,手机论坛迅速建立起来了。在小米论坛上,有几个核心的技术板块:资源下载、新手入门、小米学院。后来也增加了生活方式的板块:酷玩帮、随手拍、爆米花等。

论坛是小米新营销的大本营,目前总用户数707万,日发帖量12万,总帖子1.1亿,算是一个小门户的规模了。和其他技术论坛不一样的是,小米论坛有一个强大的线下活动平台"同城会"。这个创意源于黎万强混"车友会"的经验,他发现中国人买手机和买车的行为方式很相似,都会先泡论坛、参加线下活动。目前已经覆盖31个省市,各同城会会自发搞活动。小米官方则每两周都会在不同的城市举办"小米同城会",根据后台分析哪个城市的用户多少来决定同城会举办的顺序,在论坛上登出宣传贴后用户报名参加,每次活动邀请30~50个用户到现场与工程师当面交流。

"0预算"之下,黎万强发力的第二个点是微博。最开始只期待起到客服的作用,但是后来发现微博的宣传效果超出了想象。小米能在微博平台迅速吸引大众的眼球,这与小米团队本身的背景有关。黎万强是设计师和产品经理出身,是个摄影发烧友,早期的营销团队都是产品经理出身,能够很快速地去理解微博上这种以图片、视频为元素的事件型传播点,同时像做产品一样进行精细化运营。

论坛和微博营销也是很多公司的常规武器,但是,小米却基本放弃传统的电视广告、户外广告等强势渠道,把论坛+微博等新营销工具变成了杀伤级武器。貌似一个小众品牌,但事实是它已经成为一个三四线城市用户都熟知的大众品牌。小米凭什么?

小米式营销上有三板斧,其实也是被逼出来的。

第一板斧是把新营销当作战略。不是试验田,而是主战场。因为没有预算,只能选择社会化营销的手段。很幸运的是,小米碰上了一个大的顺风车,2010年正好是微博大爆发的时候,小米迅速抓住了这个机会,并变成品牌的主战略。从小米网的组织架构上,你能看到这种战略聚焦,小米网的新媒体团队有近百人,小米论坛30人,微博30人,微信10人,百度、QQ空间等10人。

第二板斧是做服务。客服不是挡箭牌,客服就是营销。小米论坛是这种服务战略的大本营,微博、微信等都有客服的职能。小米在微博客服上有个规定:15分钟快速响应。为此,还专门开发了一个客服平台做专门的处理。特别是微博上,不管是用户的建议还是吐槽,很快就有小米的人员进行回复和解答,很多用户倍感惊讶。

　　小米还有一个全民客服的理念,鼓励大家用真正的方式近距离地接触用户。从雷军开始,每天会花一个小时的时间回复微博上的评论,包括所有的工程师,是否按时回复论坛上的帖子是工作考核的重要指标。据统计,小米论坛每天新增12万个帖子,经过内容的筛选和分类,有实质内容的帖子大约有8 000条,平均每天每个工程师要回复150个帖子。工程师的反馈在每一个帖子后面都会有一个状态,比如已收录、正在解决、已解决、已验证,就相当于一个简版的Bug解决系统。用户可以明确地知道自己的建议是哪个ID的工程师在解决,什么时候能解决,有一种被重视的感觉。

　　第三板斧是涨粉丝。微博营销千丝万缕,最关键的抓手就是粉丝。小米涨粉丝的秘密武器就是事件营销。小米在微博上做的第一个事件营销是"我是手机控"。从雷军开始,发动手机控晒出自己玩过的手机,大概吸引了80万人参与。转发量最高的是,新浪微博开卖小米手机2,也是新浪微博2012年最高转发纪录保持者,转发265万次,增加粉丝37万人。

　　靠这种拉粉丝手段,小米在微信上也是风生水起。4个月做到100多万名粉丝。对于微信的定位,小米早期也很迷茫,后来明确定位为客服。这也与微信的产品形态有关系,微信的关键词回复机制,很适合打造自助服务的客服平台。小米微信每天接收的信息量是30 000条,每天后台自动回复量28 000条,每天人工处理消息量2 000条。其专门开发了一个技术后台,一些重要的问题反馈会转到人工客服。

　　黎万强解读几大新营销渠道的配合:论坛还是我们用户的大本营,一些深度的用户沉淀还是会通过论坛来完成的,毕竟在微博和微信上你所能够提供的方式是有限的,用数据库的管理也是一个问题。对于微博来讲,我认为微博本身还是一个媒体,在客服的管理基础上,会有很多天然的这种营销传播的优势。微信从今天来看,我们更多的是把它当成客服工具来用,还没有想把它当成营销工具,因为它本身是私密圈子。

　　但在小米式营销的操盘人黎万强看来,他有另一个词汇——用户扭曲力场,让用户有深入的参与感。扭曲力场是《星际迷航》里的一个术语,外星人通过极致的精神力量建造了新世界。苹果公司的员工曾用"现实扭曲力场"来形容乔布斯。

　　也可以说,米粉通过极致的精神力量建造了小米的世界。在小米内部调研,不管是产品、技术、营销、运营,也都把米粉当作第一原动力。小米构建了一个用户扭曲力场的金字塔,塔基是广大的用户。他们从微博、微信、事件营销等跟随参与小米的活动,介入不深,但是一个强大的跟随者群体。

　　金字塔的中间则是米粉,这是一个关键的群体。小米能成功的另一大原因也有赖强悍又忠诚的米粉的支持。在小米成立之初,雷军制定了三条军规,其中最重要的一点就是"与米粉交朋友"。

　　如何能让"与米粉交朋友"落到实处,而不是一句空话?

　　在这方面,小米学习的是海底捞。就是把它变成一种文化,变成一种全员行为,甚至

第十一讲　定制营销

赋予一线以权力。比如,小米给了一线客服很大的权力,在用户投诉或不爽的时候,客服有权根据自己的判断,自行赠送贴膜或其他小配件。另外,小米也非常重视人性服务。曾经有用户打来电话说,自己买小米是为了送客户,客户拿到手机还要去自己贴膜,这太麻烦了。于是在配送之前,小米的客服在订单上加注了"送贴膜一个",这位用户很快感受到了小米的贴心。

很难想象,在小米700万台手机销售量里,买了两台到四台的重复购买用户占42%。黎万强说:做朋友的心理就是,如果你这个问题是你的朋友来找你解决的话呢,你会怎么做?那当然是你若能解决给他立刻就解决了,解决不了也要想办法帮他解决。小米一路走下去,如果能够踏踏实实地维护好一两百万的用户,这些用户真的是认可我们,对这个品牌的忠诚度、认可度很强,其实就够了,不要想太多。

可怕的米粉就是如此制造了一个强大的扭曲力场。但是,这个扭曲力场的源头还是产品。

资料来源:http://www.tmtpost.com/53443.html

案例思考 社交媒体时代,小米手机是如何完成大规模定制营销的?

本讲实训

一、实训目的

了解定制营销出现的原因与实现途径。

二、实训内容

以小组为单位,搜集社交媒体环境下,企业实现定制营销的案例。通过分析现实企业实现定制营销的模式,总结定制营销的路径。

三、实训步骤与要求

1. 教师明确实训目的、任务和评价标准。
2. 班级成员分为若干小组,每组6～8人。实行组长负责制,成员合理分工,团结协作,专人负责活动记录和资料整理。
3. 每个小组通过查阅资料搜集成功实施定制营销的企业案例。
4. 小组成员以团队为单位,分析这些企业案例是如何实施定制营销的。
5. 各小组对小组讨论进行整理,并制作PPT。
6. 各小组在班级进行PPT演示,汇报观点并讨论、交流。
7. 班级演示之后,由指导老师点评和总结。

参考文献

[1] B Joseph Pine Ⅰ I. Mass customization: the new frontier in business competition[M]. Harvard Business Press, 1999.
[2] Choi T M. Optimal Return Service Charging Policy for a Fashion Mass Customization Program[J]. Service Science, 2013, 5(1): 56-68.

[3] Da Silveira G, Borenstein D, Fogliatto F S. Mass customization: Literature review and research directions[J]. international Journal of production economics, 2001, 72(1): 1-13.

[4] Fogliatto F S, da Silveira G J C, Borenstein D. The mass customization decade: an updated review of the literature[J]. International Journal of Production Economics, 2012, 138(1): 14-25.

[5] Gilmore J H, Pine B J. The four faces of mass customization[J]. Harvard Business Review, 1997, 75(1): 91.

[6] Liao K, Deng X, Marsillac E. Factors that influence Chinese automotive suppliers' mass customization capabilities[J]. International Journal of Production Economics, 2013.

[7] Zipkin P H. The limits of mass customization[J]. MIT Sloan Management Review, 2001, 42(3): 81-87.

[8] 陈昆玉,覃正. 大规模定制:企业竞争的新范式[J]. 科学学与科学技术管理,2002(2):49-51.

[9] 顾新建,陈子辰,熊励,等. 我国汽车制造业大规模定制生产模式研究[J]. 中国工业经济,2000(6):37-41.

[10] 李靖华. 基于大规模定制的服务创新策略[J]. 科学学研究,2005(2):283-288.

[11] 吕巍,林海燕,谢巧玲. 大规模定制的原理[J]. 企业管理,2002(3):48,49.

[12] 邵晓峰,黄培清,季建华. 大规模定制生产模式的研究[J]. 工业工程与管理,2001(2):13-17.

[13] 周水银,陈荣秋. 大规模定制的发展与应用研究[J]. 中国软科学,2003(1):155,156.

[14] 周晓东,邹国胜,谢洁飞,等. 大规模定制研究综述[J]. 计算机集成制造系统——CIMS,2003(12):1045-1052,1056.

水平营销

加油站超市

加油站一直是汽车加油的地方,但我们经常能看到加油站也会卖别的商品,如口香糖、零食、饮料、糖果等(主要是冲动性的消费品)。前些年,加油站开始卖起了报纸、杂志、影碟和胶卷。在某些地方的加油站开始卖起了食品。

在过去的5年里,汽油价格和税收的持续增加使得加油站受到了冲击。为了找到其他路子挣钱,加油站打起了开超市的主意。同时,由于社会发生变化(夫妻双方都工作的家庭大大增多),加上人们几乎无暇购物,这样,许多来加油站加油的顾客会愿意同时买些如面点、土豆等理性消费品。一些石油分销公司决定在它们的加油站开设品种齐全的食品超市。如今,在绝大部分城市的加油站都能买到水果、面包、蔬菜、水、咖啡、香肠等商品。

在加油站卖食品的一个重要优势在于,食品的价格相对油费而言显得够少了,"买一包2美元的零食相对于30美元的油费来说算什么",顾客不会去考虑同一种零食在普通超市只卖1美元。另外,顾客在此购物无须担心停车问题。他们只需将车子停在油泵和食品超市旁即可。通常他们在店里平均花5分钟就能买齐家中所缺的物品。

如今,加油站超市为石油公司带来了一大笔收入。一加仑汽油的利润是1%,而超市内商品的平均利润竟高达50%。

资料来源:菲利普·科特勒,费尔南多·德·巴斯.水平营销[M].陈燕茹,译.北京:中信出版社,2008:52.

本讲知识结构图

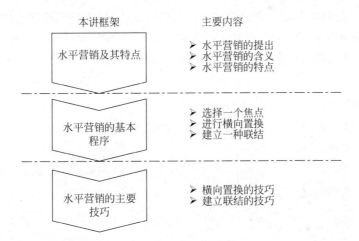

从加油站超市所表明的内容,我们可以清楚地看到,最成功的营销创意已经不再是单纯地界定某一个市场,且无限细分或重新定位市场的模式,而是通过横向思维和水平营销思维进行营销活动的模式。

本章的目的便是阐明相对纵向营销而言的水平营销的框架和理论。全球创新思维的权威人士爱德华·德·波诺指出横向思维是诞生创意的理想途径。科特勒认为:水平营销思维将为营销公司带来更大的帮助,而传统营销的思维已不再能引领我们重现往日的辉煌。但是,对于传统的营销思维,我们并非弃之不顾。现今的营销理论仍是至关重要的,我们提出横向思维旨在拓宽人们对营销思维所取得的成就的认识。目的在于开拓营销思路,跳出序列和逻辑过程的束缚,进而帮助企业在产品愈加同质和超竞争的市场中立于不败之地。

一、水平营销及其特点

20世纪末期,对发达国家的企业而言是繁荣的时代,这种繁荣归因于长期和平稳定、人口的大幅度增长及期望寿命的延长。除了这些因素外,日益复杂的企业营销在其中发挥了至关重要的作用。营销者花大量的钱来研发新产品,引导消费者并与消费者沟通,求得产品试用、重复购买和品牌忠诚。然而好景不再,在21世纪初的今天,市场营销环境变得越来越复杂,同时给企业带来了前所未有的挑战,成功的获得也变得越来越难。

(一)水平营销的提出

在最为发达的市场,传统的垂直营销策略,如市场细分、目标市场选择和定位等作为能产生竞争优势并且转化成商业机遇和新产品的机制,日渐开始暴露其不足之处。因为,当一个大市场不断被瓜分,变成无数的小市场的时候,最终会导致市场的饱和与极度细分,企业要找到有利可图的细分市场就会变得相当困难。继而使得利润空间变得越来越小,几乎不足以支撑一个产品和品牌的成长。

因而,市场营销理论已经到了急需新思路的转折点。具体原因是:

1. 竞争者

从波特的"五力"模型(见图12-1)我们可以看出,竞争者包括:行业竞争者、潜在进入者、替代者、供应商和消费者。在这个快速发展的时代中,资本的流动日益加速,使得全球生产要素不断地重新组合,进而产生一定的利润。为了分得一块蛋糕,各种竞争者便会竞相进入该行业,从而使得利润空间变得越来越小,新的营销理论亟待产生。

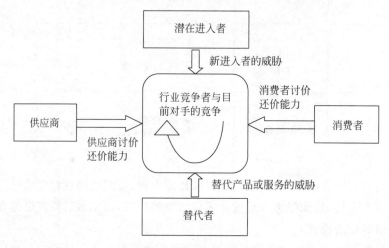

图 12-1　波特竞争五力模型

2. 技术创新

首先,技术日益成熟,技术创新速度日益加快,企业推出新产品也变得而越来越容易,尤其是当它们有过剩的生产能力时。它们可以随意地改变配料、味道、设计或者包装,而这些变化只需要加工流程有一些小小的变动。这样,产品的推出成本降低了,推出速度加快了,但是产品在市场上的存活期却缩短了。

其次,从耐用品来看,高效的生产使得更新换代比维修还要便宜。这更加快了本已疯狂的推陈出新的节奏。

最后,数字时代推动了新产品与新服务的亮相,技术加快了创新的节奏和新产品的增长速度,互联网促进了新品牌和新经营方式的出现。

但是,由于技术日益成熟,技术创新就变得日益艰难。为了满足消费者对产品的日新月异的需求,不得不从其他方面入手,保证企业在激烈的市场竞争中立于不败之地。

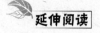

双汇玉米肠

双汇集团作为中国肉制品行业的龙头企业,过去曾经靠着传统营销模式和市场细分的方法,成功推出了"双汇火腿肠"、"双汇王中王"和"双汇鱼肉肠"等让消费者喜爱的产品,不仅促进了企业的飞速发展,使双汇集团成长为年销售200多亿元的特大型企业集团,更推动了中国肉制品消费由高温到低温、由热鲜到冷却的不断升级,加速了中国肉食行业的产业升级换代。

然而由于市场的过度竞争,双汇产品的热销引来了大批的竞争厂家,它们争相模仿双汇的旺销产品,甚至为了抢夺份额而不避恶意抄袭的嫌疑。如果你对生活和肉食品的购买和消费稍加留心的话,你就会发现目前市场上的高低温肉制品琳琅满目,数不胜数。柜台前各个厂家促销人员"你方唱罢我登场"式极其卖力的促销和劝说,让消费者眼花缭乱、无所适从。

但是双汇没有停滞不前,在新产品的研制与上市推广中,双汇集团的产品创新敢于打破条条框框的束缚,鼓励新原料、新工艺、新配方、新技术的大胆应用,给予研发人员一定范围内的试错率,对成功上市的产品则根据所创造的市场效益和利润回报给予相关研发人员以较高的开发奖励,极大地调动了技术人员研发新产品的积极性、主动性和自觉性。

难能可贵的是,在引领中国肉类行业新品研发和推广的长期探索中,双汇集团善于总结和借鉴相近行业新产品上市的成功经法在产品研发和上市推广上的小试牛刀,给双汇集团产品研发以极大的信心和鼓舞。

2004年,双汇集团把高温肉制品升级换代的历史使命赋予在欧美市场上极为流行的热狗肠产品上,研发人员认为将热狗肠和玉米建立联系一定会得到目标消费群的喜爱,市场和研发人员头脑中闪过一丝创意的火花。但在消费者意识中,传统意义上的热狗肠只是蛋白粉和鲜肉以一定比例结合的产物。热狗肠和玉米分属于两个明显不同的类别,它们之间存在着一个极大的鸿沟。

仅仅把玉米淀粉混入到蛋白粉中,消费者吃不到玉米的清香味、体味不到玉米的柔滑感觉。要让消费者真心喜爱添加玉米的热狗肠,就必须将采摘下不久的鲜冻玉米粒加入到热狗肠中,且保持鲜嫩玉米粒的原型原色原味,这已经超越了传统细分市场的方法,是水平营销中的一个大跨越。而一个伟大的创意,一个足以给中国肉食品消费带来革命性变革的产品,就在这一个跨越的不经意间完成!

资料来源:刘登义.双汇玉米肠:水平营销打造"热迷"品牌[J].中国品牌,2007(3):84-87.

3. 产品品牌

生产者在不断地向市场投放更多的产品,它们使需求信息迅速转化为产品供给,进而使得同质化产品日益增加。同时,产品线日益丰富,品牌也越来越多。表12-1显示了1975—2000年美、英、德三国商品注册品牌的增长幅度。[①]

表12-1 1975—2000年美、英、德三国商品注册品牌数

年份	美国	英国	德国
1975	30 931	11 440	12 828
1995	85 557	33 400	21 934
2000	109 544	65 649	70 279

品牌数量的急剧增长有以下三个原因。

(1) 某些特定购买群体(细分市场)的特殊需求乃至更小范围的消费群体(利基市场)

---

① 资料来源:世界知识产权组织(World Intellectual Property Organization,WIPO),www.wipo.int/ipstats/en.

的特殊消费需求客观存在。通过市场细分策略的运用可确定这些需求。

(2) 更多的品牌使得竞争对手更难进攻。要同时打败多个品牌要比打败某一类别的主导品牌更加困难。

(3) 生产者有多一些品牌在手,与分销商谈判时就更有底气。在一个品牌上讨个更高的价格会弥补在另一个品牌上更大的让步。

品牌的增多以及同质化产品的增多就要求企业创造新的思维,以便在市场竞争中抢夺更多的市场占有率。

4. 消费需求

通过以上几点,我们可以看到要打动消费者几乎成了"不可能的任务"。首先,城市化进程加快,消费者日益增多。再者,随着收入水平提升,用于消费者可支配的支出不断增加。最后,消费者需求日益广泛,情感需求、个性需求日益扩大。

5. 营销绩效

一方面,促销手段日益丰富,营销形式五花八门;另一方面,广告促销等营销手段已无法更有效地唤起消费者的消费欲望。面对铺天盖地的广告和眼花缭乱的商品,顾客们已经变得非常挑剔。他们对多数广告都不予理会,也不觉得这样会错过什么重要的东西。学会了视而不见,充耳不闻。因此,商家需要运用多渠道打广告来确保广告的覆盖率,这就使得推出新产品的费用变得更加高昂。所以,新奇也许是抓住注意力的唯一法门。

(二) 水平营销的含义

竞争的日益加剧和新一轮的产能过剩已经将企业再次推向了微利时代!于是,如何努力提高营销力,以求得持续生存与发展,成了现代企业迫切需要探求的问题。在上述背景下,菲利普·科特勒提出了一种全面创新的营销方式——水平营销。

科特勒在《水平营销》一书中提到,水平营销是一个工作过程,当它被应用于现有的产品和服务时,能够产生涵盖目前未涵盖的需求、用途、情景或目标市场的创新性的新产品或新服务,因此,它是一个为创造新的类别或市场提供了很大可能性的过程。我们可以从以下几个方面来理解这一含义。

(1) 一个过程。水平营销是一个过程,它是由一系列营销行为所构成。

(2) 有法可依。水平营销的过程遵循一个有条理的序列。

(3) 用于客体。它被应用于一个现有的客体。例如,用于产品、服务或行业。

(4) 带来创新。它所带来的创新在许多情况下可能是新类别、新亚类别或新市场。

一言以蔽之,水平营销改变了产品的情境、目标、需求和用途。

因此,我们将水平营销定义为将已知信息进行重组,通过富有探索性、可能性和诱导性的创新思维,通过对产品做适当改动来产生新用途、新情境、新目标市场以开创新类别、重组市场,从而帮助企业在产品日益同质化和超竞争的市场中立于不败之地的行为过程。

费雷罗的"金达巧克力蛋"

"金达巧克力蛋"是一种用巧克力做的包着精巧玩具的蛋形儿童糖果。其创意来自意大利糖果业巨头费雷罗。该产品于1972年首次在意大利亮相。随后"金达巧克力蛋"很快征服了所有欧洲人的心（包括小孩和大人）。当"金达巧克力蛋"刚面市的时候，零食市场主要的品种包括糖果、口香糖、坚果、花生和巧克力等。当时市场已经细分到一定程度，如今更是有过之而无不及；而巧克力类的品牌更是趋于饱和，市面上的巧克力不仅大小各异，种类各异，而且口味齐全，为的是竞相赢得小孩和父母的偏爱。费雷罗很好地把握了这一点。

当公司决定推出一种新的巧克力产品时，它本可以考虑改变该产品的味道或功能、成分、设计等（传统的创新思维）。但是，费雷罗推出了一个新奇的概念：附带有玩具的巧克力蛋——每颗巧克力蛋里的玩具都是可供儿童收集的一系列玩具中的一员。

巧克力里边包玩具？假如我们考虑在巧克力市场中寻求创新，玩具会是不合逻辑的选择。金达巧克力蛋在电视广告上将自己定位为健康食品——富含热量和碳水化合物。而蛋形的大小给儿童提供了合适的巧克力摄取量。当孩子们打开巧克力蛋时，他们会被里边的玩具所吸引，并开始玩起里边的玩具，不再嚷着要更多的巧克力了。这两点使得父母（购买者）相信金达巧克力蛋就是他们在众多糖果中的最佳选择。是父母给孩子购买巧克力，而且他们需要了解和控制孩子的饮食，以避免孩子变得肥胖。

对儿童而言，金达巧克力蛋可谓是一吃两得：巧克力和玩具。金达巧克力蛋通过创造新的功能重新定义了客户价值和糖果市场。也就是说，儿童需求糖果不仅仅是好吃，同样也为好玩。目前，金达巧克力蛋仍是该领域的领导者，尚无其他竞争者可以与之抗衡。金达巧克力蛋在吃的需求中加入了玩的需求，市场立刻发生了改变。

资料来源：http://www.chinatat.com/new/173_189/2009a8a21_sync28601037391112890024050.shtml

（三）水平营销的特点

1. 创新思维

水平营销首先是创造性的思考，科特勒称之为"跳出盒子的思考"，它不同于纵向营销的逻辑思维，本质上是一种横向的基于直觉的创造。它是将已知信息进行重组，通过更不具选择性但更富有探索性、可能性和诱导性的创新思维，从微观过渡到宏观。有人说，水平思考是通过改变角度改变思想，而水平营销是通过改变产品而改变世界。

水平思考在中国有着悠久的历史，中国人善于在垂直思考陷入困境的时候，运用水平思维，让问题迎刃而解。有时候，换个角度思考就可以扭转乾坤，改变结果。曹冲称象就是一个典型的水平思维中的替换方式，他把过于庞大、无法称重的物体用体积小、可称重的物品代替，进而称重。

2. 横向整合

水平营销是一种横向营销，与纵向营销相区别。纵向营销（垂直营销，vertical marketing）方式是一种市场细分与定位基础上的营销，即将市场进行细分，找出消费者的重要特征进行定位，然后推出面向消费者需求的产品。

短期来看，市场细分及定位可以获得竞争优势。但是，长期来看，这种过度符合逻辑的定位及细分容易导致丢失创意。水平营销所探索的是所有纵向营销无法抵达的市场和领域，即通过改变产品以增加需要、用途、情境或目标市场，来对产品进行重组。纵向营销与水平营销示意图如图 12-2 所示。

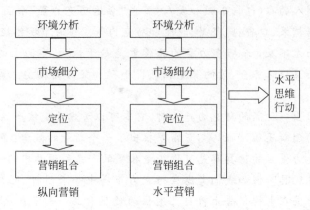

图 12-2　纵向营销与水平营销示意图

3. 外部创新

水平营销的创新是一种源于原有市场外部的创新,这种创新最大的好处是能够开拓一个新的市场,而不是夺取原有的市场。通过原创性的理念和产品开发来激发出新的市场和利润增长点。

达能 Actimel

20 世纪 90 年代末,法国食品巨头达能公司在鲜奶制品市场中引入了全新的品种——Actimel。随便问一个知道 Actimel 的人,他都会告诉你:Actimel 既不是酸奶也不是果汁,而是一种全新的产品。Actimel 是一种携带成千上万个能增强抵抗力的发酵菌——免疫干酪乳杆菌的鲜奶制品。

有趣的是,Actimel 的消费者不是病人。它不是处方药,在超市中的酸奶区有销售,面向的消费者是那些注重饮食健康的人们以及儿童。

成千上万个免疫干酪乳杆菌,它们究竟是什么?达能,一个值得信赖的品牌,宣称它们可以增强体质。如果加上口感好(的确如此),又是鲜奶制品,顾客就会认为它不错。Actimel 是小包装,不会多得影响胃口。它既不是软饮料,也不是酸奶和果汁,却在欧洲市场畅销。

资料来源:菲利普·科特勒,费尔南多·德·巴斯.水平营销[M].陈燕茹,译.北京:中信出版社,2008:51.

4. 补充功能

水平营销是对纵向营销的一种补充。实际上,并不存在水平营销优于纵向营销的说法,两者是不可或缺的互补关系。纵向营销是在已经界定的市场领域之内展开营销,获得竞争优势;而水平营销是进一步在某一界定的市场领域之外展开营销,努力寻求新的市场开拓。而且,如果新类别新市场开创后没有纵向营销来匹配,水平营销也不能充分地发展。

二、水平营销的基本程序

水平营销,先要选定是以产品还是以服务为起点,以便开始针对具体的产品或服务进行聚焦。对一种产品或服务有两种选择:选择我们要营销的产品或服务;选择一种我们难以竞争的产品或服务。选定了产品或服务之后,再通过以下三个步骤来进行实施。

(一)选择一个焦点

在传统的纵向营销中,有三个层面可以作为水平营销的横向发展平台,分别是产品层面、市场层面以及营销组合层面,如图12-3所示。

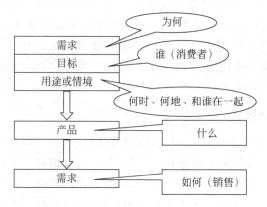

图12-3 选择一个焦点的层面

产品层面包括实际的解决方案(什么);市场层面包括功能或需求(为何)、消费者和购买者(谁)、用途或情境(何时、何地、和谁在一起);而营销组合层面则关心如何去销售产品。水平营销的过程是对这些因素中的一种进行横向置换。

(二)进行横向置换

进行横向置换的目的实际上是为了制造营销空白。水平营销的基础就是制造营销空白,没有空白,就没有水平营销。假如发生置换之后没有产生空白,就表明我们在进行的是纵向营销,而不是水平营销。制造空白的方法是暂时中断逻辑思维。

倘若逻辑思维是我们从小接受的训练,怎样才能中断逻辑思维呢?爱德华·德·波诺在其《横向思维》一书中介绍了一些具体的技巧。之后,又有许多人想出了许多置换方法来中断逻辑思维。而几乎所有的技巧都是以下面这6种基本方法为基础的:替代、反转、组合、夸张、去除、换序。

横向置换与头脑风暴的概念比较容易混淆。当一群人围绕一个特定的兴趣领域产生新观点的时候,这种情境就叫作头脑风暴。横向置换似乎与头脑风暴意义相同,但实际上两者既有相似之处,又存在一些区别。相似之处在于:评估总是会中断一段时间。而不同之处在于:

(1)头脑风暴总是涉及群体;横向置换可以单独或集体来做。

(2)头脑风暴产生许多点子;横向置换在序列中仅仅引入一种可能。

(3)头脑风暴常常缺乏制造空白的具体技巧;水平营销的6种技巧均可提供方向。

(4) 建立联结并不总是头脑风暴的一部分；然而没有这一步，横向创新的过程就无法完成。

"老大哥"真人秀

在"老大哥"真人秀节目（Big Brother）推出之前，电视竞赛游戏节目的模式都要求竞争选手回答问题，获胜者将赢得奖励。节目有参与者、导演、剧本，一般持续一两个小时。但"老大哥"真人秀节目却完全改变了整个套路：没有剧本，没有具体的竞赛规则，没有中场休息。竞赛主要真实记录12个人的室内生活。观众观察这12个人的生活、举止和性格，选出他们喜爱的选手，每周都会有一个参赛者被淘汰出局。

在许多国家，"老大哥"都是热门的电视节目，它创造了"电视竞赛＋真实生活"的新模式。

资料来源：http://www.chinatat.com/new/173_189/2009a8a21_sync28601037391128900240 50.shtml

（三）建立一种联结

对于已经产生的不合逻辑的刺激，应当具体分析，以提取其中有价值的信息。科特勒认为，进行横向置换只是为了对焦点进行的刺激，一旦填补了空白就要将其丢开。假如坚持保留刺激，你永远都不能解决问题。"刺激就好比从花瓣上挤出香精，我们挤榨花瓣，获得一些香精就丢掉这些花瓣，一片花瓣所能提取的香精很少，但是只需几滴就足够配制一瓶香水了。"

然而，是否是"香精"，关键是要看，从中提取的是否是有价值的信息。为此，我们有必要进行价值评估。进行评估的技巧有三种：逐步跟踪刺激的购买过程；提取有用和积极的事物；找一个可能的情境。

三、水平营销的主要技巧

（一）横向置换的技巧

(1) 替代，指的是针对市场、产品和其余组合，在水平方向上分别寻求相应的替代事件来进行横向置换。

(2) 反转，指的是针对市场、产品和其余组合，在水平方向上分别寻求相反的事件来进行横向置换。

(3) 组合，指的是针对市场、产品和其余组合，在水平方向上分别寻求相应的组合事件来进行横向置换。

(4) 夸张，指的是针对市场、产品和其余组合，在水平方向上分别进行夸张安排来进行横向置换。

(5) 去除，指的是针对市场、产品和其余组合，在水平方向上分别去除相应的事件来进行横向置换。

(6) 换序，指的是针对市场、产品和其余组合，在水平方向上分别改变相应事件的程序来进行横向置换。

下面我们用同一事件来说明这6种技巧。以"在圣诞节平安夜给朋友送苹果"(聚焦于产品)为例：

替代：平安夜送橙子。

反转：一年之中除了平安夜之外，每天都送朋友一个苹果。

组合：平安夜送苹果和橙子。

夸张：平安夜送一大堆苹果。

去除：平安夜不送苹果。

换序：平安夜由朋友向自己送苹果。

所有的操作都引出了不合逻辑的结果，它们显得荒唐；它们看似无用，因为它们都产生了一个空白。然而假如你能够制造空白，水平营销就成功了一半。

 延伸阅读

Hero 的麦条

麦片有很多好处：富含营养，有益健康。Hero公司生产各种食品，但在早餐麦片市场占有的份额却不高。公司如何在麦片市场提高占有率？麦片市场早已饱和了，Hero公司为避免卷入价格战，它们选择的出路是重新定义麦片的使用价值。它们选择了把麦片当作任何时候都能食用的健康食品，而不是当作常吃的早餐。如果把当点心的麦片用袋装，会很不方便。所以它们就采用一种客户熟悉的巧克力条的形状。麦片加上巧克力条的形状就出现了新的产品——麦条。

这种现在看起来平常的产品，在当时却是一个突破。它是一个新的产品，并由此创造了新的消费市场。如今该公司是欧洲市场麦条类产品的领头羊之一。这个创意究竟是怎么产生的呢？其创新在于跳出了"早餐麦片"的常规市场定义。Hero公司没有在既定常规市场上创新，而是跳出了既定市场寻求新的价值定位。这样就带来了新的产品和新的市场。这种水平营销的过程将麦片市场拓展到了一个新的领域。

资料来源：菲利普·科特勒，费尔南多·德·巴斯,著.水平营销[M].陈燕茹,译.北京：中信出版社，2008：55.

(二) 建立联结的技巧

1. 跟踪购买程序

在跟踪购买程序中，记录下每一个环节可能产生的空白或刺激，从而为建立联结寻求途径。

以电影院里的爆米花为例，电影院里一对情侣购买和消费爆米花，但购买后因为黑暗看不清楚——点子：荧光爆米花；吃爆米花引起口渴就会出来买饮料——口渴效应：免费爆米花。

在这里联结就在于说服爆米花商人在电影院入口处摆放免费的爆米花，因口渴多卖一份饮料的利润数倍于一份爆米花；将爆米花撒上彩盐变成荧光爆米花。

2. 提取积极事物

在不合理的空白或刺激中寻找积极因素。随后忘掉刺激，采用其他方法来产生积极效果，建立联结。

以顾客购买后又总会退回的画为例，顾客在画廊购买画以后，有两种购后结果：一是不满意退货，是消极效果，抛开它；二是要求换货，不用退钱，是积极效果。

产生的联结就是：出售与出租结合。对那些关注装饰效果而不关心所有权的人，只需要买一次画，每数月可以更换一次画，每数月都会提供一次选画服务。

3. 寻找可能情境

寻找一个可能的情境（环境、身边的人、地点、时间、场合），然后移动或改变刺激，直到适合那个场景为止。

以夫妻冷战时送玫瑰花为例，适合送玫瑰花的一个情境是男女双方有一方想道歉（通常是男方）。这样，送玫瑰花便表示他感到抱歉，想要和好。

产生的联结就是：我们得有一个为人们接受的具体的沟通代码，所以必须通过广告推广来教育消费者。为了与情人节区别开来，我们可以推销这样的点子：5朵白玫瑰代表着"s-o-r-r-y"这5个英文字母。如果大家都知道了，那么每对夫妻每年就可能会买一两次5朵白玫瑰（除情人节外）。

建立联结并不容易，但也不十分困难。它需要联系和培训，还需要在观察刺激时保持非常积极的心态。

为了证明这一点，我们将分别从三个层面来举一些联结的例子。

1）市场层面

目标组合：父母与孩子共享香槟。联结可以是不含酒精但却能起泡的苹果汁制成的"假"香槟。

功能夸张：永远用不完的铅笔。这是可以更换碳铅的自动铅笔的创意由来。

功能去除：不会跑的车。这是汽车模型装置的来源。

功能换序：由读者写的书。由许许多多的人每人写一页（接龙）。每写出一页都上传到一个网站上。访问者将投票决定是否采用这新的一页。这样的小说在出版前就有上千万的读者了。

2）产品层面

替代：热狗甜饼替代热狗卷。其中联结思路可以是一种可爱的儿童午后小吃。巧克力饼干居然模仿起各种各样的三明治：热狗、汉堡、火腿和奶酪。

反转：不送货上门的比萨饼。冷冻比萨饼的由来。

组合：装有汽车油量显示器的钢笔。这将导致一种新型钢笔的产生。这种笔能显示所剩墨水还能写几个小时。

去除：不带显示器的手提电脑。适用于配备了台式显示器的地方，是携带处理器和文件的好方法。

换序：先看照片，再冲洗胶卷。由此产生了照片预览服务。

3）市场营销组合层面

替代（价格）：用银行贷款购买纸尿片。婴儿的所有需求费用都等到孩子5岁时再由银行向你收取（包括利息）。

反转（价格）：不标价的商店。公司可获取同一产品在本市的各类商店中标价的最新信息，并据此提供一种自动打出最低价格的服务，从而向顾客担保不逛别处就能享受最低价位。

组合(渠道):在杂货店和加油站都可以购买汽油。汽油分销公司可推出一种在加油站付款或直接插入油泵就能自动加油的油票。这种油票可以在杂货店买到。

去除(宣传):无广告或品牌的服装。这种营销针对的是反对全球化的人。没有商标意味着利润将流向生产这些服装的不发达国家。

换序:打电话先付费。这是电话卡的由来。

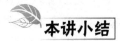

竞争的日益加剧和新一轮的产能过剩已经将企业再次推向了微利时代。于是,提高营销力成了现代企业迫切需要探求的问题。菲利普·科特勒提出了一种全面创新的营销方式——水平营销。水平营销是一个工作过程,当它被应用于现有的产品和服务时,能够产生涵盖目前未涵盖的需求、用途、情境或目标市场的创新性的新产品或新服务。水平营销具有创新思维、横向整合、外部创新和补充功能四个特点。

水平营销的基本程序主要有:选择一个焦点;进行横向置换;建立一种联结。企业的决策者在了解这些基本程序的同时还要明确:为了完成水平营销,技巧的学习是必不可少的。这些技巧主要包括横向置换的技巧和建立联结的技巧。横向置换的技巧有:替代、反转、组合、夸张、去除、换序。建立联结的技巧是:跟踪购买程序、提取积极事物、寻找可能情境,并从实践的角度对这些技巧进行了讲述。

1. 简述水平营销提出的原因。
2. 什么是水平营销?
3. 水平营销的特点有哪些?
4. 试结合实例说明水平营销与纵向营销的区别。
5. 水平营销的基本程序有哪些,各有什么作用?
6. 横向置换技巧与建立联结的技巧有哪些?
7. 通过实例说明水平营销技巧是怎样运用的。

节能发电大厦

传统概念中,办公大楼是消耗能源大户,采暖、空调、照明、热水等消耗大量的能源。而广州新落成的珠江大厦,是世界上诞生的第一座零能耗的超高层写字楼。

零能耗不是说珠江大厦不需要能源,而是它能最大限度地降低对外部能源的依赖,所用的能源能自给自足。广州地处珠江三角洲,一年当中,有10个月盛行东南季风。珠江大厦按照"东南—西北"朝向迎风而建起,迎风面也设计成弧形来捕捉更多的风量,并首次在建筑内部安装了风力发电机。

同时,由于地处北回归线以南的热带地区,广州的太阳能资源也相当丰富,广州的日照长达1800小时。珠江大厦的玻璃外墙上,安装了太阳能电池,可以直接供电,或者提供热水。更巧妙的是,这些太阳能电池是与大厦遮阳系统集成在一起,以最佳角度捕捉太阳光。通过传感器,智能遮阳系统能够根据太阳运动的轨迹和天气状况,改变百叶窗片的角度,控制进入室内的光线。这样既避免直射增温,又让太阳能电池得到充分照射。

建筑节能是未来的趋势。在迪拜的一座节能大厦旋转楼高80层,每一层都可以360度独立旋转。为了驱动楼层旋转,每层旋转楼板之间都安装了风力涡轮机,并且在大厦屋顶还装有大型太阳能板,最高年发电量相当于一座普通的小型发电站。这些能量不仅能供大楼自己使用,还能将多余的电力传输给电网,为周围其他建筑物提供电力。

节能建筑的问世,是水平营销的"墨镜"和"潜望镜"工具的组合运用。用"墨镜"的思想去除了额外的能源供给,再用"潜望镜"看到了与建筑本不相干的组合——太阳能发电系统。于是一种全新的建筑模式诞生了。

资料来源:http://www.sino-manager.com/u/2010629_16524.html

案例思考:

1. 试评节能大厦的营销理念。
2. 从水平营销的角度分析节能大厦对于企业的节能创新有什么启示?

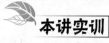

本讲实训

一、实训目的

1. 深化学生对水平营销所考虑问题的认知,开拓学生的视野。
2. 了解水平营销的主要技巧,并能够在遇到问题时准确地运用所学的技巧来解决问题。
3. 训练学生的表达能力、团队合作能力和及时应变能力。

二、实训内容

1. 以小组为单位,选择一个企业并搜集资料。
2. 分析这家企业内部是否存在水平营销,如果存在,讲述运用了怎样的水平营销技巧。如果没有水平营销,为其设计水平营销策略。
3. 每个小组形成一份完整的分析文稿,并制作课件。

三、实训组织

1. 教师提前一周至两周布置,学生在进行充分课外准备的基础上,根据本课程课时总量安排进行课堂讨论。
2. 在班级范围内,以学生个体为单位自由发表见解,或分组展开讨论。
3. 如果以分组方式展开讨论,则每个小组的成员以6~8人的规模为宜。每个小组需选出一位在班级范围内发言的代表,发言代表在发言时,需说明小组内讨论情况,以及每一位成员的贡献。
4. 在模拟演练部分,可以采取两人对话的方式,或者单人介绍的方式,由小组成员自行决定。

四、实训步骤

1. 根据可安排的课时量,确定在班级范围内发言的学生或学生小组的数量。

2. 依次安排上述学生或学生小组发言,发言内容应制作PPT同步播放。

3. 对每一轮发言,教师应激励并安排具有不同见解的同学或小组之间展开相互质询。

4. 教师对讨论过程和观点进行评价,并根据学生在整个讨论过程中的表现记录一次平时成绩。

参 考 文 献

[1] Fred Newell. The new rules of marketing[M]. London:Nicholas Brealey Publishing,1999.

[2] Martin Roll. Asian brand strategy:a new paradigm for boardrooms[J]. The Edge Malaysia,2008(8).

[3] Philip Kotler,Fernando Trias de Bes. Lateral marketing[M]. Published by arrangement with John Wiley & Sons. Inc. ,2005.

[4] Philip Kotler. Marketing management—analysis, planning, implementation, and control, prentice [M]. Hall,Inc. ,1996.

[5] Pinegar Jeffrey S,Lee Emory Grace. Lateral marketing:new techniques for finding breakthrough ideas [J]. Journal of Product Innovation Management. 2005,(5):454-456.

[6] Willem Burgers. The marketing you never knew[M]. Ning Xia Press,2004.

[7] 菲利普·科特勒,凯文·莱恩·凯勒. 营销管理[M]. 王永贵,译. 上海:上海人民出版社,2009.

[8] 菲利普·科特勒,费尔南多·德·巴斯. 水平营销[M]. 陈燕茹,译. 北京:中信出版社,2008.

[9] 郭毓东,徐亚纯. 水平营销:21世纪市场营销创新[J]. 发明与创新,2006(9):7-9.

[10] 罗凤莉. 超越用户导向的水平营销[J]. 图书情报工作,2008(8):137-140.

[11] 马君. 营销创新的新视野[J]. 商场现代化,2007(49):216.

[12] 牛琦杉. 论水平营销及其应用[J]. 企业活力,2006(12):30,31.

[13] 沈宏彬. 运用中国文化元素进行产品层面的水平营销[J]. 企业活力,2009(6):46-48.

[14] 王金献,吴杰. 试析营销的理论发展及水平营销理论[J]. 河南大学学报,2007(176):98-103.

[15] 王金献,吴杰. 试论水平营销的方式及其研究意义[J]. 企业活力,2007(8):28,29.

[16] 印文郁. 论水平营销创新[J]. 江苏商论,2006(9):105,106.

[17] 于雪飞,崔迅. 基于水平营销的价值创新策略[J]. 企业活力,2006(9):46,47.

[18] 姚卫如. 水平营销——产品创新思路[J]. 现代企业,2006(5):49-53.

[19] 郑昭. 水平营销理论与启示[J]. 经济纵横,2006(2):77-79.

[20] 朱毅洁,王斌. 小企业水平营销的策略研究[J]. 营销策略,2012(1):46,47.

[21] 张滨滨,李国栋,刘瑞文. 营销新思维——水平营销[J]. 商场现代化,2007(48):205,206.

速度营销

速度就是竞争力

日本企业十几年来不断衰落,究其原因是在电脑时代,因为是快速经济,技术变化太快,产品更新的速度比单纯质量上的完美更重要,而日本企业过于注重"速度"就成了它的劣势,跟不上变化的速度。所以,日本企业在数字技术领域普遍表现不佳,例如索尼推出MP3比苹果晚了两年半,反应如此迟钝,企业财务怎么可能有好的表现。而且,由于新产品上市慢,错过了最佳时机,不仅要损失利润,还会破坏品牌形象,当品牌贬值之后,"品牌溢价"必然降低,再推出新产品就更不容易定一个好价钱,最终又导致企业盈利能力下降,形成恶性循环。

奥林巴斯是紧随佳能、索尼和柯达之后的全球第四大数码相机制造商,近年来不断亏损,到2012年亏损十分严重,最终接受索尼公司490亿日元(约合6.3亿美元)投资,导致它亏损如此严重的主要原因在于产品开发的速度太慢,而且产品设计没有跟上市场潮流,公司的新产品在推出时机上总是比竞争对手晚一个月左右。不要小看这一个月,每一代产品的更新换代都是一次小型洗牌过程。这些年,数码厂商轮番进行了疯狂的价格战、广告战及新产品战,无论在哪一轮战术上,奥林巴斯都未能占得先机,晚一个月就意味着失去了一个月的"撇脂"机会。近一两年它的新产品发布总是慢一拍,产品也比较单一,所以降价对奥林巴斯的冲击尤大,致使奥林巴斯盈利情况受到严重影响。

资料来源:卢强.速度就是竞争力 快速推出新产品实现差别化优势[OL]. http://finance.sina.com.cn/leadership/stragymanage/2005-11-21/18212135590.shtml,2005-11-21.

本讲知识结构图

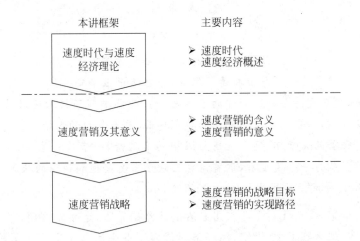

奥林巴斯的例子告诉我们,在当今时代,随着信息技术的快速发展,企业面临的经营环境发生了巨大的变化。如何快速地满足消费者瞬息万变的需求,已经成为企业竞争力的重要内容。

由于科学技术、市场需求、经济全球化和信息化的深刻影响,企业营销环境也越来越呈现出动态复杂性。市场环境的动态复杂性使原有的营销方式已经不能有效地指导企业的营销实践,企业营销正在经历着一场变革。企业传统营销手段是:以最低的成本提供最高的价值,即所谓的性价比。而新的营销手段是:在相对短的时间内,以最低成本提供最高价值。正如布莱克伯恩(Blackburn)指出的:"当消费者面临的产品质量和价格基本一样时,能尽快到手将是他们毫不犹豫的选择。"①

一、速度时代与速度经济理论

正如《兵经百篇》中所讲:"视而不见,人将先发。发而不敏,人将行发。难得者时,易失者机。迅而行之,速哉。"知识经济时代,先机即商机,兵贵神速,速度超过成本或本质,成为企业间竞争的主流,成为企业经营首要目标和核心竞争力的主要内容。

(一)速度时代

人类从远古时代一路走来,速度正在悄悄地改变着人类。今天,我们已然生活在速度时代,很多方面都与速度紧紧联系在一起。例如,在交通方面,从过去的双脚行走到使用交通工具,交通工具也由原来的步行、牛车、马车,到自行车、摩托车再到汽车、火车、飞机,而火车也从原来的时速几十公里提到高铁的几百公里;在通信方面,从口传、烽火台、书信到电话、电报,从手机到互联网,这使得人类的联系日益紧密,更加及时、方便。

---

① Blackburn, J D. Time-based competition: the next battle ground in american manufactureing [M]. Homewood, Business One Irwin, 1991.

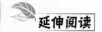

逢入京使

【唐/岑参】

故园东望路漫漫,双袖龙钟泪不干。

马上相逢无纸笔,凭君传语报平安。

《逢入京使》是唐代诗人岑参创作的名篇之一。此诗描写了诗人远涉边塞,路逢回京使者,托带平安口信,以安慰悬望的家人的典型场面,具有浓烈的人情味。诗文语言朴实,不加雕琢,却饱含着两大情怀,思乡之情与渴望功名之情,一亲情一豪情,交织相融,真挚自然,感人至深。从另一个角度看,这首诗也反映了当时交通和通信的状况。

资料来源:http://baike.baidu.com/view/155241.htm

如果说20世纪80年代对企业来讲制胜的武器是品质,是品质管理,20世纪90年代是企业流程再造,那么到了21世纪,新经济时代对企业来讲就是速度。美国管理学家维顿(D. E. Vinton)认为,在当代的经济环境中,一个企业要想生存就必须比竞争者更快地发展、生产和运送产品和服务。英特尔公司总裁格罗夫认为,从根本上讲,英特尔成功的唯一武器就是速度。① 因此,企业要在这个速度经济时代求得生存和发展的关键不再是组织的大型化和稳定性,而是必须具备高度的柔性和快速反应能力。在消费者需求频率加快、市场不断分化的速度经济时代,一个企业必须加速生产和交易过程,从而通过对竞争环境的迅速应对来获得优势。

(二)速度经济概述

速度,本是物理学上的一个重要概念,是指运动物体在某一个方向上单位时间内所通过的距离。经济,是经济学上的一个基本概念,指用较少的人力、物力、时间获得较大的成果。速度经济则是指企业因为快速满足顾客的各种需求从而带来超额利润的经济,英文称之谓economic of speed。

"速度经济"一词最早由美国经济学家小艾尔弗雷德·钱德勒(Aldred Chandler)在其《看得见的手——美国企业的管理革命》一书中提出,它指的是因迅速满足客户需求而带来超额利润的经济。全球最大的网络数据传输公司——思科总裁钱伯斯说:"在新经济中,不是大鱼吃小鱼,而是快鱼吃慢鱼。"②

1. 速度经济的提出

钱德勒在其经典著作《看得见的手——美国企业的管理革命》中首次提出"速度经济"一词,认为现代化的大量生产与现代化的大量分配以及现代化的运输和通信一样,其经济性主要来自速度而非规模。1988年,美国波士顿咨询公司的乔治·斯道克(George Stalk)在《哈佛商业评论》上的一篇论文——《时间——竞争优势下的一个来源》中提出,

---

① 资料来源于搜狐读书网,http://lz.book.sohu.com/chapter-19649-114987691.html

② 资料来源于搜狐读书网,http://lz.book.sohu.com/chapter-19649-114987691.html

利用低成本劳动力、追求低成本的传统制造已经不能适应时代的发展,对新产品差异化和对新产品开发的速度的追求导致了一种新的竞争模式——时基竞争。这就使得更多学者和企业家开始高度关注速度经济。

1990年,乔治·斯道克(George Stalk)和托马斯·霍特(Thomas M. Hout)推出一本关于时基竞争的书——《与时间竞争——以时间为基础的竞争如何改变全球市场》(Competing Against Time: How Time-Based Competition Is Reshaping Global Markets)。这本书详细介绍了时间和业务、顾客、创新、利润之间的关系,以及如何组织再造、如何成为时基竞争者、如何利用时间来帮助顾客和供应商竞争、时基竞争战略等内容。号召企业改造各项经营活动,去掉每一个商务流程中不必要的步骤和等候时间,对市场环境和顾客需求做出快速及时的反应,认为只有加快企业功能的速度才能削减成本并增加收入。

1993年,安永公司商务创新中心主任克里斯托弗·梅厄(Christopher Meyer)在《快速周期时间》一书中,主张围绕速度协同企业的目的、战略和结构,号召把时间看作与资本、技术和人一样有价值的资源。

1997年,美国科技产品营销大师瑞吉斯·麦肯那(Regis McKenna)推出《实时——为顾客永不满足的时代而准备》一书,着重描述了信息技术(尤其是网络化和数字化技术)对经济和社会变革的速度的促进,提出建立"实时公司",号召企业经理们创造一个善于感应的组织,去尽量满足"永不满足"的顾客。

1998年,德勤咨询公司的迈克·弗赖戴特(Michael Fradette)和斯蒂夫·米乔德(Steve Michaud)在《公司运动学的力量》一书中,认为在农业和工业经济时代人们所信奉的可预测性已经死亡,号召建立"运动型"的企业:企业必须自我适应、自我更新并对新需求和新机遇做出立即反应。

1999年,美国微软公司创立者比尔·盖茨在《未来时速》一书中,呼吁企业利用数字化信息技术建立类似人体的神经系统,更快地进入市场,使商务能以思想的速度进行。同年,美国应用软件整合公司 Tibco 的总裁维维克·拉纳迪夫(Vivek Ranadive)推出了《现时的力量——成功公司如何利用实时技术对变革做出感应和反应》(The Power of Now: How Winning Companies Sense and Respond to Change Using Real-time Technology)一书,倡导利用"出版/订阅"这一"推"的技术模式来把有关商务事件的信息边发生边传到需要接到该信息的人手中,使其能快速做出决定,并且呼吁建立所谓的"事件驱动型"企业。

在这样的背景下,Gartner 公司在 1998 年提出了"零延迟企业"(zero-latency enterprise, ZLE)的概念,对速度经济进行了概括。"零延迟企业"就是指对各项业务(不管是顾客问讯,还是顾客要货;不管是销售人员接单,还是仓库人员发货)做出反应所需的时间(几乎)为零的企业。也就是说,只要业务事件被这样的企业中的任何一个部分知晓,该企业的所有部分就能对这些事件做出反应;一旦信息被一个应用系统捕捉到,所有其他对之感兴趣的方面也就都能接触得到。

乔布斯的速度营销法则

迄今为止,没有哪款电子产品能让全球的用户痴迷,翘首期待,史蒂夫·乔布斯让苹果做到了。极少有企业家让世界如此顶礼膜拜,乔布斯做到了。显然,乔布斯不是一个遵循既有规则的人,而是一个为世界设定自己规则的人,也正因如此,乔布斯成为了苹果的核心竞争力。乔布斯走了,但其创立的规则还在——活着,就是为了改变世界!

乔布斯将"速度、创新"深植于苹果,甚至不惜以侵权为代价换取苹果的快速增长。在其主政之下,苹果只用了短短15年就成为全球市值最大的公司。有人认为,乔布斯不仅改变了苹果,而且在极短的时间内改变了世界,对速度的重视和推崇成为苹果在乔布斯带领下改变世界、开时代先河的法宝。乔布斯曾先后两次主政苹果,第一次是自1976年和好友斯蒂夫·沃兹尼亚克创办苹果电脑公司至1985年间;第二次是1997年,苹果通过收购他创办的NeXT公司使其回归苹果。每一次,他都推崇速度在市场竞争中的作用。

苹果公司创办之初,市场上多为商用电脑,不仅外形笨重,而且造价不菲。乔布斯和他的合作者们仅花费了几个星期,就组装好了世界上第一台个人电脑——苹果Ⅰ号,不仅小巧轻便,而且操作简单,自此开启了个人电脑时代。次年,他们又快速研发推出苹果Ⅱ号,引来了市场的疯狂追捧。这也直接促成了苹果公司的上市。1980年12月12日,苹果公司股票公开上市,在不到一个小时内,460万股全被抢购一空,当日以每股29美元收市。按该收盘价计算,一天之内苹果公司高管中就产生了4名亿万富翁和40多名百万富翁,乔布斯"身家"排名第一。

1985年,因与公司领导团队发生分歧,乔布斯被自己参与创办的公司炒了鱿鱼。12年后的1997年,苹果公司濒临绝境,乔布斯借苹果收购NeXT强势回归,担任公司首席执行官,苹果公司的发展历史上再次迎来了黄金十年。乔布斯重回苹果公司伊始,公司亏损高达10亿美元,可以说是受命于危难之际。走马上任后,乔布斯迅速推行了一系列大刀阔斧的改革,改组了董事会,在苹果公司建立起高效的研发、执行和营销体系。

乔布斯回归的第二年,苹果便重磅推出iMac电脑,标新立异的设计立即引来非同凡响的市场销售业绩,iMac获得了《时代》杂志"1998最佳电脑"称号。iMac的推出让PC(特指IBM公司出品的个人电脑)倾轧下萎缩不已的苹果电脑重新高速增长,更让这家被认为应该关门的传奇公司的股价增长了1500%。一年下来,乔布斯便交出了盈利3.09亿美元的成绩单。

随后,新产品的推出更是令人目不暇接:1999年iMacⅡ诞生;2001年,iPod发布;2007年,iPhone出世,自此手机进入"iPhone时代";2010年4月,iPad诞生……可以说,乔布斯在带领苹果同公众预期进行一次次的赛跑,推陈出新速度之快,令业界咂舌。

乔布斯之所以重视企业发展的速度,因为他知道时间的价值。

资料来源:http://www.iceo.com.cn/guanli/112/2011/1014/232199.shtml

2. 速度经济与规模经济

1）速度经济

速度经济的思想渊源很早,马克思的产品实现理论就有相关阐述,钱德勒给出了速度经济的概念,即因迅速满足客户需求而带来超额利润的经济。

2）规模经济

规模经济(economies of scale)是指由于生产专业化水平的提高等原因,使企业的单位成本下降,从而形成企业的长期平均成本随着产量的增加而递减的经济。

3）速度经济挑战规模经济

有的学者认为,"规模经济"之路将会越走越窄。

首先"反垄断法"使规模经济难以实现。19世纪末,著名经济学家马歇尔提出,社会经济发展可能要长期面临规模效益和竞争效益的两难选择。社会要取得规模效益,就得失去竞争效益;要取得竞争效益,就得牺牲规模效益。基于这种两难选择情况,西方国家更偏向于竞争效益,如美国利用《谢尔曼法》和《克莱顿法》"棒打石油"和"刀砍微软"。

其次,全球市场空间距离拉大使"规模经济"实现难度增加。规模经济一般源于采购规模经济、生产规模经济、库存规模经济。但跨国公司的全球统一采购和再分配将造成极大的运输成本;生产本地化政策使生产规模经济很难取得;异地生产使库存规模经济无法实现。

再次,产品的个性化需求和生命周期的日益缩短使"规模经济"逐渐失去其存在的基础。同时,从企业角度看,产品寿命周期的缩短和产品更新换代的加快使企业只有采取小批量、快生产的方式才能生存。

最后,规模调整的时滞效应使规模效益受到稀释。企业生产规模是由其市场规模决定的,但市场规模扩大需要相当长的时间。一般在新产品引入期,客户对价格的敏感度较低,企业在此阶段可采用高价格,获取超额利润。随时间推移,竞争加剧,价格下降,虽然企业生产规模因市场规模的扩大而扩大,但留给企业的利润空间已被"压扁"。

反之,"速度经济"之路将会日益宽广。

首先,"速度经济"价值的根本所在是时间的有限性和稀缺性。"速度"成为一个竞争力工具。换言之,顾客会对重视他们时间的企业心生感激,并愿意为之付出更高的价格。

其次,不断变化的消费需求使"速度经济"成为企业赚取"超额利润"的主要手段。对于消费需求变化快、时尚化和个性化产品,其高价格则是创新速度创造的价值。

再次,网络科技使"速度经济"如虎添翼。新经济支柱是网络,而网络本身就代表一种速度。通过网络,企业可以对内外部信息敏捷反应、正确制定决策和快速及时执行。

最后,科技进步为企业实施快速生产提供了可能。计算机辅助设计和计算机辅助制造可以方便快捷地完成新品设计和制造。

3. 提出速度经济的原因

速度经济这个概念之所以被提出来,有其深刻的内在原因和多元的外在因素。主要有以下几个方面。

1）时间作用

时间如同空间一样,是一个重要的范畴,也是一种宝贵的资源。管理大师彼得·德鲁克在《有效的管理者》一书中曾经对时间做了经典性的描述,"时间是世界上最稀缺的资源,时间没有任何替代品,时间也没有任何弹性"。进入21世纪,时间在人们的社会经济生活中,扮演着越来越重要的角色,时间就是金钱,效率就是生命。由于社会变化加大,生活节奏加快,时间愈来愈显示出其独特作用。相对地,时间也就变得越来越珍贵。

2) 顾客需要

顾客需求是不断变化的,而且呈现快速变化之势。顾客追求简便、快捷使用商品,偏好生命周期短、转换快的商品。

3) 技术创新

技术创新不断推动经济快速发展。企业在生产经营中,通过现代先进科学技术手段,大大加快了产品研制开发的进度,缩短了产品制造的进程,提高了产品进入市场的速度和顾客满意的程度,从而增加了企业竞争的优势。

人物小传

艾尔弗雷德·D.钱德勒

艾尔弗雷德·D.钱德勒(Alfred D. Chandler Jr.,1918—2007),伟大的企业史学家、战略管理领域的奠基者之一。钱德勒1918年生于美国特拉华州,第二次世界大战期间,他从哈佛大学本科毕业后,到海军服役五年。他于1952年在哈佛大学历史系获博士学位,随后任教于麻省理工学院和霍普金斯大学。自1971年被哈佛商学院聘为企业史教授后,他一直在那里工作,直至近80岁退休。2007年5月9日,钱德勒(Alfred D. Chandler)逝世,享年88岁。

钱德勒在1977年出版了《看得见的手——美国企业的管理革命》(The Visible Hand: The Managerial Revolution in American Business),主要讨论美国企业发展过程中出现的管理革命。在这部著作中,钱德勒不仅明确提出了和"看不见的手"截然相反的"看得见的手"的论点,指明了"看得见的手"已经在企业中取代了"看不见的手",同时还在该书前言中列举了为什么管理协调"有形的手"取代市场机制"无形的手"的八个论点。

在钱德勒看来,管理协调这只"看得见的手",相比市场协调这只"看不见的手"而言,能够带来巨大的生产力和丰厚的利润,能够提高资本的竞争力,由此管理的变革会引发生产和消费的显著提高。这也就是钱德勒所谓的"企业的管理革命"。

资料来源:http://baike.baidu.com/view/1177300.htm#1

二、速度营销及其意义

(一)速度营销的含义

"速度营销"一词的雏形是菲利普·科特勒提出的"涡轮营销",是指整个公司像涡轮那样不停地运转。科特勒指出:"许多公司正在努力通过加快速度来获取竞争优势。它们将成为涡轮式营销企业,正在进一步学习时间或时间加速的艺术。它们将涡轮营销应用于以下四个领域:创新、制造、后勤和零售。"由此可见,速度营销将快速反应与顾客需要紧密地结合在一起,其是指企业快速识别环境的变化并做出积极的反应,在成本适宜和质量可接受的基础上,以有效的速度满足顾客的需要,并使其顾客价值最大化,从而实现持续竞争优势。换句话说,速度营销就是将主要精力放在如何更快地为消费者提供产品或服务,实现以快制胜的一种营销行为与过程。

速度营销是一种强调"速度胜于完美,在速度中追求完美"的营销理念。总之,速度营销的提出强调了企业除了要"做正确的事"、"正确地做事"之外,还需"快速地做事"。其本质在于企业要对环境变化做出敏锐反应。

(二) 速度营销的意义

当今市场竞争的焦点已转向时间、速度,"速度是神,时间是鬼"(硅谷流行语),基于时间、速度的竞争就是以最快的速度回应顾客的需要。现代化的大量生产与现代化的大量分配以及现代化的运输和通信一样,其经济性主要来自速度。因此,速度营销的产生在当今社会有着十分重要的意义。

1. 扩大市场占有率

如果企业能尽量缩短新产品的开发和上市时间,争取先机,抢滩市场,就会比后来者取得更大的市场占有率。对成熟期产业的调查表明,首家进入的企业平均有29%的市场占有率;最早跟随者有21%,较晚进入的企业仅有15%的市场占有率(Richard Lynch, 2001)。

在激烈竞争的汽车市场上,这一点得到最好的解释:福特汽车公司在美国为它延误推出的新谢拉(Sierra)汽车付出了沉重的代价。福特公司的科蒂纳(Cortina)轿车拥有12%的中型轿车市场,明显超过了只拥有4%份额的通用公司的骑士(Vauxhall Cavaller)轿车。两家汽车制造商都计划在1982年推出新产品。[①] 通用公司如期实现了这一计划,而福特公司由于遇到了改进前轮驱动的技术难题晚了一年。影响立即显现出来:通用公司骑士轿车的市场份额迅速上升,而福特公司科蒂纳轿车的市场份额不断下降。

2. 提高企业收益率

在产品寿命周期的早期阶段,产品能够凭借其新颖性盈利,在这个时候,由于竞争者不多,利润空间就比较大。当产品逐渐丧失新颖性,其他大量竞争者又带着各自的新产品涌入市场的时候,企业的利润会迅速下降。

美国麦肯锡咨询公司的研究结果表明:如果新产品在预算经费内开发完成,但比计划时间晚了6个月出售,那么在开始的5年内,利润将大约减少33%;而如果产品在计划时间内及时推向市场,即使超出预算经费50%,利润也几乎不受影响。美国营销学者克拉克(Clark)和维尔莱特(Wheelwright)在消费电子工业中也发现了类似的利润模式:一个竞争者如果能比它的竞争对手早6个月把一种新产品推向市场,那么它就能把这种优势转化为超过3倍的生存期利润。例如惠普公司77%的利润来自于诞生不到两年的产品。

3. 降低新产品开发风险

速度营销可以降低不确定性,从而减少新产品开发的风险,在新产品开发的开始阶

---

① 资料来源:搜狐读书网,http://lz.book.sohu.com/chapter-19649-114987691.html

段,不确定性是最高的,特别对于开发周期长的产品更是如此。因为它在产品推向市场多年以前就必须确定产品的特征、定位和设计。

减少不确定性最有效的办法就是缩短新产品开发的时间。时间越短对未来的需求把握越准确,对即将开发的新产品的技术、设计、方法和生产所做的决策就更加贴近现实。由于改动所造成的不必要损失的可能性就会越少。

因此,在环境瞬息万变和产品高度同质化的今天,速度代表着胜利,时间和效率就是企业的生命,是企业生存、发展、盈利的重要前提。

第 一 时 间

有一天,在森林里,吉米与肯德正在玩耍,突然出现了一只凶猛的老虎,吉米撒腿就跑,但是肯德却去系鞋带,吉米困惑不解。

吉米:你鞋带系得再紧,你也跑不过老虎呀?

肯德:只要我比你跑得快一点点,就行了!

启示:永远占据第一时间,比竞争对手快一点点。

资料来源:谢文辉.成功营销:60个经典营销寓言故事[M].北京:民主与建设出版社,2004.

三、速度营销战略

任何一种营销战略都是特定时代的产物,它同当时的市场环境密切相关。"当今组织的环境背景本身以不断增加的速度变化而日趋复杂。"正是这种市场环境的加速变化和日趋复杂,从而引起了企业营销战略新的转变。而速度营销战略就是在这一动态复杂市场环境下的一种营销战略。

(一)速度营销的战略目标

1. 快速探求

加速需求探测,敏锐发现需求。企业营销过程就是一个不断发现市场需求和满足市场需求的过程,需求环境是企业营销战略规划和实施的出发点和归宿点。任何营销战略规划和实施都是针对特定的市场需求环境,速度营销探求的是快速敏锐地发现这些需求。

2. 快速研发

加速配置人才,缩短研发时间。在动态复杂的市场环境下,技术更新步伐越来越快,顾客需求变化日益加速,产品生命周期不断缩短,新产品研发速度对于企业开展速度营销至关重要。而研发活动的核心就是人们的创造性思维,而现代信息技术不可能取代创造性思维。人是新产品研发中的关键力量,"知识随人而行"这个观念已被反复验证。

3. 快速生产

加速集合资源,保质保量生产。速度营销能否有效实施,一个非常重要的活动就是快速生产。只有快速生产出产品,才能给企业下一步的快速营销活动提供可能。为了快速生产，企业必须克服生产过程中由于生产过程中工序之间衔接不好和生产节拍控制不当造成的迟缓的现象。加大运用那些有助于提高生产速度和生产灵活性的一切技术手段和管理手段。

4. 快速销售

加速扩散信息，促进顾客购买。营销的理想状态是在充分有效的市场调查基础上，开发和生产出消费者实际需要的产品，以适当的价格使产品通过畅通的渠道而自行销售。这是在一种"营销真空"状况下的营销状况，在现实营销中几乎是不可能出现的。因此，要想实现产品的快速销售，企业必须有效地克服销售中各部门之间工作的不协调，加速信息的扩散，从而将产品更多地卖给顾客。

5. 快速反馈

加速反馈信息，促进产品改良。这就要求企业的各部门之间应当协调一致，使得信息在传递的过程中尽量减少失真，从而使各部门能够及时有效地接受到反馈信息，促进产品的改良，并使自己的新产品在快速竞争的环境中占据一席之地。

卡西欧——速度决定一切

当卡西欧刚进入市场时，面临的是电子计算机市场"三足鼎立"的局面：第一方阵以索尼、日立为代表；第二方阵以松下、东芝为代表；第三方阵以夏普为代表。刚创业就一头撞在了巨无霸身上。怎么突围？

一、突破口

但他们仔细研究一下，发现在这个市场上，独占鳌头的是夏普。因为夏普的经营方式与其他的不一样，他们以比别人更快的速度推出新款，实现暴利。等别人也推出新款时，他们早已准备放量，量一上去，单价就往下走，然后再把量存起来。等对手刚推出新款，他们已经存量了。等到对手也跟进存量时，他们又把存量放掉了，又一新款推出。他们推新款的速度很快，以25%的速度推出新款，以100%的速度拉高产量，以50%的速度拉低售价。这种方式竞争太有力量了。最后，夏普占市场份额30%。

卡西欧看到夏普的这种运作方式，认为自己只有比夏普做得更快，才有赢的可能。于是决定以50%的速度更新品种，以200%的速度拉高产量，以100%的速度拉低售价。当时卡西欧是没有资源的，那怎么办呢？它把工程师集聚到前方的营销领域，根据消费者的反馈，及时不断地开发出新产品，然后它在后面组织OEM生产，所以到现在为止，卡西欧基本是一个虚拟企业，它的全部产品是通过下阶企业生产。

所以，要把资源配置到自己独有的竞争模式上，才能主导这个行业的规模。

二、奇迹

五六年时间，卡西欧从一个很小的企业做起，以这种方式，最终打败了这些巨无霸，占有市场份额的34%。夏普跌落了17%，而松下等一些大公司则纷纷退出了这个市场。

资料来源：http://www.doc88.com/p-50786125129.html

（二）速度营销的实现路径

1. 信息平台构建

电子计算机技术、网络技术和通信技术三者合一的信息技术在企业中的成功运用，构成了企业的信息平台。从产品研制到售后服务的企业全部活动，是一个不可分割的整体，每个组成部分都要紧密连接，不能单独考虑。整个生产过程，实质上是一系列的数据处理过程，都有数据的产生、分类、传输、分析和加工处理过程，而最终生成的产品可以看作是数据的物质表现。

2. 运作平台构建

运作平台构建的重点是企业业务流程重组。业务流程重组（business process reengineering，BPR）是一种基于信息技术、更好地满足顾客服务需求的、系统化的工作流程改进活动。BPR要求检查每一项作业或活动，识别企业的核心业务流程和不具有价值增值的作业活动，简化或合并非增值的部分，避免或减少因为重复或不需要而造成的浪费，并将所有具有价值增值的作业活动重新组合，优化企业的整体业务流程，缩短交货周期，提高企业运营效率。

3. 管理平台构建

美国著名管理学家德鲁克，在其著作《不连续的时代》一书中，预言世界经济与技术将进入一个不连续时代。也就是说，现代社会在技术上和经济政策上，在产业结构和产品方向上，在统御和管理的知识上，都将是一个瞬息万变的时代。由于企业所面临的环境由相对简单和稳定，向动荡而复杂转变，变化和不确定性成为企业外部环境的主要特征。因此要重构管理平台。

管理平台设计的几种趋势如下所述。

1) 扁平化

通过减少管理层次和裁减冗员而建立起来的紧凑的扁平型组织结构，能够使企业变得灵活和敏捷，对顾客需求的变化快速做出反应，提高组织效率和效能。

2) 团队化

打破原有的部门界限，进行专业互补，形成管理团队，直接面对顾客。

3) 精干化

随着计算机技术及网络技术的广泛应用，信息快速而低费用地流动，使得决策和管理集权化的价值下降了。人们通过计算机网络进行联系和协调工作，企业组织不需要控制众多的业务和功能，也不需要聘用大批的生产和管理人员，精干的管理组织可带来高效的运作速度。

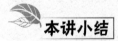
本讲小结

速度是描述物体运动快慢的物理量，现今，我们已然生活在一个速度的时代。由于现代社会时间变得越来越珍贵，"速度经济"一词便应运而生，速度经济是指企业因为快速满足顾客的需求而带来的超额利润的经济。

速度营销是在速度经济背景下提出的，速度营销被科特勒称为涡轮营销，是指整个公司像涡轮那样不停地运转,将主要精力放在如何更快地为消费者提供产品或服务,实现以快制胜的一种营销行为与过程。速度营销有着十分重要的意义,速度代表着胜利,时间和效率就是企业的生命,是企业生存、发展、盈利的重要前提。

速度营销的战略目标有快速探求、快速研发、快速生产、快速销售和快速反馈这五点。在充分把握这五点的基础上我们提出了速度营销的实现路径主要包括信息平台构建、运作平台构建、管理平台构建。

 思考题

1. 什么是速度经济?
2. 简述速度经济的发展历程。
3. 简述速度经济怎样战胜规模经济。
4. 什么是速度营销?速度营销的意义有哪些?
5. 试论述速度营销的战略目标。
6. 结合实例试论速度营销的实现路径。

 案例与思考

ZARA

西班牙知名服装品牌 ZARA 以快速反应著称于流行服饰界,其成功与创新的模式成为业界的标杆。ZARA 每年提供 12 000 种不同的产品项目供顾客选择,从设计理念到成品上架仅需十几天。

Inditex 公司是西班牙排名第一、全球排名第三的服装零售商,在全球 52 个国家或地区拥有近 2 000 多家分店,其中 ZARA 是 Inditex 公司 9 个品牌中最出名的旗舰品牌,堪称"时装行业中的 DELL 电脑",被认为是欧洲最具有研究价值的品牌。

ZARA 始创于 1985 年,它既是服装品牌,也是专营 ZARA 品牌服装的连锁店零售品牌。ZARA 公司坚持自己拥有和运营几乎所有的连锁店网络的原则,同时投入大量资金建设自己的工厂和物流体系,以便于"五个手指抓住客户的需求,另外五个手指掌控生产",快速响应市场需求,为顾客提供"买得起的快速时装"。

ZARA 拥有先进的企业管理模式,它的每一位门店经理都拥有一部特别定制的 PDA,通过这台联网的 PDA 他们可以直接向总部下订单,而总部可以直接掌握每一间门店的销售情况,同时门店店长也可以和总部产品经理及时沟通。这样 ZARA 可以做到设计、生产、交付在 15 天内完成。ZARA 公司采取"快速、少量、多款"的品牌管理模式,在保持与时尚同步的同时,通过组合开发新款式,快速地推出新产品,而且人为地造成"缺货",以实现快速设计、快速生产、快速出售、快速更新,专卖店商品每周更新两次的目标。

ZARA 的设计师具有年轻人独特的创意与热情,经常到纽约、伦敦、巴黎、米兰、东京等时尚都市的第一线去了解女性服饰及配件的最新流行与消费趋势,并随时掌握商品销售状况、顾客反应等第一手信息。

ZARA目前在西班牙有9家自己的生产工厂,可以机动掌握生产速度。设计师完成服饰设计之后,便将设计资料规格传到工厂正式生产。世界各地连锁店的订单,经合理评估后传到工厂,将库存量降到最低。目前库存量大约是15%~20%,比其他服装连锁业者的40%低很多。

在物流配送方面,ZARA在法国、德国、意大利、西班牙等欧盟国家以卡车运送为主,平均48小时即可运达连锁店,在这些地区的销售占总销售量的70%。剩下的30%的销售量,则以空运的方式送到日本、美国、东欧等较远的国家和地区。

为了让消费者赶上最新流行的脚步,ZARA各连锁店每周一一定会有新品上市,商品上下架的替换率非常快。而且各店陈列的每件商品通常只有五件库存量,属于多样少量经营模式。每隔三周,其服装店内所有的商品一定要全部换新。

实际上ZARA成功至关重要的环节是ZARA的灵敏供应链系统,大大提高了ZARA的前导时间(前导时间是从设计到把成衣摆在柜台上出售的时间)。中国服装业一般为6~9个月,国际知名品牌一般可到120天,而ZARA最厉害时最短只有7天,一般为12天。这是具有决定意义的12天。ZARA之灵敏供应链所展现出来的韵律,使得有"世界工厂"之称的中国相形见绌。一些国际服装品牌巨头明知ZARA厉害,就是学不来,模仿不了。

最主要的原因就是ZARA斥巨资一体化设计自己的灵敏供应链。生产基地设在西班牙,只有最基本款式的20种服装在亚洲等低成本地区生产。ZARA自己设立了20个高度自动化的染色、裁剪中心,把人力密集型的工作外包给周边500家小工厂甚至是家庭作坊,把这20个染色、裁剪中心与周边的小工厂连接起来的物流系统堪称一绝。将西班牙方圆200英里的地下都挖空,架设地下传送带网络。每天根据新订单,把最时兴的布料准时送达终端厂,保证了总体上的前导时间要求。建设这样一个生产基地,需要投资达几十亿欧元。许多品牌服装想模仿ZARA,可是却没有这样巨额投资的生产基地。这种大生产思维,使得ZARA品牌一骑绝尘。

在竞争激烈的服装销售市场上,ZARA以超速度、多品种少量、制售一体的效率化经营,立足欧洲,放眼全球,其成功之道值得业界分析借鉴。

资料来源:http://www.doc88.com/p-342513394034.html

案例思考:

1. 试评ZARA的速度营销理念。
2. 根据ZARA的经验,请你举例说明一个企业在发展的过程中应当怎样以速度取胜。

本讲实训

一、实训目的

1. 明晰速度营销的基本概念及意义。
2. 初步了解速度营销的战略目标和具体实现路径。
3. 锻炼搜集分析资料、团队合作、个人表达等能力。

二、实训内容

以小组为单位,从书刊、报纸、网络等搜集若干速度营销的案例。选择其中一则进行分析研究,并以PPT的形式展示。

三、实训组织及步骤

1. 老师布置实训项目及任务,并提示相关注意事项及要点。
2. 将班级成员划分为若干小组,成员可以自由组合,也可由老师指定组合。小组人数划分视班级总人数而定。每组选出组长一名,PPT讲解员一名。
3. 以小组为单位,通过书刊、报纸、网络等搜集相关具有代表性的案例。仔细阅读资料,深入研究后展开讨论。讨论时间长度可视情况而定,课堂讨论或课外讨论均可。选择其中一个最经典的案例作为讲解案例。
4. 按组进行PPT展示,每组PPT展示时间以不超过10分钟为宜。
5. 各小组PPT展示结束后,由老师提问并由小组成员回答。
6. 由各组组长组成评审团,对各组讲演进行评分。
7. 老师进行最后总结及点评。

参 考 文 献

[1] Christopher Meyer. Fast cycle time:how to align purpose,strategy and structure for speed[M]. The Free Press,1993.

[2] George Stalk,Thomas M Hout. Competing against time:how time-based competition is reshaping global markets[M]. New York:Simon & Schuster,February,1990.

[3] Michael Fradette,Steve Michaud. The power of corporate kinetics[M]. New York:Simon and Schuster, 1998.

[4] Michael Hammer, James Champy. Reengineering the corporation:a manifesto for business revolution[M]. New York:Harper Business,1993.

[5] Regis McKenna. Real time:preparing for the age of the never satisted customer[M]. Harvard Business School Press, 1997.

[6] Stalk G Jr. Time-the next source of competitive advantage[J]. Harvard Business Review,1988.

[7] Vivek Ranadive. The power of now:how winning companies senseand respond to change using real-time technology [M]. McGraw-Hill, 1999.

[8] 陈华.论企业速度营销系统[J].商业时代,2006(3):31-33.

[9] 晁纲令,马勇.速度竞争战略[J].经济理论与经济管理,2003(12):46-49.

[10] 戴继平.新产品速度营销的时间价值及形成机理[J].科技进步于对策,2007(10):97-99.

[11] 菲利普·科特勒,凯文·莱恩·凯勒.营销管理[M].王永贵,译.上海:上海人民出版社,2009.

[12] 龚国华.给予速度竞争的时间管理创新[J].研究与发展管理,2005(1):28-32.

[13] 兰丕武,郭江涛.浅议速度营销[J].山西财经大学学报,2003(2):63-65.

[14] 罗鹏.速度营销战略——企业超速竞争的战略优选[J].中国市场,2006(36):54-55.

[15] 吕巍,夏琳,郑勇强,等.速度经济与外包战略[J].经济管理,2002(2):69-73.

[16] 留根荣,史彦.速度竞争力:企业竞争优势分析的新视角[J].现代财经,2007(2):44-49.

[17] 马勇.速度营销[M].上海:上海财经大学出版社,2006.

[18] 莫长炜,陈青兰,朱敬恩.速度竞争战略的经济学分析[J].江淮论坛,2008(3):27-32.

[19] 仇华忠.速度经济初探[J].科技进步与对策,2000(2):107,108.

[20] 沈轶鑫,杨玲玲.基于竞争理论的速度营销及其策略[J].辽宁工程技术大学学报(社会科学版),2005(6):630-632.

[21] 吴健安.市场营销学[M].北京:高等教育出版社,2007.

[22] 王成慧,林静.速度经济的理论渊源与管理内涵[J].市场营销导刊,2006(2):34-37.

[23] 王昱.速度营销的形成机理及系统构成分析[J].江苏商论,2011(2):128-131.

[24] 薛求知,马勇.以速度为基础的营销战略[J].经济管理,2003(13):69-72.

[25] 杨拉克.新产品速度研发的影响因素及其与速度营销的关联性[J].科技进步与对策,2009(16):10-12.

[26] 赵富强,李海婴,余功文.基于速度经济的敏捷企业[J].经济管理,2004(12):30-35.

[27] 曾繁华.全球技术进步速度加快的成因及启示[J].中南财经政法大学学报,2003(6):10-15.

第十四讲 协同营销

碧浪+海尔：协同营销 事半功倍

从2009年8月份开始，一条全新的广告在各大媒体高频率播出，吸引了业内人士和消费者的关注。在广告中，海尔洗衣机研发人员告诉消费者，海尔洗衣机为给用户满意洁净，联合碧浪机洗洗衣粉测试去顽渍能力。"碧浪能强效除顽渍，不用额外手搓，机洗洁净更出众，我们信赖碧浪。"海尔洗衣机携手碧浪，给用户带来机洗洁净的惊喜。广告最后出现了碧浪与海尔两个品牌的LOGO。海尔洗衣机之所以在其广告中力推碧浪，原因有两点，一是碧浪分担了广告费用，二是碧浪以等价资源回馈海尔。无论是哪一种原因，海尔和碧浪的合作代表着品牌强势联合的跨界推广在国内拉开序幕。

尽管碧浪早在1993年就被宝洁公司带到中国，但市场份额一直落后于另一洗衣粉品牌——汰渍。汰渍主打中低端市场，在中国市场已经成了宝洁公司洗衣粉的代名词。而碧浪主打中高端市场，以年轻白领为代表的中高端消费者的洗衣过程大部分都是洗衣机完成的，机洗的确应该是碧浪在品牌推广中不可忽视的关键点之一，长期以来碧浪也非常注重与洗衣机品牌的联动，印刷包装背面的"全球著名洗衣机品牌推荐"已有多年，但这仍然是一种浅层次的联合推广，对消费者的触动非常有限。

宝洁公司显然不甚满意碧浪的表现，像在洗发水市场那样，飘柔、海飞丝、潘婷联袂位居前三，占据行业半壁江山，才是宝洁公司想要的。这种情况下必须在包括广告在内的多个方面进行突破——碧浪想到了海尔。对于海尔来说，和国际一流品牌合作，也是进一步提升自己品牌形象的理想途径。双方的合作由此诞生。碧浪和海尔的合作，由于其品牌形象、市场份额、产品层次、消费者认知程度等方面的"门当户对"，对双方都产生了良好的形象叠加，使双方都从中受益，达成双赢。

资料来源：http://www.cmmo.cn/article-34794-1.html 2010-02-05。

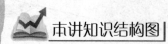

本讲知识结构图

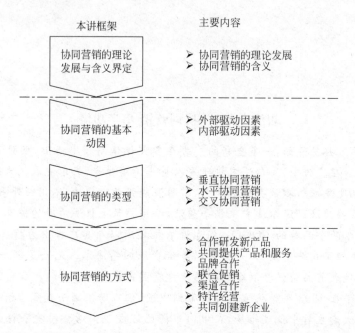

　　碧浪与海尔的合作为我们提供了一个很好的协同营销例子,通过协同营销引起消费者的关注,双方均可以从中获益。然而,在中国市场上,企业之间进行协同营销却并不常见。很多企业都是单独开展各种营销活动,最后不少企业发现,支出大量营销费用换来的是非常有限的营销效果。要想改变这一状况,企业不仅需要具有一种合作的营销理念,还需要采取合适的营销合作方式,即协同营销。协同营销能给合作的各方带来更多的利益,使各个企业实现多赢。

一、协同营销的理论发展与含义界定

(一)协同营销的理论发展

1. 萌芽期

　　理论界普遍认为,协同营销的理论基础是共生营销理论。共生营销理论的代表人物主要是艾德勒(Adler)、P. Rajan Varadarajan & Daniel Rajaratnam。美国学者艾德勒是最早提出"共生营销"一词的人。艾德勒在《哈佛商业评论》(1966)上发表了一篇名为"Symbiotic Marketing"(共生营销)的论文。在这篇文章中,他指出公司之间的合作在数量、范围和类型等方面在当时正在蓬勃发展,并运用实践中公司合作的大量例子来说明共生营销的方式和好处。在文章的最后,他还对公司如何实施共生营销进行了探讨,提出公司可以通过确认问题、评估各种可能的解决方案、选择合作伙伴等三大步骤来开展共生营销。艾德勒认为,随着营销环境的变化,公司面临着不少营销问题,共生营销正是为解决这些营销问题而出现的,它是一种强有力的、非常灵活的工具,并预言共生营销在未来的商业活动中会变得越来越重要。20年后，P. Rajan Varadarajan & Daniel Rajaratnam (1986)共同发表了题目为"Symbiotic Marketing Revisited"(共生营销的重新审视)的文章，对共生营销进一步展开研究。两位学者证实了艾德勒的预言，指出企业中存在着大量的共生关系并通过共生营销获得了成功。在文中，他们先是对共生营销的属性和范围进行了回顾。然后，从共生营销的战略角度提出了共生营销理论模型，如图14-1所示。共生营销理论模型共由五个部分构成，其中，企业的战略成长机会、企业所处行业的产品-市场特征、环境因素与组织因素共同影响着企业对共生营销方式的采用。最后，还提出了识别和评估共生增长机会的指导原则。这些研究成果对艾德勒提出的共生营销理论进行了有益的补充，使之更趋于完善。

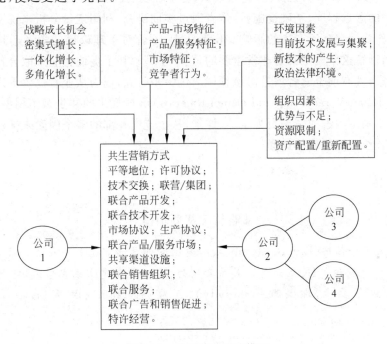

图14-1　共生营销理论模型

资料来源：P. Rajan Varadarajan, Daniel Rajaratnam. Symbiotic Marketing Revisited[J]. Journal of Marketing, 50(January 1986): 10.

2. 发展期

尽管共生营销能给企业带来很多利益，但在Adler、P. Rajan Varadarajan & Daniel Rajaratnam这些学者之后，很少有学者对此进行过深入的研究。共生营销再次被提到是在Andy Lockett & Ian Blackman(2001)的一篇文章中。他们认为，随着互联网的使用，传统的营销方式会导致成本增加以及网络广告影响力下降，而共生营销作为一种营销战略，可以运用于互联网上，以更低的成本来发展更多的顾客，最终实现多方获益的目标。

此后，随着战略联盟、网络组织和关系营销等理论的发展，理论界对此的研究集中到合作营销、协同营销等方面。营销学家艾略特·艾登伯格(2001)在著作《4R营销》中，认为合作营销(co-marketing)将成为后经济时代新的大趋势。肖恩·克拉克(2002)在其著作《合作营销》中，对合作营销、战略联盟、制造商与零售商的合作关系进行了探讨，列举了企业进行合作营销的大量实例,建议制造商在采用合作广告时协作,并提出了成功实施合作营销的八大步骤。Sonia Dickinson 和 B. Ramaseshan(2004)指出,合作营销是企业对营销环境因素变化做出反应的一种战略选择,合作营销之所以受到重视,是因为传统方式难以对环境压力做出有效的反应,而合作营销则可以对环境变化做出灵活的反应。在文中,作者构建了一个合作营销的理论模型,指出企业可以采用产品合作战略、合作促销战略、合作分销战略和合作价格战略等合作营销战略,并将企业面临的不确定因素分为企业内部因素和企业外部因素。其中,企业内部因素包括企业特征(规模、资源基础、联盟经历、企业责任、企业能力、合作者的匹配性)和管理特征(管理洞察力、管理责任、管理经验);企业外部因素包括产业特征(进入壁垒、竞争程度、技术集中度、环境因素)和地理特征(地理位置的远近程度、基础设施)。作者通过实证研究,利用定量分析来说明内外部因素对企业合作营销战略所产生的影响。作者认为,不管对于理论界的学者还是实业界的从业者来说,理解这个模型都是非常重要的,这个模型解释了促使企业采取合作营销战略的内外部因素,既有助于学者增进对该领域的进一步研究,也为从业者提供了理论方面的指导。与 P. Rajan Varadarajan and Daniel Rajaratnam 所提出的共生营销模型相比,这一理论模型对不确定因素的考虑更为全面、详细,从企业内外部的多个因素来确定合作营销的可能性和合作营销战略的选择。

人物小传

艾略特·艾登伯格

艾略特·艾登伯格(Elliott Ettenberg),美国营销学者,2001 年在其《4R 营销》一书中,提出 4R 营销理论。4R 理论是以关系营销为核心,重在建立顾客忠诚,它阐述了四个全新的营销组合要素,即关联(relativity)、反应(reaction)、关系(relation)和回报(retribution)。

资料来源:http://baike.baidu.com/view/1933601.htm

近年来,协同营销逐渐成为营销理论研究领域的一个热点问题,但对协同营销的研究还不够深入,国内外学者对协同营销的研究主要集中在定义、优势、类型、方式、实施时注意的问题和实施步骤方面(Larry J. Rosenberg,James H. Van West,1984;Sarah Johnson,2008;杨波,2005),以及协同营销运用于产业集群(吕筱萍,2005)、饭店(薛秀芬,2004)、旅游(Sandra Naipaul, Youcheng Wang, Fevzi Okumus, 2009; Youcheng Wang,Joe Hutchinson,Fevzi Okumus,Sandra Naipaul,2013)、农业(郭锦埔,魏毅,2004)等特定领域,到目前为止尚未形成一个完善的理论体系。总之,协同营销是在共生营销与合作营销理论的基础上发展起来的,研究的内容与深度有了进一步的发展。

(二)协同营销的含义

国内外的学者对共生营销(symbiotic marketing)、合作营销(cooperative marketing)和协同营销(collaborative marketing)进行了研究,从不同的角度对这些概念进行了阐述,但理论界目前对协同营销仍未形成一个权威的定义。现将几个有代表性的定义进行列举,如表 14-1 所示。通过对这些定义的回顾,可以看出,协同营销是在共生营销、合作营销的基础上发展起来的,协同营销的适用范围更广泛,合作程度更深。

尽管使用的术语不同,定义的表述也不相同,但内容基本上是相同的。对于协同营销的含义,可以从以下几个方面来理解:①协同营销是一种基于合作的营销理念,同时也是一种营销合作方式。②协同营销是组织之间在营销领域中的合作。营销合作既可以发生在同行业中的企业之间,也可以发生于不同行业的企业之间。③凡是涉及营销资源跨组织流动与共享,为了使其发挥超额价值的营销活动都可以纳入到协同营销中。营销资源包括销售人员、技术人才、资金、技术、市场、产品、渠道等。

表 14-1 对协同营销的不同表述

姓名	时间	术语	概念描述
Adler	1966	共生营销	两家或多家相互独立的组织在资源或项目上的合作,以便提升各自的营销潜力
Anderson,Narus	1990	合作营销	企业之间建立的合作伙伴关系,这种合作关系旨在增强顾客对这些互补产品带来益处的知晓度,并且这种合作包含所有与企业营销活动相关的合作
肖恩·克拉克	2002	合作营销	制造商和零售商通过品牌合作和合作广告向最终消费者传递营销信息的一种合作方式,以确保这些营销信息符合制造商和零售商的意愿
程凯	2001	合作营销	企业为了实现提升竞争力、改善营销绩效的目标,有意识地通过特定的组织与制度安排来实现营销资源在企业内部以及企业之间有目的的流动,使得营销资源实现比原有价值简单相加更大的价值而开展的一系列营销活动
杨波	2005	合作营销	两个或两个以上的企业为达到资源的优势互补、增强市场开拓、渗透与竞争能力联合起来共同开发和利用市场机会的行为
何山	2004	协同营销	在参与的各营销主体的品牌内涵定位一致的基础上,各营销主体在营销理念与营销实践方面展开全方位营销协同的一种营销理念和营销方式
郭锦埔,魏毅	2004	协同营销	两个或更多独立的组织,通过共同分担营销费用,协同进行营销传播、产品开发、品牌开发、品牌建设、产品促销和分销等方面的营销活动,以达到共享营销资源,巩固营销网络目标的一种营销理念和方式

二、协同营销的基本动因

国内外一些学者对企业开展协同营销的动机进行了研究,提出了不同的观点。Alder(1966)认为,企业开展共生营销是为了抓住市场营销机会;降低研发、组建新渠道、雇用和培训销售人员的成本;获得生产、工艺和营销方面的技能;确保获得稳定的、经济的原材料供应;打开市场;从多角化中得到更多收入;降低风险。Travis West(2008)认为,实现规模经济、开发新市场、获得专业服务、增加议价能力和保护原有市场份额是企业进行合作营销的主要动机。杨波(2005)则从企业的外部和内部阐述了合作营销产生的诱因。我们将各位学者的观点进行归纳总结,认为企业进行协同营销的动因主要有以下几点。

(一) 外部驱动因素

1. 科学技术的发展

科学技术是社会生产力中最活跃的因素,它对社会生活和经济发展有着深刻的影响,对企业之间的营销活动影响也非常显著。近年来,先进的信息技术不断涌现,如 GPS(全球卫星定位系统)、Internet(互联网)、ACEP(自动连续补货)、JIT(准时制工作法)、QR(快速响应)、ECR(有效客户信息反馈)、POS(销售时点信息管理系统)、BAR CODE(条形码技术)、EDI(电子数据交换)、RF(射频技术)等。这些信息技术的发展与运用,改变了企业之间传统的沟通模式,使得相互之间的沟通更方便、快捷,促进了信息资源的共享,密切了企业与利益相关者的联系,从而为各个企业带来了诸多好处。这些技术的发展为企业之间的合作提供了技术支持,为协同营销提供了有力的保障。

2. 经济全球化

经济全球化打破了各国区域市场的界限,为企业提供了更广阔的活动空间,增强了企业之间的相互依赖性。在全球化竞争中,企业的营销资源不足也会表现得更加明显。对于任何一家企业来说,都不可能拥有所在领域的全部资源和相关技术,要想满足全球消费者的需求和获得良好的经济效益,仅凭自身的资源是远远不够的。企业营销资源的有限性,迫使企业积极地寻求获取营销资源的外部途径,这在客观上促进了企业与其他企业的合作。同时,作为经济全球化的核心,市场全球化要求世界各国改变市场彼此割裂、封闭的格局,这为企业寻求合作伙伴,进而开展协同营销提供了可能性。

3. 顾客需求的变化

近年来,消费者需求呈现出多变化、个性化、多元化的特征。随着经济的发展,消费者的需求发生了很大的变化,这些变化要求企业及时掌握市场信息,这就需要企业与中间商、消费者进行合作,了解最新市场动态,从而增强企业的应变能力,更好地适应市场变化。在市场交换中,消费者变得更加积极主动,客观上要求处于弱势地位的企业与其他企业合作,从产品设计、生产、销售和服务等各个环节来让顾客满意,以便长期维系住需求多变而个性化的消费者。同时,消费者有各种各样的需求,这些需求具有一定的关联性,这为处于不同行业的企业开展协同营销创造了机会。

(二) 内部驱动因素

1. 降低成本

由于成本驱动因素和企业价值链联系是影响成本的两大要素,因此,要降低成本,就可以从两个方面入手:第一,控制成本驱动因素。市场开发费用通常很高,与当地企业合作能以低成本开辟出一条进入新市场的捷径;通过与其他企业合作研发产品,可以分摊研究与开发费用;通过联合促销或合作广告来降低促销费用;通过共享生产设施,形成规模经济,使单位产品的生产成本下降;通过与中间商合作或共享分销渠道来减少分销成本;总之,协同营销有助于降低各种成本,从而使得总成本最低。第二,重新构建价值链。重构价值链是企业在研究买方价值链的基础上,以纵向或横向的方式形成比原有价值链效率更高的价值系统的过程。企业之间进行协同营销,通过整合供应商价值链、企业价值链、中间商价值链和买方价值链,形成动态的、高效的价值链系统,可以从更大范围和更高层次上来提高营销效率,获得低成本竞争优势。

2. 减少风险

增强企业抵御风险的能力是企业进行协同营销的动因之一。营销风险主要来源于两个方面。其一,来自新技术新产品的风险。对于企业而言,新产品不仅研发成本高,而且失败率也高。在研发新产品的过程中,由于存在新技术不过关导致产品夭折的可能性,或者新产品从导入期向成长期转变过于缓慢而造成企业研发成本难以收回,从而使得企业面临着较高的产品创新风险。这种风险促使企业之间进行合作,通过协同营销来分散创新风险。其二,来自市场的风险。构建有效的营销网络体系,利用合作伙伴所拥有的市场专业知识和丰富的经验,可以将市场风险降到最低限度。总之,企业之间分工协作,优势互补,将原本单个的企业转变成为较大的虚拟组织模式,有助于提高企业抗风险的能力。

3. 提高企业竞争力

传统的竞争是以竞争者的失败和消失为基础的,是"你死我活"的对立型竞争。随着经济全球化和市场竞争的加剧,不少企业逐渐认识到,仅靠自身的力量已经很难在竞争中获胜。为了竞争而与其他企业合作,甚至有时与竞争对手合作,反而能使企业得到更好的发展。在市场竞争中,不同企业的核心能力各不相同,采取协同营销,形成网络体系,有利于各企业更好地利用自身的核心能力,实现优势互补,从而增强企业的竞争力。可以说,现代企业之间的竞争是一个网络系统和另一个网络系统之间的竞争,拥有更好网络的企业往往可以获得差别化或成本领先等竞争优势,使企业在竞争中赢得最终的胜利。

三、协同营销的类型

根据合作企业在价值链中所处的相对位置和合作的内容,协同营销可以分为垂直协同营销、水平协同营销和交叉协同营销等类型。

(一)垂直协同营销

垂直协同营销是指各企业在不同营销活动内容上的合作。它是同一条供销价值链上的不同企业之间进行纵向的整合式营销。在同一行业中,企业可以与上下游企业展开合作,由各个企业承担不同的营销活动,以便产生协同效应,实现多赢。

(二)水平协同营销

水平协同营销是指企业之间对某一特定营销活动内容所开展的横向合作。同行业中的两个企业可以联合开发新产品、共同开发市场、联合促销或互相为彼此的产品提供分销渠道等。企业之间进行水平协同营销可以实现营销资源共享、形成优势互补。

(三)交叉协同营销

交叉协同营销是指不同企业在营销活动中进行全方位、多角度的合作。它是垂直协同营销与水平协同营销的综合,兼有两者的优点。交叉协同营销为不同行业的企业提供了很大的合作空间。尽管双方所处行业不同,产品不同,但只要彼此之间存在资源互补性和合作需求,就可以开展营销合作,因而交叉协同营销被越来越多的企业所采用。

四、协同营销的方式

企业可以采用的协同营销方式有很多,不少学者都对此进行了专门的研究,Alder(1966)将企业合作的方式归纳为共享设施、特许经营、许可协议、联合提供产品、联合销售组织、共同生产、联合为顾客提供服务等。P. Rajan Varadarajan & Daniel Rajaratnam(1986)提出的合作方式则更为广泛,包括平等地位、许可协议、技术交换、联营/集团、联合产品开发、联合技术开发、市场协议、生产协议、联合产品/服务市场、共享渠道设施、联合销售组织、联合服务、联合广告和销售促进、特许经营等。本书主要介绍一些常见的协同营销方式。在营销实践中,企业可以使用其中的一种方式,也可以综合使用多种方式,以取得更好的营销效果。

(一)合作研发新产品

在激烈的市场竞争中,产品的更新换代越来越快,企业需要不断创新产品,而研发新产品投资大、周期长、风险大,在研发过程中可能还会面临着单个企业难以克服的技术障碍,这些因素促使多家企业联手共同开发新产品。合作研发新产品是指企业与相关组织合作,利用外部资源协同创新,共同开发新产品,从而提升企业的技术创新能力,使企业得到持续发展。企业可以跨行业与科研院所开发新产品,也可以与同行业中的其他企业进行合作,共享研究成果。例如,西门子公司、IBM 公司和东芝电气公司曾经达成协议,联合研发超微芯片。

(二)共同提供产品和服务

企业之间合作向消费者提供产品,既可以是具有互补关系的产品,也可以是缺乏关联的产品,如电脑厂家与软件开发商协作推出的电脑硬件与软件,或者厂商与银行合作推出汽车分期付款。对于具有互补关系的产品提供商来说,形成伙伴关系共同向消费者提供产品能取得更好的营销绩效。生产互补品的企业开展协同营销,通过购买的便利性和优惠的价格来刺激消费者对互补产品的需求,可以接触到更多的顾客,提高产品的销量和市场占有率。同样,在服务业中,若干服务组织也可以联合起来,向消费者提供"一揽子"服务,如旅行社、保险公司、航空公司、旅游景点、酒店、餐馆、商店联手为顾客提供旅游服务,这样不仅能方便顾客获得所需要的各种服务,还能增强这些服务组织的竞争力。

(三)品牌合作

从企业的实践来看,可以从以下两方面进行品牌合作:一是品牌共享。即多家企业共同使用同一个品牌。品牌共享对大企业很重要,对于中小企业更具有特殊的意义。在中小企业集群中,单个企业通常缺乏塑造品牌所需要的资金和人才,而创建区域品牌可以提高产品品质及其附加值,提升企业集群的形象,使这些中小企业能共享到品牌所带来的利益。二是品牌联盟。即多个具有一定关联性的品牌组成协作联盟,相互合作,以增强各自的品牌价值。品牌联盟不仅可以降低成本,通过各品牌的相互借力还可以提高品牌的接受程度与市场影响力。例如,麦当劳和可口可乐组成品牌联盟,彼此借助于对方的品牌知名度,提升了品牌影响力。

(四)联合促销

联合促销是指多家企业共同运用一些促销手段来进行促销活动的行为。与其他企业联合促销,不仅可以共同分摊促销费用,还可以获得更好的促销效果。尤其是在新产品上市时,联合促销对提升产品销量有着重要的意义。当新产品刚刚投放市场时,产品缺乏知名度,购买新产品的顾客很少,借助于知名的企业,扩大宣传阵容,通过大规模的广告投放、积极的人员推销、销售促进和公共关系,联合开展声势浩大的促销活动,产生集聚效应,可以使新产品迅速被顾客熟悉和接受,有利于企业在短期内打开市场。

20世纪60年代中期,美国的马克威尔牌咖啡在日本与多家面包店合作,先后进行了3次大规模的样品派送,共送出咖啡样品1 800万份。派送办法是把咖啡样品封在一斤装的面包包装内。这一系列协同营销取得了巨大的成功,具体表现在:马克威尔牌咖啡销量猛烈上升,过去不卖咖啡的面包店都开始代销该产品,并把这种咖啡陈列在主要的、正面的货架上;面包店因销售附带了咖啡样品的面包,生意特别好;面包工厂的业务量因此增加35%,派送结束后,这种业务量仍持续了很久。消费者品尝样品后才知道马克威尔牌的咖啡很好喝,从此改变了消费习惯,认定购买马克威尔牌咖啡。

资料来源:http://baike.baidu.com/view/364845.htm?fromId=9555

(五)渠道合作

渠道合作的形式主要有:一是垂直渠道系统。它是由企业与中间商进行整合而形成的一个统一渠道体系,渠道成员互相之间关系较为密切,能够通过规模经济和重复服务的减少而获得更多效益。二是水平渠道系统。它是由两家或多家企业进行横向联合,共同开拓新的市场机会而形成的渠道系统。这些企业或缺乏资源、资金和技能,或者发现与其他企业联合能产生巨大的协同作用,或者不愿独自冒险,协作目的是发挥资源的协同作用以获得更多利润或规避风险。近年来,不少知名的国内外企业在渠道方面展开合作,进行强新联合或者强强联合。如"新天"葡萄酒曾与海尔合作,借助于海尔渠道网络在我国的30多个城市进行了为期半年的捆绑销售,打破了葡萄酒传统的销售模式。

(六)特许经营

特许经营是在企业与销售商的整合过程中形成的一种协同营销的方式,目前在全球范围内已经得到了广泛的应用。特许经营是指拥有注册商标、企业标志、专利、专有技术等经营资源的特许人,以合同形式将其拥有的经营资源授权受许人使用,受许人按照合同约定在统一的经营模式下开展经营,并向特许人支付特许经营费用的经营活动。按特许经营双方的构成划分,特许经营分为以下四种类型。

(1)制造商和批发商的特许经营。即由制造商将特许经营权授予批发商。它起源于饮料行业中的制造商通过特许经营组建装瓶厂的实践。美国的可口可乐公司和百事可乐公司都采用了这种特许经营类型。

(2)制造商和零售商的特许经营。即由制造商向零售商授予特许经营权。这种类型的特许经营起源于20世纪初的汽车业。汽车生产商纷纷将大量生产出来的汽车授权给一些零售商销售,从而迅速地组建起庞大的渠道系统,促进了汽车的销售。

(3) 批发商和零售商的特许经营。它往往由一家批发商作为特许人向若干家独立的零售商授权。五金商店、药店和汽车维修店等采用的通常就是该类型的特许经营。

(4) 零售商之间的特许经营。它是由零售商与零售商之间组建起来的特许经营系统。它是最典型的特许经营模式,肯德基、麦当劳、7-11便利店等都采用了这种模式。

(七) 共同创建新企业

企业之间可以开展合作,利用各自的优势以某种方式组建而成新企业。组建新企业的各方要共担风险、共享利益,这使得合作的基础更加牢固。在国外,共同组建新企业在教育领域存在,在其他产业中也很常见,如化工产业、计算机工业、新材料工业等。例如,为了开拓电化教育市场,美国时代公司曾与通用电报公司合资组建了通用学习公司。

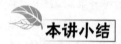

本讲小结

近年来,协同营销逐渐成为营销理论研究领域的一个热点问题,但对协同营销的研究还不够深入,到目前为止尚未形成一个完善的理论体系。协同营销理论的发展经历了萌芽期和发展期两个阶段,协同营销是在共生营销与合作营销理论的基础上发展起来的。企业进行协同营销的基本动因包括企业外部驱动因素与内部驱动因素,其中,企业外部驱动因素有科学技术发展、经济全球化、市场需求的变化等,企业内部驱动因素有降低成本、减少风险、提高企业竞争力等。协同营销有垂直协同营销、水平协同营销和交叉协同营销三种类型。企业可以采用的协同营销方式有很多,合作研发新产品、共同提供产品和服务、品牌合作、联合促销、渠道合作、特许经营、共同创建新企业等都是常见的协同营销方式。

思考题

1. 试述协同营销理论的发展。
2. 企业进行协同营销的动因是什么?
3. 简述协同营销的类型。
4. 协同营销的方式有哪些?

案例与思考

耐克携手苹果推出 Nike+iPod

当耐克旨在为自己的客户消除寂寞长跑,让跑步的过程变得更加美妙,让鞋子变得更会思考时,苹果公司早就注意到,在拥有iPod的7 000万名消费者中,有一半的人是在锻炼身体时使用它。共同的诉求令它们一拍即合,在给各自的客户提供更满意的服务时,联合营销的方式让它们毫无任何障碍地走在了一起。

2006年5月23日,耐克公司和苹果公司宣布,双方合作推出了将耐克的运动产品和

iPod 系统整合在一起的系列产品,首次将运动与音乐世界完美结合起来。这两家公司合作开发的首款产品为 Nike＋iPod 运动组件。这是一套让 Nike＋运动鞋与 iPod nano 进行"对话"的无线系统,为人们带来全新的最佳跑步和锻炼体验。

耐克公司首席执行官 Mark Parker 与苹果公司首席执行官 Steve Jobs 在美国纽约举行的全球新闻发布会上首次向公众展示了 Nike＋iPod 运动组件。环法自行车赛七次冠军得主阿姆斯特朗和女子马拉松世界纪录保持者拉德克利夫参加了这次新闻发布会。

耐克公司首席执行官 Parker 表示:"Nike＋iPod 是两家国际著名品牌的合作成果,我们的共同追求就是依靠非凡的设计和创新为消费者创造全新的完美体验。这是我们合作的首个成果,Nike＋iPod 将改变人们跑步的方式,带来更加美妙的跑步体验。我们今后将开发出更多的创新性产品。"

苹果公司首席执行官 Jobs 表示:"我们通过与耐克公司合作,将音乐和运动提升到更高的境界。Nike＋iPod 就像是你的私人教练或锻炼伙伴,在你锻炼的每一刻为你鼓劲加油。"苹果公司方面似乎也需要这种新产品。在两家公司发布上述产品前,瑞士信贷在一份致投资者的报告中写道,"虽然 iPod 在普及度方面占有压倒性优势,但投资者越来越担心其成长前景、竞争压力、新产品推出放慢和大数法则等方面的问题"。

Nike＋Air Zoom Moire 跑鞋是首款与 iPod 实现信息互通的运动鞋。耐克公司还计划将 Nike＋技术运用到多款运动鞋中,让上百万的消费者体验 Nike＋iPod 带来的运动感受。通过 Nike＋iPod 运动组件,就可以将 Nike＋运动鞋与 iPod nano 连接,iPod 就可以存储并显示运动的时间、距离、热量消耗值和步幅等数据。使用者也可以通过耳机了解这些实时数据。Nike＋iPod 运动组件包括一个内置于鞋中的传感器和一个与 iPod 连接的接收器。此外,iTunes Music Store 网上音乐书店中新添加了一个 Nike 运动音乐专栏,新推出的 nikeplus.com 网站上还提供个人化服务,这些可以帮助使用者更好体验 Nike＋iPod 带来的完美运动感受。

专门设计的 Nike 服装包括夹克、上衣、短裤、iPod nano 护臂。这些产品都拥有巧妙设计的防水衣袋,不仅可以容纳并保护 iPod nano,还能让使用者在运动时轻松方便地对播放器进行各项操作。

Nike＋iPod 运动组件在美国的建议零售价为 29 美元。消费者可以通过苹果网上商店(www.apple.com)、苹果零售店、苹果公司授权零售商、耐克公司网站(www.nike.com)、Niketown、耐克女子商店以及其他一些美国零售店购买到 Nike＋iPod 运动组件。

截至当天美国时间下午 3:05,在纽约证交所上市的耐克股票上涨 1.67 美元,至 79.65 美元,涨幅为 2.1%;在纳斯达克上市的苹果股票上涨 47 美分,至 63.85 美元。

资料来源:
陈睿,陈子健.品牌联合营销:演绎 1＋1＞2 的传奇[J].企业研究,2007(4):46;
耐克携手苹果推出 Nike＋iPod 运动与音乐结合.腾讯时尚,http://luxury.qq.com,2006-05-26;
耐克和苹果电脑推出 Nike＋iPod 新产品.新浪财经,http://finance.sina.com.cn,2006-05-24。

案例思考:
1. 为什么这两家企业要进行协同营销?
2. 在该案例中,两家企业采用了哪些协同营销方式?

第十四讲　协同营销

本讲实训

一、实训目的
1. 了解企业进行协同营销的动因。
2. 掌握企业进行协同营销的方式。

二、实训内容
通过实地调研或二手资料调研，收集两家或多家企业进行协同营销的相关资料，分析这些企业开展协同营销的原因以及如何进行协同营销，并指出各个企业从协同营销中所获得的利益。

三、实训组织及步骤
1. 任课教师布置实训作业，向学生指明实训目的、内容、要求及评分标准。
2. 各个小组收集企业进行协同营销的相关资料。
3. 各组组长召集成员进行小组讨论，并撰写报告和制作演示文稿。
4. 各小组代表在课堂上演讲，其他同学可以提问和评论。
5. 教师对各个小组表现进行点评。
6. 各小组根据教师和同学提出的建议对报告进行修改，并将报告提交给教师。

参 考 文 献

[1] Andy Lockett, Ian Blackman. Strategies for building a customer base on the Internet: symbiotic marketing[J]. Journal of Strategic Marketing, 2001, 9(1): 47-68.

[2] Lee Adler. Symbiotic marketing[J]. Harvard Business Review, 1966, 44(6): 59-71.

[3] Larry J Rosenberg, James H Van West. The collaborative approach to marketing[J]. Business Horizons, 1984, 27(6): 29-35.

[4] P Rajan Varadarajan, Daniel Rajaratnam. Symbiotic marketing revisited[J]. Journal of Marketing, 1986, 50(1): 7-17.

[5] Sonia Dickinson, B Ramaseshan. An investigation of the antecedents to cooperative marketing strategy implementation[J]. Journal of Strategic Marketing, 2004(6): 71-95.

[6] Sarah Johnson. The next big thing…collaborative marketing [J]. Marketing Direct (1366896X). 2008(6): 8.

[7] Sandra Naipaul, Youcheng Wang, Fevzi Okumus. Regional destination marketing: a collaborative approach[J]. Journal of Travel & Tourism Marketing, 2009, 26(5/6): 462-481.

[8] Travis West. Cooperative marketing: what does it take? Is it for you? [J]. The Ohio State University, 2008(3): 2.

[9] Youcheng Wang, Joe Hutchinson, Fevzi Okumus, et al. Collaborative marketing in a regional destination: evidence from central florida[J]. International Journal of Tourism Research, 2013, 15(3): 285-297.

[10] 程凯. 合作营销研究[D]. 武汉大学, 2001(5).

[11] 方琦, 李开. 协同营销国内外研究综述[J]. 安徽广播电视大学学报, 2008(4): 27-31.

[12] 郭锦墉, 魏毅. 基于共生的农业产业化经营各主体协同营销的思考[J]. 江西农业大学学报, 2004

(6):944-947.
- [13] 何山.协同营销初探[J].现代管理科学,2004(7):74-75.
- [14] 吕筱萍.基于合作营销的浙江企业集群竞争力培育[J].商业经济与管理,2005(8):45-49.
- [15] 马松林,邢伟琳.共生营销策略探析[J].经营管理者,1997(9):32,33.
- [16] 欧阳桃花,蔚剑枫.研发-营销界面市场协同机制研究:"海尔"案例[J].管理学报,2011(1):12-18.
- [17] 唐玉生,杨评防,卢邦超.基于CRS理论的协同营销内涵与运作模式研究[J].企业经济,2010(3):78,81.
- [18] 王玉臣.共生营销——企业营销策略的现实选择[J].企业改革与管理,2000(7):37,38.
- [19] 肖恩·克拉克.合作营销[M].北京:机械工业出版社,2002.
- [20] 杨波.合作营销的发展与实施策略研究[J].商业研究.2005(14):153-155.

连锁经营

麦当劳餐厅(McDonald's Corporation)

McDonald's Plaza 麦当劳餐厅(McDonald's Corporation)是大型的连锁快餐集团,在全球快餐连锁领域是冠军,在世界上大约拥有三万家分店,遍布全球121个国家或地区,主要售卖汉堡包、薯条、炸鸡、汽水、沙拉等。在很多国家麦当劳代表着一种美国式的生活方式。

20世纪50年代麦当劳引入连锁经营体系,从此迅猛发展。在长期连锁经营过程中,麦当劳在处理总部与分店关系上形成了自己的特点,主要有三个方面:其一是麦当劳收取的首期特许费和年金都很低,减轻了分店的负担;其二是总部始终坚持让利原则,把采购中得到的优惠直接转给各特许分店;其三是麦当劳总部不通过向受许人出售设备及产品来牟取暴利(许多特许组织都通过强卖产品的方式获得主要利润,这就容易使总部与分店发生冲突)。

麦当劳的诚意换来了加盟者和供应商的忠诚,麦当劳与加盟者、供应商的关系是相互制约、共存共荣的合作关系。这种共存共荣的合作关系,为加盟者各显神通创造了条件,使各加盟者营销良策层出不穷,这又为麦当劳品牌价值的提升立了汗马功劳。例如风靡全世界的"麦当劳叔叔"就是一个成功的加盟者与广告公司创造出来、总公司启用并推广的,"联合广告基金会"模式也是由麦当劳加盟者创立、被总公司采用的。另外,加盟者对总公司的合理建议,也形成了动力,促进了麦当劳公司的改革,从而使"麦当劳"品牌增强了市场竞争力,麦当劳公司也获得更大的发展。

资料来源:http://www. http://baike.baidu.com/view/4676.htm

本讲知识结构图

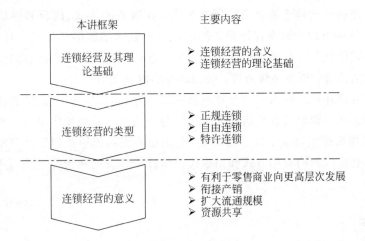

麦当劳的成功经验证明,连锁经营仍然是当今世界最富有活力、发展最快的一种经营方式。在零售业中,按照销售额排名的大零售商店,无一不是采取连锁经营方式。事实上,在多种行业中都实行了连锁经营,除传统零售业外,连锁经营已经扩展到了美容美发、餐馆、酒店、医院、学校、旅游、快捷酒店、金融、保险、房产中介等行业,毫不夸张地说,连锁经营已经渗透到几乎所有直接面向最终消费者的行业。

一、连锁经营及其理论基础

(一)连锁经营的含义

连锁经营的原型最早可以追溯到中世纪晚期,在15世纪德国奥格斯堡的富格尔公司在欧洲各地设立了许多分店。但现在意义上的世界上的第一家连锁店是由美国人吉尔曼和哈福特兄弟创办的。1855年兄弟二人在纽约开办了一家专门经营红茶的商店,在迅速占领市场后,他们在同一条街上相继开起第二、第三家分店,1865年在百老汇大街和华尔街一带已经开启了25家经营茶叶的分店。到1869年,该公司成为人尽皆知的"大西洋和太平洋茶叶有限公司"。吉尔曼和哈福特兄弟因为开连锁店的先河而被后人誉为"连锁之父"。

连锁经营是一种商业组织形式和经营制度,是指在零售业、餐饮业、服务业中将若干同行业店铺,以共同进货、分散销售、统一管理等方式连锁起来,共享规模效益的一种经营组织形式。它的实质在于把现代化大生产原理应用于传统商业,达到获取规模效益的目的。它的共同特点是统一采购配送,分店经营,统一核算,共享效益。这是市场经济发展和技术进步的产物,是适应大生产、大流通的新举措。

连锁经营作为连锁商业独具的形式,主要包括以下三个层次的经营方式。

(1)形象连锁。这是指连锁店内的所有分店,形象要统一,如统一的建筑形式,统一的环境布置,统一的色彩装饰,统一的商徽,统一的吉祥物等。形象连锁是一种极好的大众广告,连锁店外在的和直接的形象特点,往往成为吸引顾客认识商店、商品或服务的第一感觉。因此,形象连锁不是可做可不做的小事,而是开办连锁店首先要做好的事,否则,就算不上连锁。

(2) 服务连锁。它是连锁店内的所有分店,在服务的方式、内容和质量等方面实行统一标准化。这样可以使顾客在连锁店的任何一个分店都能够享受到一样的优质服务。简言之,服务连锁就是服务系统标准化。服务标准化是使顾客放心满意信得过的重要因素,是建立商店信誉,创造品牌效应,吸引顾客的内在动力。

(3) 经营管理连锁。经营管理连锁包括两层含义:其一,要求连锁的各分店在经营战略上要一致对外,即通过各分店联合集中力量的方式,形成集团竞争优势。其二,要求经营管理操作系统用科学手段进行连锁,使资金和商品流通及信息处理发挥科学系统优势。总之,它是以新的营销方式和用现代科学技术装备的物流系统为纽带,发挥出系统的优势。

连锁经营管理的三个原则

连锁经营基本原则是3S主义:简单化、标准化、专业化(专家化)。

(1) 简单化指为维持规定的作业,创造任何人都能轻松且快速熟悉作业的条件。

(2) 标准化指为持续性生产、销售预期品质的商品而设定既合理又较理想的状态、条件以及能反复运作的经营系统。

(3) 专业化是指企业或个人在某方面成为追求卓越,将工作特定化,并进一步寻求强有力的能力和开发创造出独具特色的技巧及系统。要产生本企业自己独特的特征,并浓缩为某领域,为使其不被其他企业所模仿,还要将其更深度化。

资料来源:郭东乐,宋则.中国商业理论前沿[M].北京:社会科学文献出版社,2000:209-211.

(二) 连锁经营的理论基础

据统计,开单店失败的概率高达50%左右,但开连锁店失败的概率则不到5%,这表明连锁经营具有巨大优势。长期以来,经济学家利用很多理论试图解释连锁经营所具优势的内在规律,比较有说服力的理论有交易费用理论和内部化理论。

1. 交易费用理论

1937年,著名经济学家罗纳德·科斯(Ronald Coase)在《企业的性质》一文中首次提出"交易费用"的思想,1969年阿罗第一个使用"交易费用"这个术语,威廉姆森系统研究了交易费用理论。该理论认为,从许多组织向少数较大组织的变迁可以节约很多基本交易费用,如减少贪污和欺骗,控制失窃和产品质量等,因此提高了效率。利用该理论在一定程度上能够解释连锁经营具有优势的内在机理,但不够全面。

2. 内部化理论

内部化理论(internalization theory)又称市场内部化理论,是英国里丁大学学者巴克利(Peter J. Buckley)、卡森(Mark Casson)与加拿大学者拉格曼(A. M. Rugman)为主要代表人物的西方学者,以发达国家跨国公司(不含日本)为研究对象,沿用了美国学者科斯的新厂商理论和市场不完全的基本假定,于1976年在《跨国公司的未来》(The Future of Multinational Enterprise)一书中提出的。

内部化理论主要用于解释大量出现的一些跨国企业集团的规模扩张问题,但将该理论用于解释连锁经营也非常适合。内部化理论的主要观点可概括如下:由于市场的不完全,若将企业所拥有的科技和营销知识等中间产品通过外部市场来组织交易,因为中间产品市场具有不完全性,产品的特殊性质或垄断势力的存在,使得企业利用市场获取中间产品的交易成本高昂,难以保证厂商实现利润最大化目标;若企业建立内部市场,可利用企业管理手段协调企业内部资源的配置,将原先由市场连接和组织的各项活动置于统一的所有权控制之下,避免市场不完全对企业经营效率的影响。当市场内部化超越国界时,跨国公司就形成了。企业对外直接投资的实质是基于所有权之上的企业管理与控制权的扩张,是以企业的管理机制代替市场来协调企业各项经营活动和进行资源配置的,而不在于资本的转移。其结果是用企业内部的管理机制代替外部市场机制,以便降低交易成本,拥有跨国经营的内部化优势。这种理论也是连锁企业向外扩张的依据,即连锁企业,不管是何种连锁企业形式正是以不同程度不同方式的内部化与一体化经营来实现成长的。

人物小传

罗纳德·哈里·科斯(Ronald H. Coase)

罗纳德·哈里·科斯(1910—2013)于1910年出生在伦敦郊区的威尔斯顿,毕业于伦敦经济学院,41岁时赴美,72岁时在芝加哥大学法学院荣休。2013年9月2日,科斯在芝加哥的一家医院安详离去,享年103岁。

按照瑞典皇家科学院的公告,1991年诺贝尔经济学奖的获得者罗纳德·哈里·科斯的主要学术贡献在于,揭示了"交易价值"在经济组织结构的产权和功能中的重要性。他的杰出贡献是发现并阐明了交换成本和产权在经济组织和制度结构中的重要性及其在经济活动中的作用。科斯的代表作是两篇著名的论文。其一是1937年发表的《企业的本质》,该文独辟蹊径地讨论了产业企业存在的原因及其扩展规模的界限问题,科斯创造了"交易成本"(transaction costs)这一重要的范畴来予以解释。另一篇著名论文是1960年发表的《社会成本问题》,该文重新研究了交易成本为零时合约行为的特征,批评了庇古关于"外部性"问题的补偿原则(政府干预),并论证了在产权明确的前提下,市场交易即使在出现社会成本(即外部性)的场合也同样有效。科斯发现,一旦假定交易成本为零,而且对产权(指财产使用权,即运行和操作中的财产权利)界定是清晰的,那么法律范并不影响合约行为的结果,即最优化结果保持不变。换言之,只要交易成本为零,那么无论产权归谁,都可以通过市场自由交易达到资源的最佳配置。斯蒂格勒(1982年诺贝尔经济学奖得主)将科斯的这一思想概括为"在完全竞争条件下,私人成本等于社会成本",并命名为"科斯定理"。科斯被认为是新制度经济学的鼻祖。

资料来源:http://baike.baidu.com/view/298321.htm

第十五讲 连锁营销

二、连锁经营的类型

连锁经营从不同的角度考察,有多种不同的类型。

按照经营的商品和提供的服务划分,分为食品连锁店、服装连锁店、快餐连锁店、家用电器连锁店、图书连锁店、体育用品连锁店、快捷酒店连锁店等。

依据提供服务的区域大小,一般可划分为地方连锁店、地区连锁店、全国连锁店、国际连锁店。

但一般比较科学的分类方法是以生产资料的所有权和经营权的集中程度来划分。依此可以划分为正规连锁、自由连锁和特许连锁。

(一) 正规连锁

正规连锁亦称直营连锁或一般连锁。这是通过吞并、兼并或独资控股等途径,以发展壮大自身实力和规模的一种形式。正规连锁是以经营同类商品和服务为特征,由总公司管辖下的许多分店组成。它利用资金雄厚的优势,大量进货,大量销售,在市场上具有很强的竞争力,往往会形成行业垄断。所以有人把它叫作"垄断兼并型"连锁店是一点也不过分的。

正规连锁的特点是:

(1) 高度的统一性。正规连锁的所有权和经营权都集中于总部或者总公司,各分店同属于一个资本所有。它不但采购集中,而且会计、广告、计划都是集中的。各分店的经理不是企业的所有者,而是地地道道的雇员。

(2) 总部的职能突出。正规连锁的高度统一性是以充分发挥总部职能为前提的,没有强力的总部,直营连锁的优势就不能确保很好地发挥。因此正规连锁的总部必须设置分工明确、简捷高效的管理机构以及各分店的层级管理制度,确保总部与分店的统一运作。

(3) 利益独享,风险独担。正规连锁是由连锁业独家出资,统一管理,其所有权和经营权完全集中,这是与自由连锁和特许连锁的最大区别,后者基本上是利益共享但风险共担。

(二) 自由连锁

自由连锁亦称自愿连锁。所谓自由连锁,是指许多零售企业,在保持各自独立经营的条件下,自愿组成一个或几个批发企业,并以此为主导建立一个总部指挥组织,即在总部的指挥和管理下,实行共同经营,集中采购,统一经销,以此降低成本,提高流通效率,获得合理化经营利润。自由连锁的诞生主要是因为大资本对市场的垄断,使一些小企业的生存受到直接威胁。要生存,要发展,就迫使众多的小企业在严峻的市场竞争中走到一起,联合起来,与大资本抗衡,奋力争夺市场,以获得规模效益。自由连锁的特点是:

(1) 连锁店内各分店有自己独立的自主经营权。

(2) 组织连锁企业的倡导者可以是批发企业,也可以是零售企业,但主体是零售企业。

(3) 总部对各分店负有业务指导和人员培训责任,同时要求各分店要接受总部的领导和指挥,以便共同行动,增强竞争能力。

(4) 集中采购,统一分销是自由连锁共同合作的主要形式。

(5) 联合的目的主要是为了降低经营成本,促进经营合理化和现代化。

(三) 特许连锁

特许连锁亦称合同连锁。它是指由总部与加盟店签订合同,特别授权其使用自己的商标、商号和其他总部所独有的经营技术,在同样的形象下进行商品销售和劳务服务。加盟店则需要向总部支付规定的加盟金。

特许连锁存在的基础是总部与加盟店之间的合同关系,因此特许连锁的特点是:

(1) 所有的加盟店必须依据合同规定向主导企业交纳营业、统销权使用费并承担规定的义务。

(2) 合同是主导企业与各加盟店连锁的纽带。主导企业和各加盟店的财产虽然各自独立,但在经营管理上,加盟店必须接受主导企业的指导。

三、连锁经营的意义

由于连锁经营克服了单个零售商业企业组织化程度低、经营方式单一、经济实力单薄、难以获得规模经济效益的缺点,所以它对促进零售商业发展,衔接产销,扩大流通都有着重要的意义。具体来讲,主要表现在以下四个方面。

(一) 有利于零售商业向更高层次发展

连锁经营使零售商业摆脱了传统的落后的经营方式,这就为零售商业开创了获得规模效益的途径,加快了零售商业发展的速度。所谓规模效益,从连锁商业的角度看,主要是指连锁商业企业随着自身经营规模扩大,经营商品数量增加,不仅有能力用先进的技术和设备武装自己,而且能够通过专业化的分工,提高劳动经营效率,减少商品流通费用,降低商品经营成本,达到增加收益的目的。第一,连锁商业通过内部专业化分工,即商店总部负责进货,部署经营战略,确定经营方针,设计广告策划等;而各分店只负责销售及市场信息的传递。这样做带来的无疑是效率的提高,收益的增加。第二,由于连锁商业长期大批量地购货,不但能够获得稳定的供货来源,而且还会受到折价优惠等方面的优待。在销售方面,由于连锁商业拥有一套高效的销售体系,因而占据着大量的市场利益份额。同时,由于连锁商业拥有雄厚的资金,所以信用度一般都比单店经营的零售商店要高,从而有利于争取到优惠和低息贷款。第三,连锁商店有条件采用效率更高的先进的设备和管理手段,促使经营效益大幅度提高。第四,连锁商业在销售一种新产品时,虽然承受市场风险要比一般零售商店大得多,但这种新产品一旦为市场所接受,由此带来的却是高额的垄断利润。由此可见,连锁商业的规模经营是获得规模效益的基础,可以认为这是传统商业在经营技术上的一次革命。

(二) 衔接产销

连锁商业把大生产经营的规模要求科学地同现代消费的分散化特点有机地结合起来,创造了既不违背零售经营的本质要求,又可以实现大规模经营,适应大规模生产的零售形式,推动了零售商业向现代产业化的转变。连锁经营实现产销衔接的方式表现如下。

(1) 专业化经营和分散化设点相结合。买方市场条件下,在整个经济的运行中,起决定作用的是市场、消费者和消费需求而不是企业。因此企业不仅需要适应生产专业化,同时还必须适应分散化和多元化的消费特点。企业通过连锁经营可以在坚持专业化的同时,又能通过网点的分散化、商品的标准化,进一步实现现代化大生产和消费的结合。

(2) 集中进货与分散销售相结合。传统的零售商业一般要同时承担买和卖两种职能。这种集买又卖于一体的经营方式很难在市场经济高度发达的今天中求得发展。连锁商业则不然,总部集中进货,分店分散销售。总部集中进货,一方面使总部采购者有条件提高采购商品的准确性和科学性;另一方面,可以使连锁商业在与生产企业交易时处于有利的地位,以便宜的价格购进商品。连锁分店分散销售,一方面使其享受到集中进货所获得的低成本优势;另一方面,由于分店深入消费腹地,与消费者有密切的联系,这样,可以通过近距离的促销和服务方式来建起感情纽带,加强消费者对连锁商业的联系。买卖职能分离,固然对连锁商业内部经营管理提出了新的课题,但却为连锁商业在市场中发挥优势,扩大销售,增加利润打下坚实的基础。

(3) 零售商业组织化程度的提高,促进了产销关系的有序化、规范化和现代化。提高流通产业组织化水平,不仅对于形成有利于企业展开公平、公开、有效的市场程序至关重要,而且也是促进生产健康发展,消费有序进行的一个重要条件。

(三) 扩大流通规模

连锁经营使企业通过组织形式的多层次组合,从而使迅速扩展成为可能,进而为流通规模的扩大及流通能力的提高打下了良好的基础。连锁商业多层次组织形式的组合,使其在市场扩展方面有着其他零售经营形式不具备的独特优势,它可以使连锁商业总部凭借多种手段,如商业资本、经营技术、联合优势等迅速地将其经营意志、经营战略在全系统范围内实施。

(1) 凭借商业资本的集聚,扩大商品流通规模。连锁企业凭借自己的优势,有多种集聚资本的方式,如自身盈利的积累、社会资金的利用、暂时占用供货商的结算资金等。当集聚的商业资本有效科学地用于网点的发展、设备的更新与商品的开发时,商品流通规模就进一步扩大了。

(2) 凭借经营技术优化,扩大商品流通规模。连锁企业在开发新的经营技术方面有着得天独厚的优势,并且能够形成一整套独具特色的现代连锁经营技术,其中包括地点的选择,人员的培训,店面的设置,统一的广告,商品、原料和设备的供应,标准化的销售方式,经营管理顾问,财务管理和资金融通等。连锁系统外的企业,为了降低经营成本,使用先进行业的管理技术,确保获得较高的利润,自然会积极要求加入连锁商业。连锁经营通过扩大连锁范围,不仅可以节省资金和人力,而且能够更有效地扩展经营业务,扩大流通规模。

(3) 发挥联合优势,扩大商品流通规模。连锁经营通过组织系统的联络,把许多同类企业组成一个经济共同体,以全方位联合经营的方式发挥联合优势,降低连锁商业系统的运行费用。其联合优势主要表现为:一是统一的采购制度,即通过大批量的集中采购,以获得在同类同级商品中价格相对较低的商品。二是统一的资金管理。这无疑有利于提高资金利用率,合理调度资金运用,积极有效地开拓新的市场。三是统一的物流系统。由于这些优势的存在,使连锁商业系统中分店的筹建和吸收,可以采用工业标准化的方式成批地"廉价生产"并使其有效地发挥作用。

(四)资源共享

连锁经营通过连锁商业网络系统的建立,实现了市场、信息、技术、人才、管理、商誉的内部共享,为社会资源和企业资源的充分利用打下了坚实的经营基础。随着市场经济和社会化大生产的快速发展,商品的销售将越来越具有竞争性。在这种情况下,谁控制了市场谁就控制了整个经济。连锁商业在市场竞争中所显示的明显优势就是拥有经过长期经营所开拓的市场。而这个市场的占有多半是由加盟者带入的。同时,支撑这个市场的软件是:高素质的有敏锐洞察力的人才,竞争性和适应性的管理,快速准确的信息资源,配套的现代经营技术和技巧,良好的社会形象和企业信誉。由于连锁商业是一个完整的经营系统,因此,连锁商业的市场及相应的软件在企业内部是可以分享的。从这个意义上讲,连锁经营就是一种分享经济。正是由于这一特性的存在,连锁商业才真正创立了一个崭新的经营方式,加快了资源的合理配置和充分利用,提高了商品流通效率。

连锁经营产生不过100多年的时间,但却显示了其旺盛的生命力,连锁经营形式已经渗透到多个行业。本讲围绕着连锁经营的概念而展开,连锁经营从层次上分为形象连锁、服务连锁和经营管理连锁。但从生产资料经营权和管理权的角度可分为正规连锁、自由连锁和特许连锁,其中正规连锁和特许连锁为常见的连锁经营形式。借助交易费用理论和内部化理论对连锁经营进行理论分析,更有助于对连锁经营的营销意义的理解。

1. 什么是连锁经营?连锁经营的三个层次是什么?
2. 用内部化理论解释连锁经营。
3. 正规连锁及其特点是什么?
4. 特许连锁及其特点是什么?
5. 评述连锁经营的营销意义。

永和豆浆的连锁经营

20世纪90年代末,当"肯德基"、"麦当劳"等洋快餐登陆中国并迅速以超过千家店面的规模赢得中国市场时,永和豆浆开始现身祖国大陆市场,向"洋快餐"发起挑战,并致力于打造全球中式餐点连锁第一品牌。目前,永和豆浆在祖国大陆的店面总数已经达到

150余家,其中包括15家直营店和130余家加盟连锁店。2005年,这些店的总营业额达到4亿元。永和豆浆的成功,为中式快餐的连锁经营提供了经验。

永和豆浆的历史要追溯到20世纪50年代初期。当时,一群祖籍大陆远离家乡的退役老兵迫于生计,聚集在台北与永和间的永和中正桥畔,搭起经营快餐早点的小棚,磨豆浆、烤烧饼、炸油条,渐渐形成了一片供应早点的摊铺。因为这些老兵手艺地道,以致以豆浆为代表的永和地区的各种小吃店声名远播,传遍全岛。至今,在台湾还有四海豆浆、世界豆浆等源自永和老兵的豆浆店。像同时代的许多人一样,创始人林炳生是从小喝着永和老兵的豆浆、吃着永和老兵的烧饼油条长大的,他暗暗发誓:"一定要重振永和豆浆的盛名,将祖国的传统美食发扬光大。"

在开拓大陆市场之初,永和豆浆就是以快餐连锁店的形式进入的。如果以每30万人口设一家标准店,全中国约可设4 300多家永和豆浆店,平均每店每年营业额达200万~400万元,预估可创造百亿元的市场消费量,其市场发展潜力可见一斑。所以,林炳生很快在上海设立了永和豆浆加盟总部及直营店。确立了以祖国大陆为战略中心的地位,为永和豆浆连锁店拓展全球网络奠定了更坚实的基础。

品牌是特许经营系统中最重要的资产,同时品牌的成名并非与生俱来,几乎所有的特许经营授权人,都是首先确立在当地的品牌认知,然后逐步确立地区或全国范围的地位。特许经营需要一个原始模型的企业,或者说是母公司,再进行复制开发。全世界有5 600多家加盟店的文迪餐馆源于1969年美国俄亥俄州哥伦比亚市区的一家文迪汉堡包餐馆,从1973年开始授权文迪字号,一直发展到现在的规模。事实上,永和公司也在复制着这种成功的品牌运作方式。连锁企业的市场地位和形象是消费者认可的,是消费者对连锁企业所有活动进行综合评价的结果。但这并不是说连锁企业的努力不起作用。连锁企业的CI设计和广告宣传,就在很大程度上影响着消费者对企业的主观评价。因此连锁企业一旦选择了别具一格的战略,就一定要根据自己所欲树立的形象,一方面在经营活动中体现这一形象;一方面通过CI设计和广告活动宣传这一形象,使之深入人心,求得共识,使自己的连锁店给消费者形成一个统一的形象,就应该坚持不懈地抓下去,切忌朝三暮四,模糊了自己的形象。在开拓大陆市场不久,中国领先的品牌创意公司贝恩广告顾问有限公司,应邀协助永和豆浆更新其品牌形象。目标是塑造更为显著的品牌特色,取得更为强烈的连锁专卖店终端形象冲击力,和带给消费者更为直接的健康、豆浆文化。整个品牌重塑的工作和永和豆浆市场拓展的计划紧密联系起来,2005年永和豆浆获得了"中国驰名商标"的称号。公司十分满意由贝恩广告带来的新的企业形象和终端、专营店的整体包装设计,它使得永和豆浆的品牌从众多的竞争对手中真正脱颖而出,并在国际市场上具备很强的吸引力。

资料来源:http://wenku.baidu.com/view/526798dbce2f0066f533226d.html

案例思考:

1. 永和豆浆属于哪种连锁类型?
2. 简述永和豆浆是怎样实现形象连锁的。

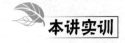

本讲实训

一、实训目的

1. 加深学生对连锁经营的认识。
2. 根据身边的连锁企业情况,分析连锁经营的优势。

二、实训内容

以小组为单位,利用周末时间对身边的连锁商业企业进行走访,以加深对连锁经营诸多相关问题的理解,并依据走访情况制作PPT,分析自己所走访企业的连锁类型,并分析该种连锁类型的优缺点以及企业为什么采取这种连锁形式。

三、实训组织及步骤

1. 教师明确实训目的、任务和评价标准。
2. 班级成员分为若干小组,每组6~8人。实行组长负责制,成员合理分工,团结协作,专人负责活动记录和资料整理。
3. 每个小组应该根据实训目的,做好相关访谈内容的准备工作。
4. 小组成员利用周末时间进行实地走访,并结合相关理论知识进行总结分析。
5. 各小组对走访过程进行记录,并制作PPT。
6. 各小组在班级进行PPT演示,汇报观点并讨论、交流。
7. 班级演示之后,由指导老师点评和总结。

参 考 文 献

[1] Andrew Kostecka. Franchise opportunities handbook[M]. Washington:Washingtong D. C. US. Dep,2001.
[2] H Ansoff. Corporate Strategy,McGraw-Hill[J]. Financial Times Management,1965:108-111.
[3] 迈克尔·波特,加里·哈默. 未来的战略[M]. 徐振东,张志武,译. 成都:四川人民出版社,2000.
[4] 斯蒂文·L. 戈德曼. 灵捷竞争者与虚拟组织[M]. 沈阳:辽宁教育人民出版社,1998.
[5] 陈兵. 连锁经营风险控制与投资风险分析[J]. 商场现代化,2007(32):40-42.
[6] 黄金平. 连锁经营管理[M]. 广州:广东经济出版社,2003.
[7] 韩志华,杨春艳,孟祥明. 沃尔玛连锁经营战略给我们的思考[J]. 齐齐哈尔师范高等专科学校学报,2008(6):26,27.
[8] 李曙明. 构建你的连锁王国——连锁经营的运作与管理[M]. 北京:中国商业出版社,2005.
[9] 睦蔚. 连锁经营优势的经济学理论分析[J]. 商场现代化,2007(19):194-196.
[10] 宋之苓. 连锁经营战略拓展新思路[J]. 商业时代,2008(25):23,24.
[11] 王吉方. 连锁经营管理教程[M]. 北京:中国经济出版社,2005.
[12] 汪国华. 基于社会网络的连锁经营优势探讨[J]. 商业时代,2006(19):12-20.
[13] 薛莉. 连锁经营发展的瓶颈[J]. 中小企业管理与科技,2010(2):84.
[14] 忻红,李振奇. 连锁经营企业规模扩张的理论前提研究[J]. 社会科学论坛,2003(5):77-79.
[15] 徐月,田建春. 连锁经营理论研究综述[J]. 合作经济与科技,2010(8):36-39.

[16] 杨子卿. 我国商业零售业连锁经营的现状分析及对策研究[J]. 商业现代,2005(4):2,3.
[17] 于威. 连锁经营竞争的优势[J]. 科技信息,2009(4):654-656.
[18] 张荣齐. 连锁经营模式的构造及运行[J]. 商业研究,2007(6):135-139.
[19] 朱廖星. 连锁经营的发展趋势[J]. 现代营销(经营版),2009(3):32-35.
[20] 昝同军. 现代商业连锁经营模式的经济学分析[J]. 经营管理者,2009(14):23-26.

第十六讲 体验营销

多维体验营销——索爱的必杀技

2007年6月索尼爱立信在中国的第一家全新体验中心在南京苏宁电器淮海路店揭幕，并且在之后的几个月内，类似的体验中心陆续在全国十多个重点城市建立。这是索尼爱立信打造其多维度的整合营销平台的一项重要举措。

索尼爱立信的体验营销是一种多维度的体验营销方式，它将以一种使消费者感到更加亲近、更易记忆、更具互动性并更富有情感的互动形式，来让消费者主动去体验索尼爱立信品牌及产品的丰富内涵。在索尼爱立信体验营销中，索尼爱立信会用更有亲和力的方式传达出自身的承诺，并不断启发消费者，促使消费者亲身去体验索尼爱立信产品的不同之处，感受索尼爱立信品牌的无穷魅力。索尼爱立信体验营销全方位、多维度地考虑到了消费者在理性方面与感性方面的诉求。同时索尼爱立信也将借助全新的体验营销方式，提高自身的产品销量，并增强消费者对索尼爱立信品牌的忠诚度。

所谓多维度体验营销平台，又叫索尼爱立信全新体验中心，是一种供消费者全面了解索尼爱立信系列产品，亲自体验索尼爱立信手机与众不同之处，并真实感受索尼爱立信品牌所蕴含的无穷魅力的全新途径。索尼爱立信全新体验营销平台能为消费者创造出值得回忆的体验与感受，它包括能迎合零售店面不同需求而设立的极具互动性的产品推广硬件与软件，以及能为顾客提供更多售后内容下载和增值服务的DIY软件，是一个全新的多维度的体验营销平台。

索尼爱立信中国公司市场副总裁王善齐表示："索尼爱立信在2002年就率先以体验营销模式来演示产品优势及为客户提供各种各样的增值服务，所以索尼爱立信有着'体验营销'的实战经验和市场优势，而索尼爱立信产品的多功能特性，让我们有更大优势把'品牌和产品优势'转化成切实的竞争和营销实力。与其他品牌的体验平台相比，索尼爱立信体验营销平台有强大的优势：我们的范围和适用性更广，体验中心遍布全国各个主要城市，并可出现在机场、校园、工厂等地点；我们的互动性更强，消费者能有更加丰富、全面、多样化的体验方式；并且体验营销平台将会不断推出新的市场活动，使线上、线下活动在终端有机地结合。"

同时，索尼爱立信还推出了全新体验营销设备，它作为索尼爱立信体验营销平台中最重要的组成部分被设立在全国主要城市的大型零售店以及其他零售终端。该套设备会根据零售店面需要及资源投放需求的不同而产生规模不同的多种组合，包括360度体验、音乐主题体验、影像主题体验以及互动体验。

资料来源：http://finance.sina.com.cn/leadership/myxcl/20070629/15323738801.shtml

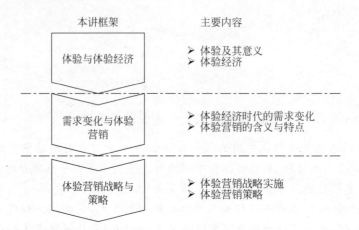

纵观人类经济发展的全过程,在经历了产品经济时代和服务经济时代之后,围绕着客户全程体验的体验经济时代逐渐登上了舞台。在体验经济与体验消费的带动下,体验营销应运而生。

随着人们的生活水平的提高以及对生活质量的不懈追求,现代社会人们的消费需求不再停留于仅仅获得更多的物质产品以及产品本身,消费者购买商品更多是出于对产品象征意义和象征功能的考虑。也就是说人们更加注重通过消费获得个性的满足和精神的需求,促进现代消费在需求结构、内容、形式上不断发生变化。体验作为一种独立的经济提供物展现给消费者,恰恰迎合了顾客追求体验的消费趋势。面对顾客对体验商品的追求,企业的营销策略必须从功能营销转移到体验营销。企业不仅仅是商品和服务的提供者,更是体验的策划者,它们通过提供最终的体验,给顾客留下难以忘怀的愉快记忆。

一、体验与体验经济

(一)体验及其意义

体验,也叫体会,指用自己的生命来验证事实,感悟生命,留下印象。体验到的东西使得我们感到真实,并在大脑记忆中留下深刻印象,使我们可以随时回想起曾经亲身感受过的生命历程。从本质上说,体验可以看作是当一个人达到情绪、体力、智力甚至精神的某个特定水平时,在他的意识中所产生的一种美好的感觉,从消费者的角度来说,体验是指顾客在接触消费品之后所产生的价值感受及其带来的深刻回忆。

纵观针对体验分类的研究,主要有四种具有代表性的方法:派恩和吉尔摩四分法、施密特五分法、范秀成四分法以及体验五维系统分类法。其中,前三种分类方法均采用穷举分类法,其中应用最为广泛、最具代表性的为派恩和吉尔摩四分法。

1. 派恩和吉尔摩四分法

派恩和吉尔摩四分法是目前应用最为广泛的一种体验分类方法,它将体验划分为娱乐体验、教育体验、逃避体验以及审美体验四大类。娱乐体验是指通过相关活动获取身心的快乐、愉悦；教育体验即为有关增进自身的道德与知识的体验；逃避体验的全称是逃避现实的体验，换句话说，这是一种令人陶醉、令人沉迷、忘却现实的浸入式体验；审美体验属于现代美学范畴，指人在对审美对象的感知过程中所达到的精神超越和生命感悟，一种极为强烈的人格、心灵的高峰体验。

但是，从某种意义上来说，这四种体验并不能概括现实生活中形形色色的体验形态，正如派恩自己所言："这四种类别边界并不明确，它们相互包容，难以区分。"总之，前三种体验分类方法均停留在描述具体现象以及经验的层面，相对来说比较模糊、粗略且缺乏系统性。由此便催生出基于系统分类法的体验五维系统分类。

2. 体验五维系统分类法

体验五维系统分类法从心理结构出发，以心理结构的分化与组合的过程以及人的精神追求的阶段区分作为划分标准，将整个体验系统划分为五个方面，即感官体验、情感体验、成就体验、精神体验以及心灵体验。

1）感官体验

感官是人与外界互动的媒介，因此，感官体验是人最基本的体验，它是其他体验的基石，是人通过感知器官与外界交流信息过程中所体会到的感觉。在五官与外界接触过程中形成的快感、痛感、质感都属于感官体验的范畴。

2）情感体验

人是一种感情丰富的动物，他们从外界获取的感官体验会在心中引起其他的反应。比如，看到天边的彩虹或灰暗的天空，随之而来感到的可能就是一种愉快的或阴沉的情绪，这就是建立在感官基础上的情感体验。

3）成就体验

从马斯洛的需求层次理论可以看出，人除了最基本的生理、安全和社会需要，还有追求自我尊重和自我实现的需要。人在满足情感需要的同时，还需要得到社会的认可，需要通过自身的努力奋斗来获取成就。而每个人在追求成功的过程会不断地超越自我、战胜自我，由此便产生了令人难以忘怀的成就体验。

4）精神体验

当一个人对物质生活感到满足甚至没有追求的时候，精神层面的追求就显得愈加强烈。精神不同于情感，它是凌驾于物质之上的一种存在。比如我们沉浸在画的美感与意境中；通过吟诗作对来言志；通过养花读书来陶冶情操，这些都是精神生活的表现方式。在这一过程中产生的体验即为精神体验。它表现为对世俗名利的舍弃和对崇高精神的追求。

5）心灵体验

精神体验超越了情感与物质的束缚，使人得到了精神的放松与满足。但是，精神的满足并非人追求的最高境界。

正如武侠高手口中的返璞归真一样，人们对于心灵归宿的追求是一种类似于返璞归真的追求，它是一个人最本质、最深层次的追求。人们在追求心灵归宿的过程中产生的体验即为心灵体验，比如宗教体验、巅峰体验以及心理学家荣格所说的超级体验。这种体验只可意会不可言传。

当今社会，人的体验主要是源于行为和状态对他的反作用即外部信息的刺激。同时，外部信息的刺激随着时间的推移会逐渐减弱和钝化。就普通人而言，每天机械地上班、下班、吃饭、睡觉，这种程式化的生活使外部信息的刺激作用逐渐减弱，使人感觉生命缺乏意义。这时候，个体就会通过调整生命状态来寻求新的生命体验，以期望改变人们一成不变的生活轨迹。

然而，无论是程式化的生活抑或是丰富多彩的生命历程都是包含在体验之中的。正如德国哲学家狄尔泰所说："生命是个体从生到死的体验总和，我们的生活归根结底是一个不断体验的过程，生命可以与体验画上等号。"生命之流生生不息，它由无数个微小短暂的瞬间构成，而这许多个瞬间组成的永不停歇的连续体就是每个人经历过的生活轨迹。人生的每一次体验便是对当下每个一闪而过的瞬间的把握，它带着过去而来，又面向未来而去。因此，体验始终存在于三维的生命里，而每一次体验都丰富着我们的生命。

（二）体验经济

体验经济是指有意识地以商品为载体、以服务为手段，使消费者融入其中的活动。20世纪70年代，阿尔文·托夫勒曾在《未来的冲击》中预言："继服务业发展之后，体验业将成为未来经济发展的支柱。"[①]与此同时，美国未来学家甘哈曼在《第四次浪潮》一书中预言了一个特种服务性经济时代的诞生。他认为在这种特殊服务性经济的时期，"为自己而采取行动的人增加，同时，第四次经济活动的主要内容，多多少少是以我们目前视为休闲活动者的人为中心"。这种以"休闲者"为中心的时代，在21世纪的今天，正逐渐成为一个日益引起关注并且富有生机与活力的体验经济时代。

美国学者约瑟夫·派恩以及詹姆斯·吉尔摩凭借自己对这种趋势的把握与思考，合作撰写了《体验经济》一书。他们详细阐述了体验经济的含义与价值，体验经济活动的类型和阶段以及体验经济产品的设计。他们认为，继农业经济、工业经济、服务经济之后，体验经济已逐渐发展成为第四个经济阶段（见图16-1）。

图16-1　人类经济生活发展阶段

这四个阶段的演进过程就好比母亲为小孩过生日，准备生日蛋糕的进化过程。在农业经济时代，母亲是拿自家制作的面粉、鸡蛋等材料，亲手做蛋糕，从头忙到尾，成本不到一块钱。到了工业经济时代，母亲到商店里，花十几块钱买混合好的盒装粉回家，自己烘烤。进入服务经济时代，母亲是向蛋糕店订购做好的蛋糕，花费几十块钱。到了今天，母亲不但不烘烤蛋糕，甚至不用费事自己办生日晚会，而是花几百块钱，将生日活动外包给一些公司，请他们为小孩筹办一个难忘的生日晚会，而这就是体验经济。由此可以看出，体验是一种独特的经济提供物，本身代表一种经济产出类型，经济提供物在产品、商品、服务、体验的角色转换中不断升值，从而使体验成为一种新的价值源泉。

在体验经济时代，企业提供的不仅是商品或服务，更重要的是，它能满足顾客对于体

---

① 阿尔文·托夫勒. 未来的冲击[M]. 蔡伸章，译. 北京：中信出版社，2006.

验的诉求。消费者消费的也不再仅仅是实实在在的商品,而是一种感觉、情绪、体力、智力甚至是精神上的体验。

体验经济与农业经济、工业经济、服务经济相比,有着自身的特点:

1. 周期短

相较其他经济来说,体验经济具有很短的产出周期。一般来说,农业经济的生产周期最长,一般以年为单位;工业经济的周期以月为单位;服务经济的周期以天为单位;而体验经济则是以小时为单位,有的甚至以分钟为单位。

2. 不可替代

农业经济对其经济提供物——产品的需求要素是特点,工业经济对其经济提供物——商品的需求要素是特色,服务经济对其经济提供物——服务的需求要素是服务,而体验经济对其经济提供物——体验的需求要素是突出感受,这种感受是因人而异的。因此,在人与人之间、体验与体验之间有着本质的区别,因为没有哪两个人能够得到完全相同的体验经历。

3. 印象深刻

任何一次体验都会给体验者打上深刻的烙印,几天、几年甚至终生。例如,一次航海远行、一次极地探险、一次峡谷漂流、一次乘筏冲浪、一次高空蹦极,这些都会让体验者刻骨铭心、流连忘返。

4. 利润高昂

自己在家冲一杯咖啡,成本不过2毛钱。但在鲜花装饰的走廊,伴随着古典轻柔音乐和名家名画装饰的咖啡屋,一杯咖啡的价格可能超过10元,你也认为物有所值。在家里沐浴,成本不会超过十元,但在洗浴中心找一下放松的感觉,一次可能花费上百元。截至目前,有幸进入太空旅游的只有美国富翁丹尼斯·蒂托和南非商人马克·沙特尔沃斯,他们各自为自己的太空体验支付了2 000万美元的天价。而一个农民二亩地种一年的产值不过上千元,一个工人加班加点干一个月的工资也不过千元。这就是体验经济,一种低投入高产出的暴利经济。

二、需求变化与体验营销

菲利普·科特勒曾说:"市场是由一切具有特定欲望和需求并且愿意和能够以交换来满足这些需求的潜在顾客所组成。"[①]因此,顾客需求的变化是市场营销顺利进行的风向标。在体验经济时代,由于体验成为主要的经济提供物,所以各企业都以为自己的目标顾客提供体验作为最主要的工作模式。在这种背景下,体验经济时代的需求相对于产品经济时代、服务经济时代而言发生了很大的变化。

(一)体验经济时代的需求变化

在体验经济时代,需求变化主要表现为以下几点。

1. 情感需求的比重增加

在体验经济时代,消费者在关注产品质量的同时,往往会把更多的精力放在追寻情感

---

① 吴健安.市场营销学[M].北京:清华大学出版社,2013.

的愉悦和满足上。人们购买商品的目的也不仅仅限于生活的必须,而是出于一种情感上的渴求,或是追求某种与自我理想相吻合的产品。人们关注产品与自己关系的密切程度,更倾向于购买那些可以与自己心灵诉求引起共鸣的感性商品。

2. 小众的个性化需求在上升

21世纪是一个彰显个性的世纪,人们越来越追求那些能够促成自己个性化形象、能够彰显自己与众不同的个性的产品或服务。例如服装行业,从颜色到款式,从材质到功能,变化越来越多;与此同时,在竞争日益激烈的市场环境中,对劳动力的素质提出了越来越高的要求,极大地促进了形形色色的教育培训产业的发展,这在某种程度上也是小众个性化需求的体现;再者,消费者在接受产品和服务时的"非从众"心理日益增强,在很多时候都习惯于跟着自己内心的感觉走。

3. 消费者热衷于参加产品的设计与制造

随着体验经济时代的到来,尤其是近几年,消费者与企业营销活动之间的互动越来越多。主要表现在产品外观个性化和产品功能个性化两个方面。在这一过程中,消费者将充分发挥自身的想象力和创造力,积极主动地参与产品的设计、制造与再加工。通过创造性消费来体现独特的个性以及自身价值,从而获得更大的成就感与满足感。在体验经济时代,需求的产生源于顾客参与生产过程的日益密切以及供需双方互动关系的日益密切。

(二)体验营销的含义与特点

顾名思义,体验营销是指以体验作为营销方式或营销客体的市场营销。换言之,体验营销是企业通过营造一种氛围,设计一系列事件,以促使顾客变成其中的一个角色尽情地"表演",并在主动参与的表演过程中产生深刻且难忘的体验,从而为获得的体验向企业让渡货币价值的营销方式。

我们可以将一次体验营销活动比喻成一场戏,那么企业的工作就是搭建舞台、编写剧本,而顾客的角色就是演员,再由体验将这两者紧密地联系起来。例如,当下流行的网络游戏,游戏厂商通过设计游戏,搭建了一个玩家互动的平台,营造了一个相互竞争的消费氛围,并设计出游戏事件。而顾客购买的体验过程就是将自身融入游戏之中,通过一次又一次与对手的较量,使顾客的心理得到了极大的满足,这种满足感就是体验的经济提供物。

体验营销主要具备以下三大特征。

(1)体验营销不仅注重顾客对产品和服务本身的消费,更重要的是注重顾客在这一消费过程中的体验。

如图16-2所示,在传统营销范式中,营销客体主要是指产品与服务。

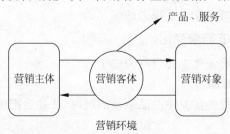

图16-2 传统营销

而体验营销不仅仅考虑产品的功能与特点,更重要的是考虑了顾客从消费产品和服务经历中所获得的切身体验,考虑顾客对产品所提供的生活方式的感受。这才是体验营销者真正关心的事情,同时,他们相信顾客使用产品时的体验是决定其满意度和品牌忠诚度的关键因素。因此,对于体验营销来说,营销客体一般是由产品、服务、情景、参与以及情感整合而成的体验(见图16-3)。

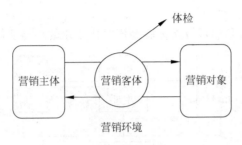

图16-3 体验营销

(2)体验营销认为顾客是有理智的感性动物。

传统的营销理念认为顾客都是理性的,顾客按照理性的思考过程来进行最终的购买决策。但是,在现代生活中,我们并非时时刻刻都在进行理性的决策,即使在重大决策中也会有感性因素的存在。体验营销认为,顾客同时受感性和理性的因素支配,在任何消费过程中,感性因素与理性因素都会同时发挥作用,左右着顾客的购买行为。因此,我们称顾客为有理智的感性动物。

(3)体验营销是真正以顾客为中心的营销。

体验营销与商品营销、服务营销相比,在相互满足的交换关系上发生了根本性的变化。在商品营销中,顾客在整个营销过程中是处在一种非常被动的情境下的;进入服务营销时代之后,企业与顾客建立了初步的互动关系,但相对于企业来说,顾客仍然只是个配角,是为了完成整个服务过程而配合服务人员在工作。但是,在体验营销中,企业与顾客的关系发生了逆转,顾客成了主动的一方,成了交易的中心,因为只有在顾客主动参与进去的情况下,作为经济提供物的体验才能够产生并且被让渡给顾客。

三、体验营销战略与策略

(一)体验营销战略实施

心理学中有个著名的冰山理论。其内容是说,在人类全部的思维活动中,处于意识层面之上的只占5%,而潜意识却占有95%的份额。在一定的外力作用下,处在潜意识层面的东西可以被牵引至意识层面。

同样地,冰山理论也适用于消费者的需求欲望。大量的消费需求由于受到主客观因素的影响沉入需求意识的底层,甚至潜意识当中。只有通过外力(一般是企业的营销手段)才能将这些沉没在意识底层与潜意识中的需求欲望唤醒。所有这些体验经济时代的消费需求变化,对于企业来说,既是机遇又是挑战。企业如果不能跟上时代的步伐,意识不到营销规则的变化,终将被时代所淘汰,走向毁灭。

传统营销模式与体验营销的出发点与侧重点存在着很大的差别,传统营销注重产品的特色与效益,把顾客看作是理智的购买决策者,把顾客的决策看成一个解决问题的过程,顾客非常理性地分析、评价,最后产生购买行为;而体验营销的重点则在于顾客体验,认为顾客既是理性的也是感性的,顾客因理智和因为追求乐趣、刺激等一时冲动而购买的概率是相同的。有鉴于此,为适应体验经济时代的营销环境新变化,企业的营销战略必须做出相应调整。

根据相关研究成果,我们可以将体验经济时代企业的战略实施路径归纳为图16-4。

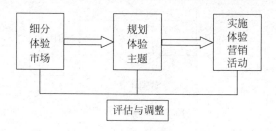

图16-4　体验营销战略实施路径

1. 细分体验市场

实施体验营销战略的第一步是对体验市场进行细分。在强调顾客体验与顾客关系的体验营销中,大众化的标准产品日渐失势,顾客对个性化的产品和服务诉求越来越强烈;顾客在注重产品质量的同时,更加注重情感的愉悦和满足;人们已经不再满足于被动地接受企业的诱导和操纵,而是主动地参与产品的设计与制造。因此,体验营销对营销者的市场细分有着新的独特要求。

具体来说,体验营销的市场细分分为以下三步。

(1) 结合顾客对产品的功能性需求的状况,研究顾客体验中的情感性需求。

(2) 在需求研究的基础上,将市场细分为几个不同需求特征的市场。

(3) 根据内外部环境及资源状况,确定目标市场。

2. 规划体验主题

在进行体验市场细分之后,企业应根据目标市场的情感诉求来制定相应的体验主题。可以这样说,体验营销就是从一个主题出发,并且所有的服务都应围绕这一主题来展开。这些主题并非是随意出现的,而是企业营销人员根据顾客的诉求精心设计的。例如,一句"孔府酒家让人想家",勾起游子对父母、对故乡的无尽思念,在这里亲情就成为了体验营销的主题,使顾客在消费过程中,经历了"想家"的体验。而在美国,世界动画片泰斗沃尔特·迪斯尼,不仅创作了诸如唐老鸭、米老鼠等一系列风靡全球的经典动画形象,而且,在长达40年的时间里,以杰出的经营才能创建了庞大的迪斯尼王国,创造性地尝试了童话式体验营销战略。例如1993年米老鼠手表的问世,仅仅两个月时间就缔造了200万只的销售神话。此后,以童话主题的各式各样的产品相继推出,这种以童话体验作为营销主题的方式为迪斯尼公司带来了巨大的经济效益。

应注意的是,前文所言的体验营销主题,必须遵循严格的计划、实施和控制等一系列管理流程,而非仅仅依靠形式上的口号就能取得成功。可从以下三步着手。

（1）针对每个目标市场顾客的不同体验需求，创造不同体验主题。
（2）整合体验营销战略资源：产品、价格、渠道、促销以及体验媒介。
（3）确定体验营销的战略与策略。

3. 实施体验营销活动

在规划体验主题之后，便是进行体验营销活动，在具体实施过程中，还需要注意以下几点。

1）注意增强客户体验

体验营销应以增强客户体验为营销活动的指导方针，努力贴近顾客，体会顾客的要求与感受，进行"情感营销"，以满足顾客的心理诉求。企业需要了解通过怎样的刺激能引起顾客怎样的情绪，进而使消费者自然而然地受到感染，并融入这种情境中来。例如，新加坡航空公司以带给乘客快乐为主题，营造一个全新的起飞体验，从而获得了顾客的认同。

2）注意满足、创造顾客的个性化需求

体验营销应以满足、创造顾客的个性化需求为营销重点。进入体验经济时代，产品竞争日趋白热化，满足、创造顾客的个性化需求成为摆脱市场萎缩与激烈竞争的根本出路。也就是说，企业一定要把产品定义为与顾客自由恋爱的爱的结晶，并且充分满足顾客的个性化诉求，否则只会在市场竞争中被击败。

3）加强企业与客户之间的互动

现在，很多企业仍然依靠广告和推销等传统营销方式来推广产品，这样做一方面使得企业的广告费用呈几何倍数增长，另一方面价格战会造成行业性的集体自伤。在体验经济时代，企业可以通过与顾客之间的互动，让顾客体验产品、确认价值、促成信赖后自动靠近产品，成为忠诚客户，这样起到了事半功倍的效用。

（二）体验营销策略

在体验营销理论研究中，国内外学者依据不同的标准提出了很多体验营销策略。例如，哥伦比亚大学营销系教授阿西姆·安萨利提出了使用战略体验模块来进行体验营销的策略；《体验营销》的作者伯恩特·施密特提出通过选用战略性体验模块同时使用"体验提供者"来进行体验营销的策略；还有学者主张依托体验营销的特点来制定相关的体验营销策略。

实际上，开展体验营销的过程，是企业深入了解顾客的心理，并准确掌握顾客需要何种类型的体验的过程。尽管体验是一种个性化很强的心理感受，从表面不易观察，但实际上，大多数顾客在心理和精神层面的追求存在着一定的共性。根据这些共性的相关研究以及成功企业的实践结论，顾客的体验集中表现为娱乐体验、审美体验、情感体验、生活方式体验以及氛围体验五类。企业可以分别针对这五类采取相应的营销策略，即娱乐营销策略、美学营销策略、情感营销策略、生活方式营销策略以及氛围营销策略。

1. 娱乐营销策略

娱乐营销策略就是企业巧妙地将营销活动包裹于娱乐之中，企业通过为顾客创造各式各样的娱乐体验来吸引顾客，从而达到促使顾客购买与消费。例如近几年来兴起的娱乐化销售、娱乐促销活动就是此类体验营销策略的代表。

2. 美学营销策略

美学营销策略是以满足人的审美体验为重点，经由知觉刺激，提供给顾客以美的愉悦、兴奋与享受。凡是美丽的事物，都会使人欣赏、喜欢和留恋。营销人员可通过选择利用美的元素，如色彩、音乐、形状等，以及美的风格，如时尚、典雅、华丽等，再配以美的主题，来迎合消费者的审美情趣，引发消费者的购买欲望。

3. 情感营销策略

俗话说："人非草木，孰能无情。"情感营销策略就是以消费者内在的情感为诉求，致力于满足顾客的情感需要。营销人员应从顾客的情感反应模式出发，努力为他们创造正面的情感体验，避免和除去负面的感受，从而引导消费者对公司及其产品和服务产生良好的印象，直至形成偏爱的态度。

4. 生活方式营销策略

生活方式营销策略是以消费者追求的生活方式为诉求，通过将公司的产品和品牌演化成某一生活方式的象征甚至是一种身份、地位识别的标志，从而达到吸引消费者，建立稳固消费群体的目的。每个人都有自己认同和向往的生活方式。日渐富裕和忙碌的人们越来越渴望有一份不同凡响的生活方式体验。体验营销人员应该对生活方式趋势有敏锐的洞察力，最好成为新生活方式的创造者和推动者。

5. 氛围营销策略

氛围是指围绕或归属特定根源的有特色的高度个体化的气氛和感觉。一个好的氛围就如同一块磁石一样可以牢牢吸引住顾客，使得他们频频光顾。氛围营销策略就是要有意营造这种使人流连忘返的氛围体验，服务场所尤其适用于采取此种策略。星巴克咖啡连锁店是一个靠营销氛围在全世界迅速崛起的典型例子。顾客不仅喜欢星巴克咖啡店提供的美味咖啡，更喜欢咖啡店内弥漫的高雅、亲切、欢快、舒适的氛围，喜欢身处咖啡店时那种舒心、自在的感受。

上述策略是体验营销的几种典型策略，由于体验分类以及体验营销方法的多样性，企业完全可以根据自身对顾客体验需求的分析，挖掘出新的体验营销机会，制定出其他更适合自身的体验营销策略。无论采用何种策略，都要体现体验营销亲切、轻松和生动的营销原则，克服传统营销严肃、呆板、凝重的一面，使营销更趋人性化。这样才能有效吸引消费者，达到企业及其产品、服务在市场上的差别化，赢得差别化的竞争优势。

本讲小结

随着经济的发展，技术的进步，国内外许多先进企业都争相采用体验营销的方式推动企业的营销活动。本讲主要围绕体验与体验营销及其相关概念展开，介绍了体验、体验经济、体验营销以及体验营销战略。体验，也叫体会，指用自己的生命来验证事实，感悟生命，留下印象。体验到的东西使得我们感到真实，并在大脑记忆中留下深刻印象，使我们可以随时回想起曾经亲身感受过的生命历程。体验的主要分类方法有派恩和吉尔摩四分法、施密特五分法、范秀成四分法以及体验五维系统分类法。体验经济是指有意识地以商品为载体、以服务为手段，使消费者融入其中的活动。体验经济的特点主要有周期短、不可替代、印象深刻、利润高昂。在体验经济时代顾客的需求发生了很大的变化,主要表现在情感需求的比重增加、小众的个性化需求在上升、消费者热衷于参加产品的设计与制造。

体验营销是指以体验作为营销方式或营销客体的市场营销。换言之,体验营销是企业通过营造一种氛围,设计一系列事件,以促使顾客变成其中的一个角色尽情地"表演",并在主动参与的表演过程中产生深刻且难忘的体验,从而为获得的体验向企业让渡货币价值的营销方式。体验营销主要有以下三大特征:第一,体验营销不仅注重顾客对产品和服务本身的消费,更重要的是注重顾客在这一消费过程中的体验;第二,体验营销认为顾客是有理智的感性动物;第三,体验营销是真正以顾客为中心的营销。

体验营销战略实施主要分为以下三个步骤:首先需要细分体验市场;其次是规划体验主题;最后实施体验营销活动。按体验的不同种类可将体验营销策略分为娱乐营销策略、美学营销策略、情感营销策略、生活方式营销策略以及氛围营销策略。

1. 简述体验的含义。
2. 体验的分类方法有哪几种?
3. 什么叫体验经济?
4. 体验经济的特点有哪些?
5. 简述体验营销的含义与特点。
6. 简述体验营销战略路径。
7. 体验营销的策略有哪些?

星巴克的体验之旅

从1971年西雅图的一间小咖啡屋发展至今成为国际最著名的咖啡连锁店品牌,星巴克(Starbucks Coffee)的成长可称得上一个奇迹。星巴克的咖啡经济的确令人心动,拥有25年历史、全球连锁店达4 000多家的星巴克,1992年在美国上市,如今,股票价值早已超过当初的10倍以上。

咖啡王国传奇的造就非一朝一夕之功,它源于其长期以来对人文特质与品质的坚持:采购全球最好的优质高原咖啡豆以提供消费者最佳的咖啡产品,有其深厚的文化底蕴;更源于不懈的品位追求,时时处处体贴入微,为顾客提供最舒适最幽雅的场所。这也是星巴克的独特魅力所在,同时也体现了体验营销的威力,星巴克正是以"体验式营销"的方式带领消费者体验其所塑造的文化。什么叫作体验?《情感营销》(Emotion Marketing)的作者斯克特·罗比内特的定义是:"体验是企业和顾客交流感官刺激、信息和情感的要点的集合。"这些交流发生在零售环境中,在产品和服务的销售过程中,在售后服务的跟进中,在用户的社会交往以及活动中,也就是说,体验存在于企业与顾客接触的所有时刻。

第十六讲 体验营销

作为体验营销的经典应用者,星巴克将告诉你如何将这些要点发挥得淋漓尽致。

一、把星巴克文化渗入人心

所有在星巴克咖啡店的雇员都是经过严格且完整的训练,对于咖啡知识及制作咖啡饮料的方法,都有一致的标准。星巴克使顾客除了能品尝绝对纯正的星巴克咖啡之外,同时也可与雇员们产生良好的互动。

星巴克咖啡连锁店有一个很特别的做法:店里许多东西的包装像小礼品一样精致,从杯子、杯垫和袋袋咖啡豆、咖啡壶上的图案与包装,到每天用艺术字体展示的当日主推销产品等,都可以看出构思精心与匠心独具,于是会有顾客对这些小杯子、杯垫爱不释手,并带回家留做纪念。这个不在市场销售的赠品便成了顾客特别喜爱星巴克的动力,也成了体验营销的经典应用。

星巴克吸引消费者的另一个重要因素就是其内部幽雅独特的人文环境。木质的桌椅,清雅的音乐,考究的咖啡制作器具,为消费者烘托出一种典雅、悠闲的氛围。同时高科技的应用也使星巴克与众不同,它成功地实施了微软 NET My Services 的商业模式,星巴克的顾客可以通过因特网预订想喝的咖啡,踏入星巴克店门后不用等待,自己想喝的咖啡就会立即端上来。同时无线宽带网络技术已进入星巴克连锁店,顾客在饮用一杯星巴克咖啡的同时,可以悠闲地使用具有无线功能的智能手机、掌上电脑和其他手提设备接入宽带内容及服务,各种流行的国内外报纸、杂志及免费上网的服务,让你在某个需要释放心情的日子里享受到真正意义上的轻松与愉悦,那时星巴克的形象中又会加入一种时尚、尖端的因素。它的目的是为顾客提供方便,而这也形成了星巴克不同于别处的特殊体验。

每一个星巴克连锁店都设有顾客意见卡,其顾客关系部每年都接到成千上万的电话,星巴克总是做出让顾客满意的回答和服务。可以看出,在与顾客接触的任何时刻,星巴克都不忘将其独特的文化特色渗入人心。

二、不同的体验,共同的享受

来过星巴克咖啡店的人都会产生一些独特的经验,我们称之为"Starbucks Experience",这些心得和故事都是值得与其他人分享的共同经验。

当你坐在任何一家星巴克咖啡店里,品尝着手中第一杯,或者第一千杯星巴克咖啡时,都会见到一位女子躲在手中的星巴克咖啡杯中向你微笑,她看上去天真无邪但却无比妩媚动人。"她是谁呢?"你不禁会想,"是来自哥伦比亚的咖啡公主,还是地中海里的美人鱼?"不管她来自哪里,都肯定带着一个五彩斑斓和充满浪漫气息的故事。

星巴克从品牌名称到LOGO设计都让人产生联想,并充满好奇感。"星巴克"一名取自美国古典冒险小说《大白鲨》,主人公是一名叫星巴克的船大副,他幽默坚定,爱喝咖啡,有丰富的航海经验。星巴克的LOGO形象设计则来自多数人都熟悉的古老的海神故事。荷马在《奥德赛》中描述了海神如何将水手引诱到水中,让他们在销魂的声音中幸福快乐地死去。中世纪的艺术家们把这些生灵刻画成美人鱼,从此这些生灵传遍了整个欧洲,人们用它们装饰大教堂的屋顶和墙壁。星巴克徽标中那个年轻的双尾海神,便是由中世纪来的演绎。于是,星巴克充满传奇色彩的名称和徽标很容易在顾客头脑中形成一种印象,并由好奇而最终转变为好感,这种联想式的体验也是众多星巴克迷的钟爱之处。

同时星巴克强调它的自由的风格。首先它采用的是自助式的经营方式,你在柜台点完餐,可以先去找位置稍加休息,也可以到旁边的等候区看店员调制咖啡,等你听到他喊你点的东西后,就可以满怀喜悦的心情,端取你的咖啡。再到用品区,那边有各式各样的调味料,如糖、奶精、肉桂粉,以及一些餐具,具体你自行拿取。由于是自助,所以也不用付服务费,店里的装潢并非经常更换,但让星巴克如此吸引人的正是这份自由的体验,星巴克就像一双CONVERSE的帆布鞋,自在、休闲、沾上水渍也一样轻舞飞扬。

三、星巴克,您的邻居

在世界上有星巴克咖啡店的地方,都是人们在工作、居家之外最喜爱停留的地方,在店里可以与其他星巴克爱好者产生视觉、听觉的互动;或是单纯地喝一杯咖啡,享受独处的悠闲,星巴克是一个可以放松身心的地方。

在中国,几十平方米的咖啡店里,常常可以看见衣着光鲜的白领手捧咖啡杯,或聊天,或摊开资料、打开手提电脑讨论工作。如果运气好的话,还可以看见一些身着棉布衬衫、留着IT寸头的网络精英,其中一位很可能就是已经缩水,但名气依旧不小的"数字富豪"。

与星巴克在中国的定位不同,在美国,星巴克把自己定位为"您的邻居",而绝非白领阶层的专属,但仍然是其家庭客厅的延伸、价廉物美的社交场所、工作和家庭之外的第三个最佳去处。在西装革履的金融区,在花花绿绿的黑人区,都可以看到它的踪影。在价格上,一杯咖啡最便宜的为1.5美元左右,最贵的也只有4美元左右。除了最便宜的"星巴克当家咖啡"外,还有淡淡甜酸果味的女神天韵咖啡、口感厚重的哥伦比亚纳瑞诺咖啡、可配甜点的维罗娜咖啡等。

资料来源:http://blog.sina.com.cn/s/blog_4ce3bda001000bf1.html

案例思考:
1. 简述星巴克的体验营销策略。
2. 星巴克能为顾客提供哪几种体验?

本讲实训

一、实训目的
1. 加深学生对体验、体验经济以及体验营销的理解。
2. 锻炼学生文献搜集能力。
3. 锻炼学生团队协作能力。

二、实训内容

以小组为单位,每位组员分别阅读体验营销的相关文献,在课余时间组织小组成员进行讨论,以加深对体验营销诸多相关问题的理解。选取体验营销的某一方面进行深入研究并制作PPT。

三、实训组织及步骤
1. 教师明确实训目的、任务和评价标准。
2. 班级成员分为若干小组,每组6~8人。实行组长负责制,成员合理分工,团结协作,由专人负责活动记录和资料整理。

3. 每个小组通过查阅资料加深对体验营销的理解,并做好文献整理工作。

4. 小组成员利用周末时间进行讨论,选取研究方向并结合相关理论知识进行总结分析。

5. 各小组对文献进行整理,并制作PPT。

6. 各小组在班级进行PPT演示,并讨论、交流。

7. 班级演示之后,由指导老师点评和总结。

参 考 文 献

[1] B.H.施密特. 体验营销[M]. 南宁:广西民族出版社,2003.

[2] B.约瑟夫·派恩二世,詹姆斯·H.吉尔摩. 体验经济[M]. 夏业良,译. 北京:机械工业出版社,2008.

[3] 曹铮,王志宏. 体验经济时代的营销战略[J]. 广东商学院学报,2003(4):12-15.

[4] 陈英毅,范秀成. 论体验营销[J]. 华东经济管理,2003,17(2):126-129.

[5] 陈首丽. 从体验经济看西双版纳旅游市场[J]. 管理世界,2005(4):153,154.

[6] 崔国华. 体验营销概念及其策略研究[D]. 武汉大学,2004.

[7] 邓勤学. 体验营销研究[D]. 首都经济贸易大学,2004.

[8] 范秀成,陈英毅. 体验营销:企业赢得顾客的新思维[J]. 经济管理,2002(22):62-67.

[9] 范秀成,王玉春. 顾客体验与体验营销之探索[J]. 市场营销导刊,2002(2):27-29.

[10] 姜奇平. 矫正知识经济的体验经济——派恩二世访谈与评介(上篇)[J]. 互联网周刊,2002(18):70,71.

[11] 姜奇平. 更人性的经济——评B.约瑟夫·派恩二世、詹姆斯·H.吉尔摩著《体验经济》[J]. 互联网周刊,2002(11):68-70.

[12] 刘凤军,雷丙寅,王艳霞. 体验经济时代的消费需求及营销战略[J]. 中国工业经济,2002(8):81-86.

[13] 李修林. 体验营销与品牌塑造[J]. 管理世界,2005(1):156,157.

[14] 王建聪. 初探"体验营销"[J]. 商业现代化,2007(3):131,132.

[15] 王龙,钱旭潮. 体验内涵的界定与体验营销策略研究[J]. 华中科技大学学报,2007(5):62-66.

[16] 余世仁. 体验营销的特点与策略[J]. 重庆广播电视大学学报,2005(3):26,27.

[17] 晏国祥. 体验营销下的市场细分[J]. 中华工商时报,2005-02-03.

[18] 尹文莉. 体验营销——终端促销的新武器[J]. 特区经济,2007(7):303,304.

[19] 朱世平. 体验营销及其模型构造[J]. 商业经济与管理,2003(5):25-27.

[20] 朱丽娅. 体验营销及其战略规划和策略建议[J]. 宁夏大学学报(人文社会科学版),2005(1):120-122.

[21] 张萍. 体验营销的优势与战略选择[J]. 江苏商论,2008(3):180,181.

[22] 张萍. 体验营销的战略分析[J]. 商场现代化,2007(34):180,181.

[23] 张红明. 消费体验的五维系统分类及应用[J]. 企业活力,2005(8):18,19.

第十七讲 大客户营销

宇通客车

郑州宇通客车股份有限公司(以下简称"宇通客车")创立于1993年,并于1997年在上海证券交易所上市。目前,宇通客车已经是中国客车行业的领导者。宇通客车的产品主要包括客运客车、公交客车、旅游客车、团体客车及专用客车(如校车、指挥车、采血车、救护车、商务车等)五类,每类产品面向不同的细分市场。宇通客车分别从各类产品的细分市场中识别出企业的大客户(包括客运公司、政府机构、企业、学校等),并有针对性地对各个大客户进行营销。宇通客车一直坚持以客户为中心的管理理念,通过率先在行业构建较为先进的CRM系统,快速有效地洞察和挖掘客户本质的、潜在的需求,并据此设计产品以满足各类顾客独特的需求。宇通客车在保证产品满足顾客独特需求的基础上,严把质量关,同时为顾客提供"一站式、主动式"的专业服务和顾客关怀。总之,通过先进的管理信息技术、紧随需求的产品设计、优质的产品质量、专业的服务以及主动热情的关怀,宇通客车获得了大客户的信任,进而在各个产品类别的细分市场上培养了大批忠诚的大客户,从而为宇通客车行业领导者的地位奠定了坚实的客户基础。

资料来源:http://www.yutong.com/

本讲知识结构图

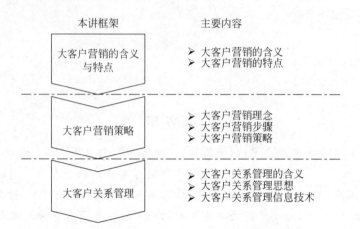

在当今企业竞争日益激烈、产品同质化现象越来越严重的市场上,企业仅仅通过提供优质产品来获取更多的市场份额和利润,进而实现公司的长远发展变得愈加艰难。首先,产品同质化现象使得企业实现产品大幅度创新的难度越来越大,而微小的创新难以长期甚至无法获得日益精明的消费者的青睐。其次,随着市场经济的发展,各个行业市场的扩展空间愈来愈小,而行业中的竞争者却日益增多,这就使得企业获取市场份额的难度进一步加大。在这种市场形势下,快速转变传统经营思路,另辟蹊径,对企业未来的生存与发展显得尤为必要。而佩珀斯和罗杰斯所提出的顾客份额为各个企业的未来发展提出了一条新的思路。即企业可以通过为顾客提供更多的价值、更好地满足客户的需求来获得顾客的更多信任和支持,进而增加顾客对本企业产品的购买,即增加顾客份额或顾客的钱袋份额。顾客份额的增加同样可以为企业创造更多的利润,实现企业可持续发展。

然而,企业的资源是有限的,这些有限的资源难以支撑企业对每一位顾客都进行深入挖掘,且并不是所有的顾客对企业来说都是非常有价值的。根据80/20法则可以得知,企业80%的利润是来自于企业20%的客户。因此,企业在竞争激烈的市场上应当将有限的资源投放在为企业创造了绝大多数利润的少数客户身上,而这些少数客户即是企业的大客户(key account)。在引例中,宇通客车的成功在很大程度上归功于其认识到大客户的重要性,并采取相应措施牢牢留住大客户。

80/20 法则

80/20 法则,是 20 世纪初意大利统计学家、经济学家维尔弗雷多·帕累托提出的。他指出:在任何特定群体中,重要的因子通常只占少数,而不重要的因子则占多数,因此只要能控制具有重要性的少数因子即能控制全局。最初该法则只限定于经济学领域,后来人们发现,在社会中有许多事情的发展,都遵循这一规律。因此,这一法则随后被推广到社会生活的各个领域,且深为人们所认同。经过多年的演化,80/20法则已变成当今管理学界所熟知的"80/20原理",即80%的价值是来自20%的因子,其余的20%的价值则来自80%的因子。该原理在管理学中的具体应用则体现为20%的人口拥有80%的财富,20%的员工创造了80%的价值,80%的收入来自20%的商品,80%的利润来自20%的顾客,等等。

资料来源:http://wiki.mbalib.com/wiki/80/20%E6%B3%95%E5%88%99

一、大客户营销的含义与特点

(一) 大客户营销的含义

大客户营销的概念出现于20世纪90年代中期,经历了近二十年的发展,大客户营销渐渐为人们所知,但该概念至今未有具体明确的定义。在学术界,学者们一般笼统地将大客户营销定义为:企业围绕大客户而展开的一系列营销活动。尽管现今学者对大客户营销的定义不够明确,但却道出了大客户营销的本质内涵,即大客户营销是企业营销活动在营销对象上的具体化。并且,该概念指出了理解大客户营销内涵的两个关键,即大客户营销的对象——大客户,以及大客户营销的内容——营销活动。

大客户又可称为关键客户、主要客户、重点客户。McDonald(1997)等人认为,大客户是那些在B2B市场上供应商认为对其企业具有战略性意义的客户。Homburg(2002)等人则将大客户定义为那些实力强、需求量大,且希望从供应商处获取协同服务和特殊对待的客户。周文辉(2009)认为,大客户是相对于中小客户而言,具体指对企业在长期发展和利润贡献上有着重要意义的客户。尽管各个学者对大客户的概念界定各不相同,但这些定义均强调指出了大客户对企业长期持续发展具有非常重要的战略性意义。此外,不同的企业拥有不同的大客户,这主要根据企业的具体情况以及企业所采取的划分标准而定。总之,企业的大客户是企业根据自身状况而确定的对企业的生存与发展具有重要意义的客户。经过一百多年的发展,营销的具体含义也在不断地更新与完善,目前普遍认可和采用的是美国营销协会(AMA)对营销的定义,即营销是创造、传播、交付和交换那些对顾客、客户、合作伙伴和社会有价值的市场供应物的活动、制度和过程。

根据上述成果,本书将大客户营销表述为:为那些对企业的持续发展有重大战略意义的大客户创造、传播、交付和交换有价值的市场供应物的活动、制度和过程。根据菲利普·科特勒对营销最简洁的表达(即"满足别人并获得利润")可以将大客户营销简单地表述为"满足大客户并获得长远可持续的利润"。

(二) 大客户营销的特点

大客户营销的对象是企业的大客户,这些大客户是企业关键的战略性资源,是企业在竞争激烈的市场环境下得以生存和发展的重要保障。因此,大客户营销拥有不同于普通市场营销的特点。

1. 面临更为激烈的市场竞争

大客户往往是那些数量少且对企业的发展影响重大的客户,它们可能是大型企业,也可能是事业单位或政府部门。获得并留住这些大客户,对于企业来说就是获得了未来发展的重要资源。现在许多企业已经意识到大客户的重要性,逐步采取相应的有力措施获取和留住更多的大客户。因此,相对于那些普通客户来说,企业在市场上对这些大客户的争夺则显得更为激烈,且这种竞争的激烈程度随着时间的推移将会进一步提高。

2. 看重顾客份额的获取

以往营销所强调的市场份额的获取意味着企业要将更多的产品卖给更多的顾客。然而,并不是所有的顾客都能为企业带来价值,有些顾客可能会使企业的价值受损。因此,一味追求市场份额的扩大,并不一定能够为企业带来更多的价值。顾客份额则确保拥有更多的忠诚、有价值的客户,并确保客户购买更多的产品。创造了企业绝大多数利润的大客户份额的增加,无疑将会为企业带来更大的价值。在大客户营销中,企业的目的是获得这些大客户更多的钱袋份额,即以扩展客户份额为目的。

3. 强调顾客个性化需求的满足

在竞争激烈的市场上,企业想要获得并留住大客户,就需要为客户提供比竞争对手更为卓越的价值。因此,大客户营销要求企业在准确洞察大客户各方面需求动态和特点的基础上迅速做出反应,根据客户的独特需求设计定制化的解决方案,为客户提供比竞争对手更大的附加值,以长期保证客户的满意度并获取客户的信任,进而将其发展为企业忠诚的大客户。

4. 交易双方的关系尤为重要

大客户营销是为了能够与大客户进行长期可持续的合作,即要培养顾客的忠诚、长期留住这些顾客。因此,在大客户营销中,企业将大客户看作是企业的合作伙伴,通过营销活动加强企业与大客户的联系,并希望能够与这些大客户建立并长期保持良好的关系。在这种长期良好关系的保证下,企业便可持续保持大客户较高的客户份额,获取长期的利润。

5. 对营销人员的素质要求高

由于企业所面临的大客户往往是那些购买量较大的企业、事业单位、政府组织等,它们会对自身的采购活动投入更多的关注,获取详细的信息并进行专业化的评估。并且,在采购过程中的各个参与者也会更加专业和理性。所以大客户营销的营销人员不仅要拥有相应的营销技巧及能力,还应当懂技术,能及时向客户提供一定的专业知识、技术协助或提供某些特殊的信息。此外,在处理大客户营销的问题时,需要企业组织各方面的专业人员组成协作团队,共同为大客户提供最好的解决方案,以保证双方的长期合作关系。

二、大客户营销策略

(一)大客户营销理念

营销理念是企业进行各项营销活动的指导思想,是营销哲学层面的内容,具体体现为企业在营销过程中如何看待营销参与者(如消费者、竞争者、企业本身等)、如何看待营销活动内容、如何看待营销结果等方面的问题。据此,大客户营销的理念是企业进行大客户营销的指导思想,在大客户营销理念的指导下,企业便可对其大客户开展一系列的营销活动,以获得大客户的支持和忠诚。

1. 以顾客为中心

大客户的数量少、价值大,围绕大客户进行的竞争异常激烈。在竞争激烈的市场上,企业若要获得大客户的青睐和忠诚,就必须要以这些大客户为中心进行营销,即大客户营销的出发点就是顾客的需求,且其各项营销活动都应当围绕大客户的需求及需求动向而展开。首先,开展大客户营销的企业应当构建先进完善的信息系统,从而能够准确及时地收集、处理与分析每个大客户的详细信息,捕捉大客户的需求。此处的需求不仅包括大客户的功能需求,还包括其情感和精神需求;不仅是大客户整体的需求,还应当涉及大客户购买过程中相关关键人员个人的需求;不仅是大客户当前的需求,还应当预测其未来的需求动向。之后,企业根据大客户的需求状况,有针对性地设计营销方案、开展营销活动,满足大客户各个方面的个性化需求,为每一位大客户创造比竞争对手更高的顾客价值,从而赢得并留住大客户。

2. 建立和维持长期友好的关系

目前,关系在企业经营过程中所起到的作用已经在理论和实践领域均得到了广泛的认同。没有长期友好的关系,企业就无法与客户进行长期稳定的合作、达成多次交易。正如菲利普·科特勒所言,在这个变化的市场上,企业唯一可持续的竞争优势就是它与消费者、商业伙伴及公司员工建立良好的关系。大客户营销并不是为了与大客户进行一锤子买卖,而是获得大客户的长期支持,这就需要企业在进行大客户营销时,将建立和维持与大客户长期的伙伴关系作为营销工作的重点,并将其始终贯彻整个经营过程中。此外,良好的关系还能够降低客户购买成本和购买风险,有助于减少企业重新开发新顾客和推广的成本,从而间接增加顾客和企业的价值。因此,在进行大客户营销时,企业不要急功近利地快速促成交易,而应当重点关注与大客户之间建立、维持及强化长期友好的关系,在形成长期良好关系的基础上实现与大客户的交易。

3. 追求顾客份额的提升

大客户是企业少数的优质客户,是企业利润的主要来源。卡普兰等人所提出的顾客盈利能力曲线表明,在企业中有20%的优质客户创造了总利润的150%~300%,60%的客户使企业不赚也不亏,而余下20%的客户则使企业损失了总利润的50%~200%,故最后企业只能获得那最后的100%的总利润。在大客户营销中,企业的营销对象是那些少数的优质客户,由于客户数量较少且市场竞争激烈,故企业市场规模或市场份额的扩大并不一定能够为企业带来更高的利润。然而,通过大客户营销,获取顾客的信任和忠诚,从而与大客户建立长期良好的关系,延长大客户的生命周期并尽可能增加大客户在整个客户生命周期中的购买量,则可以有效地扩大优质客户的购买量在企业总销量中所占的比例,进而提升企业的整体价值。由此可见,在大客户营销中,企业应当以追求顾客份额的提升为目的开展相应的营销活动。

 人物小传

罗伯特·卡普兰

罗伯特·卡普兰(Robert S. Kaplan):平衡计分卡的创始人,美国平衡计分卡协会主席,哈佛大学教授,同时也是作业成本法的创始人之一。曾执教于卡耐基-梅隆大学管理学研究生院达16年之久,其中1977—1983年任该校研究生院主任。1984年以来卡普兰一直在哈佛商学院任教,且为哈佛商学院贝克基金会教席教授。此外,卡普兰为北美和欧洲的许多一流公司的业绩和成本管理系统设计担任顾问。他还担任J. I. 基斯拉克组织(迈阿密)的理事、复兴方案公司的董事和泰克尼恩理事会(以色列科技学院)的学术委员会委员。卡普兰先后撰写或合作撰写了14本专著并发表了120余篇文章,其中18篇发表于《哈佛商业评论》。其中,平衡计分卡也许是卡普兰一生最伟大的贡献。平衡计分卡作为一种前沿的、全新的组织绩效管理手段和管理思想,在全世界的各行各业得到了广泛的运用,它代表着一种全面的、可行的公司治理理论的开端。并且,该理论被美国《哈佛商业评论》评为75年来最具影响力的管理学说。

资料来源:http://baike.baidu.com/view/1177367.htm

(二)大客户营销步骤

1. 识别大客户

在进行大客户营销之前,企业首先应当从众多的客户中识别出企业的大客户,即大客户的识别是企业进行大客户营销的第一步。企业在进行大客户识别时,首先要明确自身定位、确定企业的目标顾客。只有确定了目标顾客的范围,企业才能在其中寻找对企业至关重要的大客户。其次,企业根据自身的状况和发展要求选择客户评价标准(如客户当前的购买量、客户的获利能力、客户购买频率、客户的身份、客户的规模等)及评价方法(如顾客获利能力曲线识别法、RFM模型、聚类分析法等)。最后,企业根据所选择的评价标准和评价方法对现有客户进行评价,从而识别出企业的大客户。需要指出的是,企业在大客户识别时,一般会根据企业的具体情况选择多个评价指标对企业客户进行综合评价以识别出企业真正的大客户。

2. 发掘大客户的需求

为了能够使后续的营销活动更具针对性且更为有效,进而获取更高的大客户份额,企业需要深入分析与了解大客户的需求特点。客户的需求分析是建立在客户信息收集的基础上。企业可以通过大客户的网站、相关报道、过去的交易经历、客户参与、直接沟通等多种方式获取大客户的信息。然后,企业对这些客户信息进行整理与分析,从中洞察大客户的需求状况,准确把握大客户的需求特点并预测客户未来需求的发展趋势。为此,企业可以为大客户建立多种有效沟通渠道,方便信息及时准确地传递。并且,在企业内部建立相应的信息系统,以便快速对数据进行整理与分析,进而对客户的需求动态做出及时反应。此外,由于大客户往往是采购量大、对企业的发展有重大影响的组织,故一般会有多人参与到购买过程中,这些参与者对大客户的购买有着举足轻重的影响。因此,在进行需求分析时,不仅要洞察大客户的整体需求,还应当关注这些重要的购买参与者的需求状况,从而有助于企业更为有效地获取大客户订单。

3. 满足顾客个性化需求,与顾客建立关系

在明确大客户的需求之后,企业需要快速做出反应,整合企业内外部资源,根据大客户的需求特点,为大客户创造和提供优于竞争对手的顾客价值,更快、更好地满足大客户

个性化的需求。客户各方面的需求得到很好的满足之后,客户便会感到满意。企业若能够长期为大客户提供较高的价值增值,便可取得大客户的满意和信任,进而与顾客建立良好的关系。该阶段是获取大客户的重要阶段,因此企业需要格外重视并做出出色的表现以博得大客户的"芳心"。在此阶段,企业应当以一流的产品为基础,以全面优质的服务作保障,并利用定制化手段使顾客感知价值得到提升。具体来说,大客户的购买之所以会产生,最基本的原因是其对产品的功能性的需求,当这种需求得不到满足时,交易便不会产生。因此,企业在满足大客户的需求时,首先要能够为大客户提供满足其功能性需求的产品,并且这种产品的质量和特性要能够达到一流的水平才能在竞争激烈的市场中脱颖而出,为顾客所青睐。此外,企业还应当整合企业资源为大客户提供超越竞争对手的优质服务。例如针对大客户的需求状况为其提供定制化的产品设计、定制化的服务。

4. 获取顾客忠诚,稳固和强化顾客关系

大客户营销所追求的是顾客份额的增长,即企业不仅要获得大客户,还要留住大客户并促使其购买企业更多的产品或服务。企业仅依靠满足客户的需求、获得客户的满意是难以长期留住大客户的,企业需要通过进一步的努力获得大客户的忠诚,进而才能真正留住大客户。获得客户的满意和信任能够使客户多次与企业产生交易,然而这种多次的交易是一种行为上的忠诚,是企业与大客户之间不稳固的关系,当竞争对手提供更优的条件时,这种关系可能就会消失。因此,在大客户营销中,企业在与大客户建立关系之后,要进一步采取有效的营销措施,以真正获取大客户的忠诚,进而与大客户建立持久友好的关系。

(三) 大客户营销策略

1. 产品策略:提供全程定制化的解决方案

大客户的需求往往是一类组织的需求,会受到多个利益者的影响,且每一个大客户都由于自身状况的不同而有不同的需求。因此,企业在进行大客户营销时,必须要能够深入了解每一个大客户需求的各个方面,不仅要满足大客户的需求,还应当兼顾大客户的相关利益者的需求。单独的产品或服务很难满足这些复杂多样的需求,且在市场上缺乏竞争力。而定制化的解决方案不仅能够为客户提供定制化的产品和服务,还能够针对每一个客户的需求特点提供满足客户内部各方面利益者需求的解决方案,故能够在竞争激烈的市场上获取客户份额的增长。而长期获得大客户的顾客份额,则需要企业能够根据大客户的需求动态全程提供这类定制化的解决方案,这种全程性不仅体现在将与大客户交易的售前、售中和售后,更要贯穿整个大客户的生命周期中。

客户生命周期理论

客户生命周期理论也称客户关系生命周期理论,是指从企业与客户建立业务关系到完全终止关系的全过程,它动态地描述了客户关系在不同阶段的总体特征。客户生命周期可分为考察期、形成期、稳定期和退化期等四个阶段。

考察期是客户关系的孕育期。在这一阶段,双方通过一些尝试性的交易考察和测试目标的相容性、对方的诚意和绩效,考虑如果建立长期关系双方潜在的职责、权利和义务。在考察期,企业只能获得基本的利益,客户对企业的贡献不大。

形成期是客户关系的快速发展阶段,双方关系能进入这一阶段,表明在考察期双方相互满意,并建立了一定的相互信任和依赖。在该阶段,双方交易量逐渐增加,从关系中获得的回报日趋增多,交互依赖的程度日益增加并愿意承诺一种长期关系。在形成期,企业从客户交易获得的收入大于投入,开始盈利。

稳定期是客户关系的成熟期和理想阶段。在这一阶段,双方对对方高度满意、交易量高并含蓄或明确地对长期关系作了保证。稳定期内客户带给企业的利润较大,且由于客户忠诚度的增加,企业将获得良好的间接收益。

退化期是客户关系水平发生逆转的阶段。在这一阶段,交易双方的交易量开始下降,一方或双方正在考虑结束关系。需要指出的是,在任何一阶段关系都可能退化。在退化期,客户交易量回落,客户利润快速下降。

资料来源:http://wiki.mbalib.com/wiki/%E5%AE%A2%E6%88%B7%E7%94%9F%E5%91%BD%E5%91%A8%E6%9C%9F

2. 价格策略:间接降低顾客成本,提升顾客整体感知价值

在大客户营销中,利用价格取得竞争优势无疑不是一个明智的选择。大客户的购买是一种组织性的采购,购买量一般比较大,且购买的参与者一般拥有较强的专业知识,故其在购买决策过程中会搜集大量的信息,采用准确合理的方法进行感知利得和感知利失的评估。由此可见,大客户的购买是比较理性的,其对价格的敏感性比较低。相对于价格而言,它们更看重整体的价值所得。因此,企业不应在价格方面投入过多的精力,而应该以为顾客提供更好的解决方案、为顾客创造更高的价值增值为重点,通过提供更为优质便利的服务间接降低顾客成本,进而从整体上提升顾客的感知价值。而价格则被看作是在全面满足顾客需求之后,企业所得到的合理的回报。

3. 渠道策略:缩短交易路径,设立专职部门

交易路径的缩短拉近了企业与大客户之间的距离,从而使两者能够更好地交流,并确保企业所提供的定制化解决方案能够被准确传送到大客户手中。在大客户营销过程中,企业最好能够去除渠道中间环节,直接与大客户打交道,一方面准确控制渠道为顾客提供更为便捷的服务;另一方面与客户直接接触有助于两者建立更为友好密切的关系。而在企业与大客户直接接触的过程中,企业需要设立相应的大客户管理部门或配备专职负责人作为大客户与企业之间的纽带,以根据大客户的需求特点对企业提出相关的要求,代表企业为大客户提供专业化、人性化、个性化的服务,并通过各种方式强化大客户与企业间的联系。这就要求企业在构建大客户部门的时候要选择综合素质高的负责人并配备各方面的专业人员,授予该部门相应的权限。当然,若企业的中间商具有较强的实力,能够为企业真正留住大客户,企业也可以借助中间商的力量获取更高的顾客份额,此时企业则需要通过各种营销措施与中间商保持较好的关系。

4. 促销策略:双向沟通,构建长期友好的关系

促销实质上是企业与消费者之间的沟通活动。在促销的过程中,企业向消费者传递企业和产品的相关信息,以促进和吸引消费者前来购买。在针对大客户的促销活动中,企

业仍然要以沟通为核心,目的是与大客户构建长期友好的合作关系。在大客户营销中,企业与客户的沟通应当是一种双向的、更为广泛且深入的沟通。企业在促销过程中不仅要向客户传递相关信息,同时还要促使顾客向企业传递和反馈相关信息,从而真正实现客户与企业间的相互了解。企业与客户之间所沟通的信息不仅要包括产品或服务方面的信息,还要涉及产品之外,如双方的企业文化、经营理念、一些生产经营活动等方面的信息,以增进双方对彼此更为全面的了解。此外,企业可以通过让顾客参与到企业的生产经营活动以及企业所举办的各种活动中,来加深双方之间真正的了解,而非浅显的"知道",进而获得客户的认同,与客户建立稳定友好的关系。在此过程中,企业的工作重点是创造更多的双向沟通渠道,并保证渠道畅通有效。

三、大客户关系管理

(一)大客户关系管理的含义

大客户关系管理是指企业在以客户为中心的理念的指导下,针对那些为企业带来绝大多数利润的客户,采用先进的数据库和其他信息技术来获取企业客户数据,分析客户的行为和偏好特性,积累和共享客户知识,并据此有针对性地为客户提供产品或服务,发展和管理客户关系,培养客户长期的忠诚度,以实现客户所获价值最大化并使企业从中获利的企业经营运作体系。大客户关系管理源于客户关系管理,是客户关系管理的重要组成部分。因此,与客户关系管理相一致,大客户关系管理主要包含两方面的内容,即管理思想和信息技术。

(二)大客户关系管理思想

客户关系管理的各项活动都是在以客户为中心的指导思想下所实施的,其工作重点是与客户建立良好的关系,培养忠诚的顾客。大客户关系管理活动是在对企业的客户进行进一步的细分的基础上,选择那些对企业来说价值更高的客户重点进行关系的建立、强化与维持。大客户关系管理的指导思想仍然是以客户为中心,但同时也将80/20法则引入客户关系管理思想之中。企业在这种思想的指导下,开展各项客户关系管理策略,包括对大客户进行识别和分析、整合与分配企业营销资源、合理设计企业内部客户服务机构、设计和提供个性化的服务策略等,从而获取大客户的忠诚,与大客户建立持久友好的关系。

(三)大客户关系管理信息技术

仅仅依赖客户关系管理的思想与方法是无法有效地对客户关系进行管理的,还需要一系列信息技术即客户关系管理系统作为支撑。由于大客户是从企业所有顾客中细分出的关键少数,是企业顾客的一部分,因此,客户关系管理与大客户关系管理步骤和程序基本相似。然而,由于大客户对企业的重要性,故在有些程序方面还需要企业投入更多的关注。由此可见,企业并不需要耗费资源单独开发大客户管理系统,只需要在CRM系统的基础上进行相应的修正即可。具体可以从三个方面进行修正:第一,增加大客户识别模块。一方面将大客户从众多客户中分离出来,另一方面时常更新大客户名单(即根据相应的标准从原先的大客户名单中淘汰逐渐失去价值的客户,并添加新的大客户)。第二,增加单独的大客户信息管理模块,以实现对每个大客户的数据进行更为全面深入的分析,从而能够为大客户提供更为满意的定制化服务。第三,添加客户经理入口。即为大客户管理工作负责人员或部门设置专门的系统入口,以方便大客户管理部门及时获取大客户的详细信息,同时也通过大客户管理部门完善大客户的信息和系统的功能。

上海通用汽车的 CRM 系统

上海通用汽车有限公司(简称上海通用)成立于 1997 年 6 月 12 日,由上海汽车集团股份有限公司、通用汽车公司共同出资组建而成,是中国汽车工业的重要领军企业之一。在面临激烈竞争的环境下,上海通用决定选择全球最大 CRM 厂商 Siebel 的产品,并由 IBM 大中华区咨询与集成服务部为其组建 CRM 系统。

整个系统的构建过程基本分四个阶段,第一阶段,整合客户数据库,建立统一客户信息中心;第二阶段,优化和整合服务中心、销售代表、零售商、市场促销活动之间的业务流程;第三个阶段,开拓和强化客户与公司的交互接触功能,实现客户信息的多点采集机制,如 800 免费呼叫中心的建立,互联网用户注册与在线导购栏目百车通的设立等;第四个阶段是对客户信息进行挖掘的阶段,这个阶段对所采集的丰富客户信息进行分析,将客户分门别类,进行市场细分,并据此实现个性化营销。CRM 项目完成后便在企业内上线运行,目前,系统中基于呼叫中心应用的信息采集和发布机制已经相当成熟,客户信息量日益丰富。在汽车销售、汽车服务方面整个销售体系已经可以协调运行;百车通以及客户呼叫中心这两个客户接触渠道,让广大的潜在客户和现实客户同公司打交道时非常直接和方便,客户请求信息也可以及时传达本地零售代理和维修单位。有了丰富的客户信息,就可以对它进行挖掘,通过利用所获得的各种信息,上海通用已经分析发现很多意义重大的客户行为模式。总之,这个以客户信息为核心的 CRM 系统已经成为上海通用的关键 IT 资源,为其在中国的汽车事业不断发展铺平了道路。

资料来源:http://wenku.baidu.com/view/14aef50eba1aa8114431d97b.html

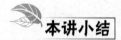

市场竞争环境的变化使得企业越来越意识到大客户营销的重要性,并积极开展大客户营销活动。本讲在梳理国内外大客户营销研究文献的基础上,结合营销的相关理论,系统介绍了大客户营销的概念和特点、大客户营销理念、大客户营销操作步骤以及大客户营销策略、大客户关系管理等内容。大客户营销是适应当今市场竞争状况的较为新颖的营销理论。企业准确掌握大客户营销的内容,正确实施大客户营销,能够使企业在竞争激烈的市场上获得大客户的忠诚,进而实现长远发展。

1. 什么是企业的大客户？大客户营销的含义是什么？
2. 简述大客户营销的特点。
3. 大客户营销的指导思想是什么？
4. 试分析市场份额和顾客份额的区别。
5. 企业怎样进行大客户营销？
6. 什么是大客户关系管理？企业如何进行大客户关系管理？

SF集团的大客户营销任重而道远

当今国内快递市场已经进入国有快递企业、民营快递企业及国外快递企业三足鼎立的局面，竞争态势愈来愈严峻。作为中国最大的快递公司——SF集团，为快速调整、适应所带来的市场竞争压力以取得长远发展，开始在公司内部进行大客户营销，要求各层级员工必须快速树立大客户服务理念，利用现有的服务资源，向核心大客户提供快速、便捷的客户服务，形成服务差异化，以获得可持续的竞争优势和提升大客户的忠诚度。为此，SF集团决定建立全网VIP客户绿色通道服务并对大客户进行管理，并建立了一套理想的客户管理体系，对不同类型的客户提供不同的服务。华东地区宁波区的区域经理小杜，积极按照集团的部署进行VIP客户配套服务的建设与实施，以重点关注大客户业务情况和服务需求、稳定大客户业务。小杜明白，这套体系能为公司稳定住大客户，给大客户以特殊服务待遇必会让它们有一种殊荣感，从而更加坚定它们长远合作的心意。

按照SF集团的构思与部署，集团正在一步步不断地完善VIP客户管理体系。2009年公司对于VIP客户的服务策略是："尝试建立适应VIP客户需求的服务内容及模式"，在前期公司已经推出VIP客户基础服务的基础上，进一步推出针对VIP客户的"增值服务"和"个性化服务"菜单，以提高VIP客户的满意度和忠诚度。各项服务的内容如表17-1所示。

表17-1 服务定义与服务内容

VIP基础服务内容	VIP增值服务内容	VIP个性化服务内容
下单	绿色服务通道	分支机构集中付款
快件跟踪	物料直接配送	国内第三方支付
理赔	电子账单	指定时间收派
日常关注	客户自助端	赠送打印设备（高端客户）
投诉	客户电子专刊	
建议与需求	新业务主动推荐	
	积分主动兑换	
	服务流程简化	

公司对于VIP客户的划分也有明确的规定。小杜仔细看着公司总结的区域客户月均运费统计表，按照公司的有关规定，在宁波市场上识别了20家VIP客户。有了一番计较之后，他计划着近期去一一拜访这些VIP客户，并把公司为它们所打造的这一系列增值专享服务告知它们，顺带可以做一下客户服务意见回访。

就在小杜着手走访宁波区20家VIP客户时，小杜接到了SF集团华东地区客户经理张兆的电话。在电话中，张兆告诉小杜，老客户CT公司有将手上运输业务交给邮政运营的迹象，双方已经进行过洽商了。他让小杜马上去一趟CT公司与CT公司的老板进行沟通，尽一切所能留住这个大客户。张兆将CT公司的相关资料传真给了他，并督促他抓紧时间尽快采取行动。匆匆看完CT公司的资料后，小杜便马不停蹄地赶往CT公司的办公大楼，并迅速见到了CT老板陈总。经过一番洽谈与努力，最终小杜并没有将CT公司成功挽回。

回到公司，他马上将这一结果告诉了张兆。张兆安慰他一番之后马上召集相关人员到会议室开会，总结一下经验教训。听小杜将事情的原委完整地说完后，大家都有些震惊了，因为CT公司一直与本公司保持着良好合作，在近期的沟通过程中也并没有发现什么问题，为什么会突然将主要快递业务交给邮政呢？

小杜在陈述完事件后表示，"这次的事情说明我们在客户服务、管理维护方面出现了极大的漏洞。在与CT公司陈总的交流过程中，我发现在客户投诉受理上存在着一些问题，对于客户提出的意见不能及时给予解决。我们是在CT公司已经与邮政谈好合作条件后才得知这一消息的，这说明了我们的管理人员得到的客户异常信息滞后，对客户的诉求反应迟缓，造成客户需求迟迟得不到解决，最终引发客户不满。如果我们能早一点得知并及时与客户进行沟通，是很有可能把客户留住的"。

接着，现任客户高级经理小霞说："在客户关怀方面，日常过分地与客户沟通联系，但在客户提出问题的时候不能及时响应和解决，没有起到真正的维护作用。"

市场部主管小李接着说道："我们的收派员维护力度有限，对接受处理客户异常信息反馈方面没有得到有力支持和帮助，导致延误了挽留客户的最佳时机。"

……

"总结得很好，说明大家现在都意识到了自己部门所存在的问题。知道了是哪里出了纰漏就好办了。公司正在不断完善VIP客户服务体系的建设，在这个阶段我们一定要先稳住我们的老客户，并及时将新的增值服务通过各种渠道告知给它们。因此我们一定要持续保持与老客户的有效的、具有一定频率的沟通；及时地对客户反馈信息进行处理解决。"张兆最后说道。

会议结束了，可是小杜的心里却久久不能平静。他想，这种事情绝不可能是最后一次发生，随着市场竞争的不断加剧，这种事情将会层出不穷。怎样才是最好的留住客户的方法呢？当再次出现这种问题时，他又该怎样应对呢？这些问题都在提醒着他，集团所实施的大客户营销仍然任重而道远。

资料来源：http://wenku.baidu.com/view/8d0f6ac9da38376baf1fae70.html

案例思考：

1. 分析SF集团的大客户——CT公司流失的原因。

2. SF 公司的大客户营销应当做哪些改善？

本讲实训

一、实训目的
1. 加强学生对大客户营销相关概念的理解。
2. 帮助学生在实践中学会运用大客户营销的相关理论与技巧。

二、实训内容
将学生进行分组，并以小组为单位，每组选择本地区一家知名的企业，就企业的相关经营情况进行实地调研。然后，根据调研结果为企业设计一套大客户营销方案。

三、实训组织及步骤
1. 由教师在课堂上明确实训目的、任务、要求和评价标准。
2. 将班级成员分为若干小组，组数和组员人数根据实际状况而定。分组后，每组自主选择一名组长，并由组长对各个组员进行明确合理的分工。
3. 每个小组通过网络、杂志、电视等各种途径，选择本地一家相对知名且规模较大的企业作为访谈对象。在访谈之前先对企业的基本资料进行查阅，并事先与公司的相关人员预约，征得对方同意。
4. 每个小组根据本讲所学内容，进一步查阅相关资料，设计一份访谈大纲和活动计划，做好访谈的相关准备工作。
5. 每个小组利用周末或课余时间进行实地访谈，并做好相关记录。
6. 各个小组根据访谈内容和大客户营销的相关知识，为被访企业设计一份大客户营销策划方案，并制作相应的演示稿。
7. 各小组将设计方案交给老师，并在班级汇报观点。
8. 最后，由指导老师就每个小组的方案进行点评和总结。

参 考 文 献

[1] Arun Sharma. Success factors in key accounts[J]. Journal of Business & Industrial Marketing, 2006, 21(3): 141-150.
[2] Homburg C, Workman J P Jr., Jensen O. A configurational perspective on key account management[J]. Journal of Marketing, 2002, 66(2): 38-60.
[3] McDonald M, Millman T, Rogers B. Key account management: theory, practice and challenges [J]. Journal of Marketing Management, 1997, 13(8): 737-757.
[4] 菲利普·科特勒,凯文·莱恩·凯勒.营销管理[M].第14版.王永贵,于洪彦,何佳讯,等,译.上海：格致出版社,2012.
[5] 蔡淑琴.客户关系管理中的大客户描述与识别[J].管理评论,2004,16(2):49-53.
[6] 成韵,刘勇.组织市场大客户识别方法研究[J].中国商贸,2012(28):239-241.
[7] 杜向荣,陈敏华.势在必行的核心客户关系管理[J].技术经济与管理研究,2003(1):84,85.
[8] 丁文辉.大客户采购过程中的内部人际因素分析及营销策略研究[J].商业经济文荟,2006(5): 51-53.

[9] 窦荣兴. 商业银行大客户管理运作机理与创新研究[D]. 华中科技大学, 2005.
[10] 金明华, 肖振声. 企业在国际营销中开发"大客户"应注意的若干问题[J]. 商业研究, 2006(10): 185, 186.
[11] 刘承水. 电信业大客户忠诚度研究[J]. 北京城市学院学报, 2006(6): 55-58.
[12] 瞿艳平. 国内外客户关系管理理论研究述评与展望[J]. 财经论丛, 2011(3): 111-116.
[13] 宋佳. 大客户的关系营销[J]. 企业改革与管理, 2008(10): 68, 69.
[14] 王晓煜. "大客户"关系管理开发设计探讨[J]. 河北大学学报(哲学社会科学版), 2005(2): 133-135.
[15] 王爱玲, 王丽梅. 成品油市场大客户营销策略的探讨[J]. 中国商贸, 2009(21): 26, 27.
[16] 汪波, 高慈. 基于客户价值评价的核心客户识别研究[J]. 安徽工业大学学报, 2006, 23(4): 50-52.
[17] 王唤明. 大客户营销理念: 客户价值重于市场份额[J]. 电器工业, 2004(9).
[18] 尹蕾. 大客户营销研究[J]. 江苏论坛, 2010(11): 121-123.
[19] 尹蕾. 大客户管理策略研究——以联想公司为例[J]. 对外经贸, 2012(10): 129-131.
[20] 杨永恒, 王永贵, 钟旭东. 客户关系管理的内涵、驱动因素及成长维度[J]. 南开管理评论, 2002(2): 48-52.
[21] 杨丽娜. E时代的大客户管理[J]. 经济管理, 2002(7): 50-53.
[22] 周文辉. 大客户选择: 战略框架与组合矩阵[J]. 生产力研究, 2008(13): 140-142.
[23] 张晨光. 大客户营销操作宝典[J]. 企业改革与管理, 2013(1): 72, 73.

第十八讲 网络口碑营销

Smart+京东="双赢"口碑营销

赫赫有名的全球汽车巨头奔驰选择电商门户——京东作为 Smart 轿车限量版网上销售的阵地(见图18-1)。2012年2月10日至19日,首先是电视、户外、网络广告预热,并运用微博为活动广泛造势。随后,Smart 在5个重要目标市场城市的影院展出,此间,Smart 在中国当红的电视娱乐节目"非诚勿扰"中频频出现。2月20日,Smart 正式销售时,奔驰采取了每推迟1小时购买价格增长36元,预售阶段购买还会额外奖励1 000元京东抵用券的营销策略。300辆 Smart 在89分钟内销售一空,相当于每半分钟销售一台。同时,整个营销活动还搜集到数万潜在用户信息。

图18-1 京东网站 Smart 汽车营销网页

京东正式发布将销售 Smart 限量版的微博一经发出就引起转发1.7万千余次,网友口碑评论的关键词以"喜欢"、"不错"、"霸气"等褒义词为主,而京东和 Smart 这两个品牌的提及率很高,这一活动造就了双赢的理想效果,使 Smart 和京东的知名度、美誉度和忠诚度都得以提升。该营销活动的成功无疑要归功于在社交网络上的口碑造势,以及前期的各种促销预热,而在电商平台营销汽车的"吃螃蟹"新举措尤其值得称道,其引发了众多网友讨论和口碑传播,为成功营销打下了坚实基础。

资料来源:http://finance.eastmoney.com/news/1682,20130227275377984_4.html

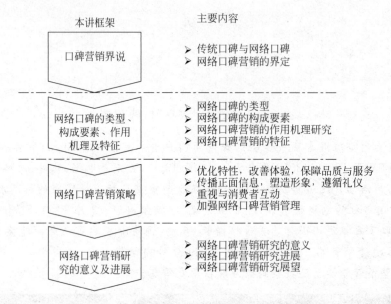

消费者在购买决策之前通常会收集商品相关信息,包括商家给出的信息和消费者的推荐和评价,而后者就是口碑,其对于消费者的购买决策有着非常重要的影响。由于口碑沟通具有较少的商务目的色彩,因此更容易获得消费者的信任和重视,促发消费者购买行为。正如引导案例所揭示的情形那样,口碑营销传播的影响力非常之大,不少企业发现产品或服务拥有一个良好的口碑,有助于更好地为顾客创造价值,为企业实现更多的利润。在当今这个"信息爆炸"的时代,通过塑造、传播良好的产品或服务口碑,赢得顾客信任,并辅之以其他得体的营销手段,可以有效提升企业及其产品或服务的知名度、美誉度和忠诚度,提升顾客满意程度,实现成功的营销。特别是在当前信息技术革命不断深化发展,企业纷纷"触网",电子商务、网络营销、社会化商务及社交媒体大行其道的背景下,新兴的网络口碑营销作为一种蓬勃兴起的营销大潮,是企业出奇制胜、脱颖而出和持续发展的有效方式。

一、口碑营销界说

(一)传统口碑与网络口碑

口碑(word of mouth,WOM),意指人们之间口口相传的信息,即人与人之间直接交流产生的信息,而不是通过大众传媒(报刊、电视等)传递的信息。口碑研究最早源于传播学,后被市场营销学广泛借鉴运用。传统的口碑营销主要指企业通过口头沟通方式传播产品或服务信息而开展营销活动的方式。从这一概念出发,口碑营销其实早已有之,如大家熟知的商谚"酒好不怕巷子深"就是其典型写照。

随着信息技术尤其是互联网的快速普及和发展,计算机和网络通信技术已经深刻地改变着我们的生活方式,无论是消费者、工商企业,还是专门的营销机构和部门都发现互联网已经和管理工作及生活息息相关,网络已经成为营销活动的重要平台。全球网民数量与日俱增,网络内容日益丰富,网络已经成为获取和传递信息的一个重要渠道。网络使得沟通不必局限于实时的、面对面的口头交流,也不必局限于"熟人",可通过互联网上的第三方网站、讨论群组、论坛、电子邮件等多种途径用文字、图片、声音、视频多种形式生动实时地表达传播相关信息,这就是网络口碑(Internet word of mouth,IWOM),互联网对人际间的信息沟通也产生了重大影响,开启了口碑传播新方式,其不断发展进步的营销影响力正在重塑企业和消费者之间的关系。国内外学者近年从不同视角对其进行了界定(见表18-1)。

表18-1 网络口碑界定列表

定义	文献
Chatterjee(2001)	通过公告栏等交流平台或个人间的聊天等途径完成的消费者之间的信息交流
Newman(2003)	两个或多个消费者之间以计算机网络为媒介交换的文本
Henning T,Kevin P(2004)	口碑是潜在、实际或者先前的顾客对产品或者公司的任何正面或者负面的评论,该评论能通过网络传递给大众群体或者组织
Litvin et al(2008)	消费者通过互联网对产品或服务的使用、性质进行交流
高诚,马映红(2009)	消费者通过网络论坛、电子邮件、新闻组、网游系统、聊天工具、搜索引擎等将自己对产品、服务或企业的经验信息传播给其他消费者的行为
周晶晶(2010)	消费者通过电子邮件、在线论坛、新闻组、即时通信工具、讨论区等网络信息技术进行的关于产品/服务的使用体验、功能等特性和供应商的各种信息的所有在线交流沟通
张晓飞,董大海(2011)	通过网络渠道所传播的有关产品、服务、企业品牌等个人体验、评价、讨论和推介信息
沈彬,余思璐,蔡慧帆(2011)	公司或消费者(合称网民)通过论坛(BBS)、博客和视频分享等网络渠道和其他网民共同分享的关于公司、产品或服务的文字及各类多媒体信息
刘帅,刘兴梅,邓俊超(2011)	一种以计算机为媒介,以电子邮件、即时通讯工具(如MSN、QQ)、博客、在线论坛、产品网站讨论区等网络空间为联系纽带的新型口碑传播方式

虽然学者定义"网络口碑"的角度不同,但其内涵却都指向于以互联网为媒介平台而开展的口碑传播。具体而言,诸如电子邮件、网络论坛、在线网购评价、新闻组、网游系统、网聊工具、搜索引擎、博客、微博、微信和视频等互联网形式的社会化媒体(social media)传播的有关企业、产品或服务的文字、语音和图像等各种类多媒体信息都是网络口碑。所以,网络口碑可界定为消费者之间通过互联网进行的关于企业、产品或服务的非正式的信息交流。在网络营销和社会化媒体勃兴的时代背景下,网络口碑已经日益成为了从实践到理论层面推动营销变革的主要趋势之一。

(二)网络口碑营销的界定

综上,网络口碑营销系指企业在为满足消费者需求而提供产品和服务的过程中,通过互联网形成良好口碑,从而提升企业产品和服务满意度的营销管理活动。

口碑营销运用的成功典范是淘宝旗下网站——口碑网。口碑网（koubei.com），是淘宝网的全资子公司，致力于打造生活服务领域的电子商务第一品牌。网站为消费者提供评论分享、消费指南，是商家发布促销信息，进行口碑营销，实施电子商务的平台。

自2004年6月上线，口碑网通过海量店铺数据、消费信息，配合便捷的搜索、无线（WAP站点"koubei.cn"、手机客户端）等应用功能，搭建了一个多渠道解决民众消费需求和商家营销需求的平台。而淘宝口碑卡、电子优惠券等产品的应用，更帮助民众降低消费成本，增强消费者和商家对接的效率。

其中，淘宝口碑卡是口碑网联合母公司淘宝网向广大消费者提供吃喝玩乐行等生活消费服务的重要产品之一，是一张具有划时代意义的打折积分卡，也是淘宝发行的第一张面向广阔线下市场的多功能优惠打折卡，是大淘宝战略下口碑网全面进军生活服务业进入电子商务时代的标志性产品。截至2010年初，自有注册用户5 000万户，通过淘宝网等阿里集团旗下网站累计覆盖影响用户达3亿户。

吃喝玩乐，上口碑网——口碑网已成为中国老百姓在日常消费中最不可或缺的伙伴！

资料来源：http://baike.baidu.com/link?url=NOH9-z6r8WfqKKRC4pGd8T58nRJ dti6gssCpoEx QAXCQXeXlmv7ldk78qU48YIps

二、网络口碑的类型、构成要素、作用机理及特征

（一）网络口碑的类型

相较于传统口碑（线下口碑），网络口碑又被称为在线口碑、线上口碑或电子口碑。网络口碑传播的焦点是分享个人对产品和服务体验的相关信息。随着互联网技术的发展，越来越多的网民使用Web 2.0工具，比如网络论坛、网络公告板、消费者评论网站、购物网站和社交网络（如QQ、博客、微博和微信等）等用来传播交流产品或服务信息，而用户体验和消费者的评价等信息能影响消费者行为。这种新的网络口碑传播形式由潜在的、实际的或者以前的消费者通过互联网发布正面或负面的评论内容得以呈现。消费者网络评论，即消费者在互联网上发布的任何有关产品或服务的评论信息，被视为一种重要而特殊的网络口碑形式。

从形式上看，网络口碑主要有两种类型——主观性口碑（厂商主导的内部口碑）和客观性口碑（消费者主导的外部口碑），内部口碑对零售商的销量有积极的影响，外部口碑主要影响消费者购买决策。特别地，外部口碑作为专门的独立的产品信息来源，比零售商等主导的内部口碑有更多的优势。第一，外部口碑作为消费者的产品信息来源比零售商主导的口碑更有声誉、更易得到认可；第二，外部口碑包含大量的产品评价信息，往往比售卖产品的网络零售商更客观专业，因而外部提供的评论一般具有更深的涉入度；第三，许多外部口碑来源不仅提供产品评论，还允许消费者获取更多的产品信息。

(二)网络口碑的构成要素

网络口碑的构成要素主要包括:

(1) 口碑发送者,既指主动在网上发表对某个产品或服务的意见和评价的消费者,也指在网上转载他人评论的消费者。

(2) 口碑传播信息,指发送者在互联网上以文字、声音、视频等发布的能被其他人搜索、获取和理解的数字化多媒体信息文档。

(3) 口碑接收者,指主动搜寻或被动获取了口碑信息的消费者。

网络口碑的构成要素具体如图 18-2 所示。

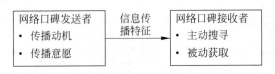

图 18-2　网络口碑构成要素

(三)网络口碑营销的作用机理研究

从现有的研究文献来看,网络口碑营销的理论基础来源于社会传播学,该理论认为社会传播是指个体(传播者)传递刺激(通常是言语符号)以改变他人(传播对象)行为的过程,其经典理论为"who says what to whom with what effect",建构了一个传播说服的分析框架(Janis & Hovland, 1959),即"谁(who)将什么内容(what)对谁(whom)传播,且产生了什么影响(what effect)"。这里的"who"就是口碑传播者,其内涵包括与信息来源相关的特征,如个体身份、性格和专业知识;"what"与信息特征有关,包括信息质量(如信息的广泛性)和信息内容(如口碑偏向);"whom"就是口碑接收者,其特征包括对产品的了解程度、先前知识和涉入程度。学界主要以信息处理的双加工理论、人际关系理论以及信息来源可信性理论来解释阐述网络口碑传播的机理,具体涵盖网络口碑定义及表现形式、网络口碑传播动机、网络口碑的信息要素(包括评论数量、评论偏向、评论属性、评论分值和评论字符长度)、网络口碑的参与者以及网络口碑对消费者购买决策和企业销量的影响等方面。从网络口碑的动机、信息传播到影响结果来看,网络口碑营销研究机理如图 18-3 所示。

(四)网络口碑营销的特征

综合分析归纳,网络口碑营销具有以下特征。

(1) 匿名性。正如网上冲浪名言"在网上没人知道你是一条狗"所言,网络口碑具有高度匿名性,打破了传统的社会身份地位对于沟通传播的限制,这使得在现实环境中无法进行的沟通在互联网虚拟语境中可以实现。因为难以确认信息传播者真实身份,信息接收者与其相互隐匿,不需要面对面,但其与传统口碑一样都是非正式传播。网络口碑传播不一定是 C→C 传播,因为传播者可能是匿名的企业人员,也可能是第三方代理机构或者市场权威与意见领袖。这可能产生两方面的影响:一是互联网提供的"公共空间"(public sphere)可导致社会等级差异的消失,网络的匿名性使网民可进行更平等、更纯粹的交流;二是网络的匿名性使网上口碑的传播者较少顾及社会规范的约束,传播过程比较随

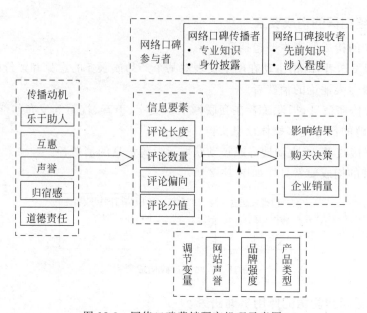

图 18-3　网络口碑营销研究机理示意图

资料来源：余航，王战平.网络口碑影响的研究综述[J].情报杂志，2013(6)：104.

意，降低了网上口碑信息的可信度。由于这一特点，网络成了很多谣言的发源地，加之网络传播的快速和便捷，所以，网络口碑对厂商和消费者的影响可能是一柄"双刃剑"。

(2) 多元性。网络口碑形式多样，不再局限于口头语言，可以是文本、声音、图像，且信息可以保存、复制，这样口碑接收者就能够随时自由地获取口碑信息，在时间上不再受限制；表达内容多样，正负口碑与中立口碑并存，信息接收者有更大的参考余地。

(3) 广域性。网络口碑链接的人际关系网络理论上是没有边界的，其不再局限于熟人圈子内，更多的是弱关系联结；由于网络虚拟社区空间的出现与发展，口碑传播的空间区域不再受限制。但是因为网络口碑是匿名性的，网络口碑是否具有传统口碑的非商业性，其中具有不确定性。对于企业自有网络和第三方代理网络平台而言，企业可以在一定程度上管理甚至操纵网络虚拟社区。例如企业营销人员或者企业雇用第三方人员在网络上充当口碑传播者，这样传播的口碑会隐含企业的营销目标。因此，某些口碑必然会具有商业性，但这不会改变口碑的本质内涵，因为从整个网络的参与者构成和未来发展趋势看，网络上非商业性的口碑信息会处于主流。而企业操控过于商业化的网络口碑，如明显具有"自卖自夸"特征的信息，口碑接收者会较容易识别并予以排斥。

(4) 交互性。与一般的信息只能从信息发送者向接收者传递不同，网络信息可双向传递。所谓交互性是与传统口碑传播方式的强制性相对而言的。在传统的口碑传播过程中，接收方只是被动地接收口碑信息；而在网上口碑的传播过程中，接收方可以通过互联网主动搜寻自己所需要的口碑信息，作为消费决策参考。网上口碑传播的互动性特点允许消费者主动、实时地参与到营销活动之中，这种参与可以是有意识的询问，也可以是随机的、无意识的点击。

(5) 成本费用低。网络口碑可能是当今最廉价的信息传播工具，只需要企业的少量投入和智力支持,节省了大量的广告、推销、营业推广、公关等促销费用。口碑营销的成本由于主要集中于教育和刺激小部分传播样本人群上,即教育、开发口碑意见领袖,因此成本比面对大众消费群的其他广告形式要低得多,且往往能事半功倍。一般而言,在今天信息充裕的网络时代,靠强制输入灌输的广告促销已变得越来越难且成本高昂,性价比远远不如定向推广和网络口碑营销。网络口碑传播廉价而简单奏效,近年许多电影大片、好书的营销都靠网络口碑获得巨大成功。

网络口碑营销的这些特性使得网络口碑可以迅速传播和放大,其信息传播效力会影响到消费者对于产品及服务的信任,使其深受消费者重视,对消费者购买决策产生重大影响。

三、网络口碑营销策略

网络口碑营销作为一种新兴的营销大潮,仍处于"正在进行时"状态,其理论研究远非成熟,随着网络技术工具和营销交易方式的不断创新,网络口碑营销策略也将不断趋于演化。从企业应用视角看,企业开展口碑营销的目的在于根据消费者不同的动机,制定相应口碑策略来刺激消费者产生有利于企业的行为,其路径一般为:企业策略→动机→行为→营销绩效,因此清楚地辨识理解消费者网络口碑传播过程与口碑诉求动机,是企业制定营销策略的基础。网络口碑营销作为企业营销战略中的一个子系统,开展网络口碑营销首先要在把握企业的总体营销战略目标的基础上明确网络口碑营销的目标、任务,依据消费者需求和偏好进行市场细分,确定目标客户群,然后再针对目标客户结合 Web 2.0 的各种应用工具制定针对性的营销单位和策略组合。企业网络口碑营销要取得成功,其基本的策略为:

(1) 优化产品特性,改善产品体验,保障产品品质与服务。网络口碑来源于产品本身的特征及良好的消费者体验,进行网上口碑营销的企业应先提供高质量的产品和良好的产品体验。产品的品质始终是顾客感知价值的本源,是形成良好口碑的必要条件。口碑营销的前提条件是让消费者谈论你的产品或品牌,即企业的产品必须要以某种方式融入口碑沟通双方的交流过程之中。企业进行口碑营销的目的是要达到正面的口碑传播效果,因此必须为消费者提供高品质的产品和良好的产品体验。口碑营销成功的另一关键在于企业提供的产品品质或服务要有保障,一个良性的、持久而正面的口碑营销离不开产品品质和服务。

(2) 传播真实、清晰、具体的口碑信息,塑造良好形象,遵循营销道德,注重网络礼仪。由于 Web 2.0 环境下社交化媒体网络口碑信息的传播速度快,传播随意性大,信息扭曲的可能性大增,所以企业在展开广告营销活动时,就应该向消费者传播真实、清楚、具体的信息,避免抽象。实践证明,清晰、具体的品牌形象更容易成为网民客户谈论的对象,而模糊的品牌形象则容易被客户误解,不利于品牌的网络传播。此外,将品牌形象与典型故事或典型事件相联系也是通过口碑树立品牌形象的一条捷径。营销道德是企业口碑营销的前提。企业应首先保证自己宣传的客观性和真实性,不能过分夸大自己的产品和服务。否则,很可能带来负面的口碑传播。

(3) 应特别重视与消费者的互动沟通,延长消费者与产品的接触时间,提升消费者的参与激情。消费者与产品接触的时间越长,对服务的参与程度越高,其传播正面口碑的可能性就越大。企业应该创建互动沟通的网络营销信息平台,使客户在网站中发表自己的观点,与其他客户进行广泛谈论和交流。通过这一平台,企业可有效地延长消费者与产品的接触时间,提升消费者的参与热情。同时,通过互动平台,企业还可以引起潜在客户的注意,同时通过客户之间的交流成功化解一些客户对于企业产品的误解和不良印象。

(4) 加强网络口碑营销管理,进行有效的正面口碑传播,规避负面口碑影响。对于想进行网络口碑营销的企业应该明确,企业所要做的不是口碑制造者,而是正向口碑的放大器及负向口碑的引导者。具体的策略大致有以下几个方面:第一,增加消费者的产品知识和体验;第二,增强虚拟社区的可信度;第三,管理意见领袖;第四,重视负面口碑管理,及时妥善处理顾客投诉。

企业开展网络口碑营销活动,一方面其目的是让消费者充当企业的"义务宣传员",让他们将企业的产品介绍给亲朋好友,使自己的朋友或熟悉的人群受益。另一方面,企业开展口碑营销活动的目的是让消费者充当企业的"免费咨询师",通过顾客投诉及时发现并修正产品或服务的失误,并获取创新的信息。为了有效实施口碑管理,企业需做到:鼓励消费者投诉,建立消费者投诉的方便网络,并有效处理消费者的投诉。企业若能妥善处理顾客的抱怨,将有利于增加顾客的信任感和忠诚度,甚至有可能成为忠诚顾客,并传播正面口碑。在社会化媒体高度发达的今天,每一个消费者均有话语权,网络口碑营销之道的核心在于真实和诚信。

四、网络口碑营销研究的意义及进展

(一)网络口碑营销研究的意义

在经济全球化和市场经济环境下,产品同质化越来越严重,市场竞争日益激烈,过剩经济成为常态。在此情形下,消费者行为的影响因素更趋复杂,而网络口碑营销通过传播正面口碑,塑造消费者传播媒介和沟通体验,往往能引爆营销活动,不失为一种行之有效的营销新方式。网络口碑既可以帮助企业获得消费者意见,了解自身产品和服务水平,监控和管理企业的口碑声誉和形象,成为企业的一个营销工具,又可为顾客提供购买决策参考,帮助顾客了解产品和服务,进行理性消费。

从消费者视角来看,网络口碑营销研究的意义在于:①揭示网络口碑营销形成机理与传播效应;②阐释网络口碑对于消费者行为(如购买意愿、购买决策)的影响;③比较分析网络口碑与传统口碑、商业信息(如广告等)传播机制和影响力。

从企业角度看,基于企业视角的网络口碑的研究意义主要在于:①网络口碑如何影响企业营销活动;②对企业开展网络口碑营销进行实践指导,如企业口碑分析诊断、口碑预警、口碑对话、口碑平台、网络社区口碑管理等,以有效地改善企业与网民和客户的关系,为企业培育良好的网络口碑。

(二)网络口碑营销研究进展

按照图 18-2 的网络口碑构成要素,近年网络口碑信息、网络口碑传送者、网络口碑接收者的相关研究进展如下。

1. 网络口碑信息

1) 网络口碑类型

国内外学者一般把口碑分为两种类型：正面口碑和负面口碑。对于正面口碑的研究成果众多而具体；对于负面口碑过去研究不足，近年已逐渐成为热点。学者们的实证研究证实，不同的口碑类型对消费者行为影响是有区别的，正面口碑促进购买，负面口碑减少购买；消费者的不满意反应可作为负面口碑的关键原因；网络上的负面口碑对于消费者与商店的信任程度和购买动机都有负向的影响，而这种负向影响的程度与消费者对于店铺熟悉的程度成反比例关系，而且，因为低价而选择购买的消费者越容易受到负面评价的影响。有些学者考虑到有的口碑会传递不具有感情色彩的信息，在口碑类型里增加了中性口碑类型，中性口碑效应反映出丰富的消费者产品知识，使其获得建立品牌态度的相关信息，这是一个很有价值的研究领域。

2) 网路口碑信息特性

网络口碑的趣味性能提高受众对信息的接受度和涉入程度，并给受众留下较为深刻的记忆和印象。因此，有趣的网络口碑信息可有效提升其营销传播效应。

网络口碑的数量、评价方向和离散程度都对口碑营销传播效果有显著影响。网络口碑的数量越多，消费者知晓信息的可能性就越大。例如有研究表明网络口碑数量对于电影票房收入具有显著的解释力。网络口碑的评价方向涉及对某类产品或服务的评级的高低，代表了消费者的满意程度。正向口碑能加强消费者的期望，而负向口碑带来相反的效果。网络口碑的离散程度是指在不同虚拟社区发布口碑的情况下，网络口碑分散程度越高，越有可能接触到消费者，增加传播影响受众面。

网络口碑质量对消费者购买决策的影响。网络口碑的质量主要用真实性、可靠性、客观性、相关性、充足性、易懂性等变量指标来衡量，网络口碑质量决定了口碑信息对消费者的影响力。虚假的口碑信息会严重损害消费者的切身利益。高质量的口碑信息是指评论内容具体、清晰，并用论据支持其中的观点，而低质量的口碑信息是指评论内容主观、情绪化，没有详尽论述理由。高质量的评论信息比低质量的评论更有说服力。很显然，网络口碑的质量与口碑信息类型息息相关，客观事实型网络口碑质量更高。

网络口碑极性对于购买决策的影响。在线评论的极性，即评论的正负情感倾向，指口碑信息或者其中部分内容积极或者负面表达的程度，如对产品属性特征、经验的评价以及对某个产品的推荐倾向等。一般而言，负面情感信息会抵消正面口碑的效果；负面情感网络口碑的作用明显大于正面网络，消费者倾向于认为负面信息比正面信息更具有价值，在进行购买决策时会更多地依赖于负面信息；但对于体验型商品反差，正向情感在线评论的影响要大于负面在线评论。

2. 网络口碑传送者

1) 网络口碑传播动机

学界主要从行为科学、成本收益分析和文化层面等角度研究网络口碑传播动机，即消费者网络平台上发表有关产品或服务的评论信息的动机。网络口碑正面传播可有五个动机：与焦点相关的效用(focus-related utility)，如关心其他消费者、帮助企业、社会获利和施加影响；消费效用(consumptionutility)，如购后意见搜寻；赞同效用(approvalutility)，如自我提升、经济回报；调节者效用（moderator-related utility），如方便他人、帮助解决问题；平衡效用（homeostaseutility），如表达积极情绪、发泄负面情绪（Hennig Thurau & Walsh,2004）。从成本和收益的角度出发，认知成本、执行成本、帮助消费者和影响企业的快乐、自我提升和经济回报是在线反馈系统信息产生的因素（Tong et al.,2007）。提出消费者阅读网络评论有决策参与、产品参与、社会参与和经济参与等四类动机；而案例研究发现还有四种动机，即自我参与动机、消费者授权动机、新的社会参与动机和网站管理动机（Khammash & Griffiths,2011）。基于社会心理学的角度，可从自我主义、集体主义、利他主义、原则主义、知识自我效能（knowledge self-efficacy）等五个维度来考察包括声誉、互惠、归属感、乐于助人、道德责任、知识自我效能在内的因素是消费者进行网络口碑传播意向的前因变量，阐释了消费者传播网络口碑的动因（Cheung et al.,2012）。在网络环境下，消费者传播网络动机是非常复杂的，受多种因素的影响，决策者应当依据消费者的心理特征积极引导他们传播正面的口碑。

2）传播评论者的资信度对购买决策的影响

人们对传播者进行评价的依据主要是可信性、吸引力、外表特征、熟悉程度等。传播评论者的个人特征，如身份披露、专业性和个人声誉会影响网络评论的有用性。与评论传播者有关因素主要包括信息来源的可信性、信息来源类型（如消费报道、朋友、销售员等类型）、归因、社会关系和个体之间的相似度。评论者资信度包括评论者的专业能力和可靠性，指评论者提供正确信息和表现专业行为的能力，以及在评论过程中接收者对评论者或其评论内容的信任和接收程度。评论者专业性是指信息接收者感知到的信息发送者能提供正确信息的能力。

相关研究表明：评论者的专业程度与口碑的影响力成正相关；当消费者认为口碑传播者具有丰富的知识时，决策将更多地依赖口碑信息；网络口碑传播者的专业性、经验丰富程度会显著影响口碑信息对于购买决策的影响效果；口碑传播者专业能力能够产生更大的说服效果，使接收者因此减少依据自身知识来做出判断的动机；在以电子邮件作为口碑传播途径时，传播者专业程度显著地影响口碑信息的作用效果；系统、全面、专业性的网络口碑让消费者感觉可能是企业相关人员传递的信息，被认为和广告类似的营销行为，从而降低了对消费者购买意愿的影响。

3. 网络口碑接收者

网络口碑接收者，即网络平台中接收口碑信息的个体。不同的信息接收者对同样的口碑信息也会有不同的反应，这与接收者的感知和经验有关。网络口碑对不同类型产品信息接收者产生的零售销量的影响以及各种因素对网络口碑影响销量的调节效应，如价格、接收者身份、产品特征、产品涉入度、文化背景（知识水平）、关系强度、品牌强度、网站类型及网站声誉等。这些研究多为针对网络评论内容的分析，通过构建模型来实证分析网络评论的信息要素对接收者-销量的影响。

（三）网络口碑营销研究展望

网络口碑营销属于学科交叉研究，涉及营销学、传播学、社会学、心理行为科学、管理学、经济学等诸多学科，鉴于其研究兴起时间较短，相关成果"碎片化"特征突出，观点争议不断，尚未形成完整的理论体系。未来研究的基本方向将迈向网络口碑影响的调节因素，依据网络真实的评论数据,实证研究消费者购买决策和企业销量在多大程度上受网络口碑的影响;其中网络口碑作用机理、补救措施对负面口碑的影响、网络欺骗性口碑、线上线下交叉口碑、消费者购买决策过程的不同阶段的口碑效应、多元综合性研究、企业实际应用的网络口碑案例研究等将可能成为重点。

本讲小结

在电子商务与网络营销、社会化媒体蓬勃兴起的今天,网络口碑营销已成为市场营销发展的重要趋势和学科研究的新兴领域。本讲主要围绕网络口碑营销及其相关研究展开,重点介绍了网络口碑的概念、构成要素、作用机理与特征,网络口碑营销策略与研究意义及进展。网络口碑营销研究随着互联网社会化商务技术的发展而兴起,只有十多年的历史。网络口碑可界定为消费者之间通过互联网进行的关于企业、产品或服务的非正式的信息交流;网络口碑营销则指企业在为满足消费者需求而提供产品和服务的过程中,通过互联网形成良好口碑,从而提升企业产品和服务满意度的营销管理活动;网络口碑有主观性口碑(厂商主导的内部口碑)和客观性口碑(消费者主导的外部口碑)两种类型。网络口碑包括发送者、口碑信息和接收者三个构成要素,具有匿名性、多元性、广域性、交互性和低成本五大特征。网络口碑营销的作用机理可从信息处理的双加工理论、人际关系理论以及信息来源可信性理论来加以解释。

企业网络口碑营销的基本策略:一是优化产品特性,改善产品体验,保障产品品质与服务;二是传播真实、清晰、具体的口碑信息,塑造良好形象,遵循营销道德,注重网络礼仪;三是应重视与消费者的互动沟通,延长消费者与产品的接触时间,提升消费者的参与激情;四是加强网络口碑营销管理,进行有效的正面口碑传播,规避负面口碑影响。

网络口碑营销作为新兴的营销方式,既是企业的营销工具,有助于企业认识网民消费者,了解自身产品和服务水平,监控和管理企业的口碑声誉和形象,又可为顾客提供购买决策参考,帮助顾客了解产品和服务,进行理性消费,具有重要的研究意义。网络口碑营销研究涉及口碑发送者方面,主要围绕口碑传播动机,如身份、性格和专业知识等发送者特征展开;在口碑信息特征方面,研究主要涉及信息质量(如信息的广泛性)、信息内容(如口碑偏向)和信息要素(包括评论数量、评论偏向、评论属性、评论分值和评论字符长度)等;而在口碑接收者研究方面,主要涉及产品的了解程度、先前知识(专业性)和涉入程度等考察网络口碑对消费者购买决策和企业销量的影响等展开。定量研究已经成为最重要的研究方法。

思考题

1. 简述口碑与网络营销的含义。
2. 什么是网络口碑营销?其构成因素及其特征是什么?
3. 简述网络口碑营销的作用机理。
4. 评述网络口碑营销理论对企业营销的指导意义。

5. 试分析网络口碑对消费者购买决策行为的影响。

案例与思考

联想新品推广巧借搜狐 IT 口碑力量

习惯了通过大渠道和主阵地将品牌和产品信息推送给网民的联想，在2008年联合搜狐 IT 推出了酷库熊品牌形象口碑营销活动，力促联想 ideaPad 新品推广，借策划的事件让用户主动"拉取"联想的营销信息，这种以小博大的口碑营销方式，传达了互联网营销方式的转型信号。联想 ideaPad 笔记本口碑营销在搜狐平台采用了以下方式。

（1）2008年8月，搜狐 ChinaRen 社区中出现了一个帖子——《漂亮学姐竟是恋熊女孩，我来冒死掀她老底》，讲述了一个精致而悲伤的爱情故事。在故事插画中第一次出现酷库熊的卡通形象和名字。

（2）此后不久，搜狐 ChinaRen 社区再次贴出了《三十五中校花拍酷库熊真人照片》——一个美丽的女孩和一只守在她身边的玩具熊。作为爱情象征的酷库熊推出了系列卡通表情，转化成为了一个网络卡通形象。

（3）9月1日，神秘发帖人曝光，有人砸千万巨资将该故事改编成电影，并泄露30秒宣传片花，称其为国内首部全胶片互联网电影，正式版本将于9月4日在网络上上映。

（4）9月4日，《爱在线》电影以联想 ideaPad 冠名的方式正式上映，谜底终于揭晓。联想在搜狐 IT 频道以报道专题的方式首次将产品结合到网络电影中，并在各大网络媒体上强力放送，带给网友们一场视觉盛宴。由林俊杰演唱主题歌《爱在线》，并宣布酷库熊成为联想新系列笔记本卡通形象代言。搜狐出色的执行力让口碑营销取得了空前的效果："十一"期间联想卖出了10万台笔记本，在淘宝上6天就得到了1000台订单。

从搜狐与联想合作的"酷库熊"口碑营销实战的成功中可以看出，门户主导型的口碑营销有更大的优势。一方面门户网站成熟而庞大的社区是口碑营销能够在短时间内获得广泛关注的重要保证；另一方面更重要的是门户网站长期沉淀的媒体影响力对于驱动营销进程的"事件"本身的调性也会影响网民参与传播的积极性。以搜狐为例，搜狐的校友录社区(ChinaRen.com)是中国互联网最早的社区，数以千万计庞大而稳定的校友网民奠定了营销活动能够一呼百应的基础，此次联想 ideaPad 酷库熊营销案例就是以校友录社区作为发源地，通过酷库熊关键字、酷库熊图片和玩偶形象，配合唯美的恋熊女孩故事，网友对酷库熊的关注度持续升温，随后顺利达成酷库熊形象与联想 ideaPad 品牌以及 S10 挂钩，最终实现联想产品的大范围传播，这样有层次、有步骤的推进，没有成熟社区庞大的用户数量做基础，是很难在短短十天左右的时间赢得那么大的关注度的。

搜狐不但在推进事件传播的广度和深度上充分体现了作为领先的门户所具有的媒体放大器的突出作用，更为关键的是体现出了其在话语权控制上的优势，在酷库熊口碑营销进程中，当联想产品出现并且需要与社区炒作成熟的酷库熊形象进行对接的时候，IT 频道的报道专题无疑比社区中的内容更加可信。这些来自正规渠道的权威内容有利于用户全面、系统了解品牌和产品，这实质上是为品牌和产品定调，便于用户的心理认知。

口碑营销的基础是人际传播，门户丰富的产品和资源同样会提高网络人际传播的速度和质量。搜狐领先的数码频道聚集了大量的资深专业人士,这些活跃在搜狐网站上的意见领袖的观点无疑会对普通网友产生影响,让品牌或产品的影响力不断得到累积。作为口碑营销的实施平台,搜狐网站在话题传播、定调传播以及人际传播几个维度上都有相对于单一社区或社区聚合的优势,统一平台所具有的整合效应,在实施口碑营销过程中体现得依然明显。

纵观联想的酷库熊口碑营销案例,平台作为营销载体的基础作用固然重要,但更为重要的是能创造具有引爆流行潜质的事件的能力以及高效寻找到那些愿意传播此类事件的Web 2.0用户的手段,再加上优质的广告客户愿意积极尝试,一股新的营销浪潮行将到来。

资料来源:http://it.sohu.com/20090610/n264454884.shtml

案例思考:联想的口碑营销为什么会成功?关键原因有哪些?

一、实训目的

1. 加强深学生对口碑营销,尤其是网络口碑营销相关理论知识的理解、认识和掌握。
2. 初步培养形成运用相关理论知识分析企业口碑营销的能力。

二、实训内容

任课教师将授课班级分为若干团队小组,利用课下时间对电商门户网站(如京东、淘宝、苏宁等)或某一企业的网络营销平台中某一产品的顾客评价(正面、负面和中性口碑)进行全面收集和定量处理,分析其口碑营销策略存在的问题,并提出优化改进建议,制作PPT,在课堂陈述研究过程及结论。

三、实训组织及步骤

1. 教师明确实训目的、任务和评价标准。
2. 将授课班级按每组6~8人分组,明确组长及成员合理分工,课下协作完成在线数据收集、分析,研讨形成专题研究成果,并制作成PPT。
3. 各小组在班级进行PPT演示,汇报观点并讨论、交流。
4. 班级演示之后,由教师点评和总结。

参 考 文 献

[1] Arndt Johan. Word of mouth advertising[M]. New York:Advertising Research Foundation,1967.
[2] Brown J, Broderick A, Lee N. Word of mouth communication within online communities:conceptualizing the online social network[J]. Journal of Interactive Marketing,2007,21(3):2-20.
[3] Chan H. Adaptive word-of-mouth behavior:a conceptual framework and empirical tests[R]. Doctor Dissertation, the University of Wisconsin-Medison, 2000.
[4] Chatterjee P. Online review:do consumers use them?[J] Advances in Consumer Research,2001

(28): 129-133.

[5] Duan W, Gu B, Whinston A B. The dynamics of online word-of-mouth and product sales-an empirical investigation of the movie industry [J]. Journal of Retailing, 2008, 84 (2): 233-242.

[6] Henning T, Kevin P. Electronic word-of-mouth via consumer-opinion platforms: what motivates consumers to articulate thenselves on the Internet? [J]. Journal of Interactive Marketing, 2004, 18 (1): 38-52.

[7] Hu N, Liu L, Zhang J J. Do online reviews affect product sales? The role of reviewer characteristics and temporal effects[J]. Information Technology and Management, 2008, 9(3): 201-214.

[8] Hyunmi B, Joong H A, Youngseok C. Helpfulness of Online Consumer Reviews: Readers' objectives and Review Cues [J]. International Journal of Electronic Commerce, 2012, 17 (2): 99-126.

[9] John C, Sojin P, Alex Z. Toeard a theorhy of motivation and personality with application to word-of-mouth communications [J]. Journal of Business Research, 2007, 60(6): 590-596.

[10] Liu Y. Word of mouth for movies: its dynamics and impact on box office revenue [J]. Journal of Marketing, 2006, 70 (3): 74-89.

[11] Mcknight D, Choudhury V, Kacmar C. The impact of initial consumer trust on intentions to transact with a web site: a trust building model [J]. Journal of Strategic Information Systems, 2002, 11(3-4): 297-323.

[12] Mudambi S M, Schuff D. What makes a helpful online review? A study of customer reviews on Amazon. com[J]. MIS Quarterly, 2010, 34(1): 185-200.

[13] Park C, Lee T. Information direction, website reputation and eWOM effect: a moderating role of product type[J]. Journal of Business Research, 2009, 62 (1): 61-67.

[14] Park D, Lee J, Han I. The effect of on-line consumer reviews on consumer purchasing iniention: the moderating role of involvement [J]. International Joumal of Electronic Commerce, 2007, 11 (4): 125-148.

[15] Racherla P, Friske W. Perceived "usefulness" of online consumer reviews: an exploratory investigation across three services categories[J]. Electronic Commerce Research and Applications, 2012, 11(6): 548-559.

[16] Sen S, Lerman D. Why are you telling me this? An examination into negative consumer reviews on the Web[J]. Journal of Interactive Marketing 2007, 21(4): 76-94.

[17] Zhu F, Zhang X. Impact of online consumer reviews on sales: the moderating role of product and consumer characteristics[J]. Journal of Marketing, 2010, 74 (2): 133-148.

[18] 毕继东. 网络口碑对消费者购买意愿影响实证研究[J]. 情报杂志, 2009(11): 46-51.

[19] 毕继东, 胡正明. 网络口碑传播研究综述[J]. 情报杂志, 2010(1): 11-16.

[20] 程秀芳, 周梅华. 网络口碑对于消费者决策行为影响研究评述[J]. 江苏商论, 2011(7): 36-39.

[21] 郝媛媛, 叶强, 李一君. 基于影评数据的在线评论有用性影响因素研究[J]. 管理科学学报, 2010 (8): 78-96.

[22] 姜潇, 杜荣, 关西. 网上口碑对消费者购买决策影响的实证研究[J]. 情报杂志, 2010, 29(9): 199-203.

[23] 金立印. 网络口碑信息对消费者购买决策的影响: 一个实验研究[J]. 经济管理, 2007(22): 36-42.

[24] 李念武, 岳蓉. 网络口碑可信度及其对购买行为之影响的实证研究[J]. 图书情报工作, 2009(11): 133-137.

[25] 李欣. 网络口碑、感知价值对顾客购买意向的影响研究[J]. 河南社会科学, 2010(3): 99-101.

[26] 邵兵家.网络口碑研究进展评述[J].技术经济,2010(5):127-129.
[27] 徐琳.网络口碑可信度影响因素的实证研究[J].财贸研究,2007(5):113-117.
[28] 郝河,徐金发,罗时鑫,等.网络口碑与传统口碑对消费者购买决策影响比较研究[J].财贸经济,2008(2):98-104.
[29] 余航,王战平.网络口碑影响的研究综述[J].情报志,2013(6):100-106.
[30] 张莹,孙明贵.西方网络口碑传播效应研究进展[J].财贸研究,2008(5):109-116.
[31] 张晓飞,董大海.网络口碑传播机制研究述评[J].管理评论,2011(2):88-92.
[32] 张玥,朱庆华.网络口碑传播效应研究综述[J].图书情报工作,2012(5):76-82.

第十九讲 奢侈品营销

"危险"的大众化

数月前,在北京王府饭店举行的普拉达(PRADA)特卖会乱成了一团。特卖会吸引了无数的时尚男女前来疯抢,以致店家采用放号的方式轮流入场,而且入场者逗留时间不得超过15分钟。

那些平时高贵的普拉达商品被到处乱丢,有的被踩在地上,弄得乌七八糟。如果几个人同时看中一件衣服,那么大家就开始疯抢。看到这样的场面,没有人会认为这是一个奢侈品牌店。

宝姿(PORTS)去年在瑞士酒店举行的一次特卖会,让任职于某使馆的张宇薇至今还心有余悸。当从报纸上得知特卖会的消息后,她难得地在周六起了个大早,虽然开车赶到瑞士酒店时还不到8点钟,但门口的长队已经排到了楼下。

卖场开门后,人们疯了一样地冲进去。瘦小的张宇薇,差点被挤倒在地,费了好大的劲才挤进去。但眼前的情景是她没有想到的,衣服成堆地放着,很多人边拣喜欢的边把不喜欢的扔在地上。

张宇薇挑到一款心仪的长裙,刚准备去交款时,旁边却蹿出好几个女顾客,完全不顾斯文地争抢起来,每个人都说是自己先看到的,应该归自己所有。最后吵架不断升级,她只好退出。"哪有一点奢侈的影子,谈什么奢侈,谈什么高贵!"张失望地评价道。经过这一次后,她再也不想参加类似的名品特卖会了。

资料来源:http://wenku.baidu.com/view/4908981052d380eb62946d60.html?from_page=view&from_mod=copy_login

本讲知识结构图

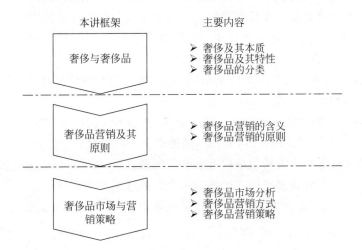

正如引例所表现的那样,几乎所有的品牌都在扩大自己的市场份额和生产规模。自然奢侈品也不例外,而奢侈品牌的规模多大才算大?产品供给多少才算合理?万宝龙的钢笔是每款生产一支还是100支或者1 000支?阿玛尼的一款西装是只做一套吗?

对于奢侈品来说,一个悖论就是:知道的人越多、买的人越多,它的价值就越有问题。当一个宣称只为某一特殊阶层制作的产品被大众认知并购买时,它就很难再是高高在上的奢侈品牌。

巴黎百富勤总经济师陈兴动表示,在中国,随着中等收入阶层的崛起,他们的消费在收入中的比率不断上升,预计将从2002年的58%上升到2010年的65%、2020年的71%,接近发达国家水平。这就给奢侈品巨头们带来了极大的吸引力,尤其是在经济危机的巨大冲击下,面对中国这一快速成长的奢侈品市场,国际奢侈品巨头加快了跑马圈地的步伐。

一、奢侈与奢侈品

(一)奢侈及其本质

人类最初提出的奢侈概念与我们现在的奢侈品概念迥异,最早出现的含有奢侈含义的物品是典型的非商品。在上古时期,奢侈品的生产大都具有非商品化生产的特点,消费在以宗法、礼制等级制度规范下的权力贵族为代表的少数社会权贵阶层,其产品是带有浓厚的宗教迷信色彩的器物。

现在的英文奢侈"Luxury"一词最初来自拉丁文"luxury",原意是"极强的繁殖力",也可以理解为极强的"感染力"、"传播力"和"延伸力"。它的同义词有奢华、奢靡、享受、乐趣等,它的反义词有节俭、质朴、朴素、淡泊等。

1. 奢侈的定义

沃尔冈·拉茨勒在其畅销书《奢侈带来富足》认为:"奢侈是一种整体或部分地被各

自的社会认为是奢华的生活方式,大多由产品或服务决定。"因此奢侈是一种追求过度享乐的精致挥霍的生活方式。

生活方式指的是不同的个人、群体或全体社会成员,在一定的社会条件制约和价值观念指导下,所形成的满足自身生活需要的全部活动形式与行为特征的体系。换言之,是人们生活的内容、情趣、爱好等样式或模式。包括物质资料消费方式、精神生活方式以及闲暇生活方式等内容。它主要有以下三个特点。

(1) 时代性。生活方式是一个历史范畴,随着社会的发展而变化。不同历史时期的人,往往具有不同的生活方式。

(2) 阶层性。不同社会阶层和社会职业的人,有着不同的生活方式。

(3) 民族性。不同民族的人群,有着不同的适合不同内容的生活方式。

同时,生活方式还与个人价值取向有着紧密的联系:一方面,生活方式决定着个人价值取向,生活方式的变化直接或间接影响着一个人的思想意识和价值观念。另一方面,个人价值取向又反作用于生活方式,即个人的思想意识和价值观念,又直接或间接地影响着他的生活方式。

2. 奢侈动因

动因也就是动机,是为满足主体需要而促使人行动的诱因。有学者将动机界定为:是一种不可观察的内部动力。表现为三个特点:①引发行为的产生;②可推断行为的性质。③直至引发动机的需要被满足其影响作用才会消失。动机对行为的驱动可以在人的心理和生理层面间广泛发生作用,并与文化价值观产生交集。换言之,文化价值观有抽象动机的特性。

奢侈的动因主要分为以下三种。

(1) 阶层表征。奢侈体现了一种社会价值标准,有对人们社会身份进行的建构功能,能显示出购买者的社会地位和名望,使自己与其他人区分开来。

(2) 炫耀心理。奢侈是财富的象征和地位的体现,它本身就足以傲视周边群体。消费者完全能够以最快捷的方式从购买奢侈品的行为中获取其炫富的,进而高人一等的符号价值。

(3) 品质追求。奢侈往往与更精致、高品质的生活联系在一起。在这种动因下,我们看到消费者所关注的是奢侈品品质属性的主要特征表现。在他们的心中,奢侈品应该是绝对高档,质量出类拔萃,做工精细、精美,应该是国际大品牌且设计风格独特,这与我们对奢侈品的界定内容相吻合。

人物小传

邓永锵的奢侈品生意经

中国中产阶级日益壮大,消费者的消费行为是否随之改变?上海滩(Shanghai Tang)及中国会(China Club)的创办人邓永锵(David Tang)爵士说,消费行为不会随经济的发展而改变,这只是人们的一个假定。

他说:"我不认为经济的发展能改变人的本性。中国中产阶级蓬勃崛起,他们开始关注物质享乐,拿自己和他人攀比。因此,在某种程度上,人们假定中国的消费行为会有所改变。"

他补充说,不管身在何处,不管经济地位如何,每个人都希望购买的物品物有所值。而当一个人的基本生活达到富足时,就会开始追求所谓的"体面消费",在日常消费上热衷于与他人攀比。

邓永锵指出:"随着中产阶级的兴起,身份地位概念开始浮现。人们开始与他人攀比:比如邻居的王先生有什么?他的冰箱是不是和我的一样大?他的自行车是不是和我的一样好?他的轿车是不是比我的贵?然后他们会再从另一个角度考虑:如果要买劳力士,有没有必要买真的?"

邓永锵认为,这正是内地游客推动香港零售业不断增长的原因之一。"这归功于(每年)1 500万到1 600万赴港购物的内地访客。"

因此,要赢取这个庞大的消费群,必须要了解他们。公司在制定产品和服务价值策略时应考虑到中国人的消费行为和消费文化。

邓永锵说,做生意没有固定的公式,所需要的都是一般常识。你售卖的东西一定要确保有人要购买。"要保证价格合适,品质过关,这是最基本的。"

"做生意其实没有什么秘诀。最重要的是产品品质过关、价格合适、物有所值;另外,奢侈品消费往往带来物超所值的感受,因为奢侈品拥有者会觉得自己高人一等,从而精神上得到满足。这是简单的营商之道。"

邓永锵的商业帝国包括"上海滩"(Shanghai Tang)服装品牌、中国会(China Club)餐馆、唐人馆(China Tang)餐馆和古巴雪茄。

他指出,最重要的是:"提供合适的产品、合适的服务,特别是当我知道这些产品和服务是成功的。对产品和服务进行正确定位后,所要做的就不再是一味迎合现有顾客,而是关注如何保持产品品质和服务品质,以便业务扩张时能吸引更多的顾客。"

目前邓永锵业务的主要盈利来自中国以外世界各地的主要城市,不过,他认为,中国迟早会成为最大的市场。

资料来源: http://www.ceconline.com/sales_marketing/ma/8800059484/01/

3. 奢侈品的功能

随着经济的持续、高速发展,人均收入水平的不断提高,奢侈消费在我国也逐渐发展起来。在它发展壮大的同时我们看到了它的消极功能主要有:

(1) 浪费社会资源。奢侈品是一种超出人们生存与发展需要范围的,具有独特、稀缺、珍奇等特点的消费品,又称为非生活必需品。因此,满足奢侈会大量耗费社会资源。

(2) 恶化社会风尚。奢侈带来社会风气的浮躁与堕落。

(3) 激化社会矛盾。奢侈加剧社会底层与上层的矛盾。对于低收入人群而言的奢侈品在高收入者看来可能不值一提。

除了消极的功能以外,奢侈品也有一定的积极功能:

(1) 身份的象征。奢侈品的受众是少数人群,即社会的财富精英。有能力消费奢侈品的人群,购买奢侈品可以充分彰显他们的文化理念和贵族气质。

(2) 促进社会经济的发展。尽管奢侈品消费只是占总人口比重较少的富人或中等收入阶层的人的行为,但对于中低收入阶层的消费潮流起到一定的带动作用。

奢侈品消费在某种意义上引领了时尚,促进了创新,奢侈品的高品质能带给人精致生活,对人民生活水准的提高和经济的发展起推动作用。也就是说奢侈品消费可以促进工艺技术的创新;激发个人创业动机;实现社会财富的再分配。

(二) 奢侈品及其特性

从经济学角度,奢侈品是相对于生活必需品而言的,随着收入的增长,该商品的需求量也在增长,如果需求的增长幅度高于收入的增长幅度,该商品就是"奢侈品",其恩格尔曲线呈下凹形。从营销学角度上看,奢侈品是指无形价值与有形价值关系比值最高的产品。奢侈品在国际上被定义为"一种超出人们生存与发展需要的范围的,具有独特、珍稀、珍奇等特点的消费品,又称为非生活必需品"。

由以上的定义我们可以看出奢侈品有一个最主要的特性——珍稀。这种珍稀特性的特点主要表现在:第一,产品层面的高级性。奢侈品处于产品及服务的顶端,拥有高质量、高价格;第二,市场层面的小众性。小众性说明的是少数群体而非大众群体;第三,社会层面的象征性。拥有奢侈品是富贵、生活品位、社会阶层的象征。

世界品牌实验室

世界品牌实验室(World Brand Lab)是一家国际化、专业性的品牌研究机构,总部在美国纽约。由1999年诺贝尔经济学奖得主、"欧元之父"罗伯特·蒙代尔(Robert Mundell)教授担任主席,全资附属于全球领先的战略咨询公司世界经理人集团,专家和顾问来自美国哈佛大学、耶鲁大学、麻省理工学院,英国牛津大学、剑桥大学等世界顶级学府,其研究成果已经成为许多企业并购过程中无形资产评估的重要依据。发布的"2005年世界顶级奢侈品100品牌排行榜"基于以下四个标准:①价值品质;②文化历史;③高端人气;④购买欲求。

2012年排名在前十位的品牌是:

(1) LOUIS VUITTON 路易·威登,主要产品:皮具、箱包。

(2) MARLBORO 万宝路,主要产品:香烟。

(3) ROLEX 劳力士,主要产品:名表。

(4) CHANEL 香奈儿,主要产品:时装、香水。

(5) CHISTIAN DIOR 克里斯汀迪奥,主要产品:时装、化妆品。

(6) ZARA,主要产品:服装。

(7) GUCCI 古驰,主要产品:鞋包。

(8) CARTIER 卡地亚,主要产品:珠宝。

(9) HERMES 爱马仕,主要产品:皮具、箱包。

(10) PRADA 普拉达,主要产品:时装、眼镜。

资料来源:http://baike.baidu.com/view/939539.htm

(三) 奢侈品的分类

前面我们所讲到的关于奢侈品的一些特征,只是在总体上的一个概况,并不意味着每一种奢侈品都完全具有这些特征,即使某奢侈品同时具有这些特征,这些特征在某一奢侈品中所体现的倾向性也是不同的。因此,就产生了对奢侈品的不同的分类方法。

1. 按照阶梯分类

(1) 顶级奢侈品。一般指的是提供给最富裕阶层的特殊商品,购买顶级奢侈品需要极大的经济实力,一般资产过亿才可成为顶级奢侈品。比如豪宅、飞机、游艇等产品的目标顾客。根据2013年《福布斯》亿万富豪榜,中国拥有122名亿万富翁。其中,财富最少的也有10亿美元。[①]

(2) 一般奢侈品。相对于顶极奢侈品来说的商品。目前,中国奢侈品行业正在经历升级阶段,一般奢侈品逐步进入5‰最富有的城镇最高收入户。据估计,在中国净资产超过100万美元的人有270万人,约占全国人口总数的0.02%。[②] 这部分消费者为奢侈品行业的主要目标消费群体,其购买行为集中在汽车、名表、高级定制等行业。

2. 按照内容分类

(1) 服饰类奢侈品。顾名思义,就是与服装有关的奢侈品,包括高级化妆品、饰品、包、服装、手表等时尚物品。

(2) 饮食类奢侈品。例如,哈根达斯、名烟、名酒等。

(3) 家居类奢侈品。在帕米拉·N.丹席格所著的《流金时代——奢侈品的大众化营销策略》一书中提出,奢侈电器、床上用品、厨房用具和家用器皿位居家居类奢侈品购买排行榜的前三名。

(4) 出行类奢侈品。例如,各种名车、游艇、飞机。

(5) 娱乐类奢侈品。其中包括各种贵族运动(如高尔夫)、五星级酒店、各种旅游产品等。

3. 按照时间分类

(1) 阶段性奢侈品。"奥地利经济学派"代表人物米瑟斯在《自由与繁荣的国度》中认为:今天的奢侈品就是明天的必需品。例如,在13—14世纪,糖和香料是奢侈品,但在今天却成为再普通不过的生活必需品。

(2) 持久性奢侈品。相对于阶段性奢侈品来说,钻石、黄金、翠玉、玛瑙等,长期以来都是奢侈品。

4. 混合分类

(1) 生活方式类奢侈品。生活方式是人们生活的内容、情趣、爱好等样式或模式。因此,生活方式类奢侈品有收藏、旅行和高尔夫、各种娱乐活动、私人会所等。

(2) 易耗类奢侈品。指的是随着时间的推移会不断地折旧或者损耗的奢侈品。例如,珠宝、手表、美食、雪茄、美酒、服饰等。

(3) 个性化奢侈品。指的是能够满足个人个性化需求的奢侈品,以车子为例,它们可

---

① 数据来源:http://www.forbeschina.com/list/more/2041/
② 数据来源:http://news.sohu.com/20130226/n367032252.shtml

以载着你时尚从一个地方到另一个地方。

二、奢侈品营销及其原则

（一）奢侈品营销的含义

奢侈品营销是一个复杂的系统工程。营销的结构框架也可以应用到解释奢侈品营销过程当中，也就是说奢侈品营销是由营销主体与营销对象在营销环境中的相互作用过程，营销客体在这里指的是奢侈品。因此，我们可以说，奢侈品营销指的就是个人或群体创造并同他人交换奢侈品及其价值的社会及其管理过程。

（二）奢侈品营销的原则

1. 展示生活品位

奢侈品品牌的张力已经超越奢侈品本身。奢侈品消费趋于理性，人们对奢侈品的选择已经是鉴于对其理念、质量的认可。因此，缺乏内涵的奢侈品将逐渐没落，新兴的奢侈品将是那些能营造独特的、奢华的品牌理念的商品。所以，奢侈文化正从"铺张型"奢侈变成"创意型"奢侈。从这个意义上来讲，先进的奢侈品品牌的符号意义不仅仅是财富的堆积和社会地位的象征。

从营销的角度来看，奢侈品自诞生之日起，其定位方式就注定与众不同。我们看到消费者所关注的是奢侈品品质属性的主要特征表现，追求的是奢侈的生活方式或生活品质。

星巴克之所以成为一个奢侈品品牌，是因为它契合了新的奢侈观念——它甚至可以是不昂贵的，但其所宣扬的时间感营造了切合现代人生活节奏的需求。

2. 挖掘文化内涵

奢侈品很大一部分的诱惑力在于可以分享与品牌相关联的文化传承，特别是具有收藏性价值的产品，如珠宝，其价值不会随着时间的流逝而消失。这个概念正好迎合了越来越多的中国奢侈品消费者，对企业在购建营销战略方面也有相当重要的作用。

许多领先品牌已开始推广公司历史和产品工艺，甚至建立小型博物馆，展示品牌历史、经典设计，以及数十年来的产品。有些企业或将制作人员请到中国，现场展示专业制作过程，或邀请大客户参观其欧洲工厂和总部。

值得注意的是，虽然大多数中国消费者喜欢具有国外传统的奢侈品，但三分之一的受访者表示，更偏爱买专为中国设计、包含中国元素的产品——在新兴中产阶层消费者中，尤其如此。

3. 彰显个性特征

奢侈品牌往往以己为荣，它们树立个性，创造着自己的最高境界，风格强烈而突出，是奢侈品的知名要素。Burberry硬朗经典的格子、Prada尼龙与皮革的混搭、LV坚固耐磨的质地及美观的纹理……它们都有一成不变的"刻板印象"(stereotype)，不论设计师的更迭还是流行元素的变迁，它们都牢牢坚持自己的个性，用这种强势的个性去说服消费者放弃易变的时髦，紧追品牌设计师的判断。

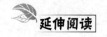

茅台是否应再续"奢侈品"辉煌?

在2012年年初公布的"胡润全球十大奢侈品牌"中,茅台超越奔驰、香奈儿、劳力士、卡地亚等国际知名奢侈品牌,一跃成为全球第四大奢侈品牌,品牌价值已达120亿美金,成为当前国内当之无愧的奢侈品牌NO.1。在另一个"十大最受富豪青睐的送礼品牌"的榜单中,茅台是唯一一个入选的中国品牌,排名第五。然而,正所谓好花不常开,好景不长在,只是短短一年过去,在2013年1月份由胡润研究院发布的《2013中国千万富豪品牌倾向报告》里,富豪们最青睐的送礼品牌中,茅台排名已经从2012年的第五名跌出前十,最终只能屈居第十三名。天策行品牌策划专家表示,2012年之于茅台甚至之于高端白酒的整个行业,着实算得上"精彩"的一年。

1. 寒流瑟瑟,一"禁"一"限"剑指高端白酒

2012年至今,对于一向风光无限的白酒行业而言,可谓是风雨飘摇寒流阵阵。从年初央视抛出黄金时段的广告"限酒令"到2012年3月廉政会议要求禁止公款消费高档酒至2013年2月,解放军四总部再印发《厉行节约严格经费管理的规定》,让本已身受重伤的白酒行业雪上加霜。

2. 价格与销量齐跌,"市场罚单"重创茅台

面对此困境,高端白酒品牌纷纷出招,无奈之下导演了一出"降价救市"的戏码。如今,零售价曾超过2 000元的53度飞天茅台,1 400~1 500元就能买到。不久前曾因实施价格垄断被发改委开出了2.47亿元的罚单。当然,对于财大气粗的茅台而言,区区罚单金额不足其2012年全年销售额的1‰,自然不过九牛一毛。然而,与茅台价格一起下跌的还有销量。有经销商反映销售额同比下滑30%~50%,这样价格与销量齐跌的场面,才是市场开予茅台的真正罚单。茅台似乎也应该认真反思一下,曾经号称"国酒"的它,缘何走上奢侈品的舞台而成为了大多数国人都喝不起的酒?

3. 冷风萧萧,茅台难续"奢侈品"辉煌?

作为中华五千年酒文化传承的白酒经典,茅台早在1915年巴拿马万国博览会上一鸣惊人获得金牌后,就已经与法国科涅克白兰地、英国苏格兰威士忌一起被评为世界三大名酒。这一直都是国人引以为傲的资本,可是欢喜过后骄傲过后,消费者却发现茅台与普通老百姓的距离越来越远。

也许,茅台可以说,它的高端价格是市场竞争使然,然后一边价格疯涨一边高调承诺——"我们要做老百姓喝得起的酒"。然而,在2012年底的"奢侈品"事件中让其野心昭然若揭。偏偏此时,原茅台董事长季克良仍要半遮半掩:"我一直的主张都是让老百姓喝得起茅台酒,这么好的酒要让老百姓都能享受才对。"此话蕴含的用意甚好,也许是个美好的愿景,但可惜并不符合实际。近年来,春风得意的茅台越发成为"王谢堂前燕",再难以"飞入寻常百姓家"了。只是不知,在经过一系列"禁酒令"、"限酒令"、"市场罚单"后,茅台在虽说不上风雪交加至少也不会是和煦暖阳的境遇下,是否还会持续其"奢侈品"路线?

资料来源:http://www.douban.com/note/275788104/

三、奢侈品市场与营销策略

(一)奢侈品市场分析

2004年中国兑现加入世界贸易组织(WTO)承诺,实施了《外商投资商业领域管理办法》,外资品牌开设连锁专卖店的限制解除,相继收回代理权,在中国大肆开设奢侈品直营甚至是旗舰店,国外品牌的奢侈品在中国市场疯狂扩张,中国的二三线城市也成为各大品牌竞相追逐的消费潜力巨大的市场。因此,中国奢侈品消费市场发展现状可以总结为以下几点:

1. 规模日益扩大,位居世界前列

由于金融危机的侵袭,中国市场成为全球奢侈品牌的救命稻草。奢侈品在北美和日本两个最大市场的销售额急速萎缩,剧降35%,而在这期间奢侈品在中国的销售量不减反增:根据贝恩发布的《2012年中国奢侈品市场研究报告》显示,2012年中国内地的奢侈品市场年增长率为7%左右。由于汇率浮动,以欧元计的增长率则为20%左右。另据贝恩公司的最新分析数据显示,在欧元持续走低、境外游升温这两大因素的联合作用下,中国消费者在海外消费的部分已占其奢侈品消费总额的60%。中国人已经成为世界范围内最大的奢侈品消费群体,他们购买了全球约25%的奢侈品。尽管中国人在内地的奢侈品消费增速放缓,但2012年中国人在海外的奢侈品消费仍然实现了31%的增长。与此同时,在香港消费的增速也减缓至10%左右,而澳门增长依然强劲。美国波士顿咨询公司预计,到2015年,中国的奢侈品消费总值将达到2 480亿元人民币,有望取代日本成为全球最大的奢侈品市场。

国际奢侈品牌在欧美市场不景气和人口低增长的压力下,纷纷加大在华投资的力度。据国际奢侈品协会提供的最新数据显示,世界公认的顶级奢侈品品牌中已有超过八成进驻中国。国际奢侈品牌通过举办各种展会、发布会,开设精品店,宣传其品牌。

例如,全球知名的箱包品牌路易•威登宣布:每年将在中国开设三四家专卖店,相信在未来20年内,中国将是它们最大的市场。宾利从2002年进入中国市场以来,在中国创造了以下三项纪录:总销售量亚太地区第一;销售增幅全球第一;宾利728的销售量全球第一。

相关链接

曲线救国,国外寻找品牌第二春!

在美国,品牌高度尚不如中国宏宝莱的哈根达斯,在中国成为了"冰激凌奢侈品";在美国作为大众消费的星巴克,成为了中国小资体现"身份与生活品位的必去场所";在美国一般被用来做警车与出租车的别克汽车,成为了中国高档车的典范。

随便说起中国传统工艺中的景泰蓝、烧蓝金银器、玉雕、金银花丝镶嵌、錾刻、点翠这些工艺造就的珠宝饰品就足以让全球为之倾倒。但是,又有多少国人还对中国传统珠宝知晓呢?推广中国奢侈品就是推广中国文化,在酒香也怕巷子深的年代,除了中国企业外,也需要中国政府给予大力的支持,将这些濒临失传的工艺推广出去,让它们走出国门,

也让这些中国奢侈品走上国际名牌杂志与顶级奢侈品展。在IMC整合传播的支持下,相信这些媲美百达翡丽的工艺与奢侈品会在国际上引起巨大的反响。

一些在国外都不知名的洋品牌到了中国就成了奢侈品牌,那么中国企业在无法唤醒国人"崇洋媚外"思想的时候,有没有想过先将中国的奢侈品在国外发扬光大,继而重新回归中国市场的曲线救国策略呢?

资料来源:http://www.i100e.com/a/20118/26/22982_1/

2. 消费群体年轻化

奢侈品消费应该是社会精英才有能力选择的生活方式和消费方式。在西方发达国家,人们会用自己财富的4%购买奢侈品,而中国的奢侈品消费者,尤其是部分年轻人,竟用自己收入的40%去追逐奢侈品。

据《世界奢侈品协会2010—2011年度官方报告》,中国城市奢侈品主流消费群在25~45岁之间,比欧洲奢侈品消费者平均年轻15岁,比美国奢侈品消费者年轻25岁。欧美等地的高档消费品群体是40~70岁之间的中老年人,而中国大多是40岁以下的年轻人。

中国奢侈品消费者的普遍年轻化,说明消费者中富二代或是省吃俭用的白领阶层居多。另一个重要原因是中国有节俭的传统习俗,这一习俗使得高收入阶层的老年人难以接受奢侈消费。只有那些高收入或中等收入的年轻人才愿意享受高档消费给自己带来的物质和心理需求的满足。

3. 存在非理性消费现象

目前世界上大多数奢侈品根植于欧美的文化土壤。由于得天独厚的历史文化背景,欧美人对名牌的理解往往比东方人更深刻。他们对名牌的来历、所代表的精神实质和所表达的风格有明确的认识。而中国人由于历史文化的原因,缺乏对名牌起码的认识,许多人即使对奢侈文化有些许了解,但也很难感同身受。也就是说大部分中国人对奢侈文化的认识还较肤浅。

美国著名学者索尔斯坦·凡勃伦提出炫耀性消费,但他从未忽视其中的礼仪、仪式的内容。中国人与西方人由于文化与社会背景的不同,对待奢侈品的消费心理也有很大的差异性。中国人对于奢侈品的误读表现在把购买奢侈品当作炫耀性消费。现阶段中国人的奢侈品炫耀性消费与20世纪八九十年代的日本人极为相似。这一阶段的消费者不了解也没兴趣了解其文化背景,只看重品牌。

延伸阅读

从圣元事件看中国人的非理性消费

自从圣元奶粉事件发生以来,各种信息与说法夹杂。如今水落石出,发现这不过是一幕以媒体为导演,专家为先锋,正义为旗帜带领婴儿家长以及广大观众对圣元进行的讨伐闹剧罢了。在如今尘埃落定之后,专家媒体们偃旗息鼓自动消失,只留下平冤昭雪的圣元独自舔伤口。

圣元作为整个事件的最大受害者,多年品牌险些毁于一旦。即使如今证实奶粉无问题,但是在"早熟门"之后圣元的销量也只能用"惨淡"二字来形容。消费者在此次事件之后或心存余悸或受周围影响不敢购买圣元奶粉,其实仔细想想,大可不必。

一、消费应该理性而睿智

在市场经济中的消费应该是理性的,市场经济具有自发性、盲目性与滞后性的缺陷,这是每一个人在中学时期都会背到的课文知识,但是消费时真正认识到这几点的人却又少之又少。拿圣元来说,当流言产生之初,消费者迅速盲从,抛弃这一品牌,在证明圣元无问题之后,消费者脑中对其的印像却仍然滞后在流言产生之初而不敢购买圣元奶粉。

盲目听信他人意见,人云亦云,缺少自我主见,无疑是当今消费者的非理性消费症状。很多从小给孩子喂食圣元奶粉并且效果不错的家长,在出了"早熟门"事件并被证明是子虚乌有的情况之下,仍然放弃了这一品牌,无疑是一种非理性的表现。婴儿长期食用一种无问题且效果良好的产品,仅是因为一次流言便盲目更换孩子已经适应的奶粉,对孩子来说一定会有或多或少的影响。需知,选购奶粉最重要的是合适,消费从来是只选对的,不选贵的。

二、洋奶粉并不适合所有人

圣元此次"早熟门"风波,加之之前发生的三鹿奶粉事件,让国人对于国产品牌产生了前所未有的质疑,很多人纷纷表示以后只敢给孩子喂外国牌子的奶粉。但是伴随着洋奶粉日受欢迎的是洋奶粉疯狂地涨价。以一罐进口的婴儿奶粉售价 200 元计算,如果初生婴儿每月消费 4 罐,1 名婴儿在出生半年间的奶粉消费总额就已经达到 4 800 元,这样算下来这个婴儿一年就能消费 9 600 元左右的奶粉。面对这个惊人的数字,如今的年轻父母们或许该理性思考,这样的消费到底值不值?

资料来源:http://www.cs.com.cn/xwzx/05/201010/t20101011_2619241.html

(二)奢侈品营销方式

(1)专卖。专卖指的是某些商品由国家专营机构统一管理和产销,任何个人和单位必须经该机构批准方可生产或经销专控商品。这是国家对某种产品的生产、销售,限定由国家设置的专门机构独占经营和管理的一种制度。有完全专卖和不完全专卖等多种形式。奢侈品营销可以采用专卖店的形式或者高级百货商场的专卖单元的方式。

(2)会展。会展是指会议、展览、大型活动等集体性活动的简称。其概念内涵是指在一定地域空间,许多人聚集在一起形成的、定期或不定期、制度或非制度的传递和交流信息的群众性社会活动,其概念的外延包括各种类型的博览会、展览展销活动、大型会议、体育竞技运动、文化活动、节庆活动等。例如葡萄酒品酒会就是会展营销方式的一种表现形式。

(3)拍卖。拍卖是指以委托寄售为业的商行当众出卖寄售的货物,由许多顾客出价争购,到没有人再出更高一些的价时,就拍板,表示成交。例如可以通过拍卖公司对奢侈品进行销售。

(4)点卖。点卖即在高档场所为奢侈品牌设点进行销售。在五星级酒店、机场 VIP 室、高尔夫球场、高档会所均可以采用这种营销方式。

(三) 奢侈品营销策略

1. 品牌策略

品牌效应,高价高质。市场营销是产品或品牌和消费者接触的手段和反应点,奢侈品品牌文化的力量也只有在营销和推广中才能体现。

2. 定制策略

量身定做,个性服务。奢侈品不会像超市那样提供大量的产品供消费者选择,顾客要等,这样的策略也是让奢侈品牌增光的过程,人们愿意为尊贵付出等待。比如爱马仕有一款名为"凯莉包",其用料都是上等皮革,由采购人员从全球的拍卖会采购而来,只精选最好的部分,定制这款手提包的顶端客户们要有耐心,须等上六七年才能取货。此包的市面炒价据传已经高达6万多美元。

3. 限量策略

限量发售,选择分销。奢侈品是一种特殊的商品,既不同于一般消费品,也不同于高档消费品,它具有独特性、稀缺性、高价值、高品质、区域性、历史文化传承等特征。因此限量发售就势必成为奢侈品的一种重要的营销策略。

4. 明星策略

明星示范,领导潮流。在明星代言中,将明星的某种气质加以提炼和突出,并将这种特质赋予产品的品牌之中,来吸引消费者的某种诉求。例如张曼玉代言的铂金广告所赋予产品的就是这种"真我"、"做独立女人"的生活态度,这也是目前大多数明星代言所采取的策略。这使得"明星脸+产品"转变为了"奢侈品牌的售卖者"。

5. 口碑策略

口碑传播,增强信任。口碑是可信度最高的宣传方式,它是奢侈品品牌的助推器,与其他方式相比,它有成本低廉、可信度高和传播面广等特点。例如奔驰对一级方程式赛车的赞助,路易·威登对每年"中法文化节"的赞助等。

本讲小结

奢侈是一种整体或部分地被各自的社会认为是奢华的生活方式,大多由产品或服务决定。它主要有时代性、阶层性和民族性三个特点。人们之所以追求奢侈主要有三个原因,一是因为奢侈是一种阶层表征,体现了一种社会价值标准,能使自己与其他人区分开来;二是取决于炫耀心理;三是人们对产品与服务品质的追求。当然,追求奢侈既有消极作用,又有积极作用,要学会理性消费,充分发挥奢侈品消费的积极作用,抑制消极作用。

奢侈品可以按照阶梯、内容、时间等分为不同的类别。要让人们了解这些奢侈品,奢侈品营销就变得尤为重要,要充分分析奢侈品的消费市场,决定奢侈品的营销方式,并且制定相应的营销策略以确保奢侈品能够占有一定的市场份额。

思考题

1. 简述奢侈的含义及其本质。
2. 奢侈的动因有哪些？简述奢侈的消极功能和积极功能。
3. 简述奢侈品的分类。
4. 奢侈品营销的含义和原则是什么？
5. 试分析奢侈品的各种营销方式的适用范围。
6. 试论述奢侈品营销的策略。

案例与思考

顶极奢侈品"过冬"百态

寒流来了,顶级奢侈品商家如何应对？涨价,降价,主推副品牌,西方不亮东方亮。

20世纪20年代,经济学家乔治·泰勒发表了一个很有趣的"裙边理论",即女人裙子的长度和经济的繁荣程度呈反比。经济状况良好的时候,女人会穿短裙,以展示自己的长筒丝袜；经济状况糟糕的时候,女人会把裙边放长,以掩饰没有穿长筒丝袜的窘迫。在那个丝袜还是奢侈品的年代,这种说法曾一度很流行。

"2009春夏巴黎时装周"似乎也印证了乔治·泰勒的这一理论,Prada、Missoni、Armani,甚至是Roberto Cavalli都发布了超长的裙摆,色彩缤纷又极尽奢华,不过穿不穿丝袜已经不再重要。如《时尚芭莎》杂志美国版总编格伦达·贝利所说："历史上每当人们经历困难时期,时装总会表现其奢华的一面,因为每个人都想做梦。"

一、奢侈品高处不胜寒

2008年10月,受意大利奢侈品公司联合会委托,美国贝恩公司发布了一项关于全球奢侈品消费的报告。结果显示,全球奢侈品销售将锐减,2008年增长速度仅为3%,销售额为1 750亿欧元（约合2 200亿美元）,增速远低于2006年的9%和2007年的6.5%。报告还预计,2009年奢侈品市场将面6年来首次衰退。

果不其然,2009年2月份,《论坛报》做出法国奢侈品业也难逃危机命运的论断,消费和奢侈品市场的坏消息将如潮涌。例如,钟表业的销量估计将暴跌25%以上。德意志银行分析师在一份形势报告中指出,2009年世界奢侈品市场估计将下降5%～10%,远远大于最初预计的3%～7%的降幅。

二、时尚东风渐劲

作为第三大奢侈品消费国,中国俨然成为众多奢侈品品牌的避风港。从各奢侈品品牌公布的数据看,阿玛尼在中国区域的销售保持着24%的增长,而在美国仅为7%。PPR奢侈品业务2008年第二季度增长8.8%,而在中国则上升83%。众多奢侈品商家已经开始行动,将战略重点转移到东方。

把中国作为品牌下一个增长点的奢侈品品牌比比皆是。"现在,中国虽然不是我们最大的市场,但绝对是我们最期待和重视的市场,和将来最大的市场。"LVMH旗下的豪雅表(Tag Heuer)全球总裁 Jean-Christophe Babin 的这番话代表了众奢侈品商家的选择。

三、打不打折这是个问题

经济不景气环境下,各奢侈品品牌均面临打折还是不打折的博弈。打折,意味着品牌价值随之降低,不打折,销售很可能遭遇寒冰。商家们都希望找到一个两全的策略。

香奈儿于 2008 年 11 月率先亮出涨价招牌,而且一涨就是 20%,充分显示自己产品的保值性。范思哲也高傲地宣称坚决不打折,把自己的顾客定位在圣莫里兹(St. Moritz)或者加勒比海的高级游轮上,为他们提供真正的奢华。

但是,随着这场危机的日益渗透,奢侈品牌们终于耐不住寂寞,不得不低下高昂的头颅。据《纽约杂志》网站报道,包括香奈儿、范思哲、Christian Louboutin 和克洛伊在内的奢侈品公司正在美国削减商品价格,幅度从 8%～10% 不等。

四、这些生意火了

尽管西方奢侈品消费者们大多缩减了消费预算,但东方的富豪和喜欢追逐名牌的白领们,却看到了海外"血拼"和"抄底"的机会。

欧元、澳元大幅贬值和年末各种促销活动,使海外代购的生意日益红火。以上海一家专业奢侈品代购网站为例,2008 年末两个月,其营业额每月增长均超过 20%。甚至连澳大利亚、美国等海外留学生都做起了奢侈品代购生意。

更加红火的是巴黎的二手店。在二手奢侈品商店,一个才买了 3 个月的 LV 经典背包,售价约为 600 欧元,几乎是新品价格的一半。尽管这种销售业态在巴黎已经很成熟了,但在金融危机影响下,这些二手店的销售额都有大幅增长,有的甚至超过 50%。这样的消费模式在中国香港也已经慢慢成形,并蔓延到上海等城市。

资料来源:http://www.ceconline.com/sales_marketing/ma/8800053007/01/

案例思考:

1. 试论述世界各大奢侈品牌在中国的营销机会。
2. 针对经济萧条的现状,你认为各大奢侈品牌应该怎么做?

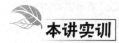

本讲实训

一、实训目的

1. 对奢侈品形成理性认识,了解奢侈品的特性和奢侈品消费的功能。
2. 认识奢侈品营销的原则,掌握并能熟练地运用奢侈品营销的方式及其奢侈品营销的策略。

二、实训内容

以小组为单位,从书刊、报纸、网络等搜集若干奢侈品营销的案例。选择其中一种产品进行角色模拟扮演,以小品或话剧形式表演展示给其他同学观看。并分析指出本组表演营销案例的营销学启示。

三、实训组织及步骤

1. 将班级成员划分为若干小组,成员可以自由组合,也可由老师指定,每组成员不得超过 8 人,以保证在讨论时间内每个成员都有发表观点的时间。

第十九讲 奢侈品营销

2. 老师假定若干种类型的奢侈品营销中可能遇到的情境,这些情况必须是典型的、普遍的,比如店内出现不受欢迎的消费者、消费者提出要求不能满足、奢侈品市场分析不足等常规或突发性问题,并将情境随机分配给各个小组。

3. 以小组为单位,在指定时间内,要求各小组成员通过书刊、报纸、网络等搜集信息,就问题所可能涉及的各方面展开分析和讨论,并拿出一个小组成员一致认可通过的最终决策结果。

4. 小组讨论时间结束后,每个小组推选代表就其小组讨论结果、理由及此次小组讨论的启示进行陈述发言,其他班级成员在一旁观摩、思考。

5. 每个小组发言结束后,老师进行提问,并鼓励其他小组的成员提问,发言代表及该组成员有义务对老师及班级同学作出相对答疑。

6. 每个小组发言及师生问答结束后,对发言小组的最终结论最初评价,并对发言小组面临的情境进行一个班级全体讨论,看看是否能在班级中得出更好的想法及启示。

参 考 文 献

[1] Elad Granot, La Toya M Russell, Thomas G Brashear-Alejandro. Populence:exploring luxury for the masses[J]. Journal of Marketing Theory and Practice,2013.

[2] Young Jee Han, Joseph C Nunes, Xavier Drèze. Signaling status with luxury goods:the role of brand prominence[J]. Journal of Marketing,2010.

[3] Yann Truong. Peraonal aspirations and the consumption of luxury goods[J]. The Market of Research Society,2010.

[4] 菲利普·科特勒,凯文·莱恩·凯勒.营销管理[M].王永贵,译.上海:上海人民出版社,2009.

[5] 陈金良.基于差异化的奢侈品营销策略分析[J].商业时代,2010(25):33,34.

[6] 高萌萌.中产阶级新奢侈品消费动机分析[J].商业时代,2009(12):24,25.

[7] 高桥千枝子.高价也能畅销——奢侈品营销的七项法则[M].北京:人民邮电出版社,2007.

[8] 黄雨水.奢侈品品牌叙事结构与功能要素符号[J].当代经济,2013(1):99-101.

[9] 克里斯托弗·贝里.奢侈的概念——概念及历史的探究[M].上海:上海世纪出版集团,2005.

[10] 刘国华,苏勇.高溢价产品的品牌资产驱动因素模型初探[J].经济管理,2001(16):37-42.

[11] 马丹妮.国外奢侈品品牌成功营销研究借鉴[J].中国商贸,2010(11):25,26.

[12] 彭传新.奢侈品品牌文化研究[J].中国软科学,2010(2):67-77.

[13] 宋扬.中国人奢侈品消费的行动逻辑[J].经济研究导刊,2009(21):170,171.

[14] 田芯,冯文华.中日奢侈消费的心理文化差异[J].东北亚论坛,2012(4):70-76.

[15] 吴健安.市场营销学[M].北京:高等教育出版社,2007.

[16] 吴伟.呼唤中国奢侈品品牌诞生[J].中外企业家,2010(4):78,79.

[17] 王安,卢超铭.论奢侈消费对内需增长的影响[J].北京工商大学学报,2006(4):96-99.

[18] 王慧.消费者行为分析的中国奢侈品消费相关问题探讨[J].企业经济,2009(5):84-87.

[19] 王飞.中国奢侈品市场分析及攻略[J].中国商界,2009(10):190-193.

[20] 温韬.中国新奢侈品消费的特点、发展趋势及企业商机[J].未来与发展,2008(4):58-61.

[21] 鄢雪皎.国内奢侈品品牌的未来发展方向[J].改革与战略,2009(2):54-56.

[22] 鄢雪皎.国内奢侈品市场的现状和未来发展[J].消费导刊,2008(7):9,10.

[23] 杨永华.马克思的奢侈品生产理论及其现实意义[J].经济学家,2009(4):7-82.

[24] 曾华.浅析经济危机下的奢侈品营销策略[J].中国商贸,2009(8):15,16.

[25] 赵驹.运用整合营销理论指导奢侈品营销[J].北京工商大学学报,2006,21(3):63-65.
[26] 张梦霞.奢侈品消费动机解构的实证研究[J].中国零售研究,2010,2(1):73-87.
[27] 邹明,宋国平.大力"发展"中国奢侈品产业[J].特区经济,2006(5):319-321.
[28] 周思成.论古典政治经济学的奢侈品理论与马克思奢侈品理论的古典渊源[J].马克思主义与现实,2012(5):33-41.
[29] 周云,朱明侠.基于奢侈概念历史考略的奢侈品管理科学范式研究[J].经济问题,2012(7):20-26.
[30] 朱晓辉.中国消费者奢侈品消费动机的实证研究[J].商业经济与管理,2006(7).
[31] 朱晓辉,张晓波.奢侈品营销:稀缺性的管理[J].现代管理科学,2006(4):41,42.

第二十讲 非营利组织营销

美国联合劝募会的丑闻

美国联合劝募会(United Way of America)是美国最大的一家慈善组织和联合劝募系统(United Way System)在美国的领导机构。美国联合劝募会通过全国范围内的公共关系网、广告和政府宣传,支持1 400家在社区基础上建立的联合劝募会的会员组织。联合劝募会通过捐赠人捐献部分工资的方式来筹集捐款,并将其发放给全美各地提供社会服务的会员组织。联合劝募系统每年共募集50亿美元,用以资助42 000家这类地方服务性组织。1970年,威廉姆·阿拉蒙尼(William Aramony)出任美国联合劝募会的首席执行官(CEO),并取得了斐然的成绩。然而,1992年,阿拉蒙尼和美国联合劝募会的首席财务官(CFO)托马斯·默隆却因挪用慈善捐款谋取私利而被迫辞职。在任职期间,阿拉蒙尼被控用慈善捐款购买了一套私人公寓,并用捐款支付其私人轿车司机的工资,默隆则利用职务之便,从一笔属于组织的年度固定收入中敛取了12万美元装入私囊,还间接参与了阿拉蒙尼对组织的各种欺骗行为,利用慈善捐款帮助其达到私人目的。丑闻爆发之后,阿拉蒙尼只为自己在花钱理财和管理方面"不够审慎和决策敏感度不高"而道歉,却拒绝接受董事会要求他下台的命令。最终,由于媒体对此事的密切关注和大量报道给联合劝募会的工作和声誉投下了巨大的阴影,阿拉蒙尼被迫引咎辞职,并造成该组织收入急剧下降,100多名员工被解雇。

资料来源:http://www.doc88.com/p-359512994555.html

本讲知识结构图

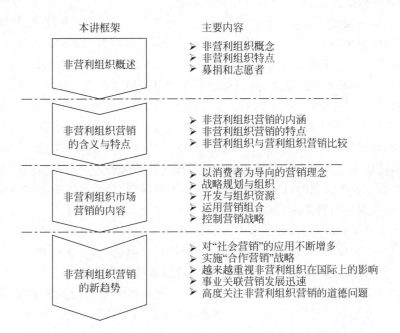

正如美国联合劝募会的事例,非营利组织的目的主要是向社会提供帮助,其资金的来源都是慈善捐款募集,组织运营的目的并非赚钱赢取利润,而是维持并提升组织的品牌声誉和社会公信力,以获得更多的社会优势资源,实现组织创立时的社会公益目标,完成组织的使命。因此,像阿拉蒙尼那样的任何损害组织利益的行为都将损毁一个组织的社会声誉,并且会带来全社会对非营利组织的存在及其理念的质疑。一旦如此,很多不能由营利企业承担和完成的社会任务就将搁浅,那么,社会上需要援助或有特殊需求的人群就无法得到社会的支持和关注。显然,一个发达的社会体制应该建立健全相应的非营利机构或组织,来完善政府和企业所不能实现的社会责任。在高度竞争的市场环境中,研究并实施非营利组织的营销行为无疑是十分必要的。

一、非营利组织概述

(一)非营利组织概念

非营利组织(non-profit organization,NPO),这一概念最早是由美国学者莱维特提出,他从公共利益的角度考量介于政府部门和私人部门之间的第三部门,提出了这一新的概念。

美国约翰·霍普金斯大学非营利组织比较研究中心莱斯·萨拉蒙(Lester Salamon)教授认为,同时具备组织性、民间性、非营利性、自治性、志愿性和奉献性六个特征的组织,即可称为非营利组织。这一定义目前较为流行,常为人们所引用。

在欧洲国家,非营利组织则是指包括合作社、互助会在内的社会经济组织。该组织在运营过程中遵循四个原则:一是不以追求利润为目标,而是为组织成员和集体服务;二是脱离政府,自立、自主进行管理;三是民主决策;四是分配时人与劳动要优于资本。

日本学者重富真一结合亚洲的国情认为,非营利组织是同时符合非政府性、非营利性、自发性、持续性、利他性、慈善性六个条件的社会组织。

结合中国的实际情况,在这里将非营利组织定义为:不以营利为目的、从事社会公益事业的机构、组织和团体,是介于政府与企业之间的第三部门。根据定义,非营利组织的目的在于满足社会公共利益而非营利,资金来源主要依靠会员缴费、捐赠者资助、政府财政拨款等资金来源完成组织使命,具有免税资格和提供捐赠人减免税合法地位的特点。

非营利组织最早出现于20世纪70年代,后随着全球性"社团革命"的出现而得到了空前发展,因而它具有丰富的西方文化和社会体制的背景。可以说,非营利组织是一个基于市场经济、政府与企业部门严格分工、独立的企业等背景下出现的概念,它的存在和特征是与市场经济的进程和营利部门(企业)的发展密切相关的。非营利组织以追求此前国家和市场力量所未曾实现的目标而存在,并在一国的经济、社会发展事务中扮演着越来越重要的角色,受到各国的关注。

在全球化浪潮的推动下,近年来中国非营利组织发展迅猛,其中一些非营利组织是由政府资助或在一定程度上由政府资助的,有的是通过收取会费、开展活动等方式来支持组织的运作。其具体表现形式有三类:行政部门的服务性单位;行政主管部门与民间资金相结合组成的单位;自治性的民间组织。随着非营利组织地位的提升和市场需求的扩大,尤其是20世纪90年代以后,一些商业企业也加入社会服务领域,使得这一领域的竞争愈来愈激烈,加剧了非营利组织的生存压力。这就要求非营利组织必须引入市场营销理念,对市场进行专门、系统、全面的研究,通过一系列的营销手段和策略了解市场需求,满足市场需求,才能实现组织目标,提高自身的竞争能力,在竞争中立于不败之地。

(二) 非营利组织特点

不同国家对非营利组织的划分有所不同,但是都应具备以下特点。

1. 组织性

组织性指的是非营利组织的成立一般要经过国家法律的许可并注册登记。同时,组织内部必须具备明确的规章制度、组织机构、组织行为和组织成员,组织按照自己内部的规章制度自主控制和治理自己的行为。因此,任何没有组织结构、没有规章制度、临时性的集会或民间组织等,都不能成为非营利组织。

2. 非政府性

非政府性指非营利组织在运行机制上是民营的,它是一个独立的、不受政府控制的、按照自己内部管理程序独立运作的机构。因此,它不是政府组建的,也不是政府的附属机构。其工作人员基本都是民间自愿者,在自愿互利的基础上向社会提供某种服务工作。组织的资金来源并不是依靠国家财政,而是通过社会捐赠、会费收入、经营收入、政府购买投入等多种形式筹集的。

3. 非营利性

非营利性是指组织的运作不以利润为目标,这体现在三个方面:①组织的宗旨是否以营利为目的;②组织的利润是否用于成员的分配和分红;③组织的资本是否可以转变为私人财产。但是,这不等于是非营利组织没有利润,或者一切服务是免费的,更不能将"非营利性"理解为"非经济性",从而以为非营利组织不能进行经济运作,不能进行经营活动。

4. 志愿性

志愿性指的是组织成员基于共同利益或公共信仰而自愿加入或退出非营利组织,从事的是营利组织不涉足的领域,具有自我奉献的精神。因此,非营利组织的社会资源主要源于有志愿精神的志愿者和社会捐赠,其内在驱动力不是利润或权力,而是以志愿精神为背景的利他主义和互助主义。

表 20-1 美国约翰·霍布金斯大学非营利组织分类法

序号	大类	小类	序号	大类	小类
1	文化与休闲	文化与艺术;休闲;服务性俱乐部	7	法律、推进与政治	民权与推进组织;治安与法律服务政治组织
2	教育与科学研究	中小学教育;高等教育;其他教育研究	8	慈善中介与志愿行为鼓动	
3	卫生	医院与康复;诊断;精神卫生与危机防范;其他保健服务	9	国际性行动	
4	社会服务	社会服务;紧急情况救助;社会救助	10	宗教活动和组织	
5	环境	环境保护;动物保护	11	专业协会、工会	
6	发展与住房	经济、社会、社区发展;住房;就业与职业培训	12	其他	

资料来源:冯炜,孟雷.非营利组织营销[M].北京:科学出版社,2009:6.

(三)募捐和志愿者

1. 募捐

募捐属于一种"隐形"交换,即捐助方以提供货币、产品、服务或服务的方式换取受助方的认同或行为改变,从而使捐助方感觉到自己实现了价值,如受到社会关注、获得心理或精神上的满足。事实上,这种交换使捐助方获得了良好的社会公众形象和长期利益。社会实践证明,募捐和营销一样,是一种市场活动。因为募捐本身作为一种有利于社会的行为,同样也是以满足社会或人类的需求为目的。因此,非营利组织要从事募捐活动,也需要以顾客为导向,利用有效的营销方式,对市场进行分析,并指定相应的募捐策略,如产品导向策略、销售导向策略和消费者导向策略等。

对于非营利组织的募款活动而言,捐款人市场就是其资金来源渠道,主要有基金会、企业、政府和个人4类市场。一般而言,小型非营利组织募款的主要来源是私人捐款,大型非营利组织却向所有资源渠道募集资金,然后再根据各种捐赠市场制定不同的筹资措施。

我国非营利组织通常采用的募资方式有:直接邮寄信函、会费收入与俱乐部制度、特殊活动、项目和服务收入、与企业合作的方式、利用行政资源募集和电子慈善。例如,中国健康促进基金会在2004年纪念邓小平诞辰100周年时举办"年终业余网球大师赛";中国青少年发展基金会举办"手拉手——我也捐了压岁钱"大型活动;希望工程通过发行"希望工程附捐电话磁卡"、"希望工程认同卡"、希望工程的"义演、义卖、义拍、义赛"等活动,使参与者在获得切身利益的同时奉献爱心,并提供资助;英国慈善组织大型募捐活动"big blue kick";中华慈善总会"特罗凯"慈善援助项目,专为晚期肺癌患者提供赠药。

表20-2　2008年中国汶川地震慈善捐款

序号	个人	金额	序号	跨国公司	金额	序号	慈善组织	金额
1	邵逸夫	1亿元	1	中国三星	3 000万元	1	国际货币基金组织	6万美元
2	李兆基	1亿元	2	金光纸业	2 100万元	2	李嘉诚基金	3 000万元
3	张近东	5 000万元	3	LG集团	1 700万元	3	李连杰壹基金	5 200万元
4	郑家纯	5 000万元	4	丰田	1 400万元	4	华民慈善基金	3 000万元
5	黄光裕	5 000万港币	5	SK集团	1 000万元	5	友成企业家基金	960万元
6	黄志源	2 100万元	6	沃尔沃集团	900万元	6	嫣然天使基金	500万元
7	李泽楷	2 000万元	7	通用汽车	960万元	7	香港红十字会	6亿元
8	李厚霖	2 000万元	8	诺基亚公司	1 150万元	8	台湾红十字会	30万美元
9	朱树豪	2 000万港币	9	肯德基、必胜客	1 580万元	9	中国红十字会	59亿元
10	成龙	1 000万元	10	安利	1 735万元	10	中华慈善总会	8亿元

注:未标注币种的数据为人民币。

资料来源:中国管理传播网,http://www.manage.org.cn.;
腾讯评论,http://view.news.qq.com.

2. 志愿者

非营利组织的成员由志愿贡献个人时间、精力,不为获得任何物质报酬,而自愿向社会提供服务的志愿者组成。产生志愿行为往往是出于多种心理动机,包括利他主义、丰富自己的生活经验、树立榜样和实现自我价值、学习新技能等。总地来说,志愿者一般都具有较高的社会责任感和使命感,为回报社会而作出自己的贡献。

对于非营利组织来说,招募志愿者的方法多种多样,如通过政府机构组织动员、向各大院校招募、通过其他社团招募、向社会公开招募(即通过人才交流中心、职业介绍所、劳动力就业服务中心等就业媒体、报纸、杂志、电视广告等新闻媒体,甚至通过互联网招募等)。我国非营利组织开展大型项目时通常采用的招募方式是通过政府机构组织动员和向各大院校招募。例如,2008年北京奥运会,北京奥组委通过公开招募和定向招募两种方式选拔志愿者10万人,他们大多数来自北京高校在校学生。招募进来的志愿者将参加组织的正式培训、指导、咨询,深入了解志愿组织及其定位,以全面掌握从事工作的内容、必备的技术,建立工作网络,从而为组织提供良好的服务。

二、非营利组织营销的含义与特点

(一)非营利组织营销的内涵

非营利组织的管理者很早就开始实行会计制度、内务管理、人事管理、战略计划等在营利组织中广泛使用的管理和控制方法,营销是最后一个被非营利组织所采纳的职能。20世纪60年代以前,在卖方市场条件下,市场营销还没有被非营利组织所重视,而当这些组织面临顾客背弃、会员减少、赞助金缩减等挑战时,才开始考虑营销问题。20世纪70年代后期,随着国家和地区社会经济的进步及非营利组织的发展,有些非营利组织开始运用营销理论来实现其宗旨和目标,当时的"营销"活动主要有直接邮寄、公告和广告等形式。20世纪80—90年代,非营利组织营销迅速发展。譬如,美国著名的联合之路(the United Way)和癌症协会等都设立了专事营销工作的副会长,全球许多非营利组织和国际间组织如世界银行、联合国开发计划署等机构,都通过营销策略来拯救世界范围内面临麻疹、营养不良和脱水等死亡威胁的儿童,倡导环境保护、扶困济贫、维护世界和平,致力于全球可持续发展等。在非营利组织领域,营销的重要性日益突出。

因此,为了达到组织的目的,对组织、受益群体及其需求进行分析,把服务推向市场的过程,就是非营利组织营销。非营利组织的市场营销具有独特性,它们不是靠"利润动机"驱使,而是靠特定的组织"使命"为凝聚力和引导,以组织为主体向社会提供服务或思想(观点)。作为公共品供给者,非营利组织的目的是重视社会效益而不追求利润最大化,但其运作也要讲究效率,看重成果,毕竟,非营利组织营销的核心活动是交换。近年来,越来越多的企业方法和经验被引入到非营利组织的营销中,使非营利组织的营销开始迈入精细化和战略化新阶段。这对我国非营利组织的发展具有较大的借鉴作用。

(二)非营利组织营销的特点

1978年克里斯托弗·H.洛夫洛克(Christopher H. Lovelock)和查理·B.温伯格(Charles B. Wem-berg)在《公共及非营利销售》一书中将非营利组织营销的特点归纳为五个方面。

1. 资源的来源与运用

非营利组织营销包括两个方面:一是要募集到更多可供运营的资源;二是向社会提

供资助人和受益人都满意的产品和服务。除此之外,非营利组织尚须借助市场营销原理来妥善处理与其他各种公众的关系。

2. 目标多重性

非营利组织倾向于追求多种目标,这与营利企业有本质上的差别。非营利组织除了要谋求自己组织的利益,尽可能地增加收入,使组织发展壮大,更多的是为了目标群体(受益者)的利益,其最终目标与任务在于造福整个社会。但是,要实现多重目标是困难的,必须善于从中选出较为重要的目标,以便有效地配置资源。

3. 服务为主

大多数非营利组织提供的是服务,不同于一般企业的实体产品,服务具有无形性、不可分离性、可变性、易逝性和无权性等特征。

4. 公众监督

由于非营利组织提供的公共服务是享受公众资助和政府免税的,因此,其经营活动必须服从公众的利益,必须受到公众的严格监督,其所承受的政治压力远大于市场压力。

5. 伦理性

非营利组织在进行营销活动时,要以人为本,要求员工不仅应该具有深厚的专业知识、高超的技术,还要求具有高度的责任感和崇高的个人道德。只有将服务道德与经济效益相结合,非营利组织才能获得良好的声望和信誉,才能赢得顾客、捐赠者、志愿者及相关部门的积极支持。

人物小传

克里斯托弗·H. 洛夫洛克

克里斯托弗·H. 洛夫洛克是美国服务营销领域著名的学者与实践者,美国耶鲁大学管理学院兼职教授。他毕业于英国爱丁堡大学,获商学学士和文学学士学位,后获得美国哈佛大学 MBA 和斯坦福大学博士学位。他早年主要在哈佛商学院、麻省理工学院斯隆管理学院、斯坦福大学、加州大学伯克利分校、瑞士 IMD 等知名高校任教及讲学,担任 International Journal of Service Industry Management、Journal of Service Research、Service Industries Journal 等多家刊物的编委。洛夫洛克是服务营销领域最多产的学者之一,独著或与人合著出版图书 26 部,发表论文 60 多篇,编撰案例 100 多个。他曾获美国市场营销协会颁发的服务学科职业贡献奖、Journal of Marketing 最佳论文奖和杰出荣誉奖(Alpha Kappa Psi)。后又任教于法国著名的欧洲管理学院商学院和澳大利亚昆士大学,并于 1997 年获得欧洲管理发展基金最佳案例奖,1993 年、1994 年、1995 年、2000 年四次获得 Business Week "欧洲年度案例奖"。他的著作及其教材在全球大学广为流行,其理论思想也成为人们研究服务营销的重要基石。

资料来源:克里斯托弗·H. 洛夫洛克. 服务营销[M]. 第 3 版. 陆雄文,庄莉,译. 北京:中国人民大学出版社,2001.

(三)非营利组织与营利组织营销比较

1. 相同点

(1)组织导入营销的环境相同。与企业引入营销相同,非营利组织也是在市场由卖方转向买方时引入市场营销的,因为消费者主导的市场结构决定了非营利组织必须提供人们所需要并认可的服务。同时,买方市场的出现加剧了卖方的竞争压力,因此,营销必然成为非营利组织必须采纳的一项职能。

(2)作用相同。与营利组织相似,非营利组织在市场竞争中同样面临着机构成本与来自竞争者的压力。市场营销为组织与其环境之间的联系架起桥梁,使组织对环境变化和顾客需求及时做出反应,并在确保组织目标与战略的实现方面起着十分重要的作用。

(3)过程相同。非营利组织的营销活动过程与营利组织一样包括以下步骤:①分析市场的宏观、微观环境(SWOT法);②进行市场细分、组织定位并确定目标市场;③制定4P's营销组合策略;④实施和控制非营利组织营销活动。只有做好营销调研和策划,一个周全的营销计划才能得以顺利实施。

2. 不同点

(1)客体不同。与营利组织不同的是,非营利组织不仅要对顾客进行营销,还要考虑对捐助者的营销。前者涉及资源的吸引和配置,后者仅涉及资源吸引问题。另外,非营利组织还要妥善处理与其他各种利益相关者的关系。例如,医院往往通过聘请名医、建立特色门诊、开展一系列高水平的手术,并将这些材料编撰成册,广泛散发、宣传,以此吸引公众的注意,提高自身的知名度。

(2)目标或使命不同。营利组织存在和追求的目标是利润最大化,但是非营利组织追求的是经济效益、社会效益、生态效益的最佳整合。因此,由于使命的限制,非营利组织更重要的任务是改进和推进社会的和谐统一。

(3)产品不同。与营利组织提供产品形式不同,非营利组织提供的主要是服务和社会行为,其营销具有服务营销的特点,更加强调人的重要性,更重视内部营销管理。因此,非营利组织营销不能仅仅以财务指标作为评判依据,还要考虑"使生活变得更好"、"提高人们居住环境水平"、"改变人们不良的观念"等社会指标,以更加开阔的眼光来审视营销的效果。

三、非营利组织市场营销的内容

(一)以消费者为导向的营销理念

以满足顾客需求为中心的观念是非营利组织市场营销的核心思想和理论基础,它贯穿于非营利组织市场营销各部分内容的始终。非营利组织供给的重要性往往被其主办人高估,认为自己提供的产品就是公众所需的,或者将组织的失败归咎于消费者的忽视或缺乏动机。以消费者为导向并不是要迁就每一个消费者的各种想法,而是指营销规划应从消费者观念、需求和欲望开始研究,对市场进行细分,满足消费者的需求。例如,我国的一些图书馆已经开始提出并实施特色化,出现了民俗馆、影视文献图书馆、残疾人图书馆等特色图书馆。

(二)战略规划与组织

战略规划与组织是非营利组织认识市场、了解顾客需求发展变化趋势的重要手段,为非营利组织制定战略、确定经营目标、制定营销计划和营销策略提供重要依据。同时提供市场细分的意义和细分的依据,在市场细分的基础上,选择目标市场和市场定位的方法和策略。从战略管理的角度出发,分析非营利组织内外部环境,并制定 SWOT 营销战略。整个战略规划包括战略计划的编制,确定市场竞争战略、市场发展战略,以及营销组织与控制等。

(三) 开发与组织资源

非营利组织不能仅仅依靠捐赠来筹款,而应将筹资活动提高到战略高度。对于志愿者的招募与管理也不能仅凭一时的兴趣,而应用理论与制度来使其规范化。除了资金资助和志愿者支持之外,非营利组织为了实施其计划还需要开展其他类型的活动,如开展体育比赛、公益演出等。越来越多的非营利组织转向商业部门寻求帮助,用事业关联营销模式使营利企业与非营利组织获得双赢。

(四) 运用营销组合

产品、价格、渠道、促销,这是非营利组织可以控制的四个营销管理手段,即市场营销的 4 P's 策略。包括运用产品整体概念、制定产品组合、积极塑造产品及非营利组织的品牌形象、制定合理的市场价格并能够对顾客与竞争者的反映做出调整、选择恰当的渠道提供组织的服务,以及通过广告、人员推销、公共关系、网络营销等销售手段实现组织的目标。非营利组织通常将以上四种营销手段组合起来综合运用,制定市场营销组合策略,以实现组织营销管理目标。

(五) 控制营销战略

非营利组织的营销活动具有较强的非继承性与独立性,必须对营销活动过程进行控制。主要包括三个方面的内容:衡量实际绩效,把实际绩效与计划标准进行比较,采取行动纠正实际绩效与计划标准之间的偏差或修正不适当的计划标准。

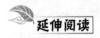
延伸阅读

非营利组织募集资金的营销技巧

一些常用的市场销售促进手段可以适用于非营利组织在不同情况下募集资金。

(1) 针对大量小额捐款市场:慈善捐款市场、直接邮寄、上门劝募、接到捐募、电视广播、捐款袋、不同物品销售、义卖、游戏节目、游览、竞赛、年鉴。

(2) 会员捐款市场:周年纪念、艺术表演、拍卖、优待(戏院、电影、运动、比赛)、出售产品、宴会、展览、时装表演、聚会、电话募捐。

(3) 富裕民众捐款市场:会议、餐会(邀请或推荐)、有地位的人去函、在高档地点开会、有地位的人打电话。

(4) 富豪捐款市场:遗嘱、名人效应、访问个人和家庭、为富人举办推进餐会、邀请富有者去俱乐部、成立纪念堂。

资料来源:冯炜,孟雷.非营利组织营销[M].北京:科学出版社,2009:241.

四、非营利组织营销的新趋势

随着非营利组织的自身发展和社会需求的多元化与复杂化,非营利组织营销出现了一些新的发展趋势。

(一)对"社会营销"的应用不断增多

非营利组织的营销导向有产品导向、销售导向、消费者导向和社会营销导向四种。纯粹的营销观念忽视了消费者短期欲望和消费者长期社会福利之间可能存在的冲突。而"社会营销"观念强调以顾客为导向,一切以满足顾客需求、让顾客满意为标准,改善人们生活的社会环境,改变人们不利或有害的生活方式,改变人们的价值观和态度,提高人们的生活质量,促进社会的和谐统一发展。这与非营利组织建立的目标和肩负的使命相一致。

(二)实施"合作营销"战略

合作营销是指两个或两个以上相互独立的企业,为了应对挑战,寻求协力优势,在营销活动中开展的一系列合作行动,它强调的是将合作各方独立分散的各种资源、资产、知识、技能、关系综合利用,从而更大限度地提高其服务能力,创造新的市场价值。非营利组织实施合作营销战略,能够拓展自身的融资渠道,能够顺应市场环境的变化以满足竞争需要,还能够有效降低组织的营销成本,提高运作效率,双方各自发挥比较优势,从而实现互利互惠。

(三)越来越重视非营利组织在国际上的影响

目前,国际上的三种力量正在大力推进非营利组织在社会发展中的重要性。一是以前许多政府的支持是非营利组织的主要来源,但是现在削减了开支,并使非营利组织自身承担负担;二是许多国际性的社会机构,如世界银行、联合国开发计划署等,不得不依赖地方非营利组织实施、维护重要的社会干预;三是对于许多体制转型的国家而言,由于体制的过渡性和不确定性,对非营利组织有着日益增加的兴趣,并以此来代替削弱的社会职能。

(四)事业关联营销发展迅速

在激烈的市场竞争中,各国的非营利组织都面临重重困难和挑战。越来越多的非营利组织开始转向与营利组织之间的合作,开展战略联盟,实行双赢交易。一方面,非营利组织向商业领域寻求拓展,可以发展新的资金来源;另一方面,营利组织可以借助慈善机构在社会公众心目中的地位,扩大自身的影响力,将自己的产品同某一公益事业联系起来,成功地获得消费者的信赖和支持,以提高市场销量和占有率。

(五)高度关注非营利组织营销的道德问题

正如本章开始的案例,非营利领域的任何违背道德的行为,都会造成社会公众对非营利组织信任度的急剧下降。最近,许多观察家开始特别关注那些参与社会慈善活动的企业和非营利组织的道德规范。随着营销技术被广泛地用来改变艾滋病、堕胎、滥用药品等严重的社会问题,营销者开始怀疑政治性广告是否应该与公司广告采用同一标准,市场研究技术是否应该探索在某些种族和宗教文化背景下被认为是禁忌的主题。不管怎样，非营利组织的运作与发展都不能与其目标和使命相悖。

"希望工程"的市场营销战略

一、社会目标定位

中国青年发展基金会（以下简称"中国青基会"）在建立之初，其工作重点并不是很明确。中国青基会主要负责人徐永光说："我们要做自己的事情，既不是思想教育，也不是大家热衷于做的事情。"但有一点是明确的，就是所要开展的活动必须是整个社会所关心的。经过一段时间的讨论，思路逐步集中到贫困地区的教育上来，这与徐永光的经历有关。徐永光在南方一些贫困地区农村进行整顿共青团组织工作时，曾于1986在广西金秀和三江做过两个月的调查，对这些地区的贫困状况和教育状况有很深的了解。在调查中，他发现农村、贫困地区、少数民族地区的儿童失学问题非常严重。他们根据贫困地区失学儿童渴望读书的需求，我国教育经费短缺的现状和政府关于多渠道筹集教育经费的方针，经过深入调研和救助工作试点，确定了希望工程的名称、宗旨和任务，通过宣传活动，赢得了社会的广泛理解和支持，初步树立了希望工程的形象，为后来的发展奠定了基础。

二、营销环境分析

我国是一个发展中国家，人口多、底子薄，由于自然、历史等多种条件的差异，区域之间的发展很不平衡。在贫困地区，基础教育落后，教育经费严重短缺，办学条件差，许多小学适龄儿童因家庭贫困而失学。2005年，全国中小学尚有1 600多万平方米的危房未能得到修缮，每年有大批小学生失学。危房问题、失学问题，主要集中在农村贫困地区。解决教育问题是我国农村贫困地区教育发展的客观要求和广大失学儿童的迫切愿望。实施希望工程，有着深远的民族文化基础和广泛的社会民众基础。中华民族素有捐资助学、扶贫济困的优良传统。改革开放的今天，人民群众中蕴藏着极大的支持教育的热情。实施希望工程，正是继承和弘扬民族传统，为广大民众参与发展教育开辟的一条有效途径。

三、实施市场营销活动

在实施营销活动的过程中，中国青基会首先对捐款人进行了一次抽样问卷调查，获取了募捐市场的一些基本信息，如捐款人主要来自大中城市的中等收入阶层，主体是文化程度高的社会群体，主要信息来源是报纸杂志等。并先后在全国范围内组织开展了大规模的希望工程"百万爱心行动"和"1（家）＋1助学行动"，创造了捐受双方结对挂钩、定向资助的模式，并不断完善推动希望工程迅速蓬勃发展。与此同时，对地（市）县基金进行规范化管理，撤销全部县级基金和多数地（市）级基金，实现希望工程基金的高层、集中管理。对百万受助生进行复核登记，与计算机管理并轨，正式颁行实施《希望工程实施管理规则》，建立一系列工作规范，并建立政府审计、希望工程监督系统和社会公众监督相配套的监督体系。

四、公共宣传联盟

希望工程在媒介的选择方面率先启用报刊公益广告。希望工程的第一个募捐广告，以及其后的"百万爱心行动"、"1(家)+1助学行动",都是通过报刊发起的。之后,希望工程创造了供社会各界参加捐助活动而专用的邮资明信片,连收件地址都印在上面。这在中国的邮政史上是没有过的。1994年发行的希望工程纪念币,中华人民共和国国名的英文和邓小平同志的手书第一次在货币上出现,受到了收藏者的喜好。1996年,推出希望工程电话磁卡,使用金30元,附捐2元。仅此一项,希望工程就得到了400万元捐款。在募捐活动的设计上,希望工程首创了将捐受双方1对1结对子的方式,使捐助活动更加透明、高效,更有利于捐受双方的感情沟通,并与三大银行联袂行动,即与中国农业银行联合开展青少年爱心储蓄活动;在建设银行的营业网点开设希望工程捐款受理点;与中国工商银行联合开展"希望工程百万企业献百元活动",把国有商业银行的信誉和希望工程的声誉结合起来,这是一个创造。另外,希望工程选拔了3名受助学生代表中国参加1996年亚特兰大奥运会圣火的传递活动,这亦是值得自豪的营销策划。

资料来源:李超.非营利组织的市场营销[J].科技创业月刊,2005(12):14,15.

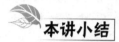

非营利组织营销是市场营销学领域的一个重要分支。随着社会的发展和市场竞争的加剧,世界各国都加强了非营利组织的建设工作,以进一步完善社会体制。营销手段及其策略的运用,是当今非营利组织运作成功的重要管理职能。本讲就围绕非营利组织的基本概念和特征,初步探讨了非营利组织营销的内涵、特点及其与营利组织营销的异同。并针对非营利组织的公益性和服务性,给出了非营利组织开展市场营销的一些策略,尤其是营销组合策略,它关系到非营利组织提供的公共服务是否被相关群体接受,组织是否能够持续获得社会各种优势资源的支持。最后,就目前学术研究及实践运用的情况,本章对非营利组织营销的未来发展趋势做出了总结和概括。

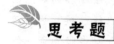

1. 什么是非营利组织？它有哪些特点？
2. 非营利组织营销的内涵是什么？它与营利组织的营销活动有何差别？
3. 选择熟悉的事例分组讨论非营利组织应该如何进行市场环境分析并确定自己的目标市场及品牌定位。
4. 结合实际分析市场营销组合策略对非营利组织的影响。
5. 简述非营利组织营销未来的发展趋势。

草根非营利组织的市场营销策略

"小小鸟打工互助热线"(以下简称"小小鸟")是一家经工商注册的NGO,自成立以来,"小小鸟"在已开通热线的北京、深圳、沈阳三个城市发动组织律师志愿者600多名,以及时、准确、快速的服务风格,为12多万名打工者提供法律援助和就业咨询服务,为1万多名打工者提供心理就业咨询服务。目前,在北京广播电视台、辽宁广播电台、深圳卫视等均有节目合作,为打工者走进电台讲述自身打工故事创造机会。像"小小鸟"这样,从无到有,从维持生存到有所发展,利用每天的固定时间开设公益热线,向城市打工者群体提供法律援助和用工信息,现已成为中国一家知名的公益机构。其发展的成功模式和经验已对国内的其他草根组织产生了很大的影响,它的发展历程和成功之处归纳起来有:

一、缘起——传呼做"媒"

20世纪90年代,随着"打工潮"的热浪波及,大量农村青年涌进城市"挣钱,吃饭",为"改变现状,发财致富"的梦想而打拼。但是,打工人群离开家门后失去了社会所赋予的原始资源(如亲朋好友、同学师长等),这种资源的缺失,造成了他们在城市生活中的诸多无助。1997年5月26日,作为进城务工人员的魏伟深刻感受到打工群体在城市中的艰难处境,萌生了建立"小小鸟打工创业园"的想法。1999年6月21日,在《北京青年报》"免费留言板"信息栏上,一个非正式意义上的"小小鸟传呼机"热线对外公布。7月3日,魏伟的"小小鸟京城打工创业园"通过这条"热线",聚集了在京打工者29人,建立起来最初的打工者网络,开始了漫长而艰辛的"小小鸟"飞翔征程。

二、定位维权——热线搭"桥"

秉承打工互助创业理念,"小小鸟"通过成立自愿者队伍、参与植树、清理非法小广告、路演等社会服务活动,并主动约见记者、邀请媒体参与报道等方式,来扩大"小小鸟"的知名度,宣传"小小鸟"互助的理念,艰难地探索着"飞行"方向。但是,依然难以实现社会各界与打工群体的有效互助,难以获得社会优势资源的支持。2000年11月30日,北京新闻广播电台在AM828、FM100.6晚上22—23点的"小小鸟"《打工族之夜》节目首次开播,引起了听众的热烈反响。节目给予打工者以话语权,让打工者来讲述自己的故事,道出打工者的心声,充分享受社会公共资源关注。同时,打工族热线的正式开通,决定了"小小鸟"发展战略定位——打工互助热线,为进城打工者在求职、讨要工钱、法律咨询等方面提供无偿援助,让更多的打工者群体和社会人士认识到,他们的维权可以通过拨打热线获得帮助。同时,"小小鸟"自身也明确了第一时间出现在求助人面前,时刻站在服务第一线的服务理念。不断完善自身机制,找准战略定位,整合社会资源,"小小鸟"赢得了市场和社会的极大关注和大力支持,开始振翅高飞!

三、发展路程——媒体成"翼"

(1)组成专业维权自愿者团队,形成与政府的协调机制。在开展热线维权的过程中,"小小鸟"通过媒体呼吁,不断吸引具有法律专业背景的律师和高校法学院的学生参与成为志愿者,使机构具备一个专业的技术支持。《北京晚报》对"小小鸟"的一次报道,引起了北京市东城区司法局的关注,主动和"小小鸟"合作成立了国内首家面对流动人口,进行劳资纠纷调解的"小小鸟"人民调解委员会。在劳资纠纷中,"小小鸟"作为中间调解人,其调解成功率达到70%。此后,"小小鸟"与政府相关部门开始建立积极、主动的联系和沟通,形成了具备全方位的有效协调机制。

(2)媒体宣传扩大社会影响力,铸其品牌与社会公信力。在资金不足、人才匮乏的情况下,"小小鸟"充分利用媒体宣传,不断地扩大社会影响力。继电视台播出《打工族之夜》

节目引起广泛关注后,"小小鸟"相继推出电视专题片《我是一只"小小鸟"》;2004年春节在影响力最大的中央电视台新闻联播报道了"小小鸟"的工作,形成了"小小鸟"在全国的广泛影响力;出版印制品《打工者维权手册》《打工者融入城市手册》《打工世界》《我是一只"小小鸟"》《河南人在北京》等宣传产品,大力发扬志愿互助精神,不断加大对打工群体维权方面的关注,影响力扩大至北京、上海、广州、深圳等全国20多个大中城市;组建"小小鸟"网站http://www.xiaoxiaoniao.org.cn,使网络传播成为"第一时间媒体",配合传统媒体宣传,多角度、多色彩展示"小小鸟"维权互助开展工作。自此,"小小鸟"形成了影音、文本、网络等多层次立体宣传网络,随着媒体关注度的不断提高,"小小鸟"成功地塑造了公益品牌与社会公信力,为其进一步发展奠定了坚实的基础。

(3) 与媒体共同策划社会公益活动,促进社会各界关注打工者群体。经与北京新闻台协商,"小小鸟"将《打工族之夜》转换为《公益论坛》广播节目,把节目定位为互助公益,以邀请在京闯荡的成功人物面对面地和打工者交流成功经验的形式,共享社会优势资源,打破原来只是打工者之间的互助行为,拉近捐赠者与受益者距离,受到了打工者的青睐和欢迎。2004年,"小小鸟"策划的"百位慈母游京城"活动在母亲节成功举行,并确定为每年母亲节的固定主题活动。到目前为止,"小小鸟"先后举行过"万柳工程"植树互助公益活动、相聚北京、"百位慈母游京城"等200多次各类社会公益活动。通过每年与媒体共同策划组织大型社会公益活动,使打工群体成为活动参与的主角;再通过媒体的报道宣传,促进了社会各界人士的关注与参与。

(4) 通过媒体宣传,获得资助。"小小鸟"先后得到了中央电视台、新华社、凤凰卫视、中央人民广播电台、北京电视台、北京人民广播电台、英国广播公司BBC、美国联合电台、西班牙电视台、中国香港电台、《南华早报》、加拿大《环球时报》、西班牙《先锋报》、《The's Beijing》、《纽约时报》、《中国社会导报》、《中国妇女报》、《华夏时报》、《北京晨报》、《北京午报》、《北京晚报》、《京华时报》、《北京青年报》、《北京青年周刊》、《知音》、《恋爱婚姻家庭》、《农村青年》、《时代青年》、《人生与伴侣》、《打工族》、《幸福》等100多家中外媒体关注与报道。在这些媒体的关注和报道下,"小小鸟"还获得了一些国际基金的资助。2004—2007年度,"小小鸟"先后获得加拿大驻华大使馆、美国驻华大使馆、德国驻华大使馆、澳大利亚驻华大使馆、中国香港乐施会、CANGO、美国律师协会驻华代表处、福特基金会、亚洲基金会、世界银行、IRI基金会、米索尔基金会、欧盟等13家国际机构的支持,帮助"小小鸟"完成了对30 000多人的培训和法律援助。2006年,在世界银行、米索尔基金会等机构的资助下,"小小鸟"分别在深圳和沈阳开设了办公室,实现了为更多打工者提供法律服务的目标。目前,"小小鸟"已经形成了一个可持续发展的经济态势。

总结起来,"小小鸟"的成功之处在于,充分利用媒体战略、低成本运作。通过媒体平台,将技术与人的服务融合在一起,并搭建了由打工群体、志愿者、政府与国内外资金等组成的互助网络平台。从本质上说,"小小鸟"正在有效调动社会各种优势资源,使整个社会成为一个团队。同时,媒体的宣传引导社会各界人士、组织的关注和资助,很好地解决了"低成本运作"问题。可以说,"小小鸟"之"生",源于媒体("小小鸟"热线通讯),"小小鸟"之"长",基于媒体(通讯、影视、网络和印刷品等)。在各个公益组织的产生和产品运营中,"品牌"与"公信力"起着重要角色。这个角色的生产平台无疑是媒体。"小小鸟"基于媒体而存在、以媒体塑造品牌、营造公信力,不断提升机构执行能力的发展之路,值得每一个公益组织学习和借鉴。

资料来源:NPO 信息咨询中心《中国非营利组织管理案例集(2009)》,经过删减改编;http://www.doc88.com/p-548559931974.html

案例思考:
1. 评述"小小鸟"发展成功的原因。
2. 你认为公益组织未来发展还应该考虑哪些营销对策?

本讲实训

一、实训目的

1. 加深学生对非营利组织及其营销活动的认识。
2. 学会通过参与活动,体验非营利组织的成立、运作过程,并深刻体会营销策略带给非营利组织的影响。

二、实训内容

学生自愿组成 6～8 人的小组,到当地敬老院、癌协组织、农村医疗支援队、教育咨询培训机构、智障儿童管理组织、孤儿院、福利院等机构深入调查、观察、访问,并根据实际考察结果制作一份关于非营利组织营销的策划方案。

三、实训组织及步骤

1. 教师明确实训目的、任务和评价标准。
2. 学生自愿组合形成团队合作,实行组长负责制。
3. 每个小组均应通过查阅资料、对周边人群的访谈,初步熟悉将要开展的活动内容,做好各项分工及准备工作。
4. 各小组统一时间进行实际考察,并结合相关理论知识进行总结分析。
5. 各小组对活动的过程及结果进行总结,形成相对完善的方案,以 PPT 形式在全班进行汇报、交流、讨论。
6. 指导教师进行点评和总结。

参 考 文 献

[1] Alan R Andreasen. Ethics in social marketing[M]. Washington:Georgetown University Press,2001.
[2] David Pickton,Amanda Broderick. Integrated marketing communications[M]. Prentice Hall,2001.
[3] Henry,Hansmann Henry. The role of nonprofit enterprise[J]. Yale Law Journal,1980.
[4] Kotler P,Andreasen A. Strategic marketing for nonprofit organizations[M]. Englewood Cliffs (NJ):Prentice-Hall,1987.
[5] Roger Bennett,Adrian Sargeant. The nonprofit marketing landscape:guest editors' introduction to a special section[J]. Journal of Business,2005.
[6] Sargeant,John B,Ford,Douglas C West. Perceptual determinants of nonprofit giving behavior[J].

Journal of Business Research,2006.

[7] Sargeant,Woodliffe. Gift giving:an interdisciplinary review[J]. International Journal of Nonprofit and Voluntary Sector Marketing,2007.

[8] 彼得·德鲁克. 非营利组织管理[M]. 吴振阳,译. 北京:机械工业出版社,2007.

[9] 菲利普·科特勒,艾伦·R.安德里亚森. 非营利组织战略营销[M]. 孟延春,译. 北京:中国人民大学出版社,2003.

[10] 克里斯托弗·H.洛夫洛克. 服务营销[M]. 第3版. 陆雄文,庄莉,译. 北京:中国人民大学出版社,2001.

[11] 莱斯特·M.萨拉蒙. 全球公民社会:非营利部门视野[M]. 贾西津,魏玉,译. 北京:社会科学文献出版社,2002.

[12] 里贾纳·E.赫兹琳杰. 非营利组织管理[M]. 北京:中国人民大学出版社,2004.

[13] 约翰·E.G.贝特森,K.道格拉斯·霍夫曼. 管理服务营销[M]. 邓小敏,译. 北京:中信出版社,2004.

[14] 川口清史. 非营利组织与合作[M]. 日本:日本经济评论社,1994.

[15] 重富真一. 日本的NPO2000[M]. 日本:明石书店,2001.

[16] 邓国胜. 非营利组织评估[M]. 北京:社会科学文献出版社,2001.

[17] 冯炜,孟雷. 非营利组织营销[M]. 北京:科学出版社,2009.

[18] 黄波,吴乐珍,古小华. 非营利组织管理[M]. 北京:中国经济出版社,2008.

[19] 侯俊东,杜兰英,李剑峰. 国外营销学界关于非营利组织营销的研究及启示[J]. 华东经济管理,2009(2):132-136.

[20] 李超. 非营利组织的市场营销[J]. 科技创业月刊,2005(12):14,15.

[21] 王方华. 非营利组织市场营销[M]. 大连:东北财经大学出版社,2002.

[22] 吴冠之. 非营利组织营销[M]. 第2版. 北京:中国人民大学出版社,2008.

[23] 郑文清,钱敏. 非营利组织的市场营销探析[J]. 江苏商论,2002(8):54,55.

城市营销

昆明——首个在央视宣传的城市

一个城市可以打广告"出售自己",树立独一无二的品牌形象。昆明是对城市营销最早觉醒的城市,在中国没有之一。

昆明地处边疆,信息相对闭塞,营销昆明的想法源自现代营销之父菲利普·科特勒的《国家营销》。而早在16年前,这本书就被列为昆明干部培训的必读书。当时昆明市领导、各委办局领导、县市区领导人手一本。这在昆明掀起了思考城市营销与观念转变的小旋风:既然一个国家都可以营销,一个城市难道不可以吗?

2000年元旦,阳光明媚、鲜花盛开的城市画面,伴随着"昆明天天是春天"的广告词,中国第一个城市广告诞生了,让众多海内外游客向往。这是中国城市营销史上的大手笔,昆明700万元购买"春天的故事",成为第一个"吃螃蟹者"。昆明通过电视广告的形式在差异化中完美地表达出了自己,效果出奇的好,其直接效应是2000年至2001年到昆明的游客没有因为世博会的闭幕而下降。

如今,昆明在电视上的形象宣传已鲜见踪影,打开央视国际频道,中午时段短短15分钟内就出现好几个省外城市的宣传片,看着不少名气远小于昆明的三线城市出现在荧屏上,不得不说,有些让人遗憾。

资料来源:http://wb.yunnan.cn/html/2013/ducheng_0916/86919.html

本讲知识结构图

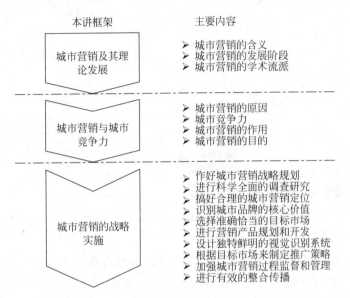

从昆明的城市营销案例中,我们可以看出,如今的城市已经不如往昔那么沉闷与枯燥了,它想散发光彩,异军突起;它想走向世界,发展自己。那么我们是否应该把城市看成一个产品或服务,一个企业或企业集团,或者一个品牌来经营呢?其实,城市需要在原有的所有动植物、建筑物、自然景观,尤其是作为主导地位软性人对它的设计、包装、广告、营销、管理,只有把城市在天然的基础上赋予了文化的、经济的、人文的因素,城市才能熠熠生辉,闪耀着金子般的光芒。

一、城市营销及其理论发展

在全球化的今天,城市营销的影响越来越大,已有越来越多的城市通过其地理、文化和政策优势来推销自己。城市的活动已从区域、国内竞争扩展到国际竞争的新领域。国际上的一批重要城市不仅形成了自己富有竞争力的品牌,也成为其所在国家或地区的重要品牌。

(一)城市营销的含义

城市营销的理论研究发端于美国,主要观点来源于战略管理理论,其理论延展的结构化、系统化特征明显,在研究中较为关注城市主观能动性的发挥。Kotler等人在深入研究城市竞争的经验之后,提出了"场所营销"的概念:将场所(地区)视为一个市场导向的企业,将地区未来发展远景确定为一个吸引人的产品,借此强化地方经济基础,突出营销地区特色,更有效率地满足与吸引既有和潜在的目标市场(主要包括产业投资者、定居人口、观光客与会议人士等)。

城市营销(city marketing)就是一种将城市作为特殊产品进行传播、推广以获取综合收益的一种市场化行为。有的人认为,"城市营销"是指城市根据现有或潜在的目标市场的需求及竞争现实甄别、发掘和创造城市价值,通过设计、生产和提供比竞争对手更能满足城市顾客特定需求的城市产品,来提升城市竞争力,实现城市的可持续发展。城市营销的具体构成以及各个构成要素之间的关系如图 21-1 所示。

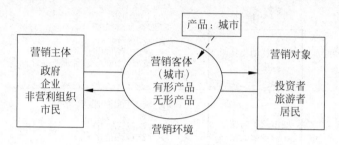

图 21-1　城市营销图解

(二) 城市营销的发展阶段

城市营销实践始于欧美国家,最早可追溯到 14 世纪的意大利,其目的主要是为了促进旅游胜地的发展。

近代城市营销实践产生于 20 世纪 30 年代,也被称作是"烟囱角逐"(gnokestack chasing)的时代,那时美国南部各城市对生产价值的追求,目标比较单一,即吸引工厂、扩大就业,因而鼓吹自己可以比别的城市提供更好的商业环境,更低的商务成本,并且还提供政府财政支持。

同一时期,欧洲的一些滨海城市、修养胜地也开始尝试以促进旅游、房地产销售为目的的城市营销。而后在很长的发展阶段里,城市营销的实践基本上属于城市推销的范畴。直到 20 世纪 80 年代,因国家经济衰退,城市之间竞争加剧,真正意义上的城市营销实践才在美国诞生。我国的城市营销是在城市经营实践的基础上逐步发展起来的,当前的城市营销热潮是 20 世纪 90 年代中期广泛的城市经营活动实践的自然结果。

在世界经济一体化的趋势下,城市营销作为城市吸引外部发展资源、应对城市危机和增强城市竞争力的有效手段而备受瞩目,同时城市相关学科的崛起,也为城市营销理论的研究丰满了羽翼。地区(城市)营销实践经历了三个阶段的发展,相关的理论研究也大致经历了与之对应的历程。

1. "城市销售"阶段:20 世纪 30—50 年代

"城市销售"以城市土地、风光、房屋及相关产业特别是制造业的销售为目的。如何通过地区促销手段,宣传本地形象以吸引更多的游客、移民等消费群体到本地居住和生活,同时吸引大量的资金到本地投资设厂成为该阶段城市营销研究的核心内容,其中尤以歌德和沃德主编的论文集最为典型。

2. "城市推销"阶段:20 世纪 60—70 年代

"城市推销"的特征是重视城市改造更新、形象重塑以及特定领域目标营销。该阶段营销的目的是吸引投资商对城市(传统工业城市)的改造进行投资,并通过旅游和文化等相关领域的营销,赋予城市新的历史价值和文化内涵。对该阶段的研究以科恩斯和菲勒的著作最具代表性。另外,贝蒂、布雷克利、霍尔和牛顿等学者也进行了相关类似的研究。

3. "城市营销"阶段：20世纪80年代至今

"城市营销"突出和强调城市营销的竞争因素、主客体界定、城市定位、城市形象品牌策略以及营销战略组合。该阶段的研究强调在彰显城市特色的前提下，将城市营销的思维深入到合理开发城市产品的途径层面。科特勒等人的论著建构了该阶段城市营销理论的概念体系和理论基础框架，无疑成为这一阶段研究的杰出代表。此外，达菲、艾诗沃斯和沃德、梅特克斯、阮尼斯特、李木阳等学者分别从城市规划与管理、城市经济发展与竞争力、地区与城市品牌、城市营销成功要素以及地区与城市文化政策等角度出发对城市营销进行研究，对拓宽和深化城市营销的理论发展贡献良多。

（三）城市营销的学术流派

城市营销在英文中有多种表述，如 regional(place city) marketing 等。其中地方"place"一词意为各种形式的地方，可以是社区、地区、城市，也可以是省或国家。Paddison 经过对众多城市的实证研究，总结出城市营销的两种模式，即北美（市场营销学派）模式和欧洲（规划学派）模式。此外，也有人认为，除上述两个流派以外，还存在旅游地营销学派和城市形象学派。

1. 市场营销学派（北美学派）

市场营销学派的城市营销管理理论以菲利普·科特勒为代表，由菲利普·科特勒、海德(Donald H. Haider)、瑞艾因(Irving Rein)等学者在后期共同完善。市场营销学派认为城市营销是一个城市财富增长过程。当市场营销经过实践发展为一门学科的时候，结合城市的管理实践，就形成了城市营销的理念(place/city marketing)。市场营销学派以经济发展作为城市营销的出发点，所以主要强调经济的目的。

换句话说，该学派强调将城市作为一个企业来经营，多从城市经济发展的角度出发，侧重于研究可执行的城市营销战略建构和推广过程，将经济发展视为城市营销的终极目标，因而该学派属于实用营销战略理念的理论类型。

2. 规划学派（欧洲学派）

城市与区域规划学派，是从西欧一些发达国家产生的一种派别。由于西欧城市发展比较早，在20世纪就出现衰落的现象，从而产生了从城市与区域规划的角度来振兴城市。规划学派以城市作为主要研究对象，强调城市营销是城市变化与调整的产物，也是城市规划的重要手段。他们着重从城市营销的起因、含义、作为规划工具的使用以及城市营销过程等问题进行了系统论述。欧洲模式将经济提升和城市发展、自然和社会规划结合起来以创造一种"和谐城市"，进而满足市民、投资者、旅游者等的不同需求。

也就是说，该学派强调将城市作为一个产品来看待，倾向于从供需双方和市场三个层面思考城市营销问题，将城市营销视为一个多元主体博弈的过程，主张通过自然与社会规划过程的整合，促进城市社会经济的协调发展。该学派关注城市营销中的 PPP 模式、城市管治及公众利益等社会政治内容，因而属于社会政治理念的理论类型，代表人物如伯利、艾诗沃斯和沃德等人，尤其以艾诗沃斯和沃德提出的"需求导向"(demand-oriented)的规划模式最具有代表性。

3. 旅游地营销学派

旅游地营销学派就是把城市营销等同于旅游目的地营销。在西方的城市营销研究中，很多学者都是从推销旅游的角度入手的，这也与旅游在经济中的地位有关。认为城市营销就是把旅游目的地看成为一种产品进行营销，认为把城市作为一种产品推销给顾客（观光旅游者和商务会议人士）是为了促进城市旅游业发展。

4. 城市形象学派

城市营销的城市形象学派起源于 20 世纪 50—60 年代在美国兴起的企业形象战略（corporation identity strategy，CIS）研究，主张将城市营销理解为城市形象的形成与传播过程，认为城市形象对城市产品的购买者有着非常重要的影响，城市营销往往要从地方形象设计开始。

这一流派主要从心理学、统计学、区域经济学等视角出发，进行了大量的形象测量、设计与研究，为城市营销理论与实践发展提供了扎实的素材。

二、城市营销与城市竞争力

（一）城市营销的原因

20 世纪是世界范围内城市化迅猛发展的世纪，在此期间，发达国家完成了城市化的进程。在中国，改革开放以来的 30 多年，经济体制的转轨和工业化发展阶段的转型促使城市有史以来进入了最快的发展时期，城市化程度在 20 世纪 90 年代以来迅速提升。但是由此一些城市就会面临更多的机遇与挑战，特别是在经济全球化发展的今天。

不可否认，经济全球化趋势确实对城市产生了比较重要的影响，其后果主要体现在两个方面：一是生产要素的流动性增强，生产过程在全球进行。二是城市在国民经济中的地位凸显。全球化弱化了国家的边界，一国的竞争力在空间上直接表现为该国城市的竞争力，最终要以城市为载体。

与此同时，资源的稀缺性又意味着城市之间必然要为争夺资源而展开激烈的竞争，使城市面对更大的不确定性和风险。因此，城市营销应运而生。

再者，提高城市竞争力是城市营销的直接原因，而且，也是促使社会进步，提高生活质量的方法所在。因此三者的关系如图 21-2 所示。

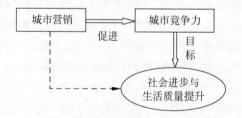

图 21-2　城市营销的直接原因

（二）城市竞争力

城市竞争力是一个城市在经济社会文化上的吸引力与辐射力的集中体现，是城市内在发展实力的外在表现。关于城市竞争力，国外学者已经对其进行了深入的研究。

美国斯坦福大学 Douglas Webster 认为，城市竞争力是指一个城市能够生产和销售比其他城市更好的产品的能力，提高城市竞争力的主要目的是提高城市居民的生活水平。

评价竞争力的4个因素是：经济结构（产业构成、生产力水平、国内外投资等）、区域禀赋（区位、基础设施、适宜性、生活商务成本等）、人力资源（价值链移动的活度和范围）和制度环境。

哈佛大学的 Michael E. Porter 认为，城市竞争力是指城市创造财富、提高收入的能力。城市竞争力的研究重在竞争力的构成因素或决定因素，其因素有6个方面：生产要素状况、需求状况、相关及辅助产业的状况和企业的经营战略、结构与竞争方式、机遇、政府行为。

 人物小传

迈克尔·波特

迈克尔·波特（Michael E. Porter），哈佛大学商学院著名教授，当今世界上少数最有影响的管理学家之一。

他曾在1983年被任命为美国总统里根的产业竞争委员会主席，开创了企业竞争战略理论并引发了美国乃至世界的竞争力讨论。他先后获得过大卫·威尔兹经济学奖、亚当·斯密奖，五次获得麦肯锡奖，拥有很多大学的名誉博士学位。

迈克尔·波特是当今全球第一战略权威，被誉为"竞争战略之父"，是现代最伟大的商业思想家之一。32岁即获哈佛商学院终身教授之职，是当今世界上竞争战略和竞争力方面公认的权威。他毕业于普林斯顿大学，后获哈佛大学商学院企业经济学博士学位。目前，他拥有瑞典、荷兰、法国等国大学的8个名誉博士学位。迈克尔·波特博士获得的崇高地位缘于他所提出的"五种竞争力量"和"三种竞争战略"的理论观点。作为国际商学领域备受推崇的大师之一，迈克尔·波特博士至今已出版了17本书及70多篇文章。其中，《竞争战略》一书已经再版了53次，并被译为17种文字；另一本著作《竞争优势》，至今也已再版32次。目前，波特博士的课已成了哈佛商学院学院的必修课之一。迈克尔·波特的三部经典著作《竞争战略》、《竞争优势》、《国家竞争优势》被称为竞争三部曲。

资料来源：http://baike.baidu.com/view/431563.htm#1

美国巴克内尔大学 Peter Karl Kresl 认为，城市竞争力是指城市创造财富、提高收入的能力。他强调，在评估城市竞争力时，指标的选择至关重要，并且提出城市竞争力与国家竞争力加以区别是评价城市竞争力的关键，其城市竞争力及评价框架是显示性框架和解释性框架的结合。由此得出了如下公式：

$$城市竞争力(UC) = f(经济因素、战略因素)$$

其中：经济因素＝生产要素＋基础设施＋区位＋经济结构＋城市环境；
　　　战略因素＝政府效率＋城市战略＋公私部门合作＋制度灵活性。

英国 Paul Cheshire 认为，城市竞争力是一个城市在其边界内能够比其他城市创造更多的收入和就业。这意味着一个城市的竞争力是城市之间在区位、所在企业的优势与劣势相互比较中体现出的能力。

因此，从以上研究成果中可以看出，城市竞争力主要指城市的资源配置能力和综合竞争能力。其中，从资源配置能力来讲，城市竞争力本质上是城市发展在其所属区域内进行资源配置的能力,而由经济资源配置所形成的企业及产业竞争力是城市竞争力的核心;从综合竞争力方面来讲,城市竞争力是受经济结构、社会文化、政策制度等多种因素综合作用的渐进过程,它体现为经济、文化、科技、社会管理等方面的综合的竞争力。

(三) 城市营销的作用

城市营销对于发展城市的旅游事业、基础设施起着重要的作用。每一个城市在旅游、文化、景观上都有它独到的地方。例如西安强调的是十三个朝代的古都,珠海是休闲、适合人居的城市,而深圳则具有创业、创新的特色,这些都给人们留下深刻的印象。

城市营销能够很好地满足城市客户的需求,能够给城市客户安排一些资源配置。比如吸引人才,吸引什么样的人才?吸引院士,吸引什么专业的院士?吸引医生,是西医还是中医,这方面都在朝着集约化、精细化的方向发展,对城市管理有着很重要的作用。

城市营销的一个很重要的效果,就是会成为一个城市鲜明的发展战略。千里之行始于足下,如果城市营销搞得好,通过分析国内外城市管理的趋势、相邻城市和本地区城市发展的特色,从而确定自己本身的发展战略;通过满足客户需要来实现自己长远的发展,为城市发展提供坚实的基础,这样就不容易出现一朝天子一个令,城市的发展随着政府行政更迭出现明显的变化。

从以上的分析来看,城市营销的作用主要有三个方面:一是彰显品牌优势,城市营销首先是一个信息沟通的过程,其中要特别重视对自身优势的宣传,强化品牌影响力;二是吸引稀缺资源,可以通过城市营销吸引资本、人力资源等稀缺的资源与本地的优势资源结合;三是促进文化互动,城市营销过程中要与其他城市、组织、人员沟通,进行文化互动,促进自身的城市文明。

(四) 城市营销的目的

做城市营销的同时应先考虑以下关于城市营销的几个问题。

1. 为什么要进行城市营销

市场经济,竞争成为时代的主题。竞争是全方位的,有企业之间的竞争、国家之间的竞争,个人之间的竞争,行业之间的竞争,更有地区之间的竞争。有竞争就有营销,企业营销是为了销售产品,城市营销是为了获得更多的发展资源。在公平竞争的市场环境中,城市营销便成了获取资源的唯一手段,只有把城市卖出去,才能得到城市资源消费。

2. 谁来做城市营销

转轨时期容易出现营销城市的主体错位、越位,突出的是政府常常定位有误,政府把太多的资源直接用于营销城市。实际上,营销城市的主角是企业、居民,政府是配角,政府为企业营销城市提供便利,政府主要是间接营销城市。在市场经济条件下,政府的主要资源应用于提供企业不宜介入的公共产品。比如,笔者曾去过某市,该市的普通话普及程度较差。相当一部分出租车司机不能讲普通话,这不能不影响该市的形象。

3. 把城市营销给谁

在市场经济条件下,一个城市应该营销给全世界,但首先应该营销给中国人,特别是本市人、本省人。现在许多城市一讲经营、营销,眼睛往往只盯着外需,实际上内需同样重要。首先要让本市人先消费。其实这里还有另一层意思,就是城市营销中的全员营销,每个城市居民与外界都有着复杂的社会联系,当一个城市居民不断在社会上传播城市营销信息时,那城市营销的效果就可立竿见影。

4. 城市营销究竟营销什么

城市营销的主体是环境,这其中包括政策环境和投资环境等软环境。城市营销的目的是获得资源,不外有三种方式,一是来城市消费;二是来城市投资;三是出口。我们撇开出口不谈,就城市消费和城市投资两点来讲都离不开城市的环境优化。所以城市营销中的主题是环境营销,即便是城市品牌运营也是基于从城市环境优势考虑,并提炼和升华到城市营销的高度来推广的。

5. 如何做城市营销

城市营销既然和企业的营销原理相同,那就应该按一般性市场营销的原理按部就班地进行,从城市的产品力挖掘、城市的品牌力塑造以及城市营销战略、战术系统的制定及执行等几个方面入手。

6. 城市营销怎样落地

城市营销一般都是政府工作,而营销工作的具体实施者是企业和城市居民。城市营销既然要推出优势产业,那么体现产业特色的只能是企业,这里就是营销的具体执行问题了。城市营销既然要树立品牌形象,体现环境优势,那么城市的居民便是环境塑造主体。

城市营销是一种综合的社会管理活动或过程。它通过城市规划、城市建设、城市治理以及城市形象传播等一系列管理活动实现城市营销的目的,这些活动应以城市营销的立足点为出发点强调其相互间的协调性,功能发挥的整体性。所以就需要了解城市营销的目的所在,其目的主要体现在以下两个方面。

一是促进社会发展,由于要改善投资环境,客观上要求不断提升政府的管理能力,加强社会的开放与文明进步,即实现社会的科学发展。再者,城市发展也带动包括农村在内的整个社会的发展。

二是提高生活质量,就是在资源优化配置以及社会进步的过程中,实现广大人民群众生活方式的转变与生活质量的提高。

"BSP"原理

BSP是英文Best Selling Point和缩写,是最佳卖点的意思。BSP原理的核心是:城市营销成功的关键是在明确定位的基础上,发掘或创造城市的BSP(最佳卖点)。这一原理由国内营销策划人庄一召首先提出,并在其营销策划实践中被广泛使用,形成一整套非常有用的营销策划技术。

具体到城市营销(策划)领域,BSP技术的要领是:

(1)发掘出你的城市的BSP因子。如果没有,就创造。

(2)能创造出实质卖点最好。但不管能不能创造出实质卖点,都必须创造出形式卖点。

(3)最佳卖点通常只有且只需要一个,如果有并列,不要超过两个。

(4)最基本的形式卖点就是一句凝练的文字。这句凝练的文字就是产品的主打广告语(城市主题宣传口号)。主打广告语必须独特、易传播。

以下几点说明也是重要的:

(1) 每个城市都有不止一个绝对或相对的优点或优势,但你在营销时并不需要,也不应该、不可以面面俱到地宣传。必须抓最有价值的卖点,一切营销围绕最佳卖点展开。

(2) 最佳卖点是产品最能打动目标受众或客户的属物或属性。最佳卖点不一定是独一无二的实质卖点。一方面,你的城市可能没有一个独一无二的卖点;另一方面,你的城市也可能有多个独一无二的卖点。当然最佳卖点首先要从独一无二的实质卖点中去寻找。

(3) 最佳卖点同时是契合营销主体的营销目的的卖点。

(4) 实质卖点是城市本身所固有的卖点。形式卖点是对实质卖点的表达,包括文字、图塑、视频、音频和现场演示。其中文字形式是最基本和最主要的表达形式,是必不可少的。对最有价值的卖点的宣传需要借助于多种形式,即便是文字形式,也并不仅仅限于一句主打广告语,还需要其他的辅助广告语。判断形式卖点是否最有价值的标准是形式卖点的独特性和传播性。

(5) 对最佳卖点之外的卖点,不要通过广告语去宣传,这样会模糊产品的形象,造成目标受众或客户对产品认知的混乱,不利于目标受众了解和接受你的产品。可以采用其他形式,如一般的介绍性文字。

资料来源:http://wiki.mbalib.com/wiki/%E5%9F%8E%E5%B8%82%E8%90%A5%E9%94%80

三、城市营销的战略实施

了解城市营销的程序是从理论和实践的角度把握城市营销规律的基础。与企业的产品和服务不同,城市的产品和服务非常多样化,它们互相联系,共同构成了城市的鲜明特征。城市的资源是有限的,要想运用有限的资源开发城市产品和服务并设法提供更多的顾客附加价值进而赢得顾客满意,就必须诉诸战略的研究和规划。可见,相对于城市促销、城市推销而言,城市营销的实质在于它首先是一种系统化的、战略性的决策。①

表 21-1　部分城市宣传口号

城　　市	宣传口号原文	宣传口号中文译文
芝加哥	Business Capital of America	全美洲的商业之都
格拉斯哥	An Arts Capital of Europe	欧洲的艺术之都
阿姆斯特丹	Capital of Inspiration	启迪之都
柏林	Capital of the New Europe	新欧洲的首都
斯德哥尔摩	Inspired in Stockholm	在斯城受启迪
赫尔辛基	Europe's Magnetic North	欧洲磁力北极
圣彼得堡	Gateway to the West/East	东西方间的门户

---

① 郭国庆.市场营销学通论[M].北京:中国人民出版社,2009:406.

续表

城　　市	宣传口号原文	宣传口号中文译文
布达佩斯	A City with a Thousand Faces	前面之都
新加坡	Live It Up Singapore	新加坡活跃起来
中国香港	Asia's World City	亚洲的世界都会

资料来源：屠启宇. 城市营销管理的战略规划、组织机制和资源配置——基于国际案例的研究[J]. 社会科学，2008(1)：127.

城市营销根植于通用的市场营销理论，市场营销的概念和工具为城市营销战略规划研究奠定了基础。学者们对城市营销的战略规划过程的观点大体相近，主要有以下几个步骤。

（一）作好城市营销战略规划

建立城市营销战略规划是整个步骤的第一步，其核心作用是为建立城市营销制订一个蓝图，确定规划的目的、时间进程、参与部门分工、项目内容和计划、整体预算以及执行小组成员等内容。

（二）进行科学全面的调查研究

进行城市营销之前必须要了解外界是如何看待评价这个城市的，而不可以一厢情愿地自以为是。调研首先从本地区资源优势、未来发展、市民意向和政府的城市发展规划入手；其次则是利用专业机构向本地区包括海外的受众，进行各种形式的访谈和问卷调查，了解公众、周边城市和国际社会对城市的评价，在此基础上得出客观而科学的结论，为下一阶段工作提供决策依据。

（三）搞好合理的城市营销定位

营销战略专家杰克·特劳特认为："在残酷的竞争环境之中，如果品牌缺乏一个独一无二的定位，将会像房子没有产权一样，令企业无立足之地。不但新产品推向市场前需要定位，企业的竞争格局发生变化，消费者态度发生转变，科技发生改变时，企业都将面临重新定位。"城市要在未来的发展中抢得先机，明确自身的战略价值定位，并围绕这一定位制定城市营销的计划占有重要的地位。

城市定位有三个基本原则，首先是优势原则，也就是要考虑从自己的优势和亮点，根据实际情况科学合理地定位；其次是前瞻原则，就是要充分研究未来发展状况和潜力，使定位具有现代特质；最后是认同原则，就是要考虑社会公众对定位的认同。只有当城市的文化和它存在的功能处于一种水乳交融的状态时，城市的品牌魅力才得以发挥。

（四）识别城市品牌的核心价值

品牌的核心价值代表产品或服务带给受众的最大和最根本的利益。一个城市的品牌核心价值不仅反映了这座城市在商业竞争社会存在的理由，而且更重要的是它代表了这个城市能够为全体社会成员带来最大的利益，对目标受众而言则包含了自身利益的最大化，对投资者则意味着投资的最大回报。品牌的核心价值是一个城市的灵魂，环境、资源、文化、历史、经济和人本身都是构成和决定一个城市品牌价值的要素,这些要素结合起来最终决定了品牌的本质。

(五)选择准确恰当的目标市场

确定目标受众可能对于城市品牌推广来讲是一件生死攸关的事,一个城市若明确了自己的传达对象,就等于细分了这个城市的市场。目标市场的定位一方面来自于初期的市场调研,另一方面,还取决于品牌的市场定位。如果一个城市的定位距离它的目标市场过远而无法实现时,城市品牌只是一块招牌而已,它对城市的发展没有任何意义。

(六)进行营销产品规划和开发

产品规划包括文化产品规划、环境产品规划和服务产品规划。文化产品规划是促使思想观念的变革,改革开放意识,进而可以增强市民精神文明建设;环境产品规划包括城市发展规划、建设具有明显特色的城市,完善公共设施、旅游景观及其设施等;服务产品规划包括政府服务(服务型政府建设)、治安服务、金融服务与通信物流服务等。

当一个城市要将自己的品牌价值推广给目标受众时,必须要完成产品的生产过程,最终通过一系列的实践活动,将定位、价值和概念附着在可以满足目标市场需要的项目开发、战略规划、环境改造等一系列硬件和软件的实施方面。这一过程相当于市场营销组合策略中的产品策略实施,缺少了这一环节,再好的定位都不可实现,城市营销就成了无源之水。

(七)设计独特鲜明的视觉识别系统

城市营销推广最直接的视觉体现就是它的形象标志和一系列的视觉规范。不同于以往国内各城市搞的象征性标志,如花卉、雕塑、象征物和简单的徽标,它们可以从不同角度折射城市的某种精神和风貌,但承载不了城市的经济发展战略和市场竞争的重任,不能从本质上反映和代表一个城市的品牌。另外,很多视觉识别系统普遍缺乏一个科学而全面的实施系统,所以,执行起来往往显得单调,视觉感染力和冲击力都十分弱,标志形象很难被社会大众和众多的商业机构所认同。

(八)根据目标市场来制定推广策略

战略规划、实施策略和视觉设计规划完成之后,就进入到全面推广阶段了,其前提是要根据目标市场来制定推广策略。通常是先从所在城市开始,在市民和公众中进行传播,因为城市品牌形象的建立从根本上是由这个城市的所有人的行为来实施的,让所有的人都明确和了解自己城市最终所要达到的目标,不仅可以统一大家的思想和行为,而且还可激发人们的斗志,鼓舞人们为之而努力奋斗。

(九)加强城市营销过程监督和管理

进行城市营销需要相当持久的时间,日积月累,从细节入手,方可收到效果。所以,推广之后,还应该设立专门的机构进行城市营销推广的监管和指导工作。

(十)进行有效的整合传播

整合传播包括两个方面,一个是整合营销主体,它是一个由政府、企业、社会组织、居民等主体组成的主体子系统;另一个是整合传播媒介,它是透过各种媒体包括报纸、杂志、广播、电视、网络、会议、节庆、展览、户外广告、文学作品等立体化传播媒介最大限度地推广与传播各种城市产品。

许多国际性城市都将城市品牌的建立和营销作为城市发展战略的核心部分,认为城市品牌是基于城市的功能并反映了城市发展的愿景,因此品牌也成为城市战略规划的一个重要出发点,往往由市政首脑牵头,进行聚焦和长期的运作。

类似的以城市品牌设计、口号推广为切入口,导出整套城市战略规划,已成为主要城市的通行做法。其基本方式可以归纳为:结合城市战略规划,明确城市定位,据此设计城市的形象,进而发掘和确立城市营销的诉求方面,尤其是强化本城市与其竞争对象之间的不同之处和优势。

本讲小结

城市营销就是一种将城市作为特殊产品进行传播、推广以获取综合收益的一种市场化行为,共经历城市销售、城市推销和城市营销三个发展阶段。随着经济的发展,各种学术流派应运而生,主要的学术流派有北美(市场营销)学派、欧洲(规划)学派、旅游地营销学派和城市形象学派。

20世纪期间,发达国家完成了城市化的进程,开始注重自身的城市竞争能力。城市竞争力是一个城市在经济、社会、文化上的吸引力与辐射力的集中体现,是城市内在发展实力的外在表现,可见城市营销的作用是巨大的。

本讲末对城市营销的基本战略作了简要介绍,内容主要可以总结为产品定位、战略规划和整合传播三个部分。

思考题

1. 什么是城市营销?
2. 简述城市营销的发展阶段以及学术流派。
3. 城市营销产生的原因以及城市营销的作用和目的都有哪些?
4. 什么是城市竞争力?
5. 结合实例论述城市营销的基本战略。

案例与思考

桂林——旅游老品牌的困惑

桂林,一颗镶嵌在中国南部的璀璨的旅游明珠,不仅有着"甲天下"的山水自然风光,而且也以其悠久的历史,于1982年获得了国务院首批公布的24个历史文化名城的殊荣。桂林市是世界著名的文化风景旅游城市和历史文化名城,有2 000多年的历史,积聚了深厚的文化底蕴,是桂东北地区的政治、经济、文化、科技中心。桂林自然环境优越,河流、湖泊遍布,山峦绵延起伏,属山地丘陵地貌,是华南各民族重要的发源生息之地。桂林地处广西东北部,南岭山系的西南部,平均海拔150米,属于典型的岩溶地貌。因山青、水秀、洞奇、石美而久享"桂林山水甲天下"的盛誉,而且文化古迹众多。桂林辖秀峰、荔浦、龙胜、永福、恭城、灌阳12个县,人口476万,行政区域总面积27 809平方公里,其中市区面积565平方公里,有壮、回、苗、瑶、侗等少数民族69.49万人。桂林地处低纬度,气候温和,雨量充沛,无霜期长,夏无酷暑,冬无严寒,四季宜人。近几年桂林大搞城市建设,新建的街道非常整洁漂亮。

改革开放初期,"桂林山水甲天下"的影响,一直使桂林旅游走在全国的前列。但是近些年随着四大"男人"的夹击——云南、海南、湖南、越南旅游的崛起,"甲天下"的品牌遭遇到了挑战。

新世纪、新桂林怎么办?

老口号、老品牌将如何创新?办了十几届的"山水节"是否有必要继续办下去……

"桂林"这个被克林顿总统比喻为美丽的"村姑"将如何面对四大"男人"的夹击?

资料来源:赵中生,李勇.中国城市营销实战[M].北京:中国物资出版社,2003:18.

案例思考:

1. 试评桂林的城市营销。
2. 针对桂林的现状,你认为"桂林"这个"村姑"应当如何面对四大"男人"?

本讲实训

一、实训目的

1. 明晰城市营销的含义以及城市营销的发展过程。
2. 了解城市营销的原因、作用以及其目的。
3. 结合具体事例来分析城市营销的基本战略。

二、实训内容

以小组为单位,通过书刊、报纸、网络等收集若干城市营销的案例。小组将收集到的案例进行分析讨论,结合本章学习内容,基于现实背景,各小组讨论并预测一下城市营销未来可能的发展趋势。

三、实训组织及步骤

1. 指导教师明确实训目的、任务和评价标准,指出实训要点和注意事项。
2. 班级成员分为若干小组,通过收集资料案例,仔细阅读,并展开讨论。
3. 各小组的发言代表对本组的讨论情况进行结果展示,发言内容应包括对案例的描述和评论。
4. 各小组展示之后,由指导老师点评和总结。

参 考 文 献

[1] Ashworth G J, Voogd H. Marketing the city:concepts, processes and dutch applications[J]. Town Planning Review,1988,59(1):65-79.

[2] Ashworth G J,Voogd H. Selling the city: marketing approaches in public sector urban planning [M]. Belhaven Press,1990: 42,43.

[3] Paddison R. City marketing image reconstruction and urban regeneration. [J]. Urban Studies,1993 (2):339-350.

[4] 白长虹,卞晓青,陈晔. 从城市营销到城市文化发展[J]. 天津社会科学,2008(2):82-84.

[5] 菲利普·科特勒,凯文·莱恩·凯勒. 营销管理[M]. 王永贵,译. 上海:上海人民出版社,2009.

[6] 郭国庆. 市场营销学通论[M]. 北京:中国人民大学出版社,2009.

[7] 郭国庆,刘彦平,钱明辉. 城市营销的机会[J]. 财贸经济,2006(1):51-56.

[8] 郭霄星. 城市营销主体[J]. 生产力研究,2010(9):94,95.

[9] 胡彬. 全球化环境中的城市营销:行为空间变化与战略转型[J]. 天津社会科学,2009(5):84-89.

[10] 康宇航,王续琨. 论我国城市营销的现状及其策略[J]. 江淮论坛,2004(3):10-16.

[11] 梁强,陈芳. 关于提升我国城市营销水平的思考[J]. 现代财经,2005,25(6)78-81.

[12] 屠启宇. 城市营销管理的战略规划、组织机制和资源配置——基于国际案例的研究[J]. 社会科学,2008(1):125-133.

[13] 王山河,陈烈. 西方城市研究理论进展[J]. 经济地理,2008,28(1):100-104.

[14] 王进富,张道宏,成爱武. 国外城市营销理论研究综述[J]. 城市问题,2006(9):84-88.

[15] 于涛,张京祥. 城市营销的发展历程、研究进展及思考[J]. 城市问题,2007(9):96-101.

[16] 赵中生,李勇. 中国城市营销实战[M]. 北京:中国物资出版社,2009.

[17] 朱惊萍,董小麟. 城市营销与城市竞争力[J]. 广东商学院学报,2007(4):59-63.

[18] 郑昭,刘波. 城市营销:营销学研究的新领域[J]. 开发研究,2005(4):93-97.

[19] 张京祥,朱喜钢,刘荣增. 城市竞争力、城市经营与城市规划[J]. 城市规划,2002,26(8):19-22.

[20] 左仁淑,崔磊. 城市营销误区剖析与城市营销实施思路[J]. 四川大学学报(哲学社会科学版),2003(3):41-44.

[21] 周冰,刘岩. 城市营销过程中的广告效用模型研究[J]. 中国管理科学,2005,13(3):74-78.

第二十二讲 营销文化与文化营销

文化营销青睐地铁

2012年由华谊兄弟出品,陈国富监制,冯德伦导演,洪金宝担任武术指导的《太极》三部曲以特殊方式在北京亮相。电影中五大功夫高手联手"围攻"国贸,将地铁站打造成了太极站。

2012年4月1日,《太极》重磅击出第一拳,耗巨资包下北京客流量最大的地铁站——国贸站,通过全站广告这一特殊形式揭晓了电影中五大"功夫高手"并推出强势演员阵容:主演梁家辉、Angelababy、彭于晏、冯绍峰、舒淇、吴彦祖及"怪咖"。众星联手"围攻"国贸,将地铁站"打"造成太极站。此时,离电影上映足足还有半年。《太极》总监制陈国富表示,"为了能最直观地传达《太极》的概念,我们决定提前半年将影片的形象传播出去。"时机的选择并非本次营销的唯一亮点,明星闯地铁又是本次娱乐事件的一出重头戏。主演之一冯绍峰在"太极站"启动首日乘坐地铁抵达现场,在自己的广告图前留影并发布微博。唯一的"女侠"Angelababy也于4月3日现身"太极站",与各路高手"过招"并发布微博。

截至4月4日12时,冯绍峰和Angelababy的"太极站"微博转发量均突破7 000次。微博+地铁,更有生命力的新营销组合微博与地铁广告的互动,已成为了一个富有生命力的新营销组合。2011年,走秀网在北京地铁进行套装广告发布后,曾借助其代言人杨幂的超强人气,举办了一个名为"寻寻幂幂"的微博营销活动,引发众多"蜜蜂"(杨幂粉丝昵称)和微博控的强烈关注:随手拍下地铁内的走秀网广告,与品牌进行微博互动。活动持续不到一周,微博转发量已达数千条。

在《太极》的宣传中,除了明星的微博造势外,"华谊兄弟电影"的官方微博也在国贸站广告发布的同时展开"随手拍摄国贸太极站"的活动,将广告的影响力在线上进行扩散,引起又一轮的讨论热潮。网友只须前往国贸拍摄"太极"广告图,并上传微博,就有机会赢得纪念U盘、首映门票以及iPhone4S。

资料来源:李峰.地铁媒体:文化营销正当时[J].中国广告,2012(6).

本讲知识结构图

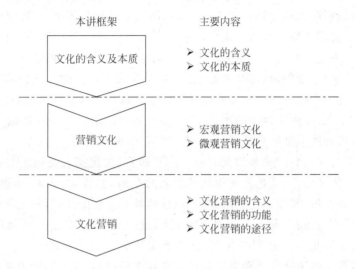

地铁汇聚了城市的核心人群,乘客的文化消费力以及舆论影响力是一个庞大的资源,怎样借助地铁媒体分享这块诱人的蛋糕,已成为文化产品营销中的一个挑战与机遇。正如本案例中所讲的,文化营销不仅应用在电影行业,而且也越来越多地应用在其他更多的行业中,这也表明文化营销在现代社会中的地位越来越重要,应用也越来越广泛。

营销界有三老话:三流营销卖产品,指的是产品的技术和质量;二流营销卖品牌,说的是渠道、服务、宣传和促销;一流营销卖文化,也就是说一个商品要能够满足多个需求。由此可见,随着人们的文明程度和素质的不断提高,在营销战中文化因素正越来越多地发挥着独特的作用。文化营销与营销文化将成为未来市场竞争中最锐利的营销武器。

一、文化的含义及本质

众所周知,文化概念,堪称人文科学研究领域最难把握和定义的概念之一。人是文化的载体,文化可以说是与人的出现相伴而生的。在 20 世纪,文化概念经历了重要的变化。在 1920 年之前,文化的定义只有 6 种,但到 1952 年,就已经多达 160 余种,文化定义之复杂可见一斑。文化这一概念是随着时代、社会和知识的发展不断演进的,其含义既是多层次的,也是内部交织在一起的。在现代工业社会里,文化概念的含义已经变得比较混乱和复杂,似乎涵盖到了社会生活的所有领域之中,几乎没有什么是不可以纳入文化研究的范围和视野之中的。由此也说明,由于"文化"内涵极其丰富,外延十分广泛,对"文化"要下一个严格、准确的定义,确实是不容易的。

(一) 文化的含义

"文化"一词人人在用,但对其含义的理解却各自不同。英国人类学家泰勒在《原始文化》一书里的定义为:"文化或文明,就其广泛的民族学意义来说,是包括全部的知识、信仰、艺术、道德、法律、习俗以及作为社会成员的人所掌握和接受的任何其他的才能和习惯的复合体。"这个定义对学术界所产生的影响一直延续至今。

1952年克罗伯在《文化、概念和定义的批评考察》一书中指出:"文化由外层的和内隐的行为模式构成;这种行为模式通过象征符号而获致和传递;文化代表了人类群体的显著成就,包括他们在人造器物中的体现;文化的核心部分是传统的(历史的获得和选择的)观念,尤其是它们所带的价值。文化体系一方面可以看作是活动的产物,另一方面则是进一步活动的决定因素。"这一定义为当代文化界所接受,影响深远。①

美国社会学家L.布鲁姆认为:"文化是在群体经历中产生的代代相传的共同的思维与信仰方式,它是一个社会的生活方式以及适用于其成员的知识、信仰、习俗和技能。"

美国学者F. R.鲁特认为:"文化可以定义为某一特定的人类社会的独特的生活方式,即一代又一代延续下来的思维方针、观念、感情、信仰和行为。"②

一般学术界对文化有广义和狭义之分。广义而言,文化指人类创造的物质文明和精神文明的总和。狭义而言,文化主要指精神层面的东西,如哲学、艺术、美德、宗教以及部分物化的精神,如礼仪、制度、行为方式等。但这两种对文化的认识,都把文化看作人的创造的一种"结果"或"产物",是人与自然、人与社会进行物质信息能量交换所形成的一种"已然的完成状态",是一种静态的存在,忽略了文化更多的还表现为一种主动地创造过程,是人通过劳动实践不断完善和发展自己存在状态的过程,是人不断追求真善美的价值生成过程。因此,文化是指人的创造力的静态存在和动态存在的统一,即文化既是人们以往文化活动的产物,更是人在这基础上又不断生成新的文化的过程。

(二) 文化的本质

文化的本质在自然的终结和人的开始之处,即自然的人化,这里的人不是生物学的个体,而是会思维的、有道德的、有美感的生物。自然界各种低等动物的一切行为,都是本能的、原发的——自然界不存在文化问题。与自然、原始相对而言,世界最初是自然、原始的;有了人类才有文化。人类作为高等动物,所创造的一切东西,都与自然的、原始的世界不同,都是一种文明或一种文化。所以说文化,是与人类共生的现象。

文化分为物质文化和精神文化,即文化的物质属性与精神属性。文化的物质属性是指人类为生存而改造自然(种植、养殖)的结果(如建筑、家具、工具、服饰等);精神属性指人类在改造自然中还要组织自身行为、积累知识、愉悦精神的行为(包括信仰、知识、法律、制度、艺术等)。

二、营销文化

在20世纪90年代后期,营销文化逐渐引起人们的重视。随着市场营销理论的发展和市场竞争中营销活动日益重要,市场营销活动中文化功能日益受到人们重视。营销文化是市场环境下企业在营销活动中的营销思想、营销价值观念和营销手段综合体现出的一种代表企业形象的文化观念,抽象地说营销文化是指企业在市场营销活动中所创造的文明成果,是社会文化在营销领域的投影或具体体现。

---

① 杨军昌.文化、人口文化与民族人口文化研究刍论[J].西北人口,2008(6):44,45.
② 吴克礼.文化学教程[M].上海:上海外语教育出版社,2002.

(一) 宏观营销文化

宏观营销文化是指社会生活中所涉及的宏观营销的所有文化要素。主要包括以下几个方面的内容。

1. 社会价值取向

社会群众主要的价值观或价值取向,它同时包括了人们的生活价值和消费价值原则,都在影响人们的生活方式。文化是一种生活、一种方式、一种行为,贯彻在具体的生活中的生命价值、美学原则、伦理道德等各个方面,文化积淀在很大程度上决定着个人的生活方式,例如具体的生活、情趣、行为等,当然也决定个人的购买指向。顾客文化与购买指向如图 22-1 所示。

图 22-1 顾客文化与购买指向

2. 营销法律法规

制定和完善涉及营销活动的有关法律,或政府进行管制的有关规定。国外经济发展史表明,营销文化发展初期,由于法规不健全,营销活动及其文化总是比较无序的。我国的营销文化发展初期,也是无序的状况。例如,商标设计的侵权行为,商业广告的失真状况等。为了促进营销文化的健康发展,应当逐步完善有关法规,逐步规范营销行为,保证营销文化保持积极向上的形式和内容。

3. 营销伦理约定

对营销文化中涉及营销活动的有关伦理道德,或营销活动的风俗进行约定(不成文的规定)。按照企业营销伦理的要求进行营销活动,可以使企业做到义利兼得,谋利而不失义,义利兼得是现代市场经济发展的必然要求。企业只要遵循营销伦理的要求,就会在尽到自己社会责任的同时获得自己应有的利润。因此可以说,营销伦理是企业营销文化的必然要求。

4. 消费流行风尚

一定时期产生的消费流行、消费时尚。面对经济全球化和信息技术的发展,新技术、新思想层出不穷,产品生命周期缩短,企业面临的是瞬息万变的市场,面对的是追求多样化、个性化的产品和服务的消费者。在这种情况下,企业必须辨识变化中的顾客需求和新的商业挑战,关注这些需求和挑战的出现,在这些新机会变化或消失之前,迅速地、恰当地做出反应。

在企业营销活动中,要注意作为环境的宏观营销文化具有以下两个特征:

① 文化环境的确定性,即某些文化内核短时期不会变化,如信仰、基本价值等,这些基本是可以预测的。② 文化环境的不确定性,即文化解读的困难(语言、行为仪式)、文化的个体差异(个体学习内容的差异、个体学习能力的差异)、文化因素的变化(流动的体系、大众传播)等。

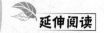

佰草集带领"中国元素"走向全球

佰草集植物中草药概念的护肤品已经供大于求了吗?除了国内市场以外,欧美发达国家对中草药植物文化的认知度是否也在提高?中国文化能否在全球化的进程中走得更远?业内对这些问题还是保留积极的态度。"尽管电视和杂志广告的宣传已经铺天盖地,实际上目前专营店渠道纯植物概念的品牌并不是太多,泊美、雅格丽白、婷美等也是屈指可数,绝对占比不足10%。"广州思奈尔化妆品有限公司总经理尹智勇表示,由于受到植物天然概念的带动,以雅丽洁为代表的专营店"自有品牌"的个人护理品大多数已经确定了植物定位,尤其是洗涤品类几乎都在使用纯天然植物概念。但是大多数B、C类专营店更多地关注这些产品包装、品质、折扣几个因素,植物概念只是次要的补充,因此植物概念护肤品还有相当大的发展空间。

"当佰草集成功进入法国香榭丽舍大街之后,中草药概念和中国文化就进一步在欧美市场中获得认同。"李佳程多次往返中法两国,她认为,法国对中国特色文化非常认同,例如,法国西医一个月的收入是6万法郎,而一个中医的月收入是10万法郎,这是文化差异性的市场号召力。由于法国对中国文化有天然的认同感,加上对中草药植物概念的坚持,佰草集不仅将这一市场在国内做大了,还将"中国文化"成功带入法国乃至欧洲。

吴春林也对这一观点表示认同,他认为欧美国家对中国文化非常感兴趣,中草药代表中国文化,国际市场就是需要亚洲东方的原创和独特卖点。但是他也表示,中国文化要真正走出国门,在全球化进程中占有一席之地,还有很多功课要做:首先,欧美对于天然有机类护肤品已经出台相关规范条例,对于管理有据可循,而中草药植物概念护肤品也需要尽快出台相关管理办法,帮助本土企业有序经营,获得国外市场对品质方面的认可;其次,本土企业必须放弃短视的炒作,坚持打造自己的品牌竞争力,另外,本土品牌走出国门必须站在欧美消费者角度进行配方、包装设计和宣传方面的改进。

佰草集在进入法国市场之前,就聘请了法国本土的包装设计和市场推广团队进行产品线改良,事实证明,此举最终进一步提升了欧美消费者的认同感和接受度。适度的本土化能够让中国文化更快深入全球市场。

资料来源:http://www.apinpai.com/b684945/

(二)微观营销文化

微观营销文化指微观营销所涉及的所有文化要素,是企业在营销过程中所创造的价值观、习俗、行为准则等文化成果,这种成果被传播给其他组织或个人,并部分被物化在所生产的产品或提供的服务中。

从企业营销文化的定义可展开出以下的推论:其一,营销文化必须有一个产生的源泉,这就是企业或组织的营销过程;其二,营销文化必须被传播,这就要求营销文化必须从创造源不断扩散出去,作为企业营销者必须担负起传播营销文化的使命;其三,营销文化必须部分蕴含于产品或服务中,这就要求产品或服务必须要有文化品位与文化附加值,要能体现制造产品者的智慧与审美情调。

微观营销文化的内容具体体现在以下几个方面：①营销理念文化。它是存在于员工头脑中的营销理念。②营销行为文化。这是体现在企业相关的营销制度规范方面,也体现在员工行为方面的相关内容。③营销物质文化。主要体现在营销相关的物质环境,也体现在营销的产品方面的有关内容。

简而言之,营销文化就是贯穿于企业整个营销活动过程中的一系列指导思想、文化理念以及与营销理念相适应的规范、制度等的总称。营销文化的精髓是营销理念与其价值观,本质上是面向顾客营销和创造品牌的文化。

企业营销文化的特征：

(1) 企业营销文化的形成是企业营销走向成熟的一个重要标志。企业营销文化的形成需要一个正确的理念与精神支撑,这种理念与精神要在长期的工作中被大家接受,成为行动指南。有了营销文化,不仅对人有鼓舞作用,而且还能提升企业形象,增强企业凝聚力,打造企业核心竞争力,企业的营销工作才会跃上更高的境界。

(2) 企业营销文化是每个企业所独有的文化,具有难以模仿的特点。企业营销文化中的营销理念是贯穿于企业经营活动的指导思想,同时也是企业家经营思想的反映。它演绎为一种文化现象,这种文化现象的核心就是以什么为经营理念来开展生产经营活动。技术、高科技可以学,制度可以制定,但企业营销文化却是很难模仿的。

(3) 企业营销文化的价值在于构筑企业核心能力。企业核心能力,是指本企业所拥有的,而其他企业不具备的技术、服务、管理等方面的能力。企业营销文化正是发挥了其难以模仿的特点,帮助企业构筑核心能力。

营销文化——新营销文化模式的基本要素

(1) 学习型营销团队。所谓学习型营销团队,是指通过培养弥漫于整个营销团队的学习气氛,充分发挥员工的创造性思维能力而建立起来的一种有机的、高度柔性的、扁平的、符合人性的、能持续发展的团队组织。烽火猎专家认为这种团队组织具有持续学习的能力,具有高于个人绩效总和的综合绩效。它强调团队成员的自身学习、团队成员的相互学习、向外团队的学习的有机结合,不断进行营销方式的创新和整合,以更好地满足顾客对商品(或服务)的需求,同时实现企业营销目标。

(2) 知识化管理就是对企业知识生产(创新)、分配、交流(交换)、整合、内化、评价、改进(再创新)全过程进行管理,从而实现知识共享,增加企业的知识含量和产品中的知识含量,提高企业创新能力和核心竞争能力,提高顾客(对企业产品)满意度和忠诚度,保证企业高速、健康、持续发展,在激烈的全球化竞争中立于不败之地。

(3) 团结协作是一切事业成功的基础,个人和集体只有依靠团结的力量,才能把个人的愿望和团队的目标结合起来,超越个体的局限,发挥集体的协作作用,产生1+1>2的效果,对于营销活动效果尤其明显。

(4) 顾客满意化营销的指导思想是企业的整个经营活动要以顾客满意为指针,要从顾客的角度、用顾客的观点而非自身的观点来分析，考虑消费者的需求。要做到让顾客全方位的满意和全过程满意，只有真正把顾客当作朋友、亲人，你才会给消费者以发自内心的微笑。

资料来源：http://wiki.mbalib.com/wiki/%E8%90%A5%E9%94%80%E6%96%87%E5%8C%96

三、文化营销

随着经济的发展和人民生活水平的提高，顾客的追求已不再停留在物质需求的满足，顾客有时候将消费当成是一种享受来对待。那么企业应该怎么应对呢？肯德基卖的仅是汉堡包加鸡腿吗？不是，其实它卖的是现代、快捷、时尚个性化的饮食文化。佳能卖的仅是数码照相机吗？不是，它卖的是让人们留住永恒和难忘的回忆。还有，在中秋节我们吃月饼吃的是什么，只吃的是月饼的味道吗？不是，其实它品味的是中国民族传统文化——合家团圆。端午节吃的是粽子吗？不是，端午节是在品味屈原历史文化。过生日吃的仅仅是生日蛋糕吗？也不是，品味的是人生的希望与价值。喝可口可乐喝的是它所蕴含的阳光、活力、青春与健康；喝红牛喝的是它的激情、酷劲与时尚。顾客的需求层次不断上升的趋势，推动着企业进入文化营销的时代。

（一）文化营销的含义

文化营销是以文化为中心思想的一种新式营销方式，它是立足于顺应、培养和创造人们的消费行为方式和消费观念的一种营销方式。文化营销有别于单纯的传统营销。传统营销的中心思想是通过市场将优质的产品和周到服务提供给顾客，以实现顾客各种需求的满足。而文化营销则通过顺应和创造消费文化和价值观使顾客通过消费得到心理上一定程度的满意。传统营销的核心只是产品的适销对路和周到服务，而文化营销则是通过赋予企业、产品和服务一定意义的文化内涵，同时宣传一种文化理念，从而让顾客一起分享其价值观念。

文化营销是一个组合概念，简单地说，就是利用文化力来进行营销，它是指企业营销人员及相关人员在企业核心价值观念的影响下所形成的营销理念，以及所塑造出来的营销形象，是两者在具体的市场运作过程中所形成的一种营销模式。

目前，人们对文化营销至少有以下五种理解：一是对各种文化产品和文化服务的营销；二是利用各种文化产品或文化活动来促进商品销售；三是企业需要借助或适应不同地域特点的环境文化开展营销活动；四是企业把文化因素渗透到市场营销组合中，从而制定出具有文化特色的市场营销组合；五是企业应充分利用 CI 战略构建具有特色的企业文化来开展营销与管理。

延伸阅读

法拉利首发中国

众所周知，法拉利是世界顶级跑车品牌之一，但由于法拉利跑车从未登陆中国，人们对这个世界知名品牌却一无所知,就连有购买顶级跑车能力的消费者对法拉利这个品牌也知之甚少,甚至不知道它的存在。然而这段历史在1993年被炎黄艺术国际推广有限公司所改写。

1993年北京首次申办2000年夏季奥运会,得到举国上下全力支持的北京迅速地开展起对基础设施、环境及北京整体形象的改善工作;经济快速增长、市场日益繁荣的中国,特别是中国的首都北京引起了世界的极大兴趣。Ferrari公司和它的香港市场代理Italian Motor公司,此时就进入中国市场的问题,向炎黄公司执行董事宋正中先生进行了咨询。凭借对中国市场、汽车消费趋势的深刻认识,宋先生敏锐地感到这个想法所具备的文化价值,于是向客户作出了肯定的答复。

宋先生向Ferrari公司承诺,如该公司有能力快速安排空运一台新型跑车到北京,炎黄公司就完全有能力抓住申奥进入高潮的良机,使Ferrari品牌在中国市场一举成名。

1993年5月,承诺后短短20天,在北京申办2000年奥运会时的象征形象、同时又是灿烂悠久的中华文明结晶的天坛祈年殿,享有"意大利国宝"美名的法拉利348ts跑车与它的中国主人有了"第一次亲密接触"。传统与现代,东方与西方文化的结晶在此相遇,振奋人心的盛大交车仪式把法拉利跑车首发中国活动推向了高潮。法拉利跑车进驻中国的消息印证了中国的开放和中国市场蕴藏的商机,海内外五十余家媒体报道了这一事件。从那时起,中国市场的汽车消费需求进入了多元化时代,目前法拉利汽车在中国已经拥有了五十几名用户,成为消费者心目中的No.1。

资料来源:http://www.yan-huang.com/yanhuangshowroom/chinese/exhibitors/whyx.htm

(二)文化营销的功能

1. 增值功能

现代产品观念已经突破了传统的产品观念,把产品看成是由核心产品、有形产品和附加产品组成的一个系统组织,而不仅仅是一种有使用价值的、有形的、物质的东西。现代产品是有形与无形、物质和精神、虚幻和现实等多方面因素的对立统一,是一个有机的整体。现代产品不仅要满足消费者物质上的生理需求,更要满足他们心理上、精神上的需求。文化营销作为一种追求真善美的价值活动,正好适应了这种产品概念和消费趋势,使得产品有可能超越其物质意义而成为某种精神的象征、某种心理或者某种感觉的符号,从精神方面充实和丰富产品的价值。

2. 提升功能

文化营销的提升功能就是用文化来提高和升华企业的社会形象,使消费者感受到企业良好的形象之后,对其产品服务产生信赖和依恋。国内外著名品牌几乎都是借"文化"以提升社会形象,从而长久地赢得消费者的心。例如百年老店——同仁堂品牌传播借力电视剧《大宅门》和《大清药王》,通过一种含蓄的方式,讲述了同仁堂百年来的传奇故事,清晰地向观众传递了同仁堂的品牌故事和"同修仁德,济世养生"的企业价值观。这是通过文化营销来传递和提升品牌的内涵与价值的典型之作。

3. 差别化功能

差异化竞争战略是由著名的战略管理专家迈克尔·波特提出的三大竞争战略之一。

该战略是将公司提供的产品或服务差异化,形成一些在全产业范围中具有独特性的东西。差异化战略可以给企业带来超额利润。目前随着企业在物质领域差异化的不断减少,文化领域所独具的差异化优势就明显地体现出来。如果企业在某个文化层面形成与竞争对手相区隔的东西时,那所形成的优势往往是对手难以复制的、难以模仿的。例如金六福酒关于福文化的塑造,迎合了中国人传统的求福心理,从而一举成就了中国白酒销售前五名的辉煌业绩。

4. 凝聚功能

文化营销的凝聚功能就是从文化的价值上和情感上与消费者进行深层次的沟通,使企业与消费者之间形成强大的情感共鸣和内聚力,增强消费者对企业产品服务的忠诚程度。打造出名牌是每个企业所希望的,也是文化营销所要追求的最高境界。名牌之所以能给消费者强大的感召力和吸引力,主要归因于名牌所体现出的文化价值和文化精神。文化营销说白了就是要从心灵上打动消费者、吸引消费者,与消费者在精神情感层次上进行联通认同。例如耐克的"JUST DO IT"(尽管去做)——代表了全球新一代年轻人共同的文化。一位耐克的员工说,他们在北京街头对孩子们进行采访时,他们都说,耐克真正懂他们。在这里,一个品牌真正地影响这些孩子,在他们很小的时候就深深打下品牌的烙印,以至于影响他们的一生。

文化营销的这几大功能有其自身的局限性,不能无限地夸大其作用。首先,文化本身不能代替质量,质量是企业最根本的东西,没有质量,再好的文化营销也没有用;其次,文化本身也不能代替技术进步,文化是附着于技术的,没有技术的进步就无法获得核心竞争力;再次,文化营销也不能代替市场营销的一般理论要素,如市场渠道的设立、价格的制定和市场机会的把握等。

(三)文化营销的途径

1. 品牌定位

定位是文化营销的前提。有效的文化是以准确的形象定位为基础的。而准确的形象定位又是以准确的战略定位为前提的。在确立企业的定位时,必须避开多元化的陷阱。这些年国内有一种认识倾向——企业越大越好,跨的行业、地区越多越好。却不知,缺乏核心竞争力的多元化,不仅仅对于企业竞争力的提高无助,而且从文化的角度来看,还会使企业形象模糊不清。企业一定要清楚要把自己的主力用在哪里,需要专注,有焦点,应把资源集中放在培养核心竞争力上发展出自己的流程和技术,并且把品质标准提升到世界水准,到国际市场上竞争。只有企业的自我认知清楚,战略定位明晰,才能确立准确的定位。

2. 产品开发

产品是文化营销的基础。佐治亚大学教授罗伯特·戈连比耶夫斯基说过企业革新的关键在于价值观重塑。因此,要想成功打造产品,必须首先从革新意识做起,建立文化营销的观念。在买方的市场下,由于消费者的消费观念发生了巨大变化,消费者所购买的或者说企业所销售的不仅是商品,还包括商品及企业所具有的文化,实际上它是以产品为核心的一个系统。企业通过文化营销,可以将产品营销上升为品牌营销,将单一产品营销发展为一系列营销,将产品形象营销提升为企业形象的营销,进而以企业形象营销带动产品营销最终提高企业的市场竞争力。

3. 品牌

品牌是文化营销的目标。从企业、品牌、商标三者形象的相互依存关系角度来看,"三位一体"战略实现整体文化营销的途径大体有以下三种。

(1)"商标和品牌形象合一型"。因历史等原因而拥有的著名商标和品牌,但企业名称却与商标和品牌互不相干的时候,企业应将三者的名称统一起来,形成一个系统,以商标在消费者心目中产生的形象来彰显企业的形象和品牌形象从而帮助企业提升文化素养。

(2)"企业形象型"。如果企业本身就具有较高的知名度,可以将企业的名称应用于该企业品牌以及商标上,以此帮助品牌和商标形象的提升。再如一些拥有"老字号"的百年企业,在进行产品和品牌开发及扩展时,可重点考虑对"老字号"这一无形的资产的充分挖掘和利用,从而塑造出正面而且鲜明,令人信服的企业形象。

(3)"同步成长型"。对于一些从事专业化经营的新公司而言,可在公司成立初期,就将企业、品牌和商标三者统一起来,同时培养,共同提升。品牌是企业文化的标志;品牌是透过传播从而把企业文化介绍给消费者的产品;品牌是消费者对产品所产生的体验和感受,每个品牌的背后都有一个产品,但并不是每个产品都可成为一个品牌。品牌是产品和消费者之间的互动关系,不是一蹴而就的,它需要被持续不断地宣传和维持,从而更好地实施文化营销。

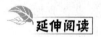

第十二届亚运会圣火采集仪式与马自达的双赢

20世纪90年代,进口汽车制造商瞄准了中国汽车市场,而在北京市场上获得出租车行业的大批量订货,无疑是最好的产品推广途径。1995年,围绕北京市承办第四届世界妇女大会增强出租车运力的计划,14家国内外汽车制造商展开了激烈的竞争。

作为日本马自达汽车公司的业务伙伴,炎黄公司清楚地知道马自达汽车在中国用户心目中并非主流品牌。若想赢得商机,必须运用"文化营销"的战略战术,强化马自达品牌在北京市场上的形象。因此在1994年,炎黄公司对北京市场上目标用户的业务需求作了深入的调查和研究,掌握了目标用户对新一代出租车的性能价格比的要求。根据这一要求,他们向日本马自达公司提交了竞争车型提案,建议马自达公司按照北京用户的使用需求、审美观和实际购买力,专门生产一款323型小客车参加投标。

任何一家进口汽车制造商都必须在产品之外拥有更多的竞争武器。当时,第12届亚运会即将在日本广岛举行,而广岛亚运会组委会已经计划到北京迎取运动会圣火的火种。抓住这个机会,炎黄公司制定了把圣火采集活动放大成一次中日友好交流活动的竞争策略。1994年9月,由马自达公司赞助的大型文化活动《第十二届亚运会圣火采集仪式》在天安门广场举行。在仪式上,马自达提供的MX-6敞篷运动车趁担任火炬运送车之机第一次进入中国市场,马自达其他型号的汽车也在天安门广场实现了商业性展出(如果没有圣火仪式,这一点是难以想象的)。在广岛亚运会期间和会后炎黄公司分别安排了北京市和马自达公司之间的互访。一系列的相关活动,把马自达品牌在目标用户心目中的形象提升到了新的高度。

1995年,参加世界妇女大会指定交通工具竞标时,性能价格比优越的马自达323汽车得到了用户们的一致好评,与此同时用户对马自达公司的信任起到了作用,马自达公司一举赢得1 600台的订货,战胜了势力强劲的对手。

运用文化营销策略,炎黄公司把在中国市场上相当沉默的马自达塑造成为用户信任的名牌,不仅为马自达汽车赢得了在中国的第一次胜利,而且促成马自达汽车在北京市场上的持续销售。文化营销改变了消费者对马自达品牌的印象,成功提升了品牌价值。

资料来源: http://www.yan-huang.com/yanhuangshowroom/chinese/exhibitors/whyx.htm

4. 实施灵活多样的营销文化组合方式

多样化的企业文化营销方式主要从营销文化组合中得到体现,主要表现在产品、广告、分销渠道和促销这四个方面。其一,产品中的企业文化营销上要求企业渗透文化理念于产品各个层次之中。坚信自己不是在单纯销售产品,而是在营销某种价值观念,只有如此才能取得企业的持续发展。其二,广告中的企业文化营销上要求在设计的过程中注入文化内涵。广告是最广泛的促销手段,即使在很短时间内介绍一种产品,也能让消费者对该产品产生印象,并激起消费者的购买欲望。构思巧妙、含义丰富、风格隽永的文化型广告总是能吸引人的注意。其三,分销渠道中的企业文化营销上要求企业结合实际,选择具有相当竞争优势的分销商,使其在陈列产品、优化顾客、产品分类方面能和当地文化联系起来,帮助企业更顺利地开始国际化扩张。其四,促销中的企业文化营销要求企业加强同目标对象之间的亲和力,实质是将企业独有的个性形象传递给目标对象,以激发消费者的购买欲望和热情。

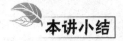

营销文化是市场环境下企业在营销活动中的营销思想、营销的价值观念和营销手段所综合体现出的一种代表企业形象的文化观念,抽象地说营销文化是指企业在市场营销活动中所创造的文明成果,是社会文化在营销领域的投影或具体体现。营销文化具有宏观营销文化和微观营销文化两个方面的内容。而文化营销是以文化为中心思想的一种新式营销方式,它是立足于顺应、培养和创造人们的消费行为方式和消费观念一种营销方式。本讲还介绍了文化营销的相关概念,文化营销的功能,主要有增值功能、提升功能、差别化功能和凝聚功能。简要介绍了实施文化营销的一些途径,主要包括品牌定位、产品开发和品牌。

1. 简述文化的定义以及文化的本质。
2. 什么是营销文化?分别从宏观和微观角度来说明。
3. 简述文化营销的含义。

4. 文化营销有哪些功能？
5. 简述文化营销的途径。

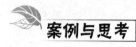

北京现代掀起文化营销热潮

一、牵手《妈妈咪呀！》将"强强联盟"进行到底

19个城市、292场演出，吸引观众人数超过45万……作为"世界第一音乐剧"，《妈妈咪呀！》于2011年7月8日在上海首演，第一演季在北京、上海、广州、武汉、重庆、西安6地共演出190余场。第二演季2012年8月至2013年2月全国巡演13个城市，演出90余场。可以说，在前两季的演出中，《妈妈咪呀！》中文版一举刷新中文音乐剧演出场次、观众人数和票房等多项纪录，成为国内音乐剧演出市场的王牌剧目。作为"世界第一音乐剧"，《妈妈咪呀！》在全球范围内更是拥有14种语言版本，吸引了超过4 000万的忠实追捧者……

在当下商业与文化水乳交融、携手并进的时代，一部顶尖的音乐剧，必然需要同样出色的品牌与之匹配。北京现代正是从众多品牌中脱颖而出，成为世界知名音乐剧中文版《妈妈咪呀！》的独家冠名赞助商。从2011年起，北京现代就与中文版《妈妈咪呀！》强强联手，进军国内各大城市的文化舞台，所到之处无一不掀起旋风般的观看热潮。为了回馈消费者，北京现代还组织"北京现代车主专场"，以此加强与用户之间的情感互动。这不仅打造出了广受好评的文化品牌，更成为商业与文化成功合作的典范。

二、北京现代再掀文化营销热潮

汽车与音乐，这看似风马牛不相及的两个领域，之所以能实现"无缝合作"，实现艺术与商业的双赢，其根本原因在于两者在精神气质和追究上的高度相似和吻合。作为享誉全球的经典音乐剧，《妈妈咪呀！》经历着不断的改编与创新，为的是向观众献上最为精彩、上乘的演出，为之带来高品质的精神享受。同样，作为一个经历着飞速发展和不断突破的汽车品牌，北京现代也始终致力于打造高品质轿车，为人们带去高品质的生活。

在北京现代的字典里，追求"高品质"，不仅是其贯穿始终的造车理念，更早已融入企业文化，成为其精神内涵的重要方面。众所周知，北京现代以"品质"起家，其王牌组合"伊兰特＋悦动"以出色的性能迅速风靡车市，赢得众多消费者的青睐，也为品牌的后续发展添足动力。随着品质建设的不断深化，ix35、瑞纳、朗动等更多优质产品相继投入市场，同样赢得巨大的市场反响。而第八代索纳塔和全新胜达重磅入市并迅速席卷车市，则将品牌高度提升到全新境界。

三、与"中国猫"共舞 玩转文化营销

在《妈妈咪呀！》热演的同时，另一部世界音乐剧史的巅峰之作《猫》也于去年推出中文版。作为音乐剧的"老朋友"，北京现代同样与之携手，为中文《猫》的全国巡演独家冠名。在2012年，中文《猫》在上海、西安、重庆、武汉、广州、北京六地巡演，获得观众一致好评。北京现代也与"中国猫"共舞，将新车型"朗动"年轻动感的品牌魅力与《猫》的热情活力完美融合，潜移默化地向消费群体传递出优雅、时尚、高端、大气的品牌内涵。一时间，"中国猫"所到之处无不受到观众热捧,北京现代的品牌形象也得到大幅提升。2013年8月份,北京现代还将继续独家冠名赞助音乐剧《猫》,在全国近十个城市,展开近百场的演出。

随着汽车消费需求向文化需求的转变,文化营销已经成为众多汽车品牌营销的重点和发展趋势。"文化牌"成为各大车企必不可少的一张营销牌,而这张牌,也恰恰是北京现代手中的"王牌"。与竞争对手在文化营销方面的慢热相比,北京现代可谓是个中好手,不仅起步早,热点文化事件集中,其合作项目更是集高端化、国际化于一身。

除了与《妈妈咪呀!》《猫》等顶级音乐剧一同大放异彩,十多年来,北京现代还将触角介入到更广泛的文化领域,不断开展各项文化热点事件。在车型诠释方面,北京现代邀请王力宏、李孝利、吴彦祖等时尚偶像倾情代言,在不同年龄层次为品牌赚足人气。2012年,北京现代还全面"触电",赞助2012电影幕后英雄盛典,也令作为活动现场VIP嘉宾接送用车的朗动,与电影界的明星大腕、幕后英雄共同一展风采。此外,北京现代还与新锐导演合作,拍摄系列微电影《不可能的可能》,正式开启"微电影营销"时代。如此推陈出新、令人眼花缭乱的文化热点事件,使北京现代在各个层次的消费者群体中引发精神共鸣,不仅博了眼球,更是赚足口碑。

从2002年成立至今,北京现代从初出茅庐的年轻品牌成长到如今稳居国内车企第一阵营,拥有数款月销过万的明星车型,其飞速的成长之路,除了造车理念和汽车品质的出众,与其在文化营销方面先行一步也有着密切关系。从中文版《妈妈咪呀!》到中文版《猫》,北京现代的文化营销能力稳步提升,其品牌形象也随之"鱼跃龙门",并朝向更高的层次进发。

资料来源:http://news.cheshi.com/20130929/1114758.shtml

案例思考:
1. 简述北京现代文化营销的途径。
2. 北京现代的文化营销属于哪种类型?实现了文化营销的哪些功能?

本讲实训

一、实训目的
1. 理解营销文化以及文化营销的基本概念。
2. 根据具体的营销文化事例来了解消费者的文化。
3. 结合现实来分析文化营销的功能以及文化营销的途径。

二、实训内容

以小组为单位,通过书刊、报纸、网络或咨询他人的途径收集相关营销文化与文化营销的案例。分析并讨论这些企业进行文化营销的目标市场是什么,目标对象又是哪些,从而结合本章学习的内容,基于现实的背景,各小组可以大胆地预测,合理地想象,充分讨论,思考未来企业在文化营销上的运用与发展。

三、实训组织及步骤
1. 指导教师布置实训项目,明确实训的任务和注意事项。
2. 将班级成员分为若干小组,成员可以自由结合,也可由教师指定结合。小组人数划分视班级总人数而定。每组选出组长一名,发言代表一名。

3. 每个小组通过书刊、报纸、网络等至少收集一个案例,仔细阅读分析案例。

4. 各小组在班级进行PPT演示,汇报观点并讨论、交流。

5. 班级演示之后,由指导老师点评和总结。

参 考 文 献

[1] 菲利普·科特勒,凯文·莱恩·凯勒. 营销管理[M]. 王永贵,译. 上海:上海人民出版社,2009.
[2] 蔡俊生,韩德林. 文化论[M]. 北京:人民出版社,2003.
[3] 陈思明. 论营销文化对企业发展的重要作用及其对策[J]. 中国市场,2011(12).
[4] 董洪霞. 试论商业文化[J]. 商场现代化,2006,9(25):228.
[5] 巩象忠. 当前我国企业文化营销对策分析[J]. 中国商贸,2011(7):31-33.
[6] 江源. 浅议绿色商业营销文化的基本建设[J]. 管理研究,2010,6(11):48,49.
[7] 姜长宝. 商业文化的经济效应探析[J]. 理论学刊,2004(2):109-111.
[8] 柳较乾. 营销文化浅论[J]. 十堰职业技术学院学报,2001(12):47-49.
[9] 黎永泰. 文化时代的文化力和企业文化力[J]. 四川大学学报(哲学社会科学版),2000(5):42-48.
[10] 李庚. 文化营销:以文化做品牌[J]. 江苏商论,2011(6):104-106.
[11] 李峰. 地铁媒体:文化营销正当时[J]. 中国广告,2012(6):146.
[12] 聂元昆,胡其辉. 营销文化论[J]. 云南财贸学院学报,1995(4):1-5.
[13] 彭本红,于锦荣. 营销管理创新[M]. 武汉:武汉理工大学出版社,2008.
[14] 孙安民. 营销文化[M]. 北京:北京出版社,2007.
[15] 施海涛. 对文化概念及人类学研究范畴的反思[J]. 云南农业大学学报,2009,10(17):92.
[16] 王方华,伏宝会,肖志兵. 文化营销[M]. 太原:山西经济出版社,1998.
[17] 吴克礼. 文化学教程[M]. 上海:上海外语教育出版社,2002.
[18] 吴健安. 市场营销学[M]. 北京:高等教育出版社,2007.
[19] 王军. 浅谈商业文化[J]. 文化广场,2009,9(17):92.
[20] 温国云. 论企业的文化营销[J]. 商业文化,2008(8):90.
[21] 徐希燕. 简论营销文化[J]. 中外企业文化,2011(2):12-13.
[22] 易晓芳,刘铭眠. 论新文化营销[J]. 合作经济与科技,2006(3):11-22.
[23] 张凤琦. 文化认知与当代中国文化研究方法探析[J]. 中华文化论坛,2010(2):112-116.
[24] 张俊. 论企业营销文化的构建[J]. 武汉商业服务学院学报,2009(6):18-20.
[25] 张秀云. 论文化营销[J]. 企业家天地,2012(4):94.

营销伦理

农夫山泉"砒霜门"事件

2009年中国饮料行业的巨头——农夫山泉多少有些流年不利,还未完全摆脱6月的"水源门"和8月的"捐款门",短短半年不到,11月底农夫山泉又深陷"砒霜门"。"三重门"就像是一连环的生死劫,考验着农夫山泉。

11月24日,海南省海口市工商局发布消费警示:包括农夫山泉30%混合果蔬、农夫山泉水溶C100西柚汁饮料、统一蜜桃多汁等饮料在内的9种食品总砷或二氧化硫超标,不能食用。砷是毒性非常强的污染物,慢性砷中毒潜伏期可长达几年甚至几十年,此外砷还有致癌作用,能引起皮肤癌。因此,调查结果一经公布,就在全国市场掀起轩然大波。

资料来源:http://www.chinadmd.com/file/or3c6x63ezztv6tvrwxr3uc3_1.html

本讲知识结构图

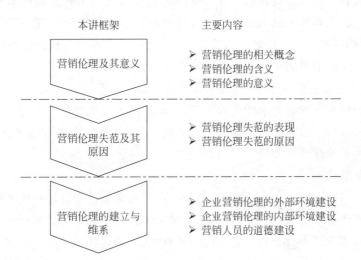

正如"农夫山泉"问题所反映出的不仅仅是食品、饮料安全的表面问题,其隐藏在问题背后深层次的原因实际上是整个行业的营销伦理的严重失范。

关注市场营销中的伦理问题是市场营销学的一个新发展。20世纪70年代以后,伴随着消费保护主义、环境保护主义运动的兴起,企业经营活动的道德问题得到了越来越多的重视,传统的市场营销理论受到了越来越多的挑战。营销伦理也正是在这样的背景下发展和成长起来的,它要求企业把盈利与社会责任统一起来,制定合乎伦理的营销策略。

一、营销伦理及其意义

(一)营销伦理的相关概念

1. 伦理

"伦理"(ethic)一词,最早见于《礼记·乐记》中"乐者,通伦理者也"。"伦",即人伦,它是指人与人之间的关系;"理",即道理和规则。所谓伦理,是处理人与人之间相互关系的行为准则。

2. 道德

道德意义上的"道"是指为人处世的根本原则,即规范;"德"是指人们内心的情感和信念,即对这种规范的认识和信仰。而道德就是人们在长期的社会实践中形成的并在一定程度上调整人与人之间以及人与社会之间关系的行为规范的总和。

3. 伦理与道德的区别与联系

"伦理"和"道德"是两个经常互换或一起使用的词。在人们日常的语言中,甚至某些学术著作中,伦理和道德也经常被用来表达相同的意思,很多情况下可以通用,但伦理和道德毕竟不是同一概念,两者既有联系又有区别。

(1) 道德与伦理有着密切的联系。首先,伦理学是关于道德的学说,是道德观点的理论化和系统化。它是从整体上系统地研究各种道德现象,并从哲学的高度去揭示道德的本质、功能及其各方面规律的理论学科。伦理学与道德关系实际上是科学与研究对象之间的关系。其次,伦理和道德两个概念的外延和内涵有交错之处。最后,在词源学上,伦理和道德有着相同的含义。伦理是道德的基础,道德是伦理的体现。伦理的社会性需要以个体道德来体现,道德的个体性需要以伦理的社会性为基础。

(2) 就伦理与道德的区别而论,有个体道德和社会伦理之说,即道德侧重社会个体的角度,把社会伦理规范内化为个体道德要求,伦理则侧重于从整体上探讨人们在社会生活中所面对的各种伦理关系。因此,道德具有主观性、个体性和自律性的特点,伦理则具有客观性、社会性和他律性的特征。

4. 社会责任

企业社会责任的概念有广义和狭义之分。广义的企业社会责任是指企业对社会所承担的责任,通常包括经济、社会和环境责任。狭义的企业社会责任特指企业所承担的社会责任(主要是道德和慈善责任),与企业的经济责任、环境责任相对应。

企业社会责任金字塔

企业社会责任金字塔(pyramid of corporate social responsibility)由阿奇·卡罗尔于1979年提出,他把企业社会责任看作是一个结构成分,关系到企业与社会关系的四个不同层面,即"企业社会包含了在特定时期内,社会对经济组织经济上的、法律上的、伦理上的和慈善上的期望"。

(1) 经济责任(economic responsibilities)。对于企业而言,经济责任是最基本也是最重要的社会责任,但并不是唯一责任。

(2) 法律责任(legal responsibilities)。作为社会的一个组成部分,社会赋予并支持企业承担生产性任务、为社会提供产品和服务的权利,同时也要求企业在法律框架内实现经济目标。因此,企业肩负着必要的法律责任。

(3) 伦理责任(ethical responsibilities)。虽然社会的经济和法律责任中都隐含着一定的伦理规范,公众社会仍期待企业遵循那些尚未成为法律的社会公众的伦理规范。

(4) 慈善责任(discretionary responsibilities)。社会通常还对企业寄予了一些没有或无法明确表达的期望,是否承担或应承担什么样的责任完全由个人或企业自行判断和选择,这是一类完全自愿的行为,如慈善捐赠、为吸毒者提供住房或提供日托中心等。

从企业考虑的先后次序及重要性而言,卡罗尔认为这是金字塔形结构,经济责任是基础也占最大比例,法律的、伦理的以及慈善的责任依次向上递减(见图23-1)。

资料来源:http://baike.baidu.com/view/3390569.htm

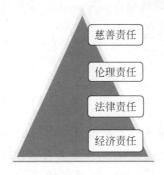

图 23-1　企业社会责任金字塔

(二) 营销伦理的含义

营销伦理学(marketing ethics)是 20 世纪 80 年代兴起并在 20 世纪 90 年代末 21 世纪初得到迅速发展的一门新的交叉学科。它是商业伦理学的一个分支,根据伦理学的道德原理对企业经营活动中的营销策略、营销行为进行道德评价和伦理批评,也就是判断企业的营销活动是否符合消费者和社会的利益,能否给广大消费者及社会带来最大幸福的一个有效的价值标准。它有利于健全和维护市场营销活动的秩序,提高市场营销人员的道德水平和专业素质,增加企业的价值,使市场营销活动更加公平有效。综合来看,营销伦理的研究领域主要是企业在市场营销活动中的道德问题,即企业为了满足消费者日益增长的物质、文化需求所进行的以产品、定价、销售渠道、促销为主要内容的营销活动中所涉及的道德问题。同时,营销伦理也已涉及企业组织营销活动的各个方面。

营销伦理是营销主体在从事营销活动中所应具有的基本行为准则,是处理营销过程中利益各方的相互关系的准则。

营销伦理是用来判断市场营销活动合理与否的道德标准,即判断企业营销活动是否符合消费者及社会的利益,能否给广大消费者及社会带来最大幸福。企业、消费者和社会三者的关系中,最主要的是经济关系,直接表现为某种利益关系。这种关系的正确处理,除依靠法律外,还需要正确的伦理观念指导。

营销伦理涉及企业组织伦理和个人伦理两个层次。一方面,从企业这个总体看,现代企业处于一个复杂的社会大系统中,企业的经营行为在相当程度上通过产品销售或提供服务表现出来;另一方面,从营销人员的行为来看,他们在营销活动中,更是直接代表了企业行为,即营销伦理由营销活动中的个体表现出来。反过来,顾客及社会公众则是通过企业销售产品或服务时的行为来判断其是否符合法律规定和社会道德要求。

(三) 营销伦理的意义

(1) 营销秩序诉求。人类行为需要秩序,否则不能有效进行,甚至使社会不能存在,营销行为同样需要秩序。而秩序的建立不仅需要法律规范,而且也需要伦理道德的规范。

(2) 资源配置诉求。顾客至上不仅是营销管理原则,也是营销伦理原则,体现了以人为本的思想和对人的尊重。以消费者为中心进行营销,社会资源也能有效地进行配置,避免资源浪费或无效率。

（3）社会责任诉求。企业是社会生态中的主要成员，要对社会负责，依靠社会，回馈社会，贡献社会。

丰田缺陷产品召回事件

2010年10月21日，全球最大汽车制造商丰田宣布在全球范围内召回153万辆问题汽车，召回原因是刹车总泵油封存在缺陷，可能会影响行驶安全。

2011年1月26日，据日本共同社报道，丰田于2011年1月26日向日本国土交通省提交了报告，因存在漏油隐患，将在日本国内召回2000年5月至2008年10月期间生产的120.28万辆车。自1969年开始召回制度以来，此次召回数量居第二。

自20世纪70年代以来，日本汽车业一向以高技术含量和高品质在全世界享有盛誉，其品牌号召力这一最大财富目前正在因丰田"召回门"而遭受重创，如果处理不当，丰田在整个日本汽车业有可能会就此失去优势。就这次丰田所面对的"召回"危机而言，其危机应对措施违背了危机管理中的六大基本原则。

（1）事先预测（forecast）原则，因为丰田公司事前对此次"召回"危机的演变和发展预料不足，导致危机发生的时候事态迅速恶化。

（2）迅速反应（fast）原则，即产品质量问题浮出水平之后反应迟缓，特别是公司高层在迫不得已的情况下才被迫面对而坐失危机之初的应对良机。

（3）尊重事实（fact）原则，在普锐斯出现刹车失灵问题时，丰田的解释与现实距离很大，无法令人信服，犯错并不可怕，可怕的不可原谅的是犯错了却不敢承认。

（4）承担责任（face）原则，危机之初的丰田公司漠视消费者的安全考虑而一味推卸责任，在美国听证会和丰田章男来华道歉之前，消费者没有感受到丰田方面的诚意，使其历经数十年积累的信誉度一落千丈，几乎毁于一旦。

（5）坦诚沟通（frank）原则，丰田公司在发现问题后企图隐瞒事实，态度前倨后恭，顾左右而言他，妄图通过狡辩以推卸责任，其表现出的社会责任感和伦理的缺失严重毒化了危机处理的氛围和环境，使得危机处理过程失控。

（6）灵活变通（flexible）原则，正是由于丰田公司对这次危机处理的不当，而导致危机本身的升级和转化：从产品质量危机转变为品牌危机，从丰田公司的危机转变为殃及日本汽车业甚至整个日本制造业的信誉危机。

资料来源：http://baike.so.com/doc/3317873.html

二、营销伦理失范及其原因

（一）营销伦理失范的表现

企业营销活动始于市场调研，通过市场调研了解现实和潜在顾客的需求，发现市场营销机会，然后选择目标市场，针对目标市场需求和特点，制定市场营销组合策略。在这一过程里，市场营销道德贯穿于其中。相应地，企业营销伦理失范也出现在营销活动的全过程。主要表现在以下几个方面。

1. 市场调研伦理失范

个人隐私保护问题是市场营销伦理中的一个重要方面。通过市场调研，企业可以获得大量的客户个人信息。由于相当数量的企业缺乏必要的用户隐私保护政策和措施，客户提供的个人身份、联系方式、健康状况、信用和财产状况等信息很容易被窃取或侵犯。甚至个别企业故意把这些个人信息对外扩散。此外，企业进行直接市场营销调研时，为充分调动公众参与的积极性，通常会有一定的馈赠承诺，但部分承诺并未得到兑现。

2. 产品策略的伦理失范

产品质量低劣、计划性的产品淘汰、品牌冒充、包装信息不真实、产品认证虚假等问题一直是产品策略方面存在的首要伦理问题。消费者购买商品时追求货真价实，而一些企业对产品的真实信息存在着故意夸大或隐藏。在追求市场份额和销售量时，部分企业盲目地计划性淘汰产品，即故意把产品在实际需要升级换代前就淘汰，而未考虑消费者是否真正需要这种产品或能否承担由此而造成的费用的增加；在产品包装方面，某些企业故意用超正常尺寸的包装来吸引消费者的眼球，造成价格比较的困难；在品牌冒充方面，相当数量的企业故意在品牌上造成细微差别以使消费者混淆。例如市场上出现的"NOKLA"、"NOKTA"和"NCKIA"（都冒充著名品牌"NOKIA"）。

3. 定价策略的伦理失范

消费者要求企业公平合理地定价，但部分企业采用价格歧视、掠夺性定价、垄断价格等定价策略攫取不正当的高额利润，部分企业甚至故意向消费者宣传虚高的"出厂价"或"批发价"，同经销商建立"价格共谋"，共同欺骗消费者。

4. 分销策略的伦理失范

分销策略中的伦理失范主要涉及两个方面：一是生产商与中间商之间的问题。生产商与中间商未能完全履行相关经营合同，或生产商供货不及时或供货不足，或对渠道成员的进行过分压榨，或中间商返款不及时。二是经销商与消费者之间的问题。例如过多的空口承诺、误导信息、"价格同盟"以及生产商与经销商相互推诿售后服务责任。

5. 促销策略的伦理失范

由于信息不对称，企业促销时往往夸大产品的特色或性能，诱导或操纵消费者购买已滞销的廉价货或进行事先内定的抽奖；采用贿赂、送礼、回扣、宴请、娱乐等不正当的行为进行促销，采用有偿新闻等不正当的公共宣传手段。

6. 竞争策略的伦理失范

以不可告人的方式获得竞争对手的知识产权和商业秘密，如以合作、洽谈、考察为名趁机获取对手商业秘密，在对手企业中安插内线等；贿赂收买对方工作人员；恶性竞争如有奖销售战、价格战、相互攻击、诽谤等；不公平竞争如权力营销等。

随着营销伦理的发展，除了上述在营销活动中表现出来的营销伦理失范之外，营销伦理失范问题还体现在网络营销、国际营销、绿色营销和服务营销等营销伦理问题当中，在这些新的营销领域中，营销伦理问题也是不容忽视的，需要进行进一步的研究。

(二)营销伦理失范的原因

1. 外部原因

(1) 政府立法和执法体系不健全。在市场经济发展过程中,我国制定实施了一系列经济方面的法律法规,如《经济法》、《促销法》、《商标法》、《消费者权益保护法》等,但就其制定和执行与法律健全的国家相比,差距还是比较大。法律建设不配套,操作性不强,原则性条款较多,操作起来弹性较大,从而使一些经营者容易钻法律的空子,从事违法营销活动。

(2) 监督管理不完善。市场经济发展速度越来越快,不断要求完善法规的同时,还要加大市场管理的力度,然而由于管理部分分工不明确,职责不分,政治思想及业务素质不高,执法不严,不仅使一些企业的不良营销活动得不到及时处理,而且还助长了不良营销行为的扩展。

(3) 消费者市场信息不对称。所谓信息不对称是指经济行为人对于同一经济事件掌握的信息量有差异,即部分经济行为人拥有更多更良好的信息,而另一部分则仅拥有较少的、不完全的信息。在商品交换中,双方信息地位的优劣往往取决于它们各自所拥有的信息量。从交换市场信息拥有量来看,消费者明显处于劣势,而这种信息不对称状况就成为现代企业营销道德失范的重要原因之一。

(4) 公众自我保护意识不强。企业采取的一切不良营销行为,归根到底是为了谋求企业利润的最大化,而消费者作为企业营销的对象,如果有较强的自我保护意识,那么不良营销行为就会受到有效的抑制。然而由于消费者自身知识及文化素质不高,对企业的不道德行为漠不关心,缺乏消费者权益保护方面的知识,法律观念淡薄,也就无法对企业不良营销行为做出准确辨析,不能用法律武器来保护自身利益。

延伸阅读

双汇瘦肉精昭示商业伦理"残疾"

2011年3月21日,济源双汇食品有限公司(下称济源双汇)的搬运工将经销商退回的一箱箱产品搬下车,一辆车搬空,门外等待卸货的车又驶进。

这样的景象已持续近一周。

2011年3月15日,央视披露了河南孟州、沁阳、温县等地含有"瘦肉精"的生猪流入济源双汇。当"瘦肉精"与中国最大的肉类加工企业"双汇"联系在一起,一场全国性风波不可避免。

双汇发展(000895.SZ)于15日当日跌停,双汇集团随后两天陆续发布紧急公告,责令济源双汇停产整顿,并召回其所有产品。此外,济源双汇总经理、主管副总经理在内的相关责任人被免职。同时,双汇集团宣布其下属所有工厂对生猪屠宰实施"瘦肉精"逐头检验。

几天后,国务院食品安全委员会办公室会同公安部、监察部、农业部等组成的联合工作组到达河南省,要求彻查"瘦肉精"案件。河南省也对本地生猪养殖场以及肉类加工企业展开三轮"瘦肉精"检测。

接着,北京、黑龙江、广州等地亦开始对本地双汇肉制品抽验"瘦肉精"。

双汇集团总部位于河南漯河,集团总资产100多亿元,年产肉类总产量300万吨,是中国最大的肉类加工基地。而济源双汇食品有限公司是漯河双汇集团在济源投资建设的一家集生猪屠宰和肉制品加工于一体的工厂。央视报道称,济源双汇虽然宣称其产品经过"十八道检验",但这些检验中并不包括"瘦肉精"的检测。

此次"瘦肉精"事件再次暴露出中国食品安全软肋,其情形如同"三聚氰胺"事件的另一版本。

资料来源:http://www.huanqiu.com/www/finance/roll/2011-03/1566138.html

2. 企业内部原因

影响企业营销道德水平的内部原因主要表现在三个方面。

(1) 企业文化建设情况。企业文化是企业全体员工认同和共同拥有的核心价值观。企业文化一方面制约着营销行为的动机,另一方面企业文化规范着企业营销活动的内容,使企业营销活动纳入道德规范。

(2) 企业管理者个人道德和素质。企业管理者是企业营销活动的指挥棒,是影响营销道德主要因素。企业管理者作为企业法人代表,在肩负社会发展、经济发展道德责任的同时,必然将个人哲学道德和个人素质在企业行为中进行放映和折射。如果一个企业领导人道德水平不高,必然会影响企业员工行为,进而对企业营销道德产生负面影响,最终企业将会被市场淘汰。

(3) 企业营销人员的素质。企业从事营销活动的主体是营销人员。营销人员素质不高是导致企业不良营销行为产生的重要原因。在企业营销活动中,一些思想道德水平不高或者观念陈旧的工作人员,为了实现销售目标,损人利己,通过各种不正当手段,甚至以违背法律和道德规范的方式牟取暴利,不仅损害了消费者利益,对企业长期发展也是极其不利的。

总之,制约企业营销伦理水准的因素很多,这些因素对营销伦理的作用不是孤立地发生的,它们相互交错、彼此渗透交融在一起共同作用。要提高我国企业营销伦理水准,就要从企业外部和内部不断完善环境,提升企业自我道德管理水平。

三、营销伦理的建立与维系

企业营销伦理的建立与维持是一个问题的两个方面,即在建立中维持,在维持中提高,二者是相辅相成的关系。要提高我国企业营销伦理水准,必须不断完善外部因素与内部环境。一是借助于企业外部的社会压力,如法律、社会道德、社会舆论等,主要起促进作用;二是来自于企业内部的自我压力,即自我约束力,主要起规范作用。在二者共同作用下,企业才能建立和维持一定的营销伦理水平。

(PRODUCT)^{RED}

2006年,(PRODUCT)^{RED}推广计划活动是由U2乐队的主唱、积极分子博诺(Bono)和关注非洲的慈善团体DATA的主席鲍比·施赖弗(Bobby Shriver)带头发起的。

(PRODUCT)^{RED}的成立是为了提升全球基金(The Global Fund)的知名度,并为其筹募资金。(PRODUCT)^{RED}通过集结一些世界知名品牌的经典产品——美国运通卡、摩托罗拉手机、匡威运动鞋、GapT恤、苹果iPod和阿玛尼太阳镜,来生产标有"(PRODUCT)^{RED}"品牌的产品。这些产品多达50%的销售利润将被捐给全球基金以帮助在非洲患艾滋病的妇女和儿童。商标中的圆括号的设计意味着"拥抱"每一个成为(PRODUCT)^{RED}成员的公司都将其商标置于括号中,于是就"得到了该公司的RED力量"。尽管一些批评者认为(PRODUCT)^{RED}项目被过度营销了,但在它成立后的前18个月里,就向全球基金捐赠了超过3 600万美元,超过该基金自2002年成立以来商业捐赠的7倍多。很多知名品牌自此之后也加入到了这个公益营销项目,如戴尔电脑、Hallmark贺卡和星巴克咖啡。

资料来源:菲利普·科特勒,凯文·莱恩·凯勒.营销管理[M].王永贵,译.上海:上海人民出版社,2009.

(一)企业营销伦理的外部环境建设

1. 强化政府、法律因素的积极作用

政府、法律因素对企业营销道德决策既有直接作用,又有间接作用。主要是通过完善法律体系、严格执法和政府政策导向对企业经营决策加以约束和指导,促进企业做出符合道德的营销决策。具体措施有以下几个方面。

1)健全法律、法规体系

完善立法,严格执法。尽管法律不能解决所有的营销伦理问题,但法律是伦理的基本保证和最低要求。法律、法规不仅为治理企业的营销道德失范行为提供依据,而且使企业做营销道德决策时有了参照的底线。如果法制不健全,无法可依,非道德营销行为就会泛滥。许多国家通过一系列的立法来保证企业营销行为与社会利益相一致,取得了较好的效果。我国自20世纪80年代中期就陆续颁布了一系列的法律法规来规范企业的营销行为,如《商标法》、《专利法》、《环境保护法》、《反不正当竞争法》、《消费者权益保护法》、《广告法》、《产品质量法》、《担保法》、《合同法》等,这些法律法规对于维护市场竞争秩序、规范企业营销行为发挥了重要作用。随着市场经济的发展,一方面,需要进一步建立健全经济活动方面的法律法规,为规范和引导企业营销活动提供法律依据;另一方面,政府和工商行政管理部门应加大执法力度和监管力度,维护合乎道德和法律的企业营销活动,约束和制裁不道德的企业营销活动。

2)加大监管执法力度

加强法制建设的另一个重要方面是加大监管执法力度。加强执法不仅是法制建设的一个重要环节,而且是治理违法营销行为和违反道德的营销行为的有效手段。目前,在执法过程中的主要问题是出于地方利益或部门利益,有法不依,执法不严。同时还存在执法依据不统一、执法标准不统一、执法人员素质不高、执法机构相互推诿责任等,从而影响了对违法营销行为的制裁和对非道德营销行为的制约。

3)建设社会信用体系

建设社会信用体系可以有效地逐步减少政府有意或无意地对企业的影响和对市场的干预,逐步引导和建立经济领域的道德观,对企业营销道德形成强有力的外部约束环境。

一是要推进各类市场主体信用制度的建立和完善；二是要加强组织协调，实现对各类市场主体信用监督管理的社会化；三是尽快制定各类企业信用评价标准；四是规范中介组织的行为。

2. 建立行业道德规范

1) 制定本行业的营销道德规范和奖惩机制

个别企业的道德失范行为在损害消费者利益的同时，也会损害全行业的信誉和利益。为此，应建立行业协会，由其针对本行业的特点，制定相应的营销行为道德准则，规范本行业的营销活动。奖惩机制是伦理建设的又一重要制度保证。奖惩制度就是要有一套完整的制度来保证遵守伦理的企业得利，不遵守伦理的企业失利或遭受惩罚，以引导广大企业进行伦理经营，终止不道德经营行为。

2) 加强行业对企业营销活动的指导、服务和监督

加强对企业营销活动的指导和服务。行业组织对企业营销活动通过诱导、鼓励、劝说、说服等各种方式，指导企业遵循市场道德规则，从事正当经营活动。同时加强行业协会建设，强化行业监督。

3. 充分发挥消费者在道德营销建设中的作用

消费者的力量对企业道德决策有直接影响。如果消费者普遍素质较高，消费观念成熟，善于识别、维护自己的正当权益，并且敢于把企业不道德行为公之于众，与不道德的企业展开斗争，就会对企业形成非常直接的、有效的制约。一是消费者要提高自身素质，积累知识，提高商品鉴别、识别能力，增强自我保护意识，树立正确的消费观念；二是要树立理性消费观念；三是组成压力集团，促使相关法律的制定。

 知识链接

蓝契斯特法则：要素

（1）营销力量的基本分配关系。根据经济界和管理界的研究分析，企业以最低成本获得最高利润的前提条件是战略力与战术力的比例至少为 2∶1。这决定了企业营销战略中营销力的基本分配关系。企业应以该比例为指导原则配置营销战略力与营销战术力，分配营销力量和营销资源，避免偏重战术而忽视战略和只注重短期利益而忽视长远利益的偏颇，创造最优成本——利润组合。

（2）"三·一"理论与占有率的目标管理。竞争双方战斗力的关系在局部战中发展到了 3∶1，几率战中达到 1.732∶1，弱者反败为胜已不可能。该比值范围称为射程距离。当两竞争对手之间市场占有率之比超过射程距离时，弱方应及时放弃经营，保存实力，另辟蹊径。该模式还提供了市场占有率的目标管理指标，包括上限目标、下限目标营销力量的基本分配关系和相对安全指标。上限目标为 73.88%，此时不论对手的个数和实力，占有率平均在该公司的射程距离之外，所以该指标构成市场独占条件。26.12% 是市场占有率的下限目标，即使此时公司的市场占有率名列榜首，也极不稳定，随时有受到进攻的可能，它是劣势的上限。当市场占有率达到 41.7% 时，企业进入相对安全圈，这是各企业参与竞争的首要目标。

(3) 第一位主义。在射程距离内,为提高市场占有率,企业必须尽力创造第一位置。这包括:第一位的商品,如新产品或差异化产品;第一位的零售定货率,这是流通战略中最关键的步骤;第一位地域,即将市场细分后,逐个击破,从各区域第一进而追求整体占有率的第一。根据蓝氏法则,强者与弱者战略实施的优先顺序不同。实力弱的公司宜开展局部战,方向为区域→进货率→商品,先限定区域创造据点,将易销商品集中,以地域进攻为先决条件。而实力较强的企业,其战略顺序正好相反,方向为商品→进货率→区域,即通过有力的商品作为战略武器,展开大规模总体进攻,击破弱者支配的地域,从而最终实现第一位地域。

(4) 三点攻战略。企业在发展某一区域市场时,首先按照自然的和人为的地理条件、人口集中度、人口移动规律等情况对区域进行细分,随后选择可连成三角形包围该区域的三个最有利点,个个攻破,使占有率达到40%的相对安全值。面积形成后,从三个方向向最终目标的正中央推进,使竞争对手瓦解在空中的环形区域中。此法又称点、线、面法则,它提供了区域战略的基本原理和实施步骤。

(5) 竞争目标与攻击目标。防守与进攻的战略互不相同,因此首先应区分攻击目标和竞争目标。比自己实力强的是攻击目标,反之为竞争目标。对攻击目标应采用差异化战略进行攻击,通过品牌形象、技术工艺、产品性能、顾客服务的独特性来提高市场占有率;而对竞争目标则应用防守战略,密切注意对方行动意图,抢先实施模仿战术,扰乱对方计划。

(6) 强者与弱者的差异。实力弱小的公司在战略上应以一对一为中心,创造单打独斗的战略区域和战略性产品,避免以所有产品和所有区域为目标。选定特定的阶层对象,展开局部战斗,以点的反败为胜,连线为面,取得最终胜利。

(7) 地位差异战略。在营销过程中,必须考虑企业在产业和市场中的位置。在许多攻击目标中,首先集中力量对付射程范围内的足下之敌,避免多方树敌。第一位企业应经常推出新产品,并及时了解第二位可能的差异化战略,从而在时间上抢先一步。所以,其情报能力、情报管理制度和开发创新能力,是维持企业地位的关键。第二位的企业必须以独创性开辟生存空间,通过差异化一决胜负。

资料来源:http://www.baike.com/wiki/

(二) 企业营销伦理的内部环境建设

1. 构建以营销伦理为核心的企业文化

企业营销伦理的建设是一个系统化的过程,企业内部的营销伦理的良性构建要涉及企业的方方面面,企业文化是其中最为重要的因素。企业文化包括企业哲学、企业价值观、企业目标、企业民主、企业道德、企业制度等,其中企业价值观是企业文化的核心。而企业营销伦理主要关注的是营销领域的价值判断问题,它与企业文化的方向和主旨是一致的。好的企业文化必然要体现营销伦理的宗旨,企业文化只有与营销的基本道德准则结合起来才更有生命力,而营销伦理的观念需要借助企业文化来贯彻、发挥作用。只有构建具有创造力、影响力、凝聚力,显示出鲜明个性的高水平的企业文化,才有利于企业广大职工特别是企业的领导者树立正确的价值观,从而有利于企业做出道德性的营销决策,对企业的非道德营销行为起到良好的制度防范作用。

2. 建立企业道德行为准则

道德行为准则是企业文化的具体表现，按照营销伦理的要求，企业应该制定一系列制度来规范企业和营销人员的行为。企业道德准则的制定应该做到明确、清晰、有针对性，并且对准则进行不断完善，以适应外部环境的变化对企业提出的要求。

3. 建立道德型市场营销策略

企业营销战略涉及的利益相关者越来越多，建立道德型营销战略，可以避免整体实施不协调的问题，达到系统化实施企业营销道德建设的目的。美国学者爱德华·福瑞和丹尼尔说："所有的公司的战略几乎都要涉及道德问题，我们必须把伦理置于公司战略讨论的中心位置。""寻求卓越就是寻求伦理。"这就是说，企业在制定营销战略和进行营销决策时，应首先考虑到道德问题，这是关系到企业整体的长远的可持续发展的至关重要的问题。企业应设立专门的道德营销管理和协调的部门，使企业的道德营销获得营销组织的制度支持，从而使各种营销制度规范都符合道德的标准。企业经营者应该充分认识到，企业营销的不仅仅是一种产品，更是一种品牌，一种观念，是营销的企业自身的形象。道德的约束是提高企业美誉度、扩大企业的影响的重要因素。

4. 进行企业伦理道德考核

要建立健全企业领导者选拔和监管机制，把伦理纳入全体员工考核体系，将市场机制和竞争机制引入到企业经营活动。对公司高层管理人员要实行招聘制，德才兼备者择优聘用；建立健全对干部的考核和监督机制，要把伦理指标纳入高管人员考核体系之中，促使领导者树立起正确的经营哲学。同时，增强公司员工竞争意识，实行合同制、竞争上岗、定期培训，不断提高职工的综合素质，为不断提高企业营销伦理水准创造优化的内部因素。

（三）营销人员的道德建设

加强营销伦理教育，提高营销者的道德素质。企业的营销行为是企业与消费者发生互动关系的行为。在这种互动关系中，营销人员通过实施一定的营销策略来打动消费者，传播企业文化，塑造企业形象，并实现企业的营利目标。但就目前的现实状况来说，大多数营销人员的道德素质不尽如人意，急功近利、损人肥己的思想较为严重，所以必须要加强对营销人员的思想道德教育。一方面，要从思想上向他们灌输正确合理的营销伦理规范，使其树立正确的义利观，形成是非善恶的判断标准，做到防微杜渐；另一方面，要对营销人员偏离伦理规范的各种行为及时地进行纠正和引导，使这些败德行为不至于愈发严重，做到亡羊补牢。

一个成功的企业首先应当是一个注重伦理道德、具有较高美誉度的企业，因为只有这样才能得到市场的认同。如果忽视伦理道德，损害消费者利益和败坏社会风气，这种企业注定要失败。

按照营销伦理的要求，企业应全面制定一系列制度来规范企业和营销人员的行为。一个优秀的企业应该是道德高尚的楷模，它们不但遵守社会公认的伦理规范，而且形成具有自己特色的良好的伦理体系，并通过各种途径向公众传达，以提高企业的美誉度。因此，企业在营销中必须把伦理规范放在优先位置，建立一套广泛而固定的与产品开发、广告促销、定价、服务等有关的伦理规范。例如，美国通用汽车公司制定了长达20页的伦理标准来指导和约束企业的营销行为。显然，我国在这方面做得还不够，营销伦理规范化和条例化的程度比较低,这也使得一些营销人员在从事具体工作时因缺乏规范性的指导,造成营销行为的伦理失范的问题。

本讲小结

营销伦理是商业伦理学的一个分支,根据伦理学的道德原理对企业经营活动中的营销策略、营销行为进行道德评价和伦理批评,也就是判断企业的营销活动是否符合消费者和社会的利益,能否给广大消费者及社会带来最大幸福的一种价值标准。本讲主要围绕营销伦理及其相关概念而展开,介绍了营销伦理的含义以及营销伦理的意义。阐述了市场营销中常见的营销伦理失范的几种表现:市场调研伦理失范、产品策略伦理失范、定价策略伦理失范、分销策略的伦理失范、促销策略的伦理失范、竞争策略的伦理失范等。又进一步分析了营销伦理失范的原因,主要包括外部和内部两个方面的原因。最后介绍了营销伦理的建立与维系,从而才能使得企业建立和维持一定的营销伦理水平。

思考题

1. 简述营销伦理的含义。
2. 试评述营销伦理的发展及其意义。
3. 营销伦理失范的表现包括哪些方面?
4. 简述营销伦理失范的原因。
5. 论述企业营销伦理建设的内容。

案例与思考

从三鹿乳业帝国大厦的轰然倒塌看商业伦理

2009年2月12日随着石家庄市中级人民法院民事裁定书的正式下达,全国乳业三巨头之一,有着50年辉煌历史的三鹿乳业集团这座乳业帝国大厦瞬间轰然倒塌,正式宣布破产。这无疑给我国商界和企业界带来一次不小的震撼。

人们感到困惑:一个赫赫有名,有着年销售额100亿元的利税大户,拥有"免检产品"和"中国名牌"的知名企业怎么会和"三聚氰胺"毒奶粉挂起钩来?几十万儿童受到伤害,有的孩子还被剥夺了生命。此次灾难性事件映射出我国企业商业伦理的间或缺失。

一、三鹿事件当事人在商业伦理认知上出现偏差

就三鹿事件的社会、企业环境来看,法律、制度不可谓不健全,当事人接到投诉、送检产品被检测出含有大量三聚氰胺后,并没有及时召回已发出的800吨产品,并将库存有毒产品销毁,而是采取了瞒天过海的做法,不惜牺牲消费者的利益乃至生命。

三鹿奶粉决策人正是在"经济人"的认知上出现了偏差,只看到自利最大化的"经济人"概念,而忽视了"经济人"假设中的理性方面,失去了理性态度。

通过竞争,人们认识到成功有效的市场经济行为是自利利他的,要想得到自己的利益就必须考虑他人和社会的利益,以互惠互利为前提。对利润的盲目追求把人们带到了这样的境地:商业贿赂、环境污染、产品不合格、消费者受伤害、工厂倒闭……面对这样畸形的发展,我们显然不能接受这样一个命题,即利润最大化能直接导致最大的社会利润。我们需要用利润以外的东西来衡量我们对社会的责任,这就是商业伦理。

三鹿事件又一次证明了这一点。假如三鹿的管理者在产品的留弃问题上再果断一点,假如他们在利益的天平上再理性一点,假如他们的伦理认知再全面一些,也许不会出现如此惨痛的局面。

二、三鹿事件是当事人价值取向出现了偏差

三鹿事件东窗事发后,三鹿高层口口声声说是误收了有毒的奶源,为自己的行为辩解,这是典型的商业良心缺失。

当今世界上,各类企业人士越来越关注中国的儒家思想,赞同中国儒家思想所倡导的义中求财、仁中取利。"只讲义,不讲利",那不是商人,那是慈善家;但"不顾义,只求利",只能信誉尽失,自断财路。市场经济的发展冲破了传统的"重义轻利"观念,认为应该义利并重。要求在遵循商业发展规律、规则、秩序的基础上,通过优质的服务赚钱取利。

三、三鹿集团的企业决策出现了伦理缺位

三鹿事件之后,人们在惊叹之余,往往会提出这样的疑问和设想:三鹿的高层为什么如此一致?是团结还是勾结?如果当时有人或什么机构干涉一下,如果企业内部有什么组织提出一些干预,或是当事人中有人提出一些否定意见,那结果将是另一番样子。

这个问题正好反映了我国企业伦理决策的作用问题,许多国家的企业已把伦理评价标准作为衡量企业决策效果的一个重要尺度。

企业决策过程是一个处处可见伦理思想的反射和伦理标准高低的过程。面对企业价值观起决定作用的是企业领导者的价值观,领导者的行为直接影响到员工的行为。可以这样说:一个组织的生存状态取决于组织成员的道德水准,而成员的道德水准又是由领导者的示范效应建立的。温家宝总理说过:"一个企业家身上应该流着道德的血液。"如果领导者带领企业展开不道德的经营活动,后果将是十分严重的。三鹿集团的破产可以说是不道德行为的恶果,理应受到法律的严惩。人们在深恶痛绝三鹿事件的当事人的同时也在思考、呼唤商业企业伦理规范的形成。

资料来源:高建初.三鹿乳业帝国大厦的轰然倒塌看商业伦理的间或缺失[J].理论纵横,2009(7).

案例思考:
1. 三鹿乳业集团伦理缺失的外部原因有哪些?
2. 三鹿乳业集团伦理缺失的内部原因有哪些?

一、实训目的

1. 加深学生对营销伦理以及社会责任的认识。
2. 根据具体的企业经营状况分析企业营销失范主要表现在哪些方面。
3. 结合实践思考现代企业营销伦理的建立与维系。

二、实训内容

以小组为单位,通过书刊、报纸、网络或咨询他人的途径收集相关营销伦理的案例,以了解近期企业社会责任观念的变化。分析并讨论企业在营销伦理方面的变化是否会反映现代企业在伦理道德以及社会的道德观念的发展趋势。结合本章学习的内容,基于现实的背景,各小组可以大胆地预测,合理地想象,充分讨论,思考未来企业在营销伦理上的发展趋势。

三、实训组织及步骤

1. 教师布置实训项目,指出实训要点、难点和注意事项。
2. 将班级成员分为若干小组,成员可以自由结合,也可由教师指定结合。小组人数划分视班级总人数而定。每组选出组长一名,发言代表一名。
3. 每个小组通过书刊、报纸、网络等收集案例若干,仔细阅读分析案例。
4. 各小组在班级进行PPT演示,汇报观点并讨论、交流。
5. 班级演示之后,由指导老师点评和总结。

参 考 文 献

[1] 菲利普·科特勒,凯文·莱恩·凯勒. 营销管理[M]. 王永贵,译. 上海:上海人民出版社,2009.
[2] 帕特里夏·沃海恩,R.爱德华·弗里曼. 布莱克韦尔商业伦理学百科辞典[K]. 刘宝成,译. 北京:对外经济贸易大学出版社,2002.
[3] 柴艳萍,李金齐. 现代营销的伦理变革[J]. 东南大学学报,2007(2):28-31.
[4] 郭国庆. 营销伦理[M]. 北京:中国人民大学出版社,2012.
[5] 华杰. 中国产业营销伦理问题研究[J]. 江苏商论,2006:67,68.
[6] 贺德稳. 营销中的伦理失范问题及对策[J]. 商业时代,2009(5):30,31.
[7] 黄云明. 中国企业家的责任伦理及其信念伦理基础[J]. 河北大学学报(哲学社会科学版),2011(4):86-90.
[8] 胡峰,佟圣财. 浅谈营销伦理与企业社会责任[J]. 企业报道,2011(15):115.
[9] 刘晋军. 传统价值观在现代营销管理中的应用[J]. 市场营销,2012(3):100,101.
[10] 刘跃,王超. 企业营销伦理失范与治理对策[J]. 商业时代,2007(31):22,23.
[11] 吕荣胜,高蕾蕾. 营销伦理研究述评[J]. 经济纵横,2008(1):70-72.
[12] 李四兰,景奉杰. 由"毒奶"事件引发的营销伦理反思[J]. 江苏商论,2009(8):107,108.
[13] 粟增富. 企业营销伦理科学发展观的微观实践[J]. 商业时代,2010(7):140-142.
[14] 孟庆强,刘翠君. 企业的非道德营销行为及对策[J]. 经济导刊,2010(4).
[15] 沈思远. 用"仁义礼智信"构建现代企业营销理念[J]. 南通航运职业技术学院学报,2009(3):14-16.
[16] 宋子慧. 企业公关营销的伦理缺失及其建设探究[J]. 营销策略,2012(1):89,90.
[17] 王方华,周祖城. 营销伦理[M]. 上海:上海交通大学出版社,2005.
[18] 魏长霖,苏敬. 企业社会责任金字塔模型[J]. 经济理论研究,2007(4):28,29.
[19] 易开刚. 营销伦理学[M]. 浙江工商大学出版社,2010.
[20] 袁波. 企业营销伦理探讨[J]. 企业经济,2007(10):63-65.
[21] 周利国,毛瑞锋. 当前我国企业营销伦理失范探源及其整治[J]. 企业经济,2006(3):9-13.
[22] 周浩,蒋慧新. 中国企业须树立营销伦理观念[J]. 新西部 2007(12):29.

第二十四讲 营销危机管理

美国强生公司泰诺药片中毒事件

1982年9月,美国芝加哥地区发生有人服用含氰化物的泰诺药片中毒死亡的严重事故,一开始死亡人数只有3人,后来却传说全美各地死亡人数高达250人。其影响迅速扩散到全国各地,调查显示有94%的消费者知道泰诺中毒事件。

事件发生后,在首席执行官吉姆·博克的领导下,强生公司迅速采取了一系列有效措施。首先,强生公司立即抽调大批人马对所有药片进行检验。经过公司各部门的联合调查,在全部800万片药剂的检验中,发现所有受污染的药片只源于一批药,总计不超过75片,并且全部在芝加哥地区,不会对全美其他地区有丝毫影响,而最终的死亡人数也确定为7人,但强生公司仍然按照公司最高危机方案原则,即"在遇到危机时,公司应首先考虑公众和消费者利益",不惜花巨资在最短时间内向各大药店收回了所有的数百万瓶这种药,并花50万美元向有关的医生、医院和经销商发出警报。

对此《华尔街日报》报道说:"强生公司选择了一种自己承担巨大损失而使他人免受伤害的做法。如果昧着良心干,强生将会遇到很大的麻烦。"泰诺案例成功的关键是因为强生公司有一个"做最坏打算的危机管理方案"。该计划的重点是首先考虑公众和消费者利益,这一信条最终拯救了强生公司的信誉。

事故发生前,泰诺在美国成人止痛药市场中占有35%的份额,年销售额高达4.5亿美元,占强生公司总利润的15%。事故发生后,泰诺的市场份额曾一度下降。当强生公司得知事态已稳定,并且向药片投毒的疯子已被拘留时,并没有将产品马上投入市场。当时美国政府和芝加哥等地的地方政府正在制定新的药品安全法,要求药品生产企业采用"无污染包装"。强生公司看准了这一机会,立即率先响应新规定,结果在价值12亿美元的止痛片市场上挤走了它的竞争对手,仅用5个月的时间就夺回了原市场份额的70%。

强生处理这一危机的做法成功地向公众传达了企业的社会责任感,受到了消费者的欢迎和认可。强生还因此获得了美国公关协会颁发的银钻奖。原本一场"灭顶之灾"竟然奇迹般地为强生迎来了更高的声誉,这归功于强生在危机管理中高超的技巧。

资料来源: http://wenku.baidu.com/view/15bac525192e45361066f5a0.html

营销前沿理论

本讲知识结构图

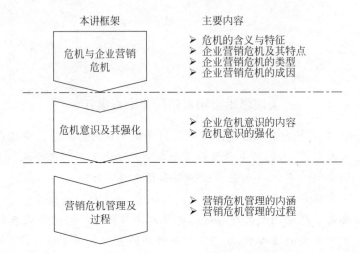

美国公关学者曾对《财富》杂志排名前500名的大公司董事长和总经理进行过一项有关危机的问卷调查,统计数据表明:80%的被调查者赞成现代企业面对危机,就好比面对死亡一样,已成为不可避免的事情这一观点;在寄回调查问卷的公司中,有74%曾经经受过严重危机的挑战。又有57%的被调查者表明,过去的一年企业有着危机潜伏,并在近期存在爆发的可能;38%的人表示,过去一年内企业潜伏的危机已经爆发了。在他们所描述的这些危机中间,有72%表现得愈来愈严重;72%日益受到新闻媒体的密切注意;32%受到政府的关注;55%已经开始影响了公司的正常运转;52%的公司承受了利益损失。此外,70%的受调查者在危机发生时已任现职,其中,14%的人认为危机损失了他们的个人声誉。

通过以上调查,我们不难看出,当下的企业是生存在一个充满危机的市场营销环境中的,由于整体营销环境的错综复杂(见图24-1),它既能给企业带来市场机会,同时也潜藏着各种各样的威胁。就企业而言,无论其性质、类型、规模如何,也不管其过去的历史和现在的情况怎样,几乎所有的企业在发展过程中都无法避免营销危机的干扰,尤其是近些年以来,随着经济全球化进程的加快,市场竞争的强度不断攀升。同时,在竞争过程中的不确定因素也随之增多,所有的这些不确定因素都可能是下一次企业营销危机的伏笔,这严重制约了企业的日常经营活动,同时也对企业的长久、持续发展造成了很大的威胁。因此,如何认识与处理好这些不可避免的营销危机成为每一个企业都应该重视的一个新课题。

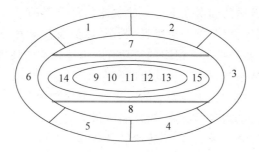

图 24-1 企业面临的营销环境

（注释：1.政治法律环境；2.科技环境；3.经济环境；4.商业环境；5.自然环境；6.社会文化环境；7.政府部门和其他指定规章的准政府组织，包括贸易协会、制定标准的机构、工会、金融机构等；8.分享产品、服务、过程和组织安排的竞争结构，如科研院所等；9.直接供应商；10.核心产品生产企业；11.最终产品生产企业；12.销售渠道；13.直接顾客；14.供应商的供应商；15.顾客的顾客）

资料来源：朱佳洁.企业营销危机预警管理研究[D].东北大学，2008.

一、危机与企业营销危机

（一）危机的含义与特征

现代辩证法告诉我们，任何事物都是一分为二的，在企业载着成功的理想向着美好的未来迸发的时候，往往意想不到的危机可能会突然爆发。那么什么是危机呢？危机的概念可以追溯到古希腊时代，"crisis"在希腊语中是"crimein"，其意义是"决定"。具体来说，危机指的是决定性的一刻、关键的一刻，是一件事情的转机与恶化的分水岭，是生死存亡的关头。也就是管理学家史蒂文·芬克所说的："危机是一段极不稳定的时间和极不稳定的状况，是一种迫切需要立即做出决定性的变革的状态。"

现代管理学家根据自己的理解，从不同的角度诠释了危机的含义。

（1）莱顿大学公共管理系教授罗森塔尔针对危机提出了更为宽泛的概念："危机是指具有严重威胁、不确定性和有危机感的情境。"

（2）美国菲尼克斯 DeVry 技术研究院院长劳伦斯·巴顿认为危机是"一个会引起潜在负面影响的、具有不确定性的大事件，这种事件及其后果可能对组织及其员工、产品、服务、资产和声誉造成巨大的损害"。

（3）管理学家格林认为危机的一大特征是"事态已经进展到无法控制的程度"。他声称"一旦发生危机，时间是最关键的因素，将损失减小到最低是最主要的任务"。

（4）我国学者沃廷枢、吴科政认为危机是指"危及企业形象和生存的突发性、灾难性事故和事件。它通常会给企业带来较大损失，严重破坏企业的形象，甚至使企业陷入困境，难以生存"。

（5）杰弗里·R.卡波尼格罗在其著作《危机管理》中说，危机是"能够潜在地给企业的声誉和信用造成负面影响的事件或活动。最典型的情况是失去控制，或即将失去控制"。

（6）《经营风险与危机处理》一书的作者迈克尔·雷吉斯特和朱迪·拉金认为危机是

"一种能够使企业成为普遍的和潜在不适宜的关注的承受者的事件。这种关注来自于国际和国内的媒体以及其他群体,例如消费者、股东、雇员及其家庭、政治家、工会会员以及由于一种或某种原因而对环境保护组织的活动有着天然兴趣的环境保护主义者"。

以上学者的定义,从不同程度上对危机的突发性与灾难性做出阐释。同时,我们也应该注意到,危机是一件事情的转机与恶化的分水岭,危机中不仅存在着巨大的风险,还隐含着机遇。正如古人所云"祸兮福所倚,福兮祸所伏",对于一个企业来说,如果危机处理得当,那么企业不仅可以转危为安,甚至还能借势突破发展瓶颈,取得更大的成就。因此,企业面对危机,应该充分了解危机的特征,做到对症下药、有的放矢。

 人物小传

罗森塔尔

罗森塔尔(Uriel Rosenthal),1945 年 6 月 19 日出生,莱顿大学公共管理系教授,荷兰人民自由民主党领导人之一,Institute of Safety, Security and Crisis Management 的创办人。从 2010 年 10 月开始担任荷兰外交大臣。1984 年创办了荷兰莱顿大学危机研究中心,其对于危机的定义已经被国内外学者所广泛采纳。在危机管理研究方面多有著述,多数文章以荷兰语发表,其中英文代表作有:

Coping with Crises: The Management of Disasters, Riots and Terrorism edited by Uriel Rosenthal, Michael T. Charles and Paul T. Hart, 1989(Springfield, Ill., Charles C. Thomas).

Flood response and crisis management in western Europe: a comparative analysis. U. Rosenthal and P. t. Hart. Verlag Berlin Heidelberg, springer.

Rosenthal, U., A. Boin, et al. (2001). Managing Crises: Threats, Dilemmas and Opportunities. Springfield, CHARLES C THOMAS.

资料来源:http://baike.baidu.com/link?url = Kx2j3S8XHaAg-D2gbmyaPKWLKHq21EQ-n1ESph8m_b6QO5WqY1szdLFXJf2mgY74

危机的一般特征如下所述。

1. 突发性

危机具有突发性的特征,往往在没有防备的情况下,危机突然降临,换句话说,在危机发生之前,绝大多数人都不会意识到危机即将到来。由于危机来得突然,同时瞬间爆发的力度非常强大,往往打得整个企业上下措手不及,给企业造成很大的冲击,倘若不能及时做出反应并采取措施,就容易在组织内部形成混乱的局面,使危机的破坏力度进一步扩大。

2. 临界性

危机是一件事情的转机与恶化的分水岭,它具有临界性。地震、海啸发生之前,永远是一片祥和、宁静,但就是短短的几分钟甚至几秒,宁静祥和便被混乱、死亡所取代,造成这一突变的根源便是危机。企业也是这样,在危机发生之前,一切按部就班、不急不慢,一旦危机发生,企业便会陷入恐慌、混乱之中。濒临危机发生之时,也就是所谓的转换临界

点,人们会变得多疑、猜忌、打探消息,甚至谣言四起。

3. 危害性

危机往往具有很强的危害性,甚至在有的时候会决定一个企业的生死,有时候甚至是一个行业的生死。曾经赫赫有名的巨人集团、德隆集团、三株集团就是最好的反面教材。例如,三株集团在常德事件之后,月销售额从上年的2亿元人民币锐减至几百万人民币,15万人的营销大军,被迫削减为不足2万人。这一切的原因仅仅只是因为三株集团在处理一次危机的过程中措施不当而造成的。由此可见,危机的破坏性往往是超出想象的,企业在发生危机之后,务必要引起高度重视,否则将会酿成不可挽回的恶果。

(二) 企业营销危机及其特点

营销危机是指企业在开展市场营销活动过程中所遭遇的突发性事件,这种突发事件会给企业的营销活动带来严重威胁,使得企业陷入一种失去市场机会,将市场份额拱手让给竞争对手,甚至导致企业死亡的极度危险状态。

企业营销危机并不是突然产生的,而是有着一定的积累过程。当今很多企业由于营销理念落后、市场开发策略或营销策略失误、缺乏市场调研或预测等原因,造成企业的市场占有率不断下降甚至丧失,进而导致企业竞争优势的退化,最终会引发企业营销危机。换句话说,从STP到4P、从营销策略到营销战略,如果长期存在的风险因素不加以察觉并克服,再加上外部营销环境的不断变化,就很有可能出现营销危机。

营销危机是危机的一种特殊表现方式,它除了具备一般危机的特性外,还包含以下几个特点。

1. 聚焦性

营销危机与其他危机相比最大的特点就是聚焦性,对于一般的危机来说,由于其不具备营销的某些特征,对外界的扰动程度远远不如营销危机来得剧烈。对于企业来说,营销危机一旦爆发,企业往往会立即成为各大媒体关注的焦点,而且关注度与企业的知名度呈正相关关系。并且,随着贸易和信息在全球范围内的快速流通,有时候一个国家的企业营销危机事件,不仅仅在本国发酵,甚至会引起世界各国的关注。如1999年,以比利时为中心的"二噁英奶制品污染事件",在很短的时间内便波及我国的乳制品市场,极大地影响了欧洲的乳制品在我国的销售以及声誉。

2. 连带性

营销危机的产生往往不是孤立的,当一个危机的爆发引出了另一项危机时,就产生了危机的连带效应。这就好比多米诺骨牌,企业危机爆发时,它对整个企业的内部运营及外部环境或多或少都会产生影响,这些影响会造成新的不确定因素,进而引发新的危机爆发。例如,一个由于资源匮乏或生产污染而遭到禁令或资金短缺的工厂,会导致大量的产业工人失业,这些工人的失业将是一个巨大的社会问题,会对周围社区系统造成进一步的危害,引发新一轮的危机。

3. 外部危害性

营销危机的外部危害性是指营销危机损害的不仅仅是企业的营销部门以及企业内部,而且对企业外部的其他利益相关者的影响程度也非常大,甚至有时候会造成不可挽回的恶果。例如,在三鹿事件中,很多儿童由于饮用了三鹿奶粉,造成身体不适、肾结石甚至死亡的情况，给无数家庭带来了无尽的痛苦，三鹿最终也因此次事件"樯橹灰飞烟灭"。因此，企业对营销危机应引起高度重视，可以毫不客气地说，能否妥善地处理好营销危机，是决定一个企业成败的关键。

（三）企业营销危机的类型

一般来说，针对营销危机的分类角度不同，会存在很多种不同的营销危机类型，比较常规的一种分类方法是根据营销危机产生的根源不同，将营销危机分为内生危机和外生危机。

1. 内生危机

内生危机指的是在一定的宏观环境中，由于企业内部营销环境各因素的变化以及营销战略、策略失误等一系列原因引起的营销危机。其责任归咎对象为企业的部分员工，这种危机相对而言可控性强、易于处理。总地来说，企业内生危机可划分为营销战略危机以及营销策略危机。

1）营销战略危机

营销战略危机是指企业因营销战略方向选择错误而导致的危机。营销战略危机按照其成因可划分为产业选择危机、市场定位危机以及多元化战略危机。

（1）产业选择危机

产业选择危机是指，企业在对自己资源配置不是十分了解的情况下就盲目选择产业，从而引起产业与企业资源能力不相适宜所导致的营销危机。这种类型的营销危机相对而言较少，一般多发生于新创企业和规模较小的企业。

（2）市场定位危机

市场定位危机是指企业对市场需求把握不准，定位错误而产生的危机。造成市场定位危机的主要因素有以下几点：首先，企业不注重市场调研，对市场信息了解不够，对市场的分析不充分；其次，企业在进行市场定位之时，没有充分考虑自身的优势与劣势，没能做到扬长避短；再次，企业没能充分考虑自身应该如何建立有别于其他同类企业的竞争优势。

（3）多元化战略危机

多元化战略危机是指企业盲目追求多元化战略，造成企业因资源配比失衡而引发的危机。企业实施多元化战略时，必然会对新的项目投入资金，分流企业的资源，如果新项目的投资过于庞大抑或新的项目数量过多，很容易造成企业资金链断裂，进而引发企业营销危机。例如，联想集团进行的IT领域多元化战略，其增加的网络服务和系统集成软件两大模块在推出不久便宣告夭折，对联想集团造成很大的冲击。

延伸阅读

"太阳神"的多元化战略

1987年底，太阳神的前身"黄江保健品厂"在广东东莞黄江镇挂牌，随后，黄江厂参加了由国家体委举办的全国第一次保健品评比活动，而"万事达生物健"一举获得了"中国运动营养金奖"，并得到了媒体的广泛报道。1988年初，生物健技术的持有人怀汉新辞去公职,投入"生物健",将黄江厂的厂名、商品名和商标统一更改为"太阳神"(APOLLO),当年实现销售收入750万元人民币。太阳神企业战略一直是"以纵向发展为主,以横向发展为辅",即以保健品发展为主,多元化发展为辅。1990年,销售额跃升至2.4亿元,同年,怀汉新重金聘用一批青年才俊换下了一同创业的9位高层元老,并导入当时颇为先进的CI战略(企业形象识别系统)。1993年,太阳神的营业额高达13亿元,市场份额最高时达63%。此时,怀汉新开始了多元化战略发展之路,接连上马了包括房地产、石油、边贸、酒店业、化妆品、电脑等在内的20多个项目,在全国各地进行大规模的收购和投资活动。短短两年间,太阳神转移到这些项目中的资金高达3.4亿元,但不幸的是,这些项目没有一个成为新的"太阳神",3.4亿元全部血本无归。1995年底,太阳神在香港上市后,股价直跌,1997年亏损1.59亿元,股价一度跌至港币9分左右。此时,怀汉新主动从总裁位置上引退,请来哈佛MBA工商管理硕士王哲担任企业总裁,但不了解中国保健品行业的王哲并没有能挽救太阳神,并导致企业人才外流、市场销售继续下滑。

资料来源:http://bbs.chinaacc.com/forum-2-49/topic-2208490.html

2)营销策略危机

所谓营销策略就是指营销的实施手段。对于一个企业来说,营销策略制定如果与企业的现实情况背道而驰,便会产生营销策略危机。

一般而言,企业的营销策略包含产品策略、渠道策略、促销策略以及价格策略。与之相对应,可将营销策略危机划分为产品危机、渠道危机、促销危机以及价格危机。产品危机是指企业生产的产品与消费者需求不符合,造成产品积压、销量下降,进而导致企业利润降低,最终引发的企业营销危机。产品危机的主要表现为产品开发与设计的缺陷、不能满足消费者对新产品的需求、新产品进入市场没有抓住机遇、产品供过于求等。渠道危机是指企业所选择的分销渠道不能履行分销责任或不能满足分销目标,造成的一系列不良后果。促销危机主要是指企业在开展促销活动过程中,由于促销行为不当或干扰促销活动的不利因素的出现,导致企业促销活动受阻、受损甚至失败,从而使企业蒙受损失。价格危机是指由于企业定价不合理,造成的企业产品滞销、企业声誉受损并因此而引发的危机。通常情况下,产品的价格是最灵活、最难以把握的因素,同时也是企业唯一的利润源泉。因此,价格危机一旦发生,将会给企业带来巨大的损失。

2. 外生危机

外生危机是指因宏观营销环境,即社会环境、经济环境、自然环境和政治与法律环境发生突变或恶化,而危及企业营销体系原有平衡,使企业生存和发展出现严重困难的事件。外部营销危机波及的范围相对较广,不可控的因素较多,较难处理,而且责任并不由发生营销危机的某一具体企业及其成员承担。因而需要与营销危机有关各方密切配合,共同行动。一般而言,外生危机主要包含以下几种。

1)政治危机

政治危机是指因为革命、政变、战争或其他对外军事冲突,造成企业无法在当地生存发展而产生的危机,也有可能源自于政府对企业政策的不稳定性,如出口关税的变化等。

2)法律危机

法律危机是企业忽视法律规范的存在而造成的营销危机,它会造成企业成本的增加、人力的损失、企业形象的损坏,甚至承担高额诉讼成本。如倾销和反倾销等。

3) 政策危机

政策危机是因价格管制、贸易限制、购买力、财政、货币政策改变所引起的企业危机。尤其是21世纪,经济全球化导致某一个国家的金融危机、经济崩溃、贸易条件改变等所产生的危机会迅速扩散至全球范围,影响到其他国家,比如美国次贷造成的全球经济问题。

4) 自然危机

企业与大的自然环境息息相关,它受到自然环境变化的影响非常巨大。例如,降雨量、台风、地震以及其他自然危机很可能直接冲击到企业的运营,没有掌握到这种趋势的企业就可能在危机发生后陷入亏损的深渊。

5) 社会危机

社会危机是指一些社会不稳定因素波及企业内部,对企业的生产经营产生不良影响,进而产生的危机。社会危机的涉及面非常广,如社会因宗教、民族、意识形态等因素而产生对立冲突,最后直接或间接地波及企业运营,使企业发生亏损或无法经营的现象都属于社会危机。

(四)企业营销危机的成因

营销危机的成因是多方面的,甚至是多种原因综合在一起的产物。但归结起来,我们可以把这些林林总总的成因分为两大方面:外部环境的制约和企业内部的管理。

1. 外部环境的制约

外部环境的变化会给企业的营销活动带来或多或少的影响。同时,外部环境对于企业来说很难把握,因为外部环境不会随着企业的意志转移而做出改变,企业更没有那个能力去人为地控制外部环境。那么既然无法改变就要学会适应,据有关数据统计,对外部环境不敏感和缺乏适应能力是导致营销危机的一个重要因素。因此,如何去适应外部环境,是一个企业的必修课。近些年来,大型的跨国公司纷纷采取本土化策略,并获得了很大的成功,这就是因地制宜、适应环境的成功之处。

企业的外部环境包罗万象,它可以细分为外部宏观环境和外部微观环境。

1) 外部宏观环境

企业的外部宏观环境主要由政治、经济、文化以及资源等一系列要素构成。这些要素的变化会对企业的营销产生一定的冲击。例如战争、政权更替以及政治动乱、社会购买力的变化、文化宗教给企业带来的冲击、资源的日益枯竭等这些外部宏观环境的变化都会给企业的经营带来或多或少的影响,这种影响有的甚至是致命的。所以,我们要在外部宏观环境发生变化之前,未雨绸缪,建立起一整套科学的应急机制。

2) 外部微观环境

企业的外部微观环境主要由竞争者、供应者、营销中介、顾客以及大众传媒所构成。这些要素都是与企业的营销活动息息相关的。因此,外部微观环境的变化对企业的影响相对较强。但是,相对于外部宏观环境来说,企业对外部微观环境控制力度也有所增强,介于半可控和半不可控之间的状态。

2. 企业内部的管理

对企业的生存与发展起着关键性和决定性作用的是企业内部的管控水平与决策机制。同时,企业内部管理也是营销危机的温床,当企业内部管理出现漏洞时,很多时候会直接引发企业营销危机。例如,企业内部其他部门的人员与营销部门沟通不足,造成重要信息出现滞后现象,从而给企业运营带来不良后果;决策者的营销危机意识淡薄,他们往往更多地看重生产安全危机、财务危机和人力资源危机,对营销危机的重视程度偏低;营销管理的组织结构与营销战略不匹配,造成信息传递滞后,不能很好地执行战略决策;营销管理制度不健全、流程不通畅,导致效率低下,资源浪费严重;营销人员素质低下,营销队伍缺乏团队精神;营销策略的制定往往缺乏市场调查和科学研究,目标市场定位不准,无的放矢搞营销等。以上这几点在特定的条件下都有可能成为企业营销危机的诱因。

二、危机意识及其强化

(一)企业危机意识的内容

从某种意义上讲,危机管理是为了预防危机而生的。而预防危机则是以企业危机意识为基石。《周易》有云:"君子终日乾乾,夕惕若厉,无咎。"意思是说每个人必须要时时刻刻心存警惕,好像有危险发生一样。这样才能免除灾祸,顺利发展。对于企业来说同样如此,随着市场经济的迅猛发展,企业间的竞争日渐剧烈,经济活动也日益复杂化,任何企业都有可能遇到各种各样的危机,只有具备了良好的危机意识,才能在这个复杂的市场环境中谋得一席之地,否则终将逃不过被时代所淘汰的命运。

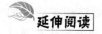

企业家的危机意识

"微软离破产永远只有18个月。"

——微软:比尔·盖茨

"只有偏执狂才能生存。"

——英特尔:格鲁夫

"华为的危机,以及萎缩、破产是一定会来到的。"

——华为:任正非

"每天的心情都是如履薄冰,如临深渊。"

——海尔:张瑞敏

"你一打盹,对手的机会就来了。"

——联想:柳传志

危机意识是对危机时刻保持警觉并随时做出反应的意识。时刻保持危机意识,是企业进行危机管理的前提。

1. 居安思危的意识

"生于忧患,死于安乐。"这句话同样适用于企业。对于企业来说,在这个危机四伏的时代,只有做到居安思危才能立于不败之地。企业中的每位员工都必须清楚:我们所有的行为准则时刻都处于危机之中；我们必须把企业潜在的危机规避到最小；我们任何一个人都可能因失误或失职而将整个公司拖入危机境地。

2. 未雨绸缪的意识

未雨绸缪即防患于未然，是指在还没有造成后果之前就做好充分的准备，在心理学上被称为防范心理。所谓的防范心理就是面对可能发生的事情，首先要在心理上做好应对的准备，一旦事情发生就能从容应对。对于企业来说，每位员工必须要有危机防范意识，这不仅可以在一定程度上遏制危机的发生，还能使企业在危机发生时能做到从容应对，避免被突如其来的危机打得措手不及，造成更大的损失。

3. 亡羊补牢的意识

亡羊补牢意为出了问题以后想办法补救，可以防止继续受损失。如果一个企业具有很好的亡羊补牢意识，那么它们往往会在企业遭受危机侵害时，及时介入并立即采取措施，尽可能地将损失降至最低。由此可以看出，在危机发生时，亡羊补牢意识能很好地将企业损失控制在一定范围之内，并且最大限度地限制危机对企业的冲击。

（二）危机意识的强化

强化危机意识，就是指在营销危机发生前或发生之时，对危机的整体情况有着清醒的认识，在面对危机时，临危不惧，积极主动地去化解危机，充分发挥人的主观能动性和创造力。

强化危机意识要做到以下几点。

1. 要有危机感

对于危机要有深刻的认识，居安思危，时时刻刻保持清醒的大脑，不要沉溺于昨日的成功之中，更不要狂妄自大，盲目决策，要从管理的每个细节着手，按照管理流程认真做好每项工作。

2. 加强营销危机管理的理论学习与培训

员工培训是树立危机意识的极好方式，能使广大员工在理论高度上和基础层面上对危机有一个直观的认识和感受。企业员工通过培训能了解到危机对企业的危害，以及危机意识在企业运营中的重要意义。

3. 搞好企业文化建设

在企业内部，将危机意识融入先进的企业文化理念中去，是一种事半功倍的树立危机意识的方法。这种方法旨在以先进企业文化统领人、培养人、感化人、熏陶人，从而树立长期铭刻在心的危机意识和大营销观念。

三、营销危机管理及其过程

（一）营销危机管理的内涵

在过去的20年里，数不胜数的企业陷入危机的泥沼而不能自拔，其中不乏管理先进、资金雄厚的大型跨国公司。然而，在这些危机事件中我们企业管理人员的行为，却是让人十分失望。面对突然爆发的危机，他们之中有的反应迟钝，对危机可能带来的严重后果估计不足；有的消极应对，知难而退，听之任之，顺其自然，面临危机毫无作为；有的惊慌失措,慌乱中做出错误的决策。殊不知,在危机面前,企业的任何一个决策失误都有可能致企业于万劫不复之境地。那么,为什么我们没有能够在危机发生之前预防这些危机的爆发呢?为什么我们没有能够很好地管理这些危机呢?究其原因,就是因为我们企业缺乏对危机内在规律的清晰认识,缺少一套完整的危机管理体系和科学的营销危机管理方法。因此,加强企业的危机管理,增强管理人员对危机内在规律的认识,为企业构建一套科学而又安全的危机管理体系迫在眉睫。

危机管理最早是由美国学者 R. B. Lake 和 I. Mouton 于 20 世纪 60 年代提出的。20 世纪 80—90 年代,欧美、日本等国家开始比较系统地进行企业危机管理方面的研究,并逐渐演变成一门以科学为主体的跨学科学问。所谓危机管理,就是指组织在危机来临前采取危机预防措施,对危机进行控制,以防危机爆发,当危机爆发后启动危机处理程序,使组织摆脱困境,避免或减少损失,维护组织的正常运营秩序,并最终将危机转化为机遇的积极主动的组织管理行为。它包括企业为了应付各种危机情境所进行的信息收集、信息分析、风险确认、计划安排、措施制定、公共沟通、控制处理、经验总结及恢复形象等全过程。

危机管理的目的在于在危机未发生的时候预防危机的发生,在危机发生时,力求将危机造成的损失降低到最低,并为企业迅速从危机中恢复过来铺平道路。因此,危机管理是一个系统工程,它包含的内容非常广泛,涵盖了危机发生前的预警、危机发生时的危机处理以及危机发生后的总结分析与改进这一系列过程。它与危机公关不同,危机公关仅仅指企业面对危机状态的全部处理过程,即处理危机爆发过程中的公共关系,其具体内涵是指企业为了解决危机、挽回给公众造成的不良影响和损失而采取的一系列具有减轻、扭转、挽救作用的策略和措施。

危机管理是一种应急型的公共关系,是立足于应付企业突发的危机。当意外事件发生时,企业陷入困境,便可以通过有计划的专业危机处理系统将危机的损失率降到最低,同时,还可以利用危机带来的反弹机会,使企业在危机过后树立更优秀的形象。越是在危机时刻,才越能显示出一个优秀企业的整体素质和综合实力,危机管理做得好,往往可以使危机变为商机,公众将会对企业有更深入的了解和更强烈的认同。因此,在危机面前,发现、培育进而收获潜在的成功机会,就是危机管理的精髓,而错误地估计形势,并令事态进一步恶化,则是不良危机管理的典型特征。危机管理,是全方位的、系统的,是为企业更长远发展而进行的战略思考,而不是就事论事,仅仅针对于某一次的单一危机。这点是企业管理者必须要认识到的。

营销危机管理是危机管理的一种,它是指企业在营销活动中面临危机时所采取的一系列管控措施,以帮助企业营销摆脱困境,减少损失,恢复正常的运营秩序,转危为安,甚至是变危机为机遇。

营销危机管理是一个系统过程,它并不是一个单独的事件。在营销危机管理过程中,企业识别自身的弱点,防范危机,为最可能发生的危机制订相应的计划,并在危机发生之后立即做出反应,监控和评价事态发展,最后再进行危机善后处理。虽然企业危机的种类繁多,表现形式各异,但是其管理过程的基本规律是一致的。因此,其他危机管理的过程划分也同样适用于营销危机管理。

(二)营销危机管理的过程

危机管理学者分别根据自己的理解对危机管理的阶段作出不同的阐释:诺曼·R.奥古斯丁将危机管理划分为危机事前管理、危机初始管理、危机的确认、危机的控制、危机的解决以及从危机中获利 6 个过程;罗伯特·希斯认为危机管理包含 4 个过程,分别为危机事前处理、危机初始管理、危机冲击管理以及危机恢复管理;当下的一般理论则将危机管理划分为危机爆发前的预计预防管理和危机爆发后的应急善后处理两大部分。

综合各家所言,并依据时间脉络,我们将营销危机管理的过程划分为营销危机预防、营销危机沟通、营销危机处理以及营销危机善后 4 个过程(见图 24-2)。

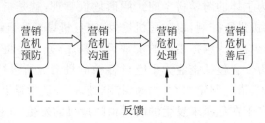

图 24-2 营销危机管理的过程

1. 营销危机预防

史蒂文·芬克曾经这样说:"应当像认识到死亡和纳税是不可避免的并必须为之做计划一样,认识到危机也是不可避免的,也必须为之做准备。"的确,我们承认危机是不可避免的,而这并不代表危机是不可预防的。因此,企业在营销危机未发生之前,应该早做准备,防患于未然,力求将危机扼杀在萌芽状态。即便营销危机仍然不可避免地发生了,企业也可以凭借前期的预防工作,做到临危不惧,按部就班,将危机的危害降低到最小。营销危机预防主要有以下几个过程。

1) 树立危机意识

正如前文所说的,危机意识是企业进行危机管理的前提。因此,它是整个营销危机管理中首先要考虑的问题。

2) 制订营销危机管理计划

营销危机管理计划是每个企业针对自身的特点与可能发生的营销危机类型制定的一系列管理措施。营销危机管理计划应明确如何阻止营销危机的爆发,一旦营销危机爆发,企业各部门针对性地采取怎样的措施。营销危机管理计划包含以下几个部分。

(1) 建立营销危机管理小组

营销危机管理小组是在整个企业范围内设立的用于处理营销危机事务的部门。一般主要由企业各部门的负责人组成,主要职责为制定营销危机管理计划、危机预警、危机调查、制定危机处理方案、与媒体及利益相关者沟通以及消除危机造成的影响。

(2) 营销危机调查

危机调查是对危机进行处理的基础,其调查内容包括确定营销危机的存在性、确定主要的利益相关者以及找出危机爆发的原因等。

(3) 界定营销危机事件

一个企业在运营过程中,会有很多潜在的营销危机。在这种情况下,就要综合考虑这些危机的各方面因素,比如预测危机爆发时间、危机爆发的概率、危机爆发的强度等。再依据考察结果对危机进行综合排序,有条不紊地将这些危机限定在可控范围内。

(4) 提出危机处理对策

提出危机处理对策是指针对各种不同类型的危机,对症下药,做好营销危机爆发的预案,一旦危机发生,迅速按照原定计划将危机扼杀在摇篮中。

3) 建立营销危机预警系统

营销危机预警系统是指企业根据营销危机调查的结论,对营销活动中,各种风险因素及危机征兆进行监控,从而能抢在危机爆发的临界点之前对相关部门及个人做出营销危机预警。营销预警系统的建立可以较早地发现营销危机信号,并能迅速地将这一信号传递给相关部门,有助于企业对营销危机做出快速反应,从而大大降低危机的破坏性(见图24-3)。

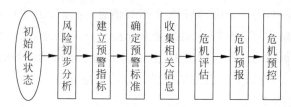

图24-3　危机预警系统框架图

资料来源:时铁栓.营销中的危机管理策略[D].首都经济贸易大学,2011.

4) 营销危机预控

企业通过营销危机预警系统会发现一些即将要爆发的营销危机,这时候就应该对危机采取营销危机预控,以尽最大努力阻止营销危机的爆发。这就好比,我们通过观察发现某个人有生病的前兆,便立即对此人实施吃药、打点滴等预防措施,由于疾病尚未爆发,破坏性小、易于控制,很有可能药到病除。这不仅减轻了病人的痛苦,还可以节约很大一笔费用。

2. 营销危机的沟通

当营销危机爆发之后,营销危机管理的主要工作会转移到沟通上,沟通的对象主要为危机受害者、媒体以及其他利益相关者。通过沟通,企业和营销部门可以评估危机的具体影响,并且了解公众与媒体对于营销危机的认识,再通过后续措施,以期达到企业利益损失最小化。

1) 营销危机中的沟通原则

营销危机中的沟通是企业及营销部门与各利益相关者之间的博弈行为。在沟通时,必须要遵守一定的沟通原则,针对此种情况,迈克尔·李杰斯提出了著名的"3T原则":

(1) 主动沟通原则

在营销危机发生之后,企业应摆正自己的位置,放低姿态,以积极且诚恳的态度与各个利益相关者进行沟通。只有这样,才能得到相对客观公正的回应,并且为下一步工作的开展打下坚实的基础。

(2) 全部沟通原则

全部沟通原则包含两个层面的内容：第一，企业及营销部门与营销危机相关的各个方面的人员进行沟通，以获取更多的资讯，便于企业进行营销危机控制；第二，企业与营销部门对于所沟通的内容要做到全面、系统。

(3) 尽快沟通原则

营销危机的蔓延与发展一般是非常迅速的，企业及营销部门在处理危机上一定要做到快速反应。只有这样，才能把主动权紧紧地握在自己的手里，才能尽量使事情向着有利于企业的方向发展。

2) 营销危机中的沟通策略

在处理营销危机中，会涉及各种各样的利益相关者，为了保证沟通的效率及质量，应针对不同类型的利益相关者采取有区别的沟通策略，主要沟通策略有以下几点。

(1) 双向沟通策略

企业在沟通过程中，为了及时地获取外部的信息，应该着力建设可行的信息反馈机制，实行双向沟通策略。只有这样才能与公众充分地交流信息，及时掌握危机的发展情况。同时，双向沟通策略的成本相对较大，企业应该选取准确的时期、准确的对象来进行沟通，否则将事倍功半，难以为解决危机提供有效的信息支持。

(2) 口径一致策略

企业营销危机管理小组在实施沟通过程中，必须要确保口径的统一，这样才能给人以信任感。随意表态，前后矛盾的状况只会引起大家的猜忌，严重损害企业的公信力，给企业的危机处理造成不必要的麻烦。

(3) 持续沟通策略

企业在营销危机爆发后应建立与利益相关者的沟通渠道，在危机未解除之前，要时时刻刻保持该渠道的畅通，这样企业可以随时掌握危机的发展方向，以便及时地采取针对措施，防止在自身不知情的情况下，出现危机恶化的现象。

3. 营销危机的处理

营销危机爆发后，企业与营销部门除了与相关利益者进行积极沟通以外，更重要的是按照营销危机处理计划对危机采取迅速而直接的处理措施。可以这样说，一个企业的营销危机处理能力的高低直接关系到企业营销危机管理的成败。

根据各大企业的经验及教训，营销危机处理过程大体可分为以下三步。

1) 隔离营销危机

营销危机一般发生在企业的营销领域，其他诸如生产领域、人力资源、财务部门、技术部门等可能尚未遭到波及。这个时候，针对危机的特性采取相应的隔离措施，可以阻止营销危机蔓延到企业的其他领域，将营销危机控制在最小的范围内，以避免造成更大的损失。营销危机的隔离方法通常为，抽调相关人员组成危机处理小组，专门处理危机事件，避免危机的继续恶化。同时，组织企业其他部门的人员坚持正常的企业运营活动，必要时可采取相应的激励措施。

2) 控制营销危机

营销危机一旦爆发,就如同泰山压顶一般迅速而猛烈。在此时刻,企业会同时面临渠道受阻、客户投诉、舆论压力、销售额下降、市场占有率降低等一系列严重问题,因此要在隔离危机的基础上相应的采取控制措施,将营销危机的影响降到最低。

营销危机的控制通常采取的方法是对症下药。例如,是产品质量危机,就应该迅速召回所有问题产品,停止该产品的生产销售,主动承担相应的措施,并配合媒体查明事情的真相,防止危机的进一步扩散;是产品促销危机,就应该立即停止相应的促销手段,并降低姿态,在相关媒体上作出公开道歉,澄清事实,将危机的损害控制在最小范围。

3) 排除营销危机

经过以上努力,营销危机得以控制在一定范围内并停止了不再发酵,这时候企业应该考虑如何尽快地排除营销危机,使企业回归正轨。通常采用的排除营销危机的方法是调查分析危机的起因,运用各种资源从根源上排除营销危机。

企业在排除营销危机时经常采用的方法为分散转嫁法,具体措施有:注销严重亏损的分支机构;停止滞销产品的生产;推出新产品;将投资转向其他行业或领域;有分寸地减薪与裁员;转移目标受众等。

4. 营销危机善后

通过以上的危机正确处理方法使得企业逐渐摆脱了危机的困扰,企业也慢慢恢复了正常运营。然而,营销危机管理过程并未就此结束,正如奥古斯丁所言:"发现、培育,以便收获危机中包含的潜在成功机会是危机管理的精髓。"

企业在营销危机得以解除之时,一方面应该积极修复危机给企业带来的财产损失以及对受害者的人生、心理造成的消极影响。危机造成的财产损失主要包含直接损毁的固定资产、利润以及间接由连锁效应造成的诸如市场占有率下降、渠道损毁等;对受害者的人生及心理产生的影响主要包括生命、身心健康、心理阴影等。对于此类消极后果,企业应出台相应的标准及措施进行抚恤与慰问,尽可能消除危机对其造成的损伤。

另一方面,企业应该尽快恢复运营尤其是营销活动,并以实际行动维护公众利益,不断修复和发展企业与公众之间的信任关系,恢复和提高企业及其产品的美誉度。除此之外,企业还应该对营销危机管理的经验教训进行认真、系统的总结与反思。在对企业营销危机全过程进行系统调查的基础上,对企业营销危机管理作出全面的评价,详细列出营销危机管理工作中出现的问题与不足,并整理归类,提出改进意见与措施,以逐步完善企业的营销危机管理工作。

本讲小结

危机指的是决定性的一刻、关键的一刻,是一件事情的转机与恶化的分水岭,是生死存亡的关头。危机具有突发性、临界性以及危害性三个主要特点。企业营销危机是指企业在开展市场营销活动过程中所遭遇的突发性事件,这种突发事件会给企业的营销活动带来严重威胁,甚至导致企业死亡的极度危险状态。营销危机由于其自身的特性它除了具备以上三个特点外还具有聚焦性、连带性以及外部危害性三个特点。一般情况下,根据营销危机产生的根源不同,将营销危机分为内生危机以及外生危机。营销危机的成因是多方面的,甚至是多种原因综合在一起的产物。但归结起来,我们可以把这些林林总总的成因分为两大方面:外部环境的制约和企业内部的管理。

所谓危机管理,就是指组织在危机来临前采取危机预防措施,对危机进行控制,以防危机爆发,当危机爆发后启动危机处理程序,使组织摆脱困境,避免或减少损失,维护组织的正常运营秩序,并最终将危机转化为机遇的积极主动的组织管理行为。企业危机意识是实施危机管理的前提。

营销危机管理是危机管理的一种,它是指企业在营销活动中面临危机时所采取的一系列管控措施,以帮助企业营销摆脱困境,减少损失,恢复正常的运营秩序,转危为安,甚至是变危机为机遇。营销危机管理的过程可分为危机预防、危机沟通、危机处理以及危机善后四个过程。

思考题

1. 简述危机的含义。
2. 营销危机的成因包含哪些?
3. 什么是危机管理?
4. 如何树立危机意识?
5. 简述营销危机管理的过程。

案例与思考

"碧绿液"的绝地反弹

有一天你或许会踏上法国的国土,走进那富丽堂皇的宾馆,你一定会在餐桌上看见这么一个小小的瓶子,鹤肚细颈,翠绿色品,晶莹剔透,独特的装饰相当引人注目,这便是法国享誉盛名的"碧绿液"矿泉水。在法国,矿泉水是其主要生产的饮料,产量在世界排名第一,而碧绿液正是其中的佼佼者,素有"水中香槟"之美誉。年产10亿瓶,其中有60%销往国外,在美国、日本和西欧其他国家,这绿色小瓶已经成为法国矿泉水的象征。

可终于有一天碧绿液"哭了",那是在1990年2月初。在美国,食品及药物管理署在每年例行的检查中发现,在一些"碧绿液"矿泉水中含有超过规定2~3倍的化学成分——苯,这是一种长期饮用会致癌的物质。

无疑这一消息对碧绿液是致命的,因为碧绿液的美国市场是如此之大,自从它1976年进入美国,便首先得到了运动员的喜爱,接着又被热衷于体育的美国人所认可,第一年销售了300万瓶,第二年就到了2100万瓶。到了80年代初,英国矿泉水市场有85%就被"碧绿液"占领了。以后公司根据美国人的口味又创立了"果味矿泉水",深受美国人的欢迎。1988年销售额超过了5.5亿美元,面对如此大的一个市场,法国人怎么甘心轻易地失去呢?

可是如今遭到这突如其来的威胁,产品的信誉一夜竟一落千丈。于是面对碧绿液的困境,公司总裁采取了一个令人咋舌的行动。在报纸宣布这一消息的第二天,他召开了记者招待会,宣布收回2月9日以前出厂行销全世界各地的全部"碧绿液"矿泉水,并当众销毁。在记者招待会上,不少记者对这一看似大动干戈的行为提出了疑问,他们提出:这次在美国发现的不合格矿泉水充其量只有10瓶,而且所谓含苯高,并不至于造成比吸烟更甚的危害,何必如此做呢?公司的总裁勒万回答得好:"我们要让公众感受到的是超一流的服务,绝对纯清的绿液,我们绝不能允许顾客对我们产品的质量和形象抱着丝毫的怀疑,否则我们将信誉扫地。"

商业界的人士对碧绿液的这一行为称为疯狂,但这确是鼓足顾客信心的一支强心针。

于是公司的这一敬业精神得到了法国政府的赞许,并赢得了全美甚至全世界的关注。第二天,股票交易所内公司的牌价在猛跌16.5%以后又反弹了2.5%。

接着,勒万便根据着手调查的结果,向公众宣布,这是一项人为的技术事故。是由于净水处理器滤水装置没有定期更换,造成滤水能力下降造成的,同时向公众公布了详细数据。

这就向公众证明这不是由于水源污染造成的,只要在装备上加强管理,碧绿液将依然以纯清的面目出现。在记者招待会上,公司便当场宣布了对滤水系统所作最新技术处理的重要措施。

经过这一场风波以后,碧绿液重新上市。为了巩固市场,赢得消费者对碧绿液的信心,恢复其信誉,当天,巴黎的所有大大小小的报纸杂志都登了整整一个版面篇幅的广告,画面上画着一只巨大的绿色玻璃瓶,在瓶口下端的商标上印着"新产品"的鲜明字样。在广告的左边是几行清晰的小字,上面写道:"出于对产品质量的追求和对消费者的尊重,我们加强了其技术管理以保证其纯度,'新产品'这个标记就是这种纯洁度的象征。今天起,顾客就可以买到它。"

同一天,运往世界各地的"碧绿液"也上了货架,由于几天的消失,霎时造成了一场抢购风。在美国纽约,法国驻约的总领事馆内举行了"碧绿液"重新投放市场的招待会。那些被公司异乎寻常的行为弄得吊足胃口的报纸、电台、电视台的记者们蜂拥而至。招待会上,重新公布了对碧绿液新产品作抽样调查的结果,美国分公司的总经理当场仰首痛饮"碧绿液",这幅巨照片第二天便出现在各大报纸上。

同时,碧绿液还展开了新的广告攻势。电视屏幕上,观众可以看到一个白色的背景,一只绿色的小玻璃瓶,一滴水从瓶口沿着瓶身流下了,犹如眼泪一般,碧绿液好似一个受了很大委屈的女孩在呜咽低泣。画外音一个父亲般的声音娓娓地劝慰她不要哭,"我们仍旧喜欢你"。女孩的声音答道:"我不是在哭,我是高兴啊!"这则广告清新自然,充满人情味,更耐人寻味。

事实证明,碧绿液公司采取的这一系列公关活动效果很好。在美国,大约有84%以上的消费者仍热衷于"碧绿液"。

当一个公司的经营遭受打击时,维护其信誉往往是其倾全力犹不及的大事。碧绿液公司在面临信誉危机时充分发挥公共关系传播与沟通的职能,挽救了企业形象,令人惊叹,成为危机公关传播的一个范例。

资料来源:http://klaoshi.blog.163.com/blog/static/94147732010714111737133/

案例思考：
1. 你觉得"碧波液"公司的营销危机处理得如何？有哪些可取之处？
2. "碧波液"公司是如何进行营销危机善后的？

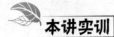

本讲实训

一、实训目的

1. 加深学生对危机、危机管理以及营销危机管理的认识。
2. 了解世界500强企业都是如何进行营销危机管理的。

二、实训内容

选择收集世界500强企业有关营销危机管理的案例，并完成以下任务。
1. 向全班同学陈述所选案例的内容。
2. 分析上述公司在遇到营销危机时是如何进行营销危机管理的。
3. 了解上述公司营销危机管理成败的原因。

三、实训组织与步骤

1. 教师明确实训目的、任务和评价标准。
2. 把教学班分为若干小组，每组6～8人。实行组长负责制。
3. 由组长负责组织小组研讨，集中本组成员的研究成果，制作成PPT。
4. 每组推荐一人上台展示PPT，期间师生可以向该组同学提问，教师引导学生参与研讨。
5. 班级演示之后，由指导老师点评和总结。

参 考 文 献

[1] Proceedings of 2010 International Conference on Management Science and Engineering (MSE 2010) (Volume 4)[C]. 智能信息技术应用学会,2010.
[2] 劳伦斯·巴顿. 组织危机管理[M]. 符彩霞,译. 北京：清华大学出版社,2002.
[3] 费明胜,陈杰. 营销危机中的公众沟通管理[J]. 企业活力,2006(12):34,35.
[4] 高民杰,袁兴林. 企业危机预警[M]. 北京：中国经济出版社,2003.
[5] 李九莉. 试论企业管理中的危机意识[J]. 理论月刊,2006(2):165-167.
[6] 刘洋. 企业营销危机管理体系研究[D]. 河南大学,2008.
[7] 刘刚. 危机管理[M]. 北京：中国经济出版社,2004.
[8] 路云. 基于核心能力理论的企业动态危机管理系统的设计[D]. 东南大学,2006.
[9] 明长春. 浅析新形势下企业营销危机管理[J]. 中国高新技术企业,2009(22):62,63.
[10] 时铁栓. 营销中的危机管理策略[D]. 首都经济贸易大学,2009.
[11] 魏加宁. 危机与危机管理[J]. 管理世界,1994(6):53-59.
[12] 王常文. 企业市场营销危机管理[J]. 河南科技,2013(6):208.
[13] 王德胜. 企业营销危机分析与对策研究[J]. 中国流通经济,2008(1):58-60.
[14] 王丽萍. 市场营销危机管理研究[D]. 南京理工大学,2004.
[15] 王德胜. 企业营销危机分析与对策研究[J]. 中国流通经济,2008(1):58-60.

[16] 袁元.企业营销危机管理研究[D].中国海洋大学,2009.

[17] 杨楠.企业营销危机管理研究[A].智能信息技术应用学会.

[18] 杨学柏.论市场营销视角下的企业危机管理方法[J].现代经济信息,2013(1):32.

[19] 朱佳洁.企业营销危机预警管理研究[D].东北大学,2008.

[20] 张晞,刘洁.企业营销危机管理新思路——事中管理[J].山西高等学校社会科学学报,2004(12):61-63.

[21] 曾昊.营销危机中的公众沟通管理研究[J].广东商学院学报,2005(1):73-75.

[22] 曾昊.营销危机管理研究[D].暨南大学,2002.

[23] 查振祥.企业的危机意识研究[J].特区经济,2006(2).1,15,28,41,52,68,87,100,110,123,140,154,168,183,196,207,221,235,250,266,282,296,310,325